고대 중국의 인간상

신화·하·은·주 편

장 기 근 저

明文堂

▲ 반고(盤古)

▲ 복희여와도(伏羲女媧圖)

▲ 염제 신농씨(炎帝 神農氏)

▲ 하왕조 하우씨(夏王朝 夏后氏)

▲ 하왕조 걸왕(夏王朝 桀王)

▲ 은왕조 탕왕(殷王朝 湯王)

공자(孔子) ▶

◀ 굴원(屈原)

▲ 주왕조 무왕(周王朝 武王)

▲ 항아(姮娥)

▲ 사마천(司馬遷)

▲ 달기(妲己)

▲ 포사(褒姒)

한글판 동양의 인간학

고대 중국의 인간상

신화·하·은·주 편

장 기 근 저

명문당

「한글판 동양의 인간학」 간행사

명문당(明文堂)은 80년 전부터 한결같이 한문고전(漢文古典)을 출판하고 보급하는데 정성을 들여왔다.

그 목적은 개인적으로는 심성을 함양하고 인격을 도야하고, 가정적으로는 효제를 바탕으로 제가하고, 사회·국가적으로는 윤리 도덕을 바탕으로 치국하고 아울러 민족자존과 충군애민(忠君愛民)하고, 세계적으로는 왕도덕치를 바탕으로 진정한 평화세계를 창건하고 더 나아가서는 인류의 역사 문화 발전에 선가치적으로 이바지할 진정한 군자와 대인을 배양하기 위해서다.

그간 시대의 흐름에 따라 세상도 크게 바뀌었으며 현실적으로 많은 사람들이 한글 위주의 독서생활을 하고 있다. 그러므로 우리도 「한글판 동양의 인간학」을 간행하여 우리나라의 모든 지식인과 함께 우리가 목적하는 바 「수신·제가·치국·평천하」를 달성코자 한다.

책은 많은 사람에게 읽혀야 한다. 많은 사람에게 읽히기 위해서는 「글이 쉽고 내용이 흥미로워야 한다.」 그러므로 본 시리즈는 「한글로 흥미본위에 이야기 체」로 꾸몄다.

　동양의 전통사상은 수천 년 동안 이어졌고 또 국가의 정치사상과 민간의 생활이나 사회의 풍속에도 막대한 영향을 주었다. 그러므로 옛사람들의 생활이나 인간상을 적은 이야기를 통해 우리도 그 정신과 태도 및 도리를 깨닫고 또 본받게 될 것이다.

　거듭 아뢰겠다. 「한글판 동양의 인간학」을 통해서 모든 사람이 저마다 인간의 존엄성을 되찾고 윤리 도덕을 실천하는 인격자가 되고 국가적인 차원에서는 정도(正道)의 도덕정치를 펴고 더 나가 진정한 인류대동(人類大同)의 평화세계 창건에 적극적으로 참여하기를 바란다.

　좋은 책을 많이 읽어야 착한 사람이 된다. 착한 사람이 많아야 착한 나라 착한 세상이 된다.

명문당 김동구 근식

이 책은 다음의 4편으로 꾸몄다.

제1편 • 고대신화(古代神話) : 삼황오제(三皇五帝)
제2편 • 하왕조(夏王朝) : BC. 2200 ―― BC. 1600.
제3편 • 은왕조(殷王朝) : BC. 1600 ―― BC. 1050.
제4편 • 주왕조(周王朝) : BC. 1050 ―― BC. 770(西周).

「삼황오제(三皇五帝)의 신화」나 「하·은·주(夏殷周) 삼대(三代)의 이야기」는 다 수천 년 전부터 전하는 「신화(神話), 사화(史話) 및 전설(傳說)」이다. 그러나 신화나 사화 속에 담겨진 사상적 전통이나 특색은 오늘의 우리들과 밀접하게 통하는 점이 많다. 이 점이 동양 및 중국 사상의 특성이며 전통이다. 구체적으로 말하면, 삼황오제의 「덕치사상(德治思想)」이 바로 하(夏)의 우왕(禹王), 은(殷)의 탕왕(湯王) 및 주(周)의 문왕(文王), 무왕(武王)의 덕치사상으로 이어지고 또 일관된 도리와 전통을 지니고 있다. 이러한 전통적 특색이 바로 유가 사상의 전통이며 특색이다. 따라서 유교의 영향을 받는 우리나라에도 그 영향이 광범하고 또 깊이 남아있다.

║║║ 저자의 말 ║║║

21세기에 접어들면서 인류와 지구는 대전환기를 맞이했다. 서양의 강대국의 무력적 패권주의가 극점을 지나 점차로 하강하고 있다.

이에 천하의 모든 사람 및 인류는 악덕한 서양의 이기주의적 강대국의 횡포를 비판하는 동시에 그간 소외하고 무시했던 동양의 전통사상의 핵심인 인애덕치(仁愛德治) 사상을 되찾고 그 가치를 인식하기 시작했다.

먼저 「동양사상」을 강조하는 이유를 말하겠다. 그간 사람들은 「서양의 개인주의, 이기주의, 금전과 무력만능주의」에 시달려 인격과 윤리 도덕을 상실하고 길을 잃고 방황했다. 그 결과 세계와 인류가 혹심한 위기에 함몰했다. 이대로는 안 된다. 서양의 천박한 이기적 무력사용을 지양하고 동양의 전통사상을 바탕으로 인류대동(人類大同)의 이상으로 나가야 한다.

동양 사상의 핵심은 정신을 바탕으로 한 천도천리(天道天理)다. 하늘은 인간을 만물의 영장으로 태어나게 했다. 그러므로 인간 인류만이 정신적으로 탁월한 지능을 활용하여 창조적인 생활을 할 수 있다. 그것이 하늘의 뜻이고 또 하늘의 도리다. 또 인류는 대를 이어가면서 역사와 문화를 더욱 창조적으로 발전시키고 있으며 아울러 후손에게 더욱 향상되고 편리한 삶과 문화를 물려주고자 노력하고 있다.

　유교사상은 바로 절대선(絕對善)의 천도를 따르고 실천하는 도덕정치를 높인다. 그러므로 위기를 극복하고 인류를 구제하기 위해서는 유교사상을 높이고 선양해야 한다.

　유교사상 속에는「생명 철학적 발전관」이 깊이 살아있다. 그러므로 유교 사상을 선양해야 진정한 인류대동과 역사 문화의 건전한 발전을 기할 수 있다.

　다음으로「인간학」에 대한 뜻풀이를 하겠다. 대체로 동양은 정신과 심성 수양 및 윤리도덕을 높이고 서양은 육체와 물질과 과학적 기능을 높인다. 양자가 조화해야 인격이나 문화가 건전하게 발전한다.

　그러나 불행하게도 근래에는 서양의 금전만능주의와 무력팽창주의가 기승하고 서양의 강대국은 무자비하게 약소국을 유린하고 대기업이 영세상인을 고갈시키고 있다. 특히 서양의 강대국의 과잉 생산되는 농산물이나 공산품을 일방적으로 판매하여 후진 약소국을 경제적으로 예속시키고 있다. 특히 뛰어난 첨단 과학무기로 약소국가를 위협하고 동시의 무기를 약소국에 팔아 넘기기 위하여 상호 간의 싸움을 조장하고 있다.

　이에 지구촌 전체가 약육강식(弱肉强食)의 생지옥으로 화했으며 인간이 병들고 정신과 윤리 도덕을 상실하고 인격적으로 파멸했다.

　사람은 절대로「먹고, 마시고, 놀기만 하는 존재가 아니다.」더욱「사치하고 낭비하기 위해, 남을 기만(欺瞞)하고 또 살상(殺傷)하고 남의 재물과 권력을 강탈하는 강도가 아니다.」

　그러나 오늘의 세계에는 착한 사람보다 악한 사람이 더 많다. 서로 사랑하고 협동해서 함께 잘 사는 공동체를 꾸미려는 착한 사람보다, 공동체를 파괴하고 혼자만 물질적으로 잘 살려는 비도덕적 악인이 더 많다.

동물은 사치와 낭비를 하지 않는다. 더욱 남을 속이고, 기계를 악용하여 남을 살상하고 남의 재물을 강탈하지 않는다. 그래서 오늘의 악인을 동물보다도 못한 아귀(餓鬼)라고 하는 것이다. 악인과 아귀는 중벌을 주거나 심지어 사형에 처해도 변하지 않는다. 오직 정신적 교육과 인격적 수양과 윤리 도덕을 실천함으로써만 점차로 감화되고 바른 사람으로 회복될 수 있다.

그러나 불행하게도 강대국에게 유린되고 있는 약소국가에서는 바른 교육을 할 수 없다. 현실적으로 강대국에게 멸망당하지 않기 위해서는 강대국보다 더「경제발전, 과학기술 개발, 무력증강」을 해야 하고 또 그러기 위해서는 비도덕적 악덕교육에 전력을 기울이지 않을 수 없다.

더 무서운 것은 약소국가의 지식인들이 제대로 각성하지 못하고 있다는 사실이다. 뿐만 아니라 더 치명적인 것은 악덕한 강대국의 악덕한 사상과 방식만을 알고 있는 자들이 악덕한 강대국을 등에 업고 후진 약소국을 지배하고 있다는 사실이다.

정신적 무장이 안된 보통사람은「권력, 금전, 무력」에 약하다. 그러므로 후진 약소국의 정치풍토나 정치방식이 서양의 강대국에 예속되게 마련이다. 아울러「경제 과학 기술 및 학술 사상」도 예속되게 마련이다.

그러므로「가치 기준」을 일방적으로 서양의 강대국에 둔 지식인들은 악덕에서 해탈하고 자기를 혁신 하기가 거의 불가능하다.

그래서 저자는 외치는 것이다. 수천 년 동안 이어온 바르고 착한 동양의 전통사상을 기준으로 일대 혁신을 해야 한다. 이대로 가다가는 우리는 좀처럼 서양의 악덕한 굴레에서 벗어나기 어렵다.

결국 우리 동양의 학문과 사상을 배우고 아는 지식인들이 분발하고 떨치고 일어나야 한다. 그래야 악덕한 사상과 무력을 물리치고 또 인류의 위기를 극복하고 또 민족 국가를 구하고 아울러 세계를 구제하고 진정한 평화세계를 창건할 수 있다.

거듭 말하겠다. 사람은 잘 배우면 좋은 사람이 되고, 나쁜 것만을 보고 익히면 악한 사람이 된다. 사람은 좋은 책을 읽어야 좋은 사람이 된다. 또 착하게 살았던 옛사람들의 인간상을 통해 우리도 착하게 사는 태도와 도리를 터득해야 한다.

이 책은 옛 사람들의 인간상을 통해서 독자에게 삶의 바른 태도와 도리를 알게 하기 위하여 기획되고 만들어진 책이다. 그래서 「동양의 인간학」이란 어려운 이름을 붙였다.

저술의 목적은 독자들로 하여금 「수신(修身) · 제가(齊家) · 치국(治國) · 평천하(平天下)」의 도리를 알고 또 실천하게 함이다. 거듭 강조하겠다. 「동양의 인간학」은 병들고 위기에 처한 인간과 인류를 구제하고 아울러 아귀도에 빠져 생지옥으로 화한 지구촌 세계를 바로잡으려는 원대한 희망을 달성하기 위해서 저술한 책이다.

2005년 11월 22일 玄玉蓮齋에서

張基槿 삼가 씀

목차

제3편 은왕조편(殷王朝篇) ······ 244

제1장 탕왕(湯王)의 등장 ······ 246

제2장 은(殷)의 역대 왕들 …………………………………… 276

제3장 은(殷)나라의 멸망 …………………………………… 285

제1편 신화편(神話篇)

　장구한 역사와 전통을 가진 나라나 민족은 저마다의 신화가 있다. 그 속에는 우주 천지 개벽과 인류의 탄생에 관한 신화 및 전설이 있게 마련이다.

　우리나라 삼국유사(三國遺事)에 단군신화(檀君神話)가 있다. 하늘의 아들 환웅(桓雄)이 홍익인간(弘益人間)하려는 뜻을 품고, 아버지 환인(桓因)의 허락을 받고 하늘의 권능신(權能神)들을 데리고 태백산(太白山) 신단수(神檀樹)에 하강했다. 그리고 웅녀(熊女)로 하여금 단군(檀君) 왕검(王儉)을 낳게 했으니 왕검은 곧 하늘의 직손(直孫)이다. 왕검이 세운 나라가 옛날의 조선(朝鮮)이다. 결국 우리 한민족의 시조는 하늘의 직계 손자이다.

　구약성서(舊約聖書)에도 천지창조와 인류탄생이 자세히 적혀 있다. 여호와 하나님이 우주, 천지, 만물을 창조하고 「흙으로 사람을 지으시고 생기를 코에 불어넣으시니 사람이 생령(生靈)이 되었다.」 하나님은 「자기의 형상대로 사람을 창조하시되 남자와 여자를 창조하시고」 「생육하고 번식하여 땅에 충만 하라」는 축복을 주었다.

　그래서 사람은 하나님을 대신하여 천지, 자연, 만물을 주관할 수 있게 되었다. 그러나 원죄(原罪)에 의한 타락으로 죄 많은 삶을 살고 동시에 속죄의 길을 가야 한다.

　다른 민족도 저마다의 천지개벽과 인류탄생에 관한 신화 전설이 있으며 그 사이에 공통된 특성이 있게 마련이다.

　그것은 곧 절대인 하늘이 우주, 천지, 자연, 만물 및 인간을 창조했으며 인간은 하늘의 아들딸로 만물의 영장이다. 그러므로 인간은 하늘을 닮은 영특한 존재로 선을 행하지만 동시에 원죄에 의한 악한 존재로 악을 저지르기도 한다. 그러므로 인류는 선과 악이 혼재(混在)하게 되었다. 단 죄(罪)나 악(惡)의 근원에 대한 견해가 일치하지 않는다.

　중국의 신화도 이와 같은 기본특성을 갖추고 있다. 그러므로 중국의 신화를 통해서 한민족(漢民族)의 발생과 특성 및 상고대의 역사적 발전 과정을 살피고 동시에 신화나 전설을 통해서 바르고 착한 삶의 길도 모색하기를 바란다.

제1장　천지개벽과 인류탄생

1. 신화가 별로 없다

중국에도 옛날에는 천지개벽이나 인류탄생에 관한 신화가 많았을 것이다. 그러나 후세에 오면서, 유교사상에 의해서, 환상적인 신화나 전설이 자취를 감추고 점차로 성제(聖帝)의 사화(史話)로 변모했다.

그러므로 대체로 중국에는 천지개벽이나 인류탄생에 관한 신화가 빈약하다고 말할 수 있다. 그 속에서도 전하는 토막 이야기가 소수나마 있어 다행이다. 먼저 천지개벽에 관한 토막 이야기를 소개하겠다.

2. 신화 : 반고(盤古)의 천지개벽

　때를 헤아릴 수 없을 만큼 오랜 세월에 걸쳐 우주의 혼돈이 지속되었다. 그러나 천산(天山)에 신조(神鳥)가 나타나자 불[火]이 피어나기 시작했고 겹겹이 막혔던 어둠에 숨통이 트이면서 비로소 천지창조의 징조가 나타나게 되었다.

　다음으로 반고(盤古)의 천지개벽에 관한 신화를 소개하겠다. 이 신화는 삼국(三國) 시대의 서정(徐整)이 지은 삼오역기(三五歷記)에 적혀 있다. 대략 다음과 같다.

　「하늘과 땅이 갈라지기 전의 우주는 혼돈했다. 그 혼돈한 기(氣)를 정리해서 천지를 개벽한 신이 바로 반고(盤古)다. 반고는 혼돈을 태로 하고 출생했다. 외벽이 꽉 막힌 계란 속에서 한결같이 혼수 상태에 빠졌던 반고는 1만 8천 년 만에 눈을 떴다. 밀폐된 계란 속은 암흑으로 숨통이 막힐 지경이었고 방향도 때도 분간할 수가 없었다.」

　「혼돈한 기가 육중하게 몸을 짓눌렀다. 이렇듯이 답답한 암흑 속에서 반고는 '으악' 하고 소리를 지르면서 용을 썼다. 이에 바늘구멍 만한 사이로 한줄기 바람과 빛을 담은 신기(神氣)가 새어 들었다. 그리고 혼돈했던 계란 속의 기가 상하로 갈라지기 시작했다. 즉 맑고 가벼운 기는 하늘로 올라가고 탁하고 무거운 기는 아래로 처져 굳어졌다. 이에 하늘과 땅이 갈라지고 형성되기 시작했다.」

「반고는 두 손을 위로 치켜들고 하늘을 떠받치고 발로는 땅을 눌러 내렸다. 그리고 하루에 한 길씩 성장해 나갔다.」

「이에 따라, 하늘과 땅 사이도 하루하루 벌어지게 되었으며, 다시 1만 8천 년이 지나 마침내 하늘과 땅 사이가 9만 리로 벌어졌으며 또 하늘과 땅이 각각 굳어지고 고정되었던 것이다.」

「한편 반고의 눈물이 고여 바다가 되고, 토하는 입김은 바람이 되고, 노기충천하여 눈을 부라리고 호령을 하면 우레 천둥번개가 치고, 즐겁게 미소지으면 봄바람이 훈훈하게 불었으며, 만물이 포근하게 자랐다. 마침내 그가 죽자 그의 두 눈은 해와 달이 되었고, 골격은 산악, 뼈는 금은 보석, 피는 하천, 살은 흙으로 변했다.」

이 신화도 인본주의적 중국민족의 특성이 잘 나타나 있다. 자신의 노력으로 천지를 개벽하고 자연 만물을 창조한 반고는 더없이 고마운 존재이다. 그러므로 옛사람들은 그를 신으로 받들었다. 이를 바탕으로 다음과 같은 인류탄생에 관한 신화가 나타났다.

3. 신화 : 반호(槃瓠)와 공주(公主)

(1) 표주박 속에서 성장한 반호

천지 자연의 중심적 존재는 인간이다. 하늘, 땅, 자연, 만물이 있어도 사람이 없으면 만물이 무의미하게 된다. 그러므로 천지개벽에 이어 가장 중요한 신화는 인간탄생에 관한 것이다.

철학적으로는 천지 사이에서 가장 맑고 신령한 기가 뭉쳐서 사람이 되었다고 풀이한다. 그러나 그와 같은 풀이는 비신화적이다. 신화의 세계에서는 주인공을 내세우고 그의 눈부신 활약으로 무엇인가를 이룩해야 한다.

인류의 탄생에 관한 신화나 전설은 많다. 반고가 죽어, 살이 흙이 되고 혈맥이 강줄기가 되고, 피가 호수나 바다가 되었다는 식으로 만물로 변하고 정기와 혼이 사람이 되었다고 하는 신화도 있다.

그러나 만물과는 차원이 다르게 존엄한 인간의 탄생에 관한 신화로서는 너무 단순하고 평범하다.

앞에서 말한 반고는 광범하게 숭앙되었다. 따라서 반고라는 이름이 지역이나 시대에 따라 저마다 조금씩 다른 이름으로 나타나는 수가 많았다. 그 중의 하나가 「반호(槃瓠)」다. 반호는 원래 충성스런 용견(龍犬)으로 임금에게 공을 세워 공주를 아내로 맞이해서 인류의 시조가 되었다는 신화의 주인공이다. 「용견 반호」의 신화는 다음과 같다.

연대를 헤아릴 수 없는 아득한 옛날, 제곡(帝嚳) 고신씨(高辛氏)의 나라는 산물이 풍족하고 모든 백성들이 부지런히 일하고 합심하고 화목하여 아무런 걱정도 없었다.

그러던 어느 날, 갑자기 황후마마의 귀가 아프기 시작했다. 가냘픈 황후가 통증에 시달리다 못해 기절을 하고 자지러지는 것을 본 임금은 신하들을 어전에 불러모으고 대책을 강구했다.

이름난 명의를 모조리 불러 모았고 심산 유곡에서 따온 영험한 약초를 달여 병구완을 했다. 그러나 백방명약(百方名藥)이 무효라. 황후의 귓병은 3년을 끌었고 만 3년이 되는 날 아침 잠에서 깨어난 황후는 그 아프던 귀에서 누에 같은 금빛 벌레 하나를 끄집어냈으며, 그 순간 귀의 통증이 말끔히 가셨다.

벌레가 어찌나 귀엽고 광채가 영롱한지 황후는 신통하게 여기고 금빛 나는 벌레를 표주박[瓢瓠 : 표호] 속에 넣어 키웠다. 벌레는 무럭무럭 자라 마침내 용견(龍犬)으로 변했다. 그 개는 온몸에 비단을 덮은 듯, 오색이 영롱한 털에 찬란한 빛이 번지고 있었다. 임금님도 이 개를 몹시 귀엽게 여기고 항상 신변 가까이 두고 귀여워하고 이름을 반호(槃瓠)라고 불렀다.

(2) 혼자서 역적을 토벌한 반호

그 무렵 서북방에 있는 오랑캐 나라의 두목 방왕(房王)이란 자가 반란을 일으키고 쳐들어올 것이라는 정보가 전해졌다.

이에 고신씨 나라의 임금 제곡은 신하들을 어전에 모아놓고 명을 내렸다.

"바야흐로 천하의 흥망을 가름한 위급한 때를 맞이했다. 과인은 그대들의 충성과 용기를 믿어 의심치 않는다. 그러나 대대적인 전쟁을 하면 백성들이 많이 다치고 또 국가의 재물도 축이 날 것이다. 그러므로 누구든지 오랑캐 땅에 잠입해서 방왕의 목을 치면, 비참한 전쟁을 방지할 수 있을 것이다. 그와 같은 용사에게 과인은 공주와의 결혼을 허락할 것이다."

달덩이처럼 희맑고 꽃같이 아름답고 향기 높은 공주를 아내로 맞이할 수 있다는 말에 용사들은 귀가 솔깃했다.

그러나 역적 방왕을 치는 일은 쉬운 일이 아니다. 그는 무술이 막강하고 또 성질이 포악한지라 감히 나설 자가 없었다.

이틀이 지나고 사흘이 되어도 역적을 치겠다고 나서는 용사가 없었다.

한편 적의 군사들이 시시각각으로 국경 가까이 진격해 온다는 불길한 정보가 계속 전해졌다. 이에 고신씨의 나라에는 먹구름이 덮인 듯 모든 백성들 가슴속에 조바심이 일기 시작했다.

바로 그 무렵이었다. 임금이 애지중지하던 충성스런 용견 반호가 종적을 감추고 행방이 묘연해졌다.

대궐 안은 물론 전국에 영을 내리고 반호를 수소문하고 찾았으나 아무도 개의 행방을 아는 사람이 없었다. 임금은 더욱 우울해지고 수심에 쌓이게 되었다.

한편 오랑캐 나라 방왕은 용견이 없어졌다는 소식을 듣고, 통쾌한 너털웃음을 터뜨리고 술잔을 높이 들고 쾌재를 부르며 호언했다.

"고신씨의 나라는 반드시 망하고 말 것이다. 용견 마저 도망을 쳤다고 하는구나. 승리는 우리의 것이다."

밤새도록 방왕은 부하들과 광란의 술잔치를 벌이고 좋아했다. 미녀들을 양쪽에 끼고 술을 퍼마시고 곤드라졌다.

바로 그때였다. 고신씨의 궁전에서 자취를 감추었던 용견 반호가 방왕 곁에 나타나서 쿵쿵대며 꼬리를 쳤다.

만취한 방왕은 거슴츠레한 눈으로 개를 보고 더욱 흥이 나서 큰 소리로 외쳤다.

"자, 보아라. 이 개마저 자기 나라 임금을 버리고 나에게 왔구나. 자, 다시 함께 축하의 술을 마시자."

미친듯이 술을 연거푸 퍼마신 방왕은 비틀거리며 내전으로 돌아가 인사불성이 되어 침대에 쓰러졌다. 칠흑의 어둠이 겹겹이 그의 주위를 덮었다.

그러자 침대 밑에 숨어, 두 눈을 번쩍이던 용견 반호가 소리 없이 나타나, 한 입에 방왕의 목을 물어 따 가지고 쏜살같이 어둠으로 사라졌다. 참으로 어처구니없는 일이었다. 무력을 자랑하던 한 나라의 임금이 깊은 밤에 끽소리도 못하고 비명 횡사했던 것이다.

반호가 역적 방왕의 목을 물고 돌아온 것은 이튿날 새벽이었다. 밤새 잠을 못 자고 근심과 걱정으로 지샌 임금은 사라졌던 반호가 눈앞에 와 있는 것을 보고 어리둥절했다.

그런데 어찌된 영문인가? 놀랍게도 용견 반호가 적국의 임금 방왕의 목을 입에 물고 있는 것이 아닌가? 고신씨는 실성한 사람처럼 자기도 모르게 큰 소리로 외쳤다.

"오, 반호야! 네가 역적의 목을 따 왔구나! 이게 어찌된 영문이냐? 참으로 기적이로구나."

때를 같이하여, 자기 나라의 임금을 잃은 오랑캐 나라에서는 사신을 통해 싸움을 그만두겠다고 통보해왔다. 이에 고신씨의 나라에는 전란의 어두운 먹구름이 가시고 전 국민이 환호하고 기뻐했다.

"충성스럽고 용맹한 반호가 홀로 적국에 들어가 역적 방황의 목을 베어 물고 돌아왔다."

임금은 물론 온 백성들이 단독으로 적진에 뛰어들어 역적을 토벌하고 역적의 목을 따 가지고 돌아온 용사 반호를 칭찬했다. 그러나 그 용사가 사람이 아니고 동물인 개였다. 그러므로 공을 세운 개에게 어떻게 상을 내려야 할지 알 수가 없었다.

더욱이 약속한 공주와의 결혼을 거행할 도리가 없었으며 고작 반호가 좋아하는 음식을 마냥 먹여줄 뿐이었다.

(3) 인간으로 탈바꿈하려는 반호

그러나 반호는 아무 것도 먹지 않고 하루 종일 구석에 맥없이 웅크리고만 있었다. 임금이 손수 쓰다듬고 음식을 손에 받쳐 주어도 꼬리만 칠 뿐, 통 먹으려 하지 않았다.

이렇게 사흘이 지나자, 심성이 어진 임금이 몹시 걱정을 하며 곰곰이 생각을 했다. 그러나 도저히 그 까닭을 헤아릴 수가 없었다.

오직 한가지 마음에 걸리는 것은 약속한 공주와의 결혼이었다. 그렇다고 사람이 아닌 개에게 공주를 시집보낼 수 없지 않은가. 임금은 반호에게 타이르듯이 말했다.

"반호야, 전자에 짐이 방왕의 목을 베어 오는 용사에게 공주를 내려 주어 장가를 들게 한다고 약속을 했다. 그러나 너는 사람이 아니고 개인걸 어떻게 하느냐?"

임금의 말이 미처 끝나기가 무섭게 기다렸다는 듯이 반호가 자세를 반듯이 가다듬고 놀라울 만큼 또렷하게 사람의 음성으로 말하는 것이었다.

"폐하, 그 점은 염려 마십시오. 저를 금종(金鐘) 안에 밤낮으로 7일 동안만 묻어 주시면, 저는 훌륭한 사람으로 환생할 수 있습니다. 그 때에는 어엿한 용사로서 공주님을 맞이할 수 있을 것입니다. 그러나 7일 이전에는 절대로 금종을 열어보지 마십시오."

참으로 놀랍고 믿을 수 없는 노릇이었다. 그러나 신의가 두터운 임금은 충성스런 반호의 청탁을 들어주기로 했다. 즉시 금종 속에 반호를 묻어두고 그 결과를 살피기로 했다.

한편 이 소식을 전해들은 공주는 안절부절못하고 초조하게 하루 하루를 보내며 궁금하기 짝 없는 나날을 보냈다.

그러나 기한 안에는 절대로 열어보지 말라는 분부가 있었으므로 굳은 마음으로 하루 이틀 사흘을 참고 견디었다. 그러나 남달리 마음씨 곱고 인자한 공주는 몹시 걱정이 되었다. 벌써 여러 날 동안, 한 모금의 물도 한 줌의 먹이도 들지 않았으며 더욱이 육중한 금종 속에 꽉 덮여 있으니 혹시나 질식하지나 않았나 겁이 덜컥 났다.

그래서 공주는 몇 번이고 옥수(玉手)를 뻗어 금종의 뚜껑을 열까 말까 망설이기도 했다. 그러면서도 용케 참고 7일 낮을 무사히 넘겼다.

이제는 마지막 한 밤만이 남았다. 그 간 공주는 불안과 궁금증에 시달려 얼굴이 초췌하고 또한 속이 타서, 제 정신을 잃은 듯했다.

드디어 공주는 야밤에 아무도 모르게 다가가 떨리는 손으로 조심조심 금종의 뚜껑을 살며시 열었다.

그 순간에 공주는 원망스런 눈초리로 자기를 쏘아보는 반호의 얼굴을 보고, 즉시 '아차' 하고 뉘우치며 기겁을 하고 금종을 도로 덮었다.

그러나 이미 때가 늦었다. 황금 표주박 안에서 반호의 울먹이는 절망의 소리가 들려왔다.

"공주님, 마지막 한 밤, 최후의 몇 시간만 무사히 넘겼더라면 좋았을 것을 이제는 어쩔 도리가 없게 되었습니다. 저는 이 이상 더 사람의 몸으로 변신할 수가 없게 되었습니다. 보시다시피 전신은 다 사람의 몸으로 변했으나 아직 머리는 개의 모습 그대로입니다."

공주의 가슴이 덜컥 내려앉았다. 자신의 경솔한 행동을 크게 뉘우쳤다. 그러나 놀라고 뉘우친다고 그르친 사태를 되돌이킬 수 있는 일이 아님을 깨달은 공주는 비장한 결심을 했다.

"나라의 운명과 아버지의 생명을 구해준 충견 반호가 훌륭하게 인간으로 환생할 것을, 내가 잘못하여 완성 일보 직전에서 망치고 말았구나. 그 허물과 책임은 바로 나에게 있다. 그러니 내가 마땅히 보상을 해야 한다. 그러기 위해서는 내가 반호에게 시집을 가자. 그래야 임금이신 아버지도 공약을 지킬 수 있고 또 나도 죄 값을 치를 수 있을 것이다."

(4) 반호와 결혼한 공주

아득한 태고 때, 신화시대에는 인간과 동물이 뒤엉켜 살았다. 그러므로 아름다운 공주가 용맹한 충견과 짝을 지을 수도 있었다. 그러므로 사람들도 나라를 구하고 임금에 충성한 반호와 마음이 어질고 착한 공주의 결혼을 충심으로 축복하고 경하했다.

견두인신(犬頭人身)의 반호는 머리에 관모를 쓰고 용사의 옷을 입었고 공주는 눈부시게 빛나는 금은보화로 꾸민 화려한 예복을 입고 성대하게 화촉을 밝혔다.

이들 신혼 부부는 대궐을 하직하고 남산(南山) 깊은 산골에 들어가 살림을 차렸다. 반호는 지칠 줄 모르게 사냥을 했고 공주도 검소한 옷차림으로 논밭을 갈면서 내조의 공을 세웠다. 이렇게 하여 그들의 살림살이가 날로 번창했다. 그들 부부의 돈독한 사랑의 힘은 자연에도 영향을 주었다. 남산 일대에는 항상 향기로운 꽃이 피어났고 숲에는 꾀꼬리가 즐겁게 우짖고 하늘에는 오색 무지개가 나부꼈다.

이들 부부는 어느덧 3남 1녀를 키우는 어버이가 되었다. 이 소식을 들은 임금은 손자 아이들에게 저마다 성(姓)을 지어주었다. 첫째는 쟁반에 낳았으므로 반(盤)이란 성을 내렸고, 둘째는 바구니 속에 낳았으므로 남(籃)이라 불렀고, 막내 손자는 우레 칠 때에 출생했으므로 뇌(雷)라고 불렀다. 그리고 막내둥이 손녀는 성장하여 씩씩한 병사를 사위로 맞이했으므로 종(鐘)이란 성을 따르게 했다.

이들 네 형제가 서로 성을 달리하여 저마다 집안을 이루었고 후에는 서로 통혼(通婚)을 함으로써 자손이 번창하게 되었다. 중국 남쪽의 요(傜)나 묘(苗) 족은 최근까지도 반왕(盤王)을 자기네 시조로 모시고 있다. 또 반왕이 사람의 생사(生死) 수복(壽福) 내지는 빈처(貧賤) 및 길흉(吉凶)까지도 점지해 준다고 믿고 있다.

용견(龍犬)이 공주와 결혼하기 위해서 사람으로 변신(變身)한다는 신화 속에는 깊은 뜻이 숨어있다. 즉 용감한 무력으로 적을 치고 나라에 충성할 뿐만 아니라, 인간다운 존재가 되어야, 아름다운 공주를 아내로 맞이하여 가정을 꾸미고 자식을 낳고 번창할 수 있다는 뜻을 암시한 것이다. 침략자는 용감하게 막아야 한다. 동시에 사람은 인성(仁性) 인덕(仁德)을 갖추어야 한다는 뜻이 내포되어 있다.

동양의 인간학 「반고(盤古)와 용견(龍犬)」

① 반고(盤古) : 태고에는 인간과 동물이 함께 어울려 생존했다. 그래서 반고(盤古)가 알[卵]에서 탄생했다는 신화가 나온 것이다. 그러나 그 속에도 인간의 특수성이 있다. 즉 사람은 하늘과 땅 사이에서 점차로 성장했다. 결국 「천지인(天地人) 삼재(三才)」의 개념이다.

② 충성스런 용견(龍犬) : 태고 때의 사람들은 자연의 위협을 극복하고, 주변의 적을 물리치고 동족을 구제하고 공동체를 안전하게 지켜야 했다. 충성하고 용감하고 민첩한 용사가 곧 용견(龍犬)이다. 그는 아름다운 공주를 아내로 맞이할 자격이 있다. 그러나 동물과 인간 사이에는 넘을 수 없는 격차가 있다. 인간의 육체는 동물적 활동을 한다. 그러나 동물은 정신을 지닐 수 없다.

반고(盤古)

4. 신화 : 복희(伏羲)와 여와(女媧)

(1) 인면사신(人面蛇身)의 오누이

견두인신(犬頭人身)의 용견(龍犬)이 공주와 짝이 되어 인류를 번식했다는 신화는 어딘지 모르게 인류의 자존심을 상하게 한다. 따라서 이러한 신화나 전설은 오래 전해지기가 어렵다. 인간의 자존심을 해치지 않고 또 정리(情理)에도 맞는 신화로는 천신(天神)을 아버지로 하고 출생한 오누이 복희(伏羲)와 여와(女媧)를 주인공으로 한 신화가 친근감을 준다.

한대(漢代)의 석각(石刻)이나 전화(塼畵)에 그려진 복희와 여와는 인면사신(人面蛇身)의 부부상(夫婦像)이다. 둘이 다 상체는 인간의 모습을 하고 도포를 걸치고 관모(冠帽)를 쓰고 있다. 그 품이 제법 예절을 갖춘 인간상이다. 그러나 아랫도리는 뱀이나 용의 꼬리 모양을 하고 서로 엉키어 교미하는 형상을 보이고 있다. 역시 인간과 동물이 함께 어울려 살던 태고 때의 흔적이 남아 있다고 생각된다.

서로 얼굴을 마주보고 있는 그림도 있고 반대로 서로 등을 돌리고 있는 화상도 있다. 남자는 손에 곡척(曲尺)을 가지고 있고 여자는 손에 컴퍼스[圓規]를 들고 있다. 남녀가 저마다 기술과 직분을 지니고 노동하고 있음을 상징한다.

다른 그림에서는 남자는 두 손으로 태양을 받들고 있고, 그 태양 속에는 금 까마귀[金烏]가 한 마리 있다. 한편 여자는 두 손으로 달을 괴고 있고, 그 속에는 방아를 찧는 토끼와 옆에는 두꺼비가 엎드려 있다.

또 다른 화상에는 배경으로 구름이 그려졌고 공중에는 날개를 편 인두사신의 천사들이 떠 있기도 하다.

이들 복희와 여와는 원래 오누이였다. 홍수에 의해 지상세계가 멸망하고 사람이라고는 오직 둘만이 살아 남았으므로 별 수 없이 부부가 되어 인류를 번식시켰다고 전한다.

이와 같은 인류 시조에 대한 신화는 다른 나라에도 유사한 것이 있다. 삼강오륜(三綱五倫)을 중시하는 중국에서 오누이의 결합으로 인류가 번식했다고 하는 발상은 특이하다. 그러나 이론상 어쩔 수 없다. 즉 유일무이한 절대인 하늘에서 인류의 시조 즉 「인류의 아버지와 어머니」가 나와야 하기 때문이다. 중국 서남쪽에 있는 부족이 전하는 신화는 다음과 같다.

복희여와도

(2) 땅에 내려온 용감한 천신

지구상에 미처 인류가 생존하지 않고 이따금 하늘나라에서 천인(天人 : 하늘 인간)이 찾아들던 때였다.

천인들에게는 단조로운 천국보다 삼라만상이 아름답게 조화되고 또 계절 따라 다양하게 변하는 지상세계가 훨씬 더 매력적이었을 것이다.

높은 산, 깊은 계곡과 울창한 숲, 맑은 강물과 검푸른 바다, 날고 뛰는 금수와 꽃피고 열매 맺는 초목 등이 어우러지고 저마다 살아 숨을 쉬는 생동감 넘치는 지상세계가 천인들에게는 호기심의 대상이고 또 가볼 만한 곳이기도 했을 것이다.

천인 중에, 한 사나이가 있었다. 그는 동방의 샛별의 후손이었다. 목성(木姓)을 가진 그는 인자하면서도 용감했으며, 전부터 자주 아름다운 지상세계를 오갔으며 특히 최근에는 땅 한 구석에 별장을 지어놓고 이따금 어린 아들과 딸을 데리고 내려와 며칠씩 아름다운 풍경을 즐기며 사냥도 하고 또 산에서 약초를 따기도 했다.

그는 마침내 지상세계에 함빡 정이 들었다. 그래서 우주를 통치하는 상제(上帝)에게 간청을 올렸다.

"소자는 땅에 내려가서 지상 세계를 건설하고 싶습니다. 그 곳을 개척하고 오곡을 재배하고 아름답게 산천을 가꾸고 또 하늘의 아들딸인 인간들을 그 곳에 번식시키고자 합니다. 특별히 윤허하시고 소자에게 모든 권한을 내려 주십시오."

상제는 그의 소청을 윤허했다. 그래서 용감한 사나이는 더욱 정성을 들여 지상세계를 개척하고 가꾸기에 힘을 썼다. 그러나 호사다마(好事多魔)라고 이를 시기하고 방해하려는 자가 나타났다.

같은 하늘에 사는 뇌신(雷神)이었다. 그는 참을성 없는 심술쟁이었다. 평소에도 성품이 안정되지 못하고 포학했다. 그래서 걸핏하면 성을 내고 눈에 불을 뿜고, 소리를 지르는 포악한 사나이였다.

그는 용감한 사나이가 상제의 허락을 받고 지상세계를 개척하고 통치할 거라는 말을 듣자 샘이 나고 심술이 났다. 그래서 그는 동방의 용사의 일을 방해하려고 작심했던 것이다.

무더운 여름날이었다. 갑자기 하늘에 먹구름이 덮이고 이내 장대비가 쏟아져 내렸다. 번개의 섬광이 하늘을 가르고, 귀를 때리는 우렁찬 천둥소리가 천지를 진동했다. 지상세계는 삽시간에 공포에 쌓였다. 용맹한 사나이는 즉시 알아차렸다.

『이는 틀림없이 성미 나쁜 뇌신이 심술을 부리는 것이다.』

그리고 다급히 아이들을 집안에 불러들이고 문을 굳게 닫고 자신은 밖으로 나가 청태(靑苔)를 따서 지붕 위에 겹겹이 덮었다. 빗물을 막기 위해서다.

하늘에서는 연일 비가 억수로 쏟아져 내렸다. 일찍이 본 적이 없었던 대폭풍우였다. 당장에 하늘땅을 뒤엎고 천지를 산산조각 낼 듯한 기세로 계속 우렁찬 천둥소리를 울리고 눈부시게 번갯불을 뿜으며 지상세계를 포악하게 내리쳤다. 이에 산과 바다가 뒤범벅이 되고, 바다의 성난 파도가 높은 산봉우리를 쓸어삼켰다. 며칠이 지나도 폭풍우는 그칠 줄 몰랐다. 온 땅덩어리를 물에 몽땅 삼켜버릴 듯한 기세로 더욱 기승을 부리며 쏟아져 내리고 후려치는 것이었다.

공포에 떠는 어린 것들을 달래고 있던 용감한 사나이는 불길한 예감에 사로잡혔다. 필경 뇌신이 지상에 내려온 자기를 매장하려고 심술을 부리는 것이라고 짐작했다. 그러나 그는 맨주먹으로 지상에 내려왔으므로 손에 들고 싸울 무기가 없었다.

이렇듯 태고 때에는 하늘에서도 선한 신과 악한 신 사이에 치열한 전쟁이 있었고 또 그 때에는 온갖 무기들을 동원했던 것이다. 그러므로 용감한 사나이도 하늘나라에는 투구나 창, 칼 등의 무기를 간직하고 있었다. 그러나 사람이 살지 않는 지상세계에는 싸움이 없었으므로, 그는 일체 무기를 장만할 필요가 없었던 것이다. 말하자면 용감한 사나이가 뇌신에게 혀를 찔리고 속수무책으로 당했던 것이다. 이대로 당할 수만은 없다. 포학무도한 뇌신이 기필코 자기를 죽이려고 할 것이다. 그러므로 그를 응징해야 한다.

(3) 뇌신을 사로잡은 용감한 아버지

용감한 사나이는 비장한 각오를 하고 뇌신과 생사를 가늠할 결전을 할 태세를 갖추었다.

그는 사냥할 때 쓰는 쇠망태기를 한 손에 들고, 다른 한 손에는 쇠갈퀴를 잡고 대문 밖으로 나가서 고함을 쳤다.

"무도한 뇌신아, 애매한 지상세계를 괴롭히지 말고 나와 정정당당하게 싸워 승부를 가리자. 막바로 나에게 덤벼라."

이때를 기다렸다는 듯이 먹구름을 헤치고 뇌신이 험한 얼굴을 내밀고 불을 뿜으며 내리 덮쳤다. 손에 시퍼렇게 날이 선 도끼를 든 뇌신은 두 눈에 번갯불을 번뜩이면서 일격에 사나이를 박살내려고 달려들었다.

눈 깜짝할 사이, 아차 하는 순간이었다. 용감한 사나이는 잽싸게 몸을 돌려 비켜서면서, 손에 들었던 쇠갈퀴로 뇌신의 허리를 낚아채고 즉시 다른 한 손에 들었던 쇠망태기를 덮어씌웠다. 이에 뇌신은 꼼짝 못하고 쇠망태기에 사로잡히고 말았다.

"뇌신아, 네가 비겁하게 나의 덜미를 잡으려고 불의의 습격을 가해왔다만은 도리어 네가 나에게 사로잡히고 말았구나. 하, 하, 하…"

용감한 사나이는 어깨를 으쓱거리며 통쾌하게 웃었다. 그 웃음소리는 멀리 산골짜기로 메아리쳐 울려 퍼졌다. 동시에 그렇게도 극성스러웠던 폭풍우가 딱 멈추고 하늘이 씻은 듯 맑게 개였다.

땅 위에는 다시 고요와 함께 포근한 햇살이 화창하게 비추었다. 용감한 사나이는 집안 한 구석에 쇠망태기를 옮기고 밖으로부터 더욱 공고하게 쇠칸살을 질렀다. 그리고 아이들에게 그 속에 갇힌 뇌신을 보이며 말했다.

"잘 보아라. 이 자가 바로 폭풍우를 몰고 와서 세상을 어지럽힌 심술꾸러기 뇌신이다."

그리고 아버지는 아이들에게 각별히 당부했다.

"이 자에게는 어떠한 경우라도 절대로 물을 주어서는 안 된다. 이 자는 물을 먹으면 힘이 솟구쳐 이 쇠칸살을 부수고 도망을 치고, 다시 악한 짓을 하고 세상을 어지럽힐 것이다. 그러니 절대로 물을 주면 안 된다."

용감한 사나이는 다시한번 쇠망태기와 밖에 덧씌운 쇠칸살을 점검하고 아이들에게 거듭 당부했다.

"아빠는 사냥하러 나간다. 절대로 물을 주면 안 된다."

(4) 뇌신의 탈출

처음에는 퍽 괴상하고 험상궂게 보이던 뇌신도 차츰 시간이 지나고 눈에 익으니까 그다지 무섭지도 않게 느껴졌다. 아이들은 쇠칸살 곁에서 태연하게 놀기도 했다. 그러자 뇌신은 몹시 고통스런 표정을 짓고 신음소리를 내기 시작했다. 어린 남매는 측은한 생각이 들어 왜 그러느냐고 물었다.

"목이 타서 죽겠다. 애들아 물 한 그릇만 떠 다오." 뇌신은 애처롭게 아이들에게 애걸을 했다.

"아버지가 절대로 물을 주지 말라고 하셨어요." 나이가 위인 오빠가 아버지의 지시를 따라 단호하게 거절을 했다. 그러나 뇌신은 더욱 애걸복걸 죽는 시늉을 하며 숨넘어가는 소리를 했다.

"한 그릇이 아니고, 한 모금이라도 좋다. 당장에 죽겠으니 제발 목숨 구제하는 셈치고 한 모금만 다오."

"한 모금도 안 돼요."

오빠가 고개를 저었다. 그러나 옆에 서 있는 누이동생의 얼굴에는 측은한 빛이 돌았다. 교활한 뇌신은 누이동생을 보고 더욱 애달픈 소리로 애걸했다.

"아가, 나 좀 살려다오. 물을 못 주겠거든 저 수건 끝에 물을 축여서 그것으로 내 입술이라도 축이게 해 다오."

그리고 뇌신은 두 눈을 감고 애타게 기다라는 시늉을 했다. 마음이 약한 어린 누이동생이 오빠를 보고 말했다.

"오빠, 수건 끝에 물을 적셔 주는 것은 괜찮겠지. 너무나 불쌍하니 그렇게 해 줄까?"

오빠 생각에도 며칠째 물 한 모금도 못 넘긴 뇌신이 너무나 불쌍하게 여겨졌다. 그리고 수건 끝에 물을 추겨서 입에 대주는 것쯤은 별로 지장이 없을 거라고 여겼다. 그래서 그는 동생을 보고 고개를 끄덕였다.

누이동생은 수건 끝에 물을 적셔서 쇠칸살 밖에서 뇌신의 바삭바삭 탄 입술을 축여주었다. 그 순간, 뇌신은 굉음을 울리며 불을 뿜었다. 그리고 쇠칸살을 어렵잖게 부수고 훌쩍 튀어나오면서 말했다.

"참, 고맙다. 너희들 덕택에 죽지 않고 살게 되었다. 이번에 내가 지상에서 패한 앙갚음을 하늘에 돌아가서 갚을 것이다. 그러나 너희들은 절대로 다치거나 해치지 않을테니 걱정을 마라."

그리고 그는 호박씨 같은 이빨 하나를 뽑아서 형제에게 주며 말했다.

"너희들은 나의 생명의 은인이다. 이것은 표주박의 씨다. 이것을 땅에 묻으면 싹이 나고 자라서 표주박이 될 것이다. 앞으로 나는 다시 하늘에서 홍수를 일으켜 지상세계를 휩쓸어 버릴 것이다. 그 때에는 아무도 살아남지 못한다. 그러나 너희들만은 이 씨에서 자란 표주박 속에 몸을 숨기고 있으면 온전하게 살아 남을 것이다."

그리고 뇌신은 번갯불을 타고 이내 승천해 버렸다.

(5) 홍수와 지상세계의 멸망

날이 저물어 아버지가 사냥한 노루를 등에 메고 돌아왔다. 어린 것들은 넋을 잃은 듯 멍청하니 부서진 쇠칸살과 쇠망태기를 가리키며 울음을 터뜨렸다.

그러나 이미 일이 돌이킬 수 없게 된 것을 어찌 하랴. 어린 철부지들을 꾸짖어야 무슨 소용이 있겠는가. 미구에 닥쳐올 뇌신의 대대적인 역습에 대비를 할 일이 급했다. 용감한 사나이는 서둘러 철선(鐵船) 한 척을 만들기 시작했다.

한편 어린 남매는 뇌신이 준 이빨을 땅에 묻었다. 이튿날 아침에 나가 보니 파란 싹이 돋았고 다음날에는 꽃이 피었고 또 다음날에는 커다란 호로(葫蘆)가 여물었다.

그 무렵이었다. 하늘이 다시 심상치 않게 돌아간다 싶더니 눈 깜작할 사이에 먹구름이 해를 덮어 가리고, 온 지구를 암흑 속에 묻었다.

이어 하늘이 갈라지며 바닷물을 엎어 쏟은듯이 폭우가 쏟아졌고 천둥과 번개가 온 천지를 진동했다.

전번의 유가 아니었다. 삽시간 사이에 높은 산봉우리가 물 속에 잠기었다. 이에 용감한 아버지는 철선을 띄우고 큰 소리로 외쳤다.

"애들아! 어서 이 배를 타라. 뇌신이 복수하러 왔구나."

두 어린 남매는 포악하게 휘몰아치는 폭풍우에 휩쓸려 허우적거리며 아버지 앞으로 가려고 했다. 그러나 산더미처럼 크고 억센 파도가 덮쳐, 단숨에 그들을 삼키고 멀리 흘려 떠 내렸다.

그런데 이게 어찌 된 일일까? 바로 눈앞에 커다란 호로 표주박이 입을 열고 있는 것이 아닌가! 어린 남매는 파도에 밀리어 저도 모르게 호로 속으로 텀벙 빠져들었다. 그러자 호로는 다시 입을 굳게 닫았다. 호로 안은 마치 아늑한 보금자리 같았다. 남매는 고사리 손을 맞잡고 서로 보듬었다.

노도에 휩쓸린 땅 위에는 아무 것도 살아남을 수가 없었다. 오직 흙탕물만이 사납게 소용돌이치고 있었으며 그 위에는 용감한 사나이가 탄 철선과 어린 남매가 탄 호로만이 파도에 출렁이고 있었다.

철선을 탄 용감한 사나이는 이토록 엄청난 괴변을 하늘의 상제(上帝)에게 고하기 위해 천문(天門)을 두들겼다.

"어서 문을 열어주시오. 상제에게 급하게 아뢸 말씀이 있습니다. 뇌신이 심술을 부려 지상세계를 휩쓸고 있습니다. 엄하게 영을 내려 그의 횡포를 막아 주십시오."

지상의 괴변을 전해들은 상제는 즉시 여러 천신(天神)들을 시켜서 뇌신의 횡포를 멈추게 조처했다. 동시에 수신(水神)으로 하여금 지상의 물을 즉시 거두어들이게 했다.

비로소 비바람이 멈추고 천문(天門)까지 부풀어올랐던 물이 일시에 빠졌다. 그 바람에 천문까지 올라갔던 철선과 그 뒤를 따르던 표주박 배가 곤두박질을 치며 밑으로 떨어졌다.

아버지가 탄 철선은 부서져 산산조각이 났으며 그 속에 타고 있던 용감한 사나이의 육신도 으스러졌다. 이에 그는 지상세계에는 그 이상 더 육신을 지닌 존재로는 살 수 없게 되었으며 별수없이 영혼만의 존재로 하늘 나라로 돌아가야 했다.

(6) 살아 남은 오누이

한편 표주박 배는 탄력 있고 말랑말랑했음으로 그 속에 타고 있던 어린 남매는 상처 하나 입지 않고 무사히 살아 남게 되었다.

지구는 다시 평온해졌다. 그러나 수마가 할퀴고 간 지상세계는 황량하고 흉물스럽기 짝이 없었다. 붉은 진흙더미에 묻힌 산이나 들에는 나무도 풀도 없었고 또 살아서 움직이는 동물은 그림자도 찾아 볼 수 없었다.

오직 호로 배를 타고 살아 남은 어린 남매만이 유일한 사람이었다. 이들 남매는 원래가 용감한 사나이의 아들딸이었다. 그러므로 용감한 아버지의 뜻과 업적을 받들고 따라서 다시 무에서 유를 만들어 내기로 작정을 했다.

우선 그들은 하늘에 올라가 하늘을 다스리는 천제(天帝)에게 「자신들이 지상세계에서 억울하게 죽은 부친을 대신해서 지상세계를 아름답고 풍요롭게 개척하고 가꾸겠다.」는 뜻을 아뢰었다. 그리고 제반의 지원을 요청했다. 이에 천제는 그들의 효성을 가상히 여기고 다른 신들에게 적극적으로 돕고 협력하라는 지시를 내렸다.

지상세계는 다시 질서를 회복했다. 해와 달을 중심으로 사계절의 운행이 순조롭게 잡혔고 또 비바람이 때맞추어 고르게 내렸고 다시는 뜻하지 않은 천재지변이 발생하지 않게 되었다.

이제부터는 오직 인간의 근면과 노력을 기울이는 일만이 남았을 뿐이었다. 이에 어린 남매는 밤낮으로 들에 나가 농사를 지었다. 수년이 지나자 논밭에는 푸릇푸릇 오곡이 알차게 여물었고 주변 산야에는 옛날처럼 초목이 자라 무성했고 울긋불긋 꽃이 피기 시작했다.

그리고 다시 몇 년 후에는 개나 닭, 소, 말 등의 가축들이 나타나 서성거리고 또 강물이나 호수에는 물고기들이 노닐게 되었다.

그 사이에 어린 남매는 무럭무럭 성장하여 하루가 다르게 어른 티를 내게 되었다. 오빠는 늠름한 젊은이로 성장했고 누이는 어엿한 처녀로 성장했다. 아울러 지상세계는 점차로 번성하기 시작했다.

그러나 막상 땅 나라의 주인이 될 사람들이 부족했다. 사람이라고는 오직 오누이 관계의 남매뿐이었다.

(7) 오누이의 결합과 인류탄생

오라비는 아름답고 해맑은 누이동생의 얼굴을 기웃거리며 혼자말로 중얼거렸다.

"이 땅 위에 사람들을 불리려면 별 수 없이 우리가 결혼을 해야 하겠구나. 안 그러냐."

귀가 밝은 누이동생이 곁에서 듣고 핀잔을 주었다.

"그 무슨 망측한 소리를 하세요. 같은 피를 받은 오누이가 어떻게 결혼을 하고 부부가 될 수 있어요. 절대로 안 됩니다."

"그러나 이 땅 위에는 너와 나뿐이니 어찌하니? 우리라도 별수 없이 결혼을 해서, 아들 딸 낳고 후손을 보아야 지상 세계에 사람들이 번성할 것이 아니냐?"

오라비의 말을 듣고 보니 그렇기도 했다. 이대로 살다가 그냥 죽으면 지상세계에는 아무도 사람이 없게 된다. 그렇다고 선뜻 결혼을 승낙할 수도 없었다. 마침내 누이는 오라비에게 조건을 제시했다.

"제가 앞서서 뛸 테니, 뒤쫓아 와서 잡아보세요. 잡히면 별 수 없이 결혼을 하지요."

그리고 누이는 큰 나무 둘레를 앞서서 뛰었고 오라비는 같은 나무 둘레를 빙빙 돌며 뒤쫓았다. 그러나 아무리 쫓아도 잡을 수가 없었다. 이에 오라비가 간사한 꾀를 냈다. 누이의 뒤를 쫓는 척하다가 후딱 뒤로 돌아서 역주했다. 그런 줄도 모르고 앞만 보고 내닫던 누이는 왈칵 오라비가 벌린 두 팔 사이 품 속으로 정면으로 뛰어들고 말았다. 이에 오누이는 별 수 없이 결혼을 하고 부부가 되었다.

얼마 후 아내가 된 누이는 살덩이를 낳았다. 이들 부부는 그 살덩이를 소중히 간직하고 상제에게 고하려고 천국으로 올라갔다. 그러나 하늘나라에 당도하기 전에 공중에서 몹시 심한 바람을 만나 아차 하는 사이에 그 살덩이를 바람에 날리고 말았다. 바람에 부린 살덩이는 사방으로 흩어져 땅 위로 떨어졌다. 다급히 뒤쫓아 내려와 보니 그 살덩이들이 모두가 사람으로 변했다.

이에 일시에 많은 자식들의 부모가 된 오누이는 저마다 성을

지어주기 시작했다. 나뭇가지에 떨어진 자식에게는 목(木)이라
성을 지어주고, 잎에 떨어진 자식에게는 섭(葉)이라 성을 지어
주었다. 나머지 많은 자식들에게도 제마다의 특성에 맞게 성을
정해 주었다. 이렇게 해서 지구 위에는 인류가 번성하게 되었
으며 부부가 된 오누이가 바로 인류의 시조라고 칭송되었던 것
이다. 이들 오누이는 호로(葫蘆)에 숨어서 살아남았으므로 같은
뜻의 포희(匏戲) 혹은 복희(伏羲)라고도 부르게 되었다.

　후세에는 이들 오누이를 나누어 복희(伏羲)와 여와(女媧)라고
불렀다. 복희와 여와를 홍수에서 살아남은 오누이로부터 부부
로 바꾸어 인류의 시조로 삼은 이 신화는 어느 면에서는 구약성
서의 「아담과 이브」 혹은 「노아의 홍수」를 연상케 한다. 한편
윤리적으로 용납되지 않을 오누이의 결혼을 통해서 인류가 번
식했다고 하는 것도 인류를 하나의 뿌리에 귀착시키려는 의도
에서 나온 불가피한 발상일 것이다. 즉 하나님에 의해서 「아담
과 하와」가 나왔듯이 땅을 개척하려든 지신(地神)에 해당하는
용감한 아버지의 오누이가 부부가 되어야 인류가 한 계통의 후
손으로 번식할 수 있었던 것이다. 기독교의 경전 구약성서에는
하나님이 먼저 남성 아담을 만들고, 아담의 갈비뼈로 이브를
만들었다고 했다. 역시 「하나의 절대」에서 「남자와 여자」가 만
들어졌으며, 그들로부터 인류가 탄생했다고 기록했다.

　동양 철학은 태극(太極)에서 음(陰)과 양(陽)의 양의(兩儀)가
나오고 다시 「태양(太陽), 소양(小陽), 태음(太陰), 소음(小陰)」

의 사상(四象)이 나오고 다시 팔괘(八卦) 및 육십사괘(六十四卦)로 발전한다고 풀이했다. 결국 「하나」에서 나온 「남자와 여자」가 「인류의 시조」일 수밖에 별 도리가 없게 마련이다.

동양의 인간학 천지개벽 : 회남자의 설

종교 사상은 시간과 공간을 초월한 절대(絕對)에서 우주, 천지, 자연, 만물이 나왔다고 한다. 지금으로부터 약 2천 년 전에 저술된 회남자(淮南子)에는 중국 고대 신화의 자료가 될만한 글이 많이 수록되어 있다. 그중에서 천지개벽에 관한 구절을 추려 보겠다.

『하늘과 땅이 형성되기 전의 우주는 허황하고 아득하고 걷잡을 수 없는 무형의 혼돈뿐이었다. 이를 태소(太昭)라고 일컬었다. 그러자 태소에서 허공이 생겨났고 다시 허공에서 상하 사방의 광대한 공간과 영원한 시간이 생겨났다. 이것이 곧 우주다. 우(宇)는 공간을 뜻하고 주(宙)는 시간을 뜻한다. 그 우주로부터 만물의 근원인 기(氣)가 생겨났으며 청명(淸明)한 기는 엷게 퍼져 위로 올라가 하늘이 되고, 중탁(重濁)한 기는 아래로 처져서 땅이 되었다. 위로 퍼진 청명한 기는 쉽사리 합쳤으나 아래로 쳐진 중탁한 기는 응고되기 어려웠다. 따라서 하늘이 먼저 이루어졌고 땅은 뒤늦게 굳어지고 형성되었다.

그리고 다시 천지간에 쌓이고 모였던 정기(精氣)는 음(陰)과 양(陽)으로 나뉘었다. 이어 음과 양의 기가 시간의 흐름을 타고 춘하추동(春夏秋冬)의 사계절을 이룩했으며 다시 사계절의 운행과 더불어 천지의 기가 함께 어울려서 만물의 근원인 오행(五行)이 형성되었다.

양기만이 쌓인 열기로부터는 불[火]이 나왔고, 그 화기 중에서도 가장 세찬 것이 태양이 되었다. 한편 음기만이 쌓인 한기로부터는 물[水]이 나왔고, 가장 맑은 한기가 모이고 쌓여서 달이 되었다. 그리고 해와 달에서 넘쳐 나온 정기가 저마다의 다른 별들이 된 것이다.』

「회남자 천문편(天文篇)」에는 또 다음과 같은 기록이 있다.

『우주 천지가 본래에는 혼돈한 상태에서 점차로 분리되어 맑은 양기는 위로 솟아 올라가 하늘이 되었고 무겁고 탁한 기는 아래로 쳐져 응고되고 굳어져서 땅이 되었다. 그리고 하늘과 땅 사이의 모든 기가 음과 양으로 나뉘어 서로 엉기고 배합되어 일월성(日月星)을 비롯한 자연 만물이 되었고 또 시간의 운행과 더불어 사계절의 변화를 있게 했다.』

또 우주 천지의 개벽과 형성을 다음과 같은 순서로 해석하고 있다.

『태소(太昭)--허간(虛間)--우(宇:공간)--주(宙:시간)--기(氣)--천(天)--지(地)--사계절(四季節)--자연만물(自然萬物)』

동양의 인간학 장자와 노자의 설

혼돈을 우주나 천지의 시초로 삼고자 했던 중국민족의 신화적 전통은 노장(老莊)에 와서 사상으로 전개되었다. 장자의 「응제왕편(應帝王篇)」에 다음과 같은 우화가 있다.

『남해(南海)를 지배하는 제왕은 숙(儵:순간의 뜻)이고 북해(北海)를 다스리는 제왕은 홀(忽:홀연의 뜻)이었다. 그리고 그들 중간에 혼돈이라고 하는 제왕이 자리를 차지하고 있었다. 어느 날, 남해의 숙과 북해의 홀이 중앙에 있는 혼돈의 나라에서 만났다. 그 때에 중앙을 다스리던 혼돈은 이들 두 제왕을 극진하게 대접했다. 이에 남과 북에서 온 숙과 홀이 서로 의논하여 자기들을 후대해 준 혼돈에게 보답하고자 했다. 그들은 의논 끝에 말했다.

"사람에게는 눈이 두 개, 귀와 콧구멍이 각각 두 개, 그리고 입이 하나, 모두 일곱 개의 구멍이 있어, 보고 듣고 먹을 수가 있는데, 저 혼돈이란 임금은 구멍이 없어 흐리멍덩하니, 우리가 그에 대한 보답으로 구멍을 뚫어 줍시다."

합의를 본 숙과 홀은 마침내 하루에 하나씩 혼돈에게 구멍을 뚫어 주었다. 그렇게 7일이 지나 일곱 개의 구멍이 다 완성되자 혼돈은 그만 죽어 버리고 말았다.』

이 짧은 이야기는 신화이기도 하고 철학적 우화이기도 하다. 이것을 신화로 보고 풀이하면 너무 단순하고 깊은 의미를 찾기가 어렵다. 그러나 철학적 우화로 보고 노장 철학의 입장에서 풀이를 하면 그 뜻이 깊게 나타난다.

　노자나 장자의 철학에서는 우주의 본체를 무(無) 혹은 「시간과 공간을 초월한 절대(絶對)」라고 본다. 그리고 그 절대에서 모든 유(有)가 나타났다고 주장했다. 노자는 도덕경(道德經)에서 다음과 같이 말했다.

　『천하의 만물은 유에서 태어난다. 유는 무에서 태어난다.』[1]

　이때의 유(有)는 음양의 기를 말하고 무(無)는 무형(無形)의 절대인 우주의 본체, 실재를 지칭한 말이다.

　하늘에는 태양과 달 및 지구를 위시하여 무수한 별들이 떠 있다. 그리고 땅에는 자연 만물과 식물 동물 및 인간이 존재하고 있다.

　그러나 이들 천지 만물은 무에서 나와서 다시 무로 되돌아간다고 노장 철학은 말한다. 즉 우주, 천지, 만물의 근원을 「절대무(絶對無)」로 보는 것이 노장 철학의 입장이다.

　「절대무」는 시간과 공간을 초월한 무형의 본체이다. 그러므로 피조만물의 하나이며 시간과 공간의 제약을 받고 있는 일시적 존재이자 동시에 미미하기 짝이 없는 인간은 「절대무」인 우주의 본체, 실재를 인식할 수가 없다.

　더욱이 인간의 감각 기관의 하나인 입을 통한 말로 표현할 수는 없다. 그러므로 노자는 다음과 같이 말했다.

　『인간이 말로 주장하는 우주의 진리는 참 진리가 아니다. 또

---

1) 天下萬物生於有 有生於無. 〈老子 40장〉

사람이 말로 이름지어 일컫는 우주의 본체는 참다운 본체가 아니다.」[2]

천지 만물은 「절대무」에서 나와서 「절대무」로 돌아간다. 그 절대는 시간적으로나 공간적으로나 무한(無限)하다.

그것을 순간적이면서 지극히 미미한 존재인 인간이 어찌 파악하고 인식할 수가 있으랴? 더욱이 그 「절대무」의 실재를 어찌 감각 기관의 하나인 입을 통한 말로 표현할 수가 있으랴?

인간으로서는 알 수도 없고 말로 표현할 수도 없는 것이다. 설사 「도(道)」라고 해도 그것은 방편상의 호칭인 것이다.

결국 우주, 천지, 만물의 본체는 「알 수 없는[不可知] 혼돈」이라고 할 수밖에 없다.

그러한 「혼돈」 즉 시간적으로나 공간적으로나 무한대하고 천지 만물을 포괄하여 끝없이 생성, 변화하는 「절대무인 우주의 본체, 실재」를 「순간적, 부분적 감각으로 파악하거나 인식하려고 하면」 결국 「절대무인 본체, 실재」를 죽이게 된다.

장자의 우화는 「우주의 본체는 혼돈」임을 시사하는 것이다. 그러나 이러한 철학적 사고를 일반인은 따를 수가 없다. 사람들은 역시 감각 기관을 통해서 보고 듣고 인식하고 또 말로 표현해야 납득하게 마련이다.

그렇다고 엄연히 존재하는 천지 만물의 근원이나 실재를 「흐리멍덩한 혼돈」이라고 부를 수 없다.

---

2) 道可道 非常道 名可名 非常名.〈老子 1장〉

보다 확실한 이름 즉 절대적 권위가 있는 칭호가 필요하다. 그러므로 「신(神), 천제(天帝), 상제(上帝), 하나님」 등의 존엄한 이름으로 부르게 된 것이다. 아울러 질서 정연하게 생성(生成)하고 변화(變化)하는 우주의 도리도 「흐리멍덩한 혼돈의 도리」라고 부를 수 없다. 그래서 「절대 진리, 천도(天道)」라고 권위있는 칭호로 부르게 된 것이다.

한편 장자의 우화를 노장의 무위자연(無爲自然)의 사상을 바탕으로 풀이할 수도 있다. 우주, 천지, 자연은 「무목적적(無目的的)」으로 스스로 생성, 변화하고 있다. 즉 「흐리멍덩하게 생성, 변화, 사멸」하고 있는 거라고 간주한 것이다.

그것이 우주의 실상이거늘 「숙(倏)과 홀(忽)」 두 제왕이 인간적인 꾀를 가지고 개조하려고 했음으로 「혼돈(混沌)」 즉 우주의 실재가 죽은 것이다. 남과 북의 대립적 지배자들을 숙이니 홀이니 하는 이름으로 부른 그 자체가 순간적 존재라는 뜻을 암시한 것이다. 이에 비해 인간의 지각이나 대립을 초월한 절대인 중앙의 왕을 혼돈이라고 일컬었던 것이다.

인간의 존재, 생명, 감각적 인식은 순간적이다. 그 순간적 생명을 누리고 있는 숙과 홀이 영원한 존재이자 우주의 실체인 혼돈에게 일곱 개의 구멍을 뚫어주었다고 하는 것은 인간적, 순간적, 분석적, 대립적 지각을 혼돈에게 주고자 한 것이다.

그러나 혼돈은 절대적 실재이며 만물의 근원적 본질이자 영원한 실상이다. 시간과 공간을 초월한 절대는 상대적 지각이나 가치를 초월한다. 이와 같은 절대적 실재에게 순간적 존재인 인간의 지각을 옮겨 주겠다는 옹졸한 목적의식이 작용을 했으니 혼돈이 죽었던 것이다. 장자의 사상은 바로 혼돈에서 천지가 나왔다고 하는 신화와 맥을 같이 한다.

동양의 인간학 반고(盤古) 신화의 의미

천지개벽에 앞서 우주의 혼돈이 지속되었다. 그러나 천산(天山)에 신조(神鳥)가 나타나자 불[火]이 피어나기 시작했고 겹겹이 막혔던 어둠에 숨통이 트이면서 비로소 천지창조의 징조가 나타나게 되었다. 그리고 마침내는 반고(盤古)가 나타나, 손으로 하늘을 바쳐 올리고, 발로 땅을 밑으로 다지고 굳혔다고 했다.

『하늘과 땅이 갈라지기 전의 우주는 혼돈했다. 그 혼돈한 기(氣)를 정리해서 천지를 개벽한 신이 바로 반고(盤古)다. 반고는 혼돈을 태로 하고 출생했다. 외벽이 꽉 막힌 계란 속에서 한결같이 혼수 상태에 빠졌던 반고는 1만 8천 년 만에 눈을 떴다. 밀폐된 계란 속은 암흑으로 숨통이 막힐 지경이었고 방향도 때도 분간할 수가 없었다.』[3]

『그리고 혼돈했던 계란 속의 기가 상하로 갈라지기 시작했다. 즉 맑고 가벼운 기는 하늘로 올라가고 탁하고 무거운 기는

---

3) 天地混沌如鷄子 盤古生其中一萬八千歲.

아래로 처져 굳어졌다. 이에 하늘과 땅이 갈라지고 형성되기 시작했다.」[4]

『반고는 두 손을 위로 치켜들고 하늘을 떠받치고 발로는 땅을 눌러 밟았다. 그리고 하루에 한 길씩 성장해 나갔다.」[5]

『이에 따라, 하늘과 땅 사이도 하루하루 벌어지게 되었으며, 다시 1만 8천 년이 지나 마침내 하늘과 땅 사이가 9만 리로 벌어졌으며 또 하늘과 땅이 각각 굳어지고 고정되었던 것이다.」[6]

『한편 반고의 눈물이 고여 바다가 되고, 토하는 입김은 바람이 되고, 노기충천하여 눈을 부라리고 호령을 하면 우레, 천둥, 번개가 치고, 즐겁게 미소지으면 봄바람이 훈훈하게 불었으며, 만물이 포근하게 자랐다. 마침내 그가 죽자 그의 두 눈은 해와 달이 되었고, 골격은 산악, 뼈는 금은보석, 피는 하천, 살은 흙으로 변했다.」

이 신화도 중국민족의 특성이 잘 나타나 있다. 자신의 노력으로 천지를 개벽하고 자연 만물을 창조한 반고는 더없이 고마운 존재이다. 그러므로 옛사람들은 그를 신으로 받들었다.

결국 중국 민족은 천지개벽이나 만물의 생성(生成)도 다 인간적으로 해석했음을 알 수 있다.

---

4) 天地開闢 陽淸爲天 陰濁爲地.

5) 盤古在其中 一日九變 神於天 聖於地.

6)「天日高一丈 地日厚日丈 盤古日長一丈.」「如此一萬八千歲 天數極高 地數極深 盤古極長 後乃有三皇)」〈藝文類聚, 三五曆記〉

제2장 성제(聖帝)와 덕치(德治)

1. 삼황(三皇)과 오제(五帝)의 등장

천지가 개벽되고 지상세계에 식물 동물이 번식하고 다시 인류가 나타나 문화를 발전시켰다. 그 모든 것이 언제 어떻게 누구에 의해서 이루어졌는지 우리는 알지 못한다. 그래서 막연하게 하느님이 천지 만물을 창조하고 만물의 영장인 사람으로 하여금 역사와 문화를 창조적으로 발전케 하고 있다고 설명한다.

중국의 신화에서는 그와 같은 역사적 발전을 삼황(三皇)과 오제(五帝)를 중심으로 풀이했다. 먼저 삼황이 하늘과 땅과 인류를 창조하고 주관했으며, 다음에 오제가 나타나 원시 공동체를 형성하고 덕으로 다스렸다. 인류는 태고 때부터 동물과는 차원이 다른 집단생활을 영위했으며 동시에 역사적으로 발전했다. 즉 소박한 부족 중심의 공동체가 민족국가로 통합되고 바야흐로 인류는 하나의 지구촌 세계를 창건할 단계에 오게 된 것이다.

중국 신화에서는 황제(黃帝)를 중화민족(中華民族)의 시조로 받들고 아울러 요(堯)임금과 순(舜)임금을 최고의 성군(聖君)으로 높이고 있다.

특히 왕도덕치(王道德治)와 대동세계(大同世界)의 구현(具現)을 강조하는 유가(儒家)에서는 요순(堯舜) 두 임금을 최고로 높인다. 그들은 절대선(絶對善)의 도를 따라 덕치(德治)를 폈으며, 천하를 사유화(私有化)하지 않고 공기(公器)로 보고 유덕자(有德者)에게 대권을 선양(禪讓)했기 때문이다.

오제(五帝)는 다음과 같다.

① 황제(黃帝)
② 전욱(顓頊)
③ 제곡(帝嚳)
④ 제요(帝堯)
⑤ 제순(帝舜)

이들 다섯 명의 성제는 공동체를 꾸미고 역사적으로 발전시킨 위대한 지도자다.

특히 요제(堯帝)와 순제(舜帝)는 무위자연(無爲自然)의 덕치(德治)와 대동이상(大同理想)을 따라 선양(禪讓)한 성제(聖帝)다. 다음에서 항목 별로 서술하겠다.

2. 신화·사화 : 황제(黃帝)

(I) 민족공동체를 형성한 황제

황제에 대한 역사 기록은 본래 신화를 바탕으로 기술한 것이다. 그러므로 황제에 대한 신화와 사화가 서로 엉켜있게 마련이다.

신화적 사화에서는 황제를 번갯불의 아들로 중국민족의 시조이자 아울러 공동체를 창건한 성제로 높이고 있다.

「황제(黃帝)의 성은 공손(公孫) 혹은 희(姬), 이름이 헌원(軒轅)이다. 그의 아버지는 유웅국(有熊國)의 임금이었다. 그의 어머니가 북두칠성의 첫째 별을 휘감는 번갯불을 보고 감동되어 그를 잉태했다고 전한다. 말하자면 황제는 번갯불의 화신(化身)이라고 하겠다.」[7]

「신농씨의 후손들이 덕을 잃고 세상이 흐트러지고 쇠퇴하자 각 지방의 제후들이 서로 무력으로 싸우고 남의 나라를 탈취하기에 이르렀다. 즉 삼황 시대의 소박했던 원시 공동체가 분열하고 서로 무력쟁탈을 시작했던 것이다. 이에 평화로웠던 원시 공동체가 소란해지고 각지의 영주들이 무력으로 서로 세력 다툼을 하게 되자, 황제는 무력을 강화하고 조공을 바치지 않는 제후들을 제압했던 것이다.

---

7)「母見大電繞北斗樞星 感而生帝」

　마침내 황제는 제후 중에도 가장 강대한 신농씨의 후손 염제를 판천(阪泉)에서 격퇴하고 천하의 대권을 잡기에 이르렀다.」

　「그러자 이번에는 치우(蚩尤)가 반란했다. 그는 구리쇠로 만든 이마를 가지고 또 안개를 피우는 신통력을 지닌 악독한 제후였다.」

　「그러나 천도와 정의를 굳게 지키는 황제 편에는 충성스런 용사들이 가담했고 또 현명한 사람들이 새로운 무기와 지남차(指南車) 같은 기계를 발명해 바쳤음으로 결국에는 황제가 치우를 탁록(涿鹿)에서 격파하고 그를 처형했던 것이다.」[8)

　「마침내 황제는 태양을 상징하는 염제의 후손을 대신하여 천자가 되고 흙[土]의 덕(德)을 바탕으로 천하를 다스리게 되었다.」

　「황제는 천하를 평정하자 무엇보다도 먼저 운사(雲師)로 하여금 풍조우순(風調雨順)하게 천기와 기후를 조절하여 지상의 백성들이 농사를 잘 짓게 했다. 또 수레와 배를 만들어 사람들이 편하게 사방으로 오가게 했다. 즉 교통 문화의 창시자이기도 하다.」[9)

　「황제는 다시 황하의 큰 고기가 바치는 하도(河圖)를 보고 일월성신(日月星辰)의 운행과 변동을 관찰하고 천문을 살피는 성

----

8)「軒轅作指南車　與蚩尤戰於涿鹿之野擒之」
9)「遂代炎帝爲天子　土德王　以雲紀官　爲雲師　作舟車以濟不通」

관(星官)을 두었다. 북두칠성의 회전을 바탕으로 십간(十干) 십이지(十二支) 및 달력과 수학(數學)을 사람에게 전수했다.」

「한편 대나무로 십이율(十二律)의 피리 및 열두 개의 황종(黃鐘)을 만들고 또 궁상각치우(宮商角徵羽)의 오음(五音)을 제정하여 자연과 음악을 일치시켰다.」

십팔사략(十八史略)은 다음과 같은 전설도 적었다. 「황제가 화서국(華胥國)의 꿈을 꾼 다음에 천하를 더욱 잘 다스렸다.」 「황제가 말년에 구리솥[銅鼎]을 만들자 하늘에서 용이 내려와 그를 태우고 하늘로 올라갔다.」 「황제에게는 아들이 25명 있었고, 그 중 14명이 성(姓)을 이어받고 각 지를 다스렸다.」

(2) 황토문화(黃土文化)의 시조

중화(中華) 민족과 중화문화는 황하(黃河) 유역의 황토 지대를 터로 하고 발생하고 또 발전했다. 중국 대륙의 서북 고원에서 발원한 황하가 서너 차례 굴절하고 하남성(河南省) 중부의 평원으로 흘러들면서 소위 「하북 델타(delta)」로 불리는 광대한 황토 지대를 형성한다.

바로 이 지역을 중심으로 고대 중국의 민족과 문화가 발전했던 것이다. 그러므로 고대의 중국민족의 문화를 「황토문화」라고 한다. 황제는 바로 황토문화의 시조다.

황제는 중화민족의 시조이기도 하다. 중화민족은 「찬란한 문화의 꽃을 피어내고 있는 중심 국가의 겨레」라는 뜻이다. 그러므로 황제는 황토문화 및 중화민족의 시조를 겸하고 동시에 오늘에 이르도록 중국의 역사 문화 발전의 근원이 되는 위대한 신 혹은 임금으로 숭앙되고 있다. 황제를 한자로 「황제(黃帝)」라고 쓰면 황토 지대를 다스린 지상 세계의 위대한 임금의 뜻이 잘 나타난다. 그러나 옛날에는 황제(皇帝)라고 쓰기도 했다. 즉 크게 빛나는 위대한 임금이란 뜻이다. 「황제(皇帝)」란 원래 「황천(皇天)의 상제(上帝)」라는 뜻으로 「넓고 빛나는 하늘을 다스린 위대한 임금」의 뜻이다. 황제는 하늘과 땅을 통괄해서 다스린 신화적 존재이다. 이 때에는 「황제(皇帝)」라는 칭호가 잘 어울린다. 그러나 황토지대를 터로 하고 나라를 세우고 찬란한 중화문화(中華文化)이 꽃을 피우게 한 지상세계의 임금이라는 뜻을 잘 나타내기 위해서는 황제(黃帝)라는 칭호가 잘 어울린다. 그러므로 일반적으로는 「황제(黃帝)」라고 쓰며 이 책에서도 「황제(黃帝)」로 통일하겠다. 한 마디 덧붙이겠다. 무력으로 중국을 통일한 진(秦)나라의 임금이 「황제(皇帝)」라는 칭호를 쓴 것은 칭호의 찬탈(篡奪)이다.

염제 신농씨(炎帝 神農氏)

(3) 사기(史記)에 기술된 황제(黃帝)

사마천(司馬遷)은 사기(史記)를 「오제본기(五帝本紀)」부터 기술했고, 그 첫머리에 황제를 내세웠다. 사마천이 쓴 황제에 대한 기록을 간추리면 대략 다음과 같다.

『황제는 유웅국(有熊國)의 임금 소전(少典)의 아들이다. 성은 공손(公孫)이고 이름은 헌원(軒轅)이다. 신지영묘(神智靈妙)한 천성을 지녔으며 갓난아이 때에 이미 말을 했으며 어려서부터 총명하고 강직하고 또 행동이 민첩했다. 성인이 된 그는 위엄을 갖추고 만민들을 잘 교화했다. 그 무렵에 신농씨의 덕화력(德化力)이 약화되어 제후(諸侯)들이 서로 싸우고 서로 침략을 일삼고 있었다.

따라서 백성들이 무고하게 전란에 휩쓸려 고초를 겪어야 했다. 그럼에도 불구하고 신농씨의 힘으로는 천하를 평정할 수가 없었다. 이에 황제가 간과(干戈 : 창과 방패 즉 무기)를 들고 나가서 신농씨에게 복종하지 않는 제후들을 응징했으므로 대부분의 제후들이 황제의 말을 듣고 그를 따르게 되었다.

그러나 염제 신농씨의 후손 중의 한 임금이 반감을 품고 무력으로 제후들을 위협하고 정벌하려고 했다. 이에 제후들은 한층 더 황제에게 귀순하게 되었다.

한편 황제는 덕(德)을 닦고 무력을 정비하고 「목화토금수(木火土金水)」의 오행(五行)의 기(氣)를 잘 조화시키고 「메기장, 차기장, 콩, 보리, 쌀(黍稷菽麥稻)」의 오곡을 풍성하게 키워 만백성을 구제하고 사방의 나라들을 안정시키고 동시에 「곰, 호랑이, 비, 휴[熊虎貔貅]」 등의 맹수들을 길들여서 신농씨의 후손과 판천(坂泉 : 河北省)에서 여러 차례 격렬한 전투를 벌여 끝내 반역자들을 격파했다.

그 후 황제는 다시 탁록(涿鹿:察哈爾省)에서 포악 무도한 치우(蚩尤)와 치열한 격전을 전개했으며, 마침내는 치우를 잡아죽임으로써 천하를 바로 세울 수가 있었다. 이에 제후들은 황제를 존경하고 그를 신농씨의 뒤를 이을 천자로 모시고 받들었다.」

특히 사마천은 다음과 같은 점을 강조했다.

『황제는 천하에 순종하지 않는 자가 있으면, 언제나 무력을 동원해서 그 자를 정벌했다. 그리고 평정한 다음에는 다시 무력을 거두어 백성들을 안락하게 살게 했다.』

황제는 무력을 동원해서라도 천하를 평정하고 공동체의 평화와 만민의 안정을 보장해 준 천자였다. 유교는 무력의 남용을 배척한다. 그러나 침략자에 대한 무력항쟁은 긍정한다. 사마천의 기술은 흡사 역사적 사실같이 느껴진다. 그러나 황제를 비롯한 오제가 다 역사적 실존 인물이 아니고 신화적 존재이다.

(4) 황제는 신화적 인물

황제(黃帝)의 「황(黃)」이 오행설(五行說)에 의해서 붙여진 글자이다. 역사적으로 왕조가 다음과 같이 이어졌다.

하(夏)--은(殷)--주(周)--진(秦)

그리고 이들 왕조를 오행에 맞추면 다음과 같이 된다.

하(夏=木)--은(殷=金)--주(周=火)--진(秦=水)

오행설로 하(夏=木) 이전은 「황제=土」가 된다. 이때의 「토(土)」를 색(色)으로 표현한 것이 「누를 황(黃)」이다.

비록 황제가 역사적 실존 인물이 아니고 신화적 가공 인물이라 해도, 황제의 존재 가치는 크다.

즉 태고 때의 중화민족의 시조이자 황토지대에 세운 민족 공동체의 영도자로서 인덕(仁德)과 무력(武力)을 겸비해서 악을 응징하고 정의로운 하나의 공동체를 창건하고 지켰던 천자였다. 고로 그의 존재의 뜻과 가치가 더욱 크다.

황제는 우주의 중앙에 자리를 잡고 천상천하를 다스렸다. 그러므로 그는 곧 중앙의 신이기도 했다. 「회남자(淮南子) 천문편(天文篇)」을 참고해서 다음과 같은 표를 만들 수 있다.

중앙의 신 황제는 동서남북 사방에 각 한사람의 보좌신(補佐神)을 두었다. 즉 동방의 목신(木神), 이름을 구망(句芒)이라고 하는 신은 봄을 다스렸고, 남쪽의 화신(火神) 즉 축융(祝融)은 여름을 다스렸고, 서방의 금신(金神) 즉 욕수(蓐收)는 가을을 다스렸고, 북방의 수신(水神), 즉 현명(玄冥)은 겨울을 다스렸고, 중앙의 토신(土神), 즉 후토(后土)는 사방을 관장했다.

방향	계절	오행	제신(帝神)	색(色)
동	춘(春)	목(木)	태호(太皥)	청(靑)
남	하(夏)	화(火)	염제(炎帝)	적(赤)
중앙	곤(坤)	토(土)	황제(黃帝)	황(黃)
서	추(秋)	금(金)	소호(少昊)	백(白)
북	동(冬)	수(水)	전욱(顓頊)	흑(黑)

천상천하에서 사방을 관장한 황제는 괴상하게도 네 개의 얼굴을 가졌다고 한다. 그러므로 동시에 동서남북을 내다볼 수가 있었다. 아울러 정의를 수호하는 황제는 동시에 사방의 악덕이나 범죄를 감시하고 또 적발해서 응징하기도 했다. 황제가 지상 세계에 내려오면 곤륜산(崑崙山)에 있는 웅장한 궁전에 거처했고 현포(懸圃)라고 부르는 꽃밭을 산보했다고 전한다.

곤륜산 궁전을 지키는 신을 육오(陸吾)라고 했다. 그 천신은 외모가 사납게 생겼으며 얼굴은 사람을 닮았으나 몸이나 발과 발톱은 호랑이와 같았고 꼬리가 아홉 개가 있었다. 그 주변에는 또한 여러 마리의 봉황새들이 날면서 황제의 시중을 들기도 했다. 꽃밭 현포는 초영(招英)이라는 신이 관리를 했다.

3. 신화 : 황제와 치우(蚩尤)의 결전

(1) 악신(惡神) 치우의 반란

삼황이 다스리던 무위자연의 소박한 시대가 지나고 오제의 시대가 되자, 각처에 여러 부족 국가가 우후죽순 격으로 나타났고 서로 세력 다툼을 하게 되었다. 이에 천명을 받고 천하를 하나의 공동체로 만들고 아울러 만민의 평화와 행복을 책임진 황제는 불가피하게 무력을 써야 했다.

네 개의 얼굴을 가진 황제는 항상 사방을 살피고 또 신들을 먼 곳에 파견하여 악한 신이나 귀신들의 동향을 빈틈없이 감시했다. 그러므로 질서가 잡히고 좀처럼 악덕이 끼여들지 못할 것으로 생각되었다. 그러나 뜻하지 않은 반란이 일어났다. 반란을 일으킨 장본인은 치우다. 치우는 천상의 악신으로 알려졌으나 실은 남쪽의 포악하고 호전적인 거인족(巨人族)을 대표하는 추장이다. 기록에 보면 치우에게는 81명의 형제가 있으며 그들 모두가 무력이 강했고 성질이 잔인 영독(獰毒)하기 짝이 없다고 적혔다. 그들의 머리통은 구리[銅]로 덮였고 이마가 쇠[鐵]로 된 괴물이었다. 그들은 인면수신(人面獸身)이면서 사람의 말을 잘 했다. 더욱 기괴한 것은 그들은 모래, 돌, 철 등을 상식(常食)했고 예리한 창[矛]이나 미륵창[戟] 또는 도끼[斧] 및 견고한 방패[盾] 등의 무기를 잘 만들고 또 잘 썼다. 뿐만 아니라 온갖 신통력을 부릴 줄도 알았다.

이와 같이 사나운 부족들의 두목인 치우는 더욱 괴상하고 흉악했다. 그는 인신우제(人身牛蹄 : 몸통은 사람이지만 발바닥은 소)로 네 개의 눈과 여덟 개의 손발을 가졌으며 특히 머리통에 날카로운 뿔이 돋았고 모발이 칼처럼 솟아 뻗쳤다고 한다. 그는 말하자면 악신과 악귀를 합친 가공할 괴물이었다.

마침내 치우는 자기의 음흉하고 포악한 형제와 부족들을 거느리고 남쪽을 다스리던 염제의 나라를 공격했다. 이에 염제가 탁록(涿鹿)으로 후퇴하자 치우는 영토를 확대했다.

그리고 다시 승리의 여세를 몰아 탁록을 점거하고 아울러 천상천하를 다스리고 있는 황제의 권세를 탈취하려고 획책했다.

이 소식을 들은 황제는 크게 노하고 즉시 그에 대한 대책을 강구했다. 허기는 치우가 지금은 타락하여 악덕하게 난동을 자행하고 있지만 본래 그도 착한 천신(天神)의 자손이다. 그러므로 황제는 치우가 스스로 개과천선하기를 바라는 마음에서 인내하고 또 좋은 말로 타이르고 도리로써 설득하려고 애를 썼다. 그러나 탐욕에 눈이 뒤집히고 부족들의 무력을 과신한 치우는 황제의 타이르는 말에 귀를 기울이지 않고 승리를 자신하고 당장 쳐들어올 기세였다. 지난번의 싸움에서 자기네 군대는 청동(靑銅) 혹은 철기(鐵器) 같은 최신식 무기를 사용했다. 그러나 천신(天神) 염제의 군대는 낡은 석기(石器)로 무장을 했었다. 그러므로 독수리가 병아리를 낚아채듯, 사자가 양을 덮치듯, 치우의 정예부대는 일거에 염제의 군대를 무찔렀던 것이

다. 예나 지금이나 무력이 강한 자는 전쟁과 침략을 좋아하게
마련이다.

치우는 생각했다. 「황제는 착하기만 했지, 그 진영에는 날카
로운 첨단무기가 없고 또 그의 막하에는 억세게 싸울 무사들이
없다. 그러니 이번 싸움도 힘들이지 않고 이길 것이다. 결국 내
가 천상 천하의 통치권을 차지하고 만민에게 호령할 수 있게 되
리라.」

(2) 선(善)과 악(惡)의 싸움

이렇게 치우가 완악(頑惡)하게 싸우려고 하니 황제도 별 수
없이 그들을 상대하고 싸우기로 작정을 하고 사방의 착한 제후
와 무사들을 소집하고 비장한 결의를 표명했다.

"이 싸움은 선한 신과 악한 신 사이의 마지막 결전이오. 만약
에 패하면 온 천하를 악한 치우에게 넘겨야 하오. 그러므로 어
떠한 일이 있어도 우리가 반드시 승리해야 하오. 여러 분들의
분투를 기대하오."

황제는 하늘의 모든 신령과 귀신을 동원했고 또 지상세계의
모든 정의로운 군대들도 동원했다.

이에 하늘을 나는 새들이나 땅을 달리는 사나운 맹수들까지
감동하고 황제의 편을 들게 되었다. 선과 악의 싸움에서는 반
드시 선이 이기고 악이 패하게 마련이다. 그것이 우주 천지를
창조하고 주재하는 하늘의 뜻이자 도리이다.

그러나 싸움이 시작된 초기 단계에서는 왕왕 선제공격을 가한 악의 편이 유리할 때도 있다. 그들이 사전에 은밀하게 전쟁 준비를 했고 또 기습을 했기 때문이다.

그러나 종국에는 하늘의 도리를 따르고 정의를 지키는 선한 편이 이기게 마련이다.

탁록의 싸움에서도 초기에는 치우의 침략군이 우세했다. 방비하는 황제의 수비군은 고전을 면치 못했다. 무기나 훈련 면에서도 크게 차이가 났다. 치우의 부하들은 평소에 훈련을 쌓은 용사들이었고 또 청동기나 철기의 무기들을 능숙하게 다루었다.

한편 황제의 휘하에 모인 사람들은 대부분이 선비나 농민이었다. 평소에는 저마다의 생업에 종사하던 착하고 온순한 양민들이었다. 그러나 황제에 대한 충성심과 치우를 응징하려는 정의감에 불타고 있었다.

치우의 군대가 초기에 우세하고 자주 이기자 혹시나 천하의 패권이 악독한 그의 수중에 들어가지나 않을까 걱정되기도 했다. 그러므로 치우는 천하통일은 식은죽 먹기라고 호언장담을 하며 오만을 떨고 외곬으로 쳐들어왔다.

(3) 지남차(指南車)와 역전되는 전세

하늘은 정의에 편들게 마련이다. 황제는 당황하지 않고 침착하고 치밀하게 정세를 분석하고 현명하게 대응했다. 또한 황제는 새로운 무기나 기발한 기구들을 발명하여 쓰기 시작했다.

그 중에서도 가장 두드러진 발명품이 지남차(指南車)였다. 이것을 활용하여 황제의 군대는 어둠이 짙은 야간이나 한치 앞을 내다볼 수 없는 안개나 구름 덮인 산이나 들을 자유자재로 방향을 잡고 민첩하게 이동할 수 있었다.

치우는 싸움터에서 신통력을 발휘하여 짙은 안개를 퍼뜨렸다. 또 대낮에도 하늘을 먹구름으로 덮고 폭우를 쏟아 내리게 했다. 그러므로 지상세계는 문자 그대로 칠흑에 묻혀 지척을 분간할 수 없고 안개에 덮여 숨조차 막힐 지경이었다. 황제의 병사들은 눈 뜬 장님이 되어 대열을 잃고 우왕좌왕 허둥댔다.

한편 산천에 있는 악한 귀신의 족속인 이매망량(魑魅魍魎)을 앞세운 치우의 침략군은 소름끼칠 듯 괴상한 소리를 지르며 사방에서 엄습해 왔다. 그리고는 저마다 동두철액(銅頭鐵額)으로 무장한 무사들이 홀연히 나타나 닥치는 대로 창으로 찌르고 칼로 베었다. 싸움터는 순식간에 아수라장으로 변했다. 사방에서 죽어 쓰러지는 용사들의 비명소리와 함께 미친듯이 날뛰는 아귀와 맹수들의 울부짖음이 처절했다.

그러나 짙은 어둠과 안개에 가리어 귀에만 들릴 뿐, 눈에 보이는 것이 없었다. 문자 그대로 오리무중(五里霧中)이었다. 높은 언덕에 전차(戰車)를 세우고 보검을 휘두르며 지휘를 하고 있던 황제도 완전히 시야를 잃고 속수무책(束手無策)으로 당황했다. 드디어 황제는 비장하고 침울한 소리로 후퇴 명령을 내렸다.

"각자가, 적의 포위망을 뚫고 후퇴하라."

짙은 안개 속에서 시야를 잃고 장님이 된 황제의 신장(神將)들도 일제히 큰 소리로 후퇴 명령을 복창했다.

"포위망을 뚫고 후퇴하라."

황제의 군졸들은 어둠과 안개로부터 벗어나려고 필사적이었다. 눈에는 보이지 않으나 황제의 진영이 당황하고 술렁이는 것을 감지할 수 있었다. 바로 그 때였다. 한참 찾아도 온데간데 없던 총명한 노신(老臣) 풍후(風后)가 정확하게 방향을 잡고 황제 앞으로 쏜살같이 전차를 몰고 달려 왔다. 황제는 놀라며 물었다.

"풍우야, 그대는 무슨 재주로 이 어둠과 안개 속에서도 방향을 잃지 않고 정확하게 내게로 달려올 수 있었느냐?"

"예, 바로 이 기계의 덕택입니다."

"그것이 무엇이냐?"

"제가 발명한 지남차(指南車)입니다. 이 바늘 끝은 언제나 북극성을 가리키고 다른 한쪽은 정 남쪽을 가리킵니다. 따라서 이것으로 방향을 바로잡을 수가 있습니다."

"그것 참, 신통하구나. 그 지남차를 써서 방향을 바로잡고,

전군으로 하여금 이 궁지를 벗어나게 하라. 그대가 앞장을 서라."

지남차를 가진 풍후를 앞세우고, 황제는 큰 소리로 안개 속에 묻힌 전군에게 호령을 내렸다.

"이제부터 전군은 나의 전차 소리와 풍후가 부는 피리 소리를 따라 후퇴하라."

"전차 소리와 피리 소리를 따라 후퇴하라."

사방에서 여러 신장들이 일제히 부하 군졸들에게 호령을 내렸다. 이렇게 하여 황제의 군대는 사지에서 벗어나고 또 위기를 모면 할 수 있었다.

(4) 탁록(涿鹿)의 결전과 최후의 승리

초반에서 치우의 요술(妖術)을 간파하지 못하고 고전했던 황제의 진영은 무력을 재정비하고 신중하게 작전계획을 세웠다. 황제는 먼저 치우에 가담한 악신들과 잡신들을 제거하는 방책을 세웠다. 본래 악신이나 잡신 혹은 도깨비들은 생각이나 의식의 뿌리가 깊지 못하고 일시적 혹은 우발적으로 악을 편들고 부화뇌동(附和雷同)하는 수가 많기 때문이다. 안개만 하더라도 하늘에서 내려진 것이 아니고 치우의 꼬임을 받은 요괴들이 장난 삼아 사람의 눈을 홀린 것에 불과했다. 또 지난 번 싸움에서 괴상한 소리를 내고 사람들은 어지럽게 홀렸던 도깨비 즉 이매(魑魅)나 망량(魍魎)도 건성으로 덩달아 장난질을 한 것이었다.

그러므로 그들을 떼어놓아야 했던 것이다.

악신이나 잡신들은 용(龍) 앞에서는 꼼짝 못하고 특히 용의 울음소리를 가장 무서워했다. 그러므로 황제는 모든 군졸들에게 소뿔나팔을 만들어 용의 울음소리를 내게 했다. 그러자 치우 편에 가담하여 장난을 치던 요괴들이 자취를 감추고 따라서 치우의 기세가 꺾이고 반대로 황제의 군졸들의 사기가 올라갔다.

탁록(涿鹿)에서의 최후의 결전을 앞두고 황제는 응룡(應龍)이라고 부르는 신룡(神龍)을 등장시켰다. 응룡은 비를 자유자재로 내릴 수 있었다. 그러므로 응룡을 내세운 계책은 일석이조를 노린 것이었다. 즉 울음소리에 도깨비들을 혼비백산하게 만들고 동시에 시야를 가리는 안개를 비로 씻어 없애자는 것이었다.

황제의 명을 받고 출전한 응룡은 용감하게 싸웠다. 하늘 높이 날아다니며 날카로운 울음소리로 도깨비들을 퇴치했다. 동시에 치우의 진영에 우박을 쏟아 그들의 갑옷이나 투구를 박살나게 했다. 그러나 치우도 호락호락 당하고만 있지 않았다. 악신 편에 붙은 풍백(風伯)과 우사(雨師)를 시켜 양쪽에서 응룡에게 협공을 가하게 했다. 이들은 응룡을 상하 좌우로 에워싸 돌며 쉴 새없이 사납게 폭풍우를 몰아 붙였다. 이에 응룡은 허공에서 몸을 뒤채며 비틀거렸다. 이를 본 황제의 지상군도 동요하기 시작했다.

전세가 다시 불리하게 되자 황제는 자기의 친딸 발(魃)을 출동시켰다. 발은 계곤산(係昆山) 공공대(共工臺)에 살면서 노상

청색 옷을 입고 있었다. 그녀는 황제의 공주이지만 이상하게 얼굴이 추했고 또 여자이면서 머리가 벗겨졌다. 그러나 그녀의 전신은 용광로보다 더 뜨거웠고 항상 불타고 있었다. 그녀가 싸움터에 나타나 심히 뜨거운 열기를 사방으로 뿜어내자 응룡을 협공하고 있던 풍백과 우사가 화상을 입고 도망쳤다. 천지가 용광로 속처럼 불에 휩싸이자 극악무도한 치우의 형제들과 그의 부하들이 불에 타기 시작했다.

그래도 악독한 치우는 집요하게 싸우고 투항하지 않고 험준한 산 속으로 들어가 여기저기 흩어져서 반항을 계속했다. 아직도 역적들의 수효가 많고 세력이 강함을 잘 알고 있는 황제는 계속 이들을 추적하여 다시는 후환이 일지 않도록 뿌리를 뽑으리라 다짐했다. 그렇다고 험준한 산이나 으슥한 골짜기를 하나하나 찾아다니면서 싸우면 백성들의 희생이 클 것이다. 그래서 황제는 특수한 방안을 생각해 냈다.

동해 유파산(流波山)에 기(夔)라는 이름의 야수(野獸)가 살고 있었다. 모양은 소를 닮았으나 머리에 뿔이 없고 몸빛은 회색이며 발이 한쪽만 달려 육지와 물 속을 자유롭게 들락날락할 수 있었다. 기는 폭풍우도 몰아올 수 있고 또 불같이 이글거리는 두 눈을 부릅뜨고 울부짖으면 흡사 하늘에서 번개가 치고 천둥이 울리는 듯 천지를 진동시킬 수도 있었다.

황제는 기의 가죽으로 군고(軍鼓)를 만들고 한편 뇌택(雷澤)에 사는 인두용신(人頭龍身)의 뇌수(雷獸)의 다리뼈를 뽑아서 그 북을 치게 했다. 말하자면 직접 살상무기를 쓰지 않고 북소리로 역적들을 퇴치하려는 계략을 쓴 것이다. 황제의 병사들이 군고(軍鼓)를 치면, 그 북소리가 천지를 뒤엎고 골짜기를 뒤흔들었다. 오백 리 밖에서 치는 북소리에 산이 흔들렸고 사람의 귀청이 터질 듯했다. 따라서 산 속에 숨은 역적들이 숨을 곳을 잃고 강풍에 나부끼는 나뭇잎처럼 떼굴떼굴 굴렀다.

황제의 군사들은 멀리 앉아 북만 두들겼다. 창도 칼도 쓸 필요가 없었다. 이렇게 반나절이 지나자 역적들의 시체가 강물을 타고 마치 홍수의 사태처럼 쏟아져 내렸다. 치우는 대부분의 졸개들을 잃고 결정적인 패배를 목전에 두고 있었다. 그래도 악독한 치우는 싸움을 포기하거나 투항하지 않고 과보(夸父)라는 거인족(巨人族)에게 구원을 청했다. 과보는 북쪽에 있는 어둠의 세계[幽冥]에 사는 족속의 두목이며 태양과 경주를 할만큼 우둔하고 고지식했다. 치우의 구원 요청을 받은 그는 몹시 당황했다. 남의 싸움에 말려들 이유가 없었고 더욱이 황제는 우주를 다스리는 착한 신이고 치우는 야심 많은 악신이 아닌가. 그래서 과보는 측근에게 물었다. 그러자 어리석은 한 사람이 겉약은 척 하고 말했다.

"약자를 돕는 것은 의로운 일입니다. 구원을 청하는 약자를 어찌 모른다 할 수 있습니까."

미욱한 과보는 깊이 선악시비를 가리지 못하고 얕은 의리를 지킨다는 명목으로 치우의 편에 서서 황제를 적으로 삼고 싸우기로 했다. 이에 크게 당황한 황제는 혀를 치고 탄식을 했다. 선량하고 우직한 과보족이 악독한 치우의 꼬임에 빠져 대적하는 것이 딱하고 한심스러웠다. 그래서 처음에는 안타까운 심정으로 조용히 타이르고 설득도 했다. 그러나 고집불통이었다. 우둔하고 미욱한 사람은 잘못인 줄 알면서도 일단 내딛은 발걸음을 멈추지 않는다.

황제는 이번에는 현녀전법(玄女戰法)을 채택했다. 현녀(玄女)는 인면마신(人面馬身)의 선녀로 등에 두 날개를 달고 날 수 있었음으로 하늘의 도리와 천문에 밝았다. 그러므로 황제에게 기발하고 새로운 전법을 올렸다. 그 전법은 전차의 멍에[轅]와 별 헌원(軒轅)의 모양을 바탕으로 한 전법이었다.

또 황제는 곤오산(昆吾山)에서 발굴한 구리[銅]를 가지고 동검(銅劍)을 만들었다. 그 동검은 수정같이 맑으면서도 얼음같이 싸늘하고 옥돌을 진흙처럼 베고 잘랐다. 밤하늘의 천문을 본 딴 탁월한 전술과 새로 만든 예리한 동검을 지닌 정의의 군사들 앞에 악한 치우의 역도들은 굴복하지 않을 수 없었다. 마침내 치우는 패하고 사로잡혔다. 황제편에 가담한 응룡과 공주 발은 청동검을 들고 종횡무진으로 역도들을 치고 베었다. 이에 동두철액(銅頭鐵額)의 치우의 형제들도 다 몰살되었다. 드디어, 황제는 천하를 혼란케 한 만악(萬惡)의 근원, 치우를 탁록의 들판에서 사형에 처했다. 이로써 선과 악의 싸움도 막을 내리고 정의가 승리했다.

4. 신화 : 발(魃)과 과보족(夸父族)의 후일담

(1) 희생양이 된 발(魃)

황제의 공주이자 연약한 여자의 몸으로 치우와의 치열한 싸움에서 공을 세우고 나라와 종족을 구제한 발은 온갖 정성과 힘을 다 바친 탓으로 기진맥진 했다.

치우의 편을 든 풍백과 우사를 비롯하여 마귀나 도깨비들을 퇴치하느라고 전신의 열기를 뿜어낸 그녀는 마침내 독기와 요기(妖氣)가 골수에 박혀 중환자가 되었으며 자신의 열기를 조절할 수가 없게 되었다.

그러므로 그녀는 다시 하늘나라에 되돌아가지 못하고 지상에 버려진 몸이 되고 말았다. 원래 얼굴이 추한 그녀는 열기를 주체 못하고 가는 곳마다 주변에 혹심한 한발(旱魃)을 들게 하고 또 농작물을 타죽게 하고 사람들의 목을 타게 했다. 이에 사람들은 그녀를 겁내고 추방하려고 하늘에 희생을 바치고 기우제(祈雨祭)을 올렸다. 특히 농사의 신이자, 구(周) 나라의 시조인 후직(后稷)의 손자 숙균(叔均)이 직접 황제에게 그녀로 인해 발생한 혹심한 한발 때문에 백성들의 생업이 크게 위협을 받고 있다고 아뢰었다.

이에 황제도 자기의 딸이자, 싸움에서 혁혁한 공을 세운 공주이지만 별 수 없이 적수(赤水) 이북으로 유배시켰다.

자기들을 구하기 위해 병이 골수에 들고 폐인이 된 공주의 은혜를 고맙게 여기기는 커녕, 무정하게 내쫓았던 것이다. 신화의 세계에서도 의로운 사람은 제대로 대접을 못 받고 잊혀지게 마련인가?

(2) 과보(夸父)의 최후

그녀와는 반대로, 치우의 편에서 황제에게 대항을 한 과보는 관대하게 처리되었다. 그 이유는 무지와 고지식한 점을 감안해서였다. 원래 과보의 종족은 어둠의 유명(幽冥) 세계를 다스리던 임금의 후손들이며 북해 끝에 있는 유도(幽都)라는 곳에 살고 있었다. 그 곳은 노상 어둡고 폐쇄된 곳이었다. 그러므로 과보족은 우둔하고 고집스러웠다.

그 중에도 추장 격인 과보는 황폐한 벌판에 있는 성도대천(成都戴天) 이라고 불리는 산에 살고 있었다. 양쪽 귀에는 황금빛나는 뱀을 귀거리처럼 늘어뜨렸고 두 손에는 노란 뱀을 쥐고 있었다. 그들은 본래 선량하고 온순한 종족이었다. 아니 우둔한 만큼 고지식하고 순진하기도 했다. 여기서는 그들 과보족에 얽힌 두 개의 고사를 소개하겠다. 하나는 태양과 경주를 한 사나이의 이야기이고 다른 하나는 산을 옮긴 우공(愚公)의 이야기다. 과보족은 스스로 자신들이 하늘과 땅 사이에서 가장 큰 사람이라고 믿고 있었다. 그들 중의 한 엄장이 서산에 지려는 해를 보고 엉뚱한 생각을 했다. 『이 세상에서 내 걸음이 가장 빠르다. 그런데 저 태양이 나보다 먼저 서산 너머로 가서 숨으려고 하니, 내가 쫓아가서 태양을 앞지르겠다.』이렇게 생각한 그는 서쪽 산을 바라보고 뛰었다. 그는 하늘을 찌를듯이 긴 다리로 성큼성큼 뛰기 시작했다. 눈 깜짝할 사이에 그는 천 리를 뛰어 달렸고, 여러 개의 산을 넘었다. 그런데도 태양은 여전히 저 멀리 앞을 가고 있었고 아득하게 먼 거리에 있는 다른 산을 넘으려 하고 있었다. 『내가 어찌 저 느림보 태양에게 질 수 있으랴? 동쪽에서 떠서 서쪽 산으로 지는 데 꼬박 하루를 걸리는 저 느림보 태양에게 내가 뒤질 수가 없지 않은가?』

사나이는 재차 힘을 내서 질풍같이 서산을 바라보고 뛰었다. 어느덧 땅끝 해가 진다는 엄자산(崦嵫山)에 이르렀다. 그러나 해는 저 멀리 아득한 지평선으로 넘어가려고 하고 있었다. 화가 난 그 사나이의 얼굴은 저녁놀에 더욱 불같이 타올랐다. 『조금 전에만 해도 바로 서산에 걸려 있던 저 태양이 어느 틈에 저렇게 멀리 지평선 위에 갔을까?』

그는 화를 주제하지 못하고 또다시 미친듯이 앞으로 뛰었다. 마침내 그는 헐떡였고, 두 발을 허청거리기 시작했다. 종내 손에 잡힐 듯 눈앞에 가까웠던 해가 살짝 지평선 뒤로 몸을 숨겼다. 그렇지 않아도 지치고 현기증이 난 그는 눈앞이 캄캄하여 아무 것도 볼 수가 없었으며 갑자기 한기가 들고 식은땀이 쏟아져 내렸다. 방향을 잃고 따라잡을 태양을 놓친 그는 분노에 치를 떨며 그 자리에 털썩 쓰러졌다. 목이 타는 듯 갈증을 느낀 그는 엉금엉금 기어 황하 물가에 가서 머리를 박고 강물을 꿀꺽

꿀꺽 마셨다. 그래도 갈증이 가시지를 않았다. 황하의 물을 다 마신 그는 다시 북쪽의 바이칼 호수의 물까지 다 들이켰다. 마침내 기진맥진한 그는 부릅뜬 눈으로 서쪽을 바라다 본 채로 숨을 거두었다. 그가 쓰러진 자리에 수백 리에 걸쳐 그 일대가 온통 복숭아나무 밭으로 변했다. 그 곳을 도림새(桃林塞)라고 일컬었으며, 그곳 복숭아는 유난히 붉고 수분이 많아, 서쪽으로 지는 해를 따라 사막 길을 재촉하는 나그네들의 갈증을 시원하게 풀어 준다고 전한다. 이상은 산해경(山海經)에 나오는 이야기를 신화로 재구성한 것이다.

(3) 우공이산(愚公移山)

열자(列子)에는 다음과 같은 우화가 있다. 북산(北山)에 우공(愚公)이라는 90세의 늙은이가 살고 있었다. 남쪽에 높고 험준한 태행산(太行山)과 왕옥산(王屋山)이 앞을 가로막고 있어, 출입에 불편했다. 그래서 식구에게 말했다.

"앞을 가로막고 있는 저 두 개의 산을 허물고 파서 다른 데로 옮기기로 결정을 했으니 너희들은 나를 따라라."

이들 과보족은 덩치가 무척 크고 힘이 장사였으나 머리가 약간 모자랐다. 그러나 우직하고 고지식한 그들이었으므로 다음날부터 두말 않고 새벽부터 삼태기를 들고 산의 흙을 파서 먼 곳으로 옮기기 시작했다. 한편 다른 부족 출신이며 이웃 마을에서 시집온 우공의 처가 의아하게 여기고 반대의견을 제시했다.

"영감, 그만 두세요. 저 큰산을 어떻게 옮기려고 생난리를 치십니까. 그 많은 흙들을 어디에 옮겨요."

"발해(渤海) 바다에 퍼다 버리면 될 것이 아니오."

반대하는 사람만 있는 것이 아니다. 이웃에 사는 과보족의 한 과수댁은 자기의 아들 손자들을 시켜 우공의 일을 거들게 했다. 그러자 타고장 하곡(河曲)에 사는 지수(智叟)라는 영감이 찾아왔다. 그는 지혜롭기로 유명한 사람이었다. 그는 조소하는 투로 말했다.

"우공, 허튼 짓 하지 말고 그만 두시오. 사람의 힘으로 할 수 있는 일이 있고, 못 할 일이 있는 법이오. 영감 나이 90세이니 앞으로 살면 얼마나 더 사시겠오. 그러므로 어리석은 생각을 거두고 손을 떼시오."

이에 우공은 태연자약하게 웃으며 말했다. "내 나이 90이면 어떻소, 내가 앞으로 일 년 산을 파면, 그만큼 산이 깎아질 것이고, 십 년 산을 파면 산 또한 그만큼 작아질 것이 아니오. 내가 죽으면 내 아들이 뒤를 이을 것이고, 아들이 죽으면 손자가 뒤를 이을 것이 아니오. 이렇게 자자손손 이어나가면 언젠가는 산이 없어질 것이 아니오. 그러고 보니 하곡에서 지혜롭다고 유명하신 지수 영감의 식견이 우리 마을의 과수댁보다도 좁은 것 같소이다. 하…하…하…."

이 말이 천신(天神)을 통해 상제(上帝)에게 보고되었다. 상제는 우공의 결심이 굳고 포부가 큼을 알고 그를 도와주기로 작정을 했다. 그리하여 하늘에 사는 과보족의 모든 신령들을 동원하여 태행산과 왕옥산을 업어다가 멀리 서쪽 사막 지대에 옮기게 했다. 지성이면 감천이다.

동양의 인간학 「등장하는 무력」

절대선(絕對善)인 하늘에서 태어난 사람들이 왜 착한 사람 악한 사람으로 나뉘었을까? 기독교 구약성서에 기술된 원죄는 크게 두 가지다. 하나는 인류의 시조가 하나님의 말씀을 안 듣고, 뱀의 꼬임에 빠져 무화과를 따먹었다. 또 하나는 카인이 아벨을 살해했다. 그것이 인류 타락의 원죄다. 중국의 고대 사상에는 원죄사상이 없다. 사람의 본성(本性)은 착하다. 그러나 욕심(欲心)이 사람을 타락시키고 악하게 만든다. 그러므로 황제(黃帝)가 불가불 치우(蚩尤)를 무력으로 토벌했던 것이다. 결국 신화의 세계에도 피비린내 나는 무력이 등장한 것이다. 옛날이나 지금이나 「동물적, 육체적, 이기적 욕심」이 악덕의 근원이다.

치우(蚩尤)의 퇴치

5. 신화 : 요제(堯帝)의 덕치(德治)와 선양(禪讓)

(1) 요제의 덕성과 하늘의 감응

오제(五帝)의 한 사람 요제(堯帝)도 신화적 존재이다. 요(堯)라는 글자는 높고 크다는 뜻을 나타내며 높은 산을 요(嶢)라고 쓴다. 제(帝)는 「통제하고 다스린다.」는 뜻이다. 따라서 옛날에 있었던 위대한 지도자를 요제라고 호칭했을 것이다. 그러나 사화(史話)에서는 그를 실재했던 성인(聖人) 성군(聖君)이요, 무위덕치(無爲德治)의 표본으로 높였다. 그는 황제의 후손이며 제곡의 아들이다. 도(陶)와 당(唐)을 다스렸으므로 도당씨(陶唐氏)라고도 했다.

그의 본래의 성은 이기(伊祁)이고 이름은 방훈(放勳)이다. 방(放)은 크다, 훈(勳)은 공적의 뜻이다. 즉 그의 이름은 「공을 크게 세운 사람」의 뜻이다. 요제의 인품에 대해 사기(史記)는 다음과 같이 기술했다.

『그는 하늘처럼 어질었고 신과 같이 슬기로웠고 가까이 접하면 태양처럼 밝고 포근했고 멀리서 바라보면 구름처럼 높고 부드러웠다.(其仁如天 其知如神 就之如日 望之如雲)』

그는 어려서부터 남에게 교만하지 않았다. 남달리 노력하고 부지런히 일을 했으며 동시에 검소하고 절약함으로써 부를 쌓았다. 그러면서도 남들을 사랑하고 또 가난한 사람들을 후하게 도와주었다. 그러므로 산천의 신령들까지도 그의 후덕을 높이 칭송했다. 이에 하늘이 그에게 천명(天命)을 내려, 형 지(摯)의 뒤를 이어 천자가 되게 했다.

천자는 더없이 존귀한 자리다. 천하의 권세를 한 손에 쥐고 마냥 부귀를 누릴 수 있는 최고의 자리다. 그러나 요임금은 하늘을 두려워했고 만민에게 겸손했으며 아울러 나라의 씀씀이를 절약했다. 이에 백성들도 본받고 감화되어 부지런히 일하고 절약하고 저마다의 부를 쌓았다.

그는 평양(平陽)에 도읍을 삼고 궁전도 조촐하게 세웠다. 궁전의 높이를 오직 세 단계의 흙 층계로 돋았으며 띠지붕도 끝을 고르게 자르지 않았다. 기둥이나 대들보도 대패질하지 않고 또 단청으로 칠하거나 장식하지도 않았다. 식사도 채소와 잡곡밥을 오지그릇에 담아서 조촐하게 들었다. 옷도 여름에는 삼베나 갈포를 걸쳤고 겨울에는 사슴가죽으로 추위를 막았다. 그러나 조회나 의식을 올릴 때에는 황색의 관을 쓰고 백마가 끄는 붉은 수레를 탔다.

하늘은 만물의 창조주이자 동시에 섭리의 주재자이다. 그러므로 천자는 하늘에 제사를 드리고 하늘로부터 계시를 내려 받아야 한다. 하늘의 계시는 곧 절대선(絶對善)의 도리이자 행동 지침이다. 그러므로 천자는 천도를 따라 덕치를 펴야 한다.

하늘의 도리는 곧 만물이 스스로 생성(生成)하고 발전하는 도리이다. 그러므로 요임금은 만민이 저마다의 삶을 자유롭게 누릴 수 있게 「무위자연(無爲自然)의 덕치(德治)」를 폈다.

인위적 조작이나 압력을 가하지 않고 하늘의 섭리를 따라 만민이 스스로 자라고 발전하게 다스렸다. 그러므로 후세에서도 태고 때의 무위자연의 덕치를 높이고 칭송했던 것이다.

하늘은 만물을 사랑으로 창조하고 키워주고 있다. 인간들도 서로 사랑하고 서로 협동해야 한다. 서로 사랑하면 함께 평화와 행복을 누리고 반대로 서로 미워하고 싸우면 다같이 피곤하고 불행하게 된다. 이러한 이치가 바로 하늘의 도리이다.

요임금은 먼저 자기의 집안과 구족(九族)을 하나로 묶고 일가친척의 모든 사람들이 서로 사랑하고 협동하고 화목케 교화했다. 그 교화의 바탕은 바로 자신의 솔선수범(率先垂範)이었다.

구족(九族)은 「고조·증조·조부·부친·자기·아들·손자·증손 및 현손」의 9대에 걸친 직계친족 및 일가친척을 다 포괄한다.

가족은 사회의 기본 단위이다. 일가를 중심으로 역사적 계승과 사회적 유대가 확대되게 마련이다. 그러므로 일가의 화목은 우주적 화목의 바탕이다.

천도는 광명정대(光明正大)하고 공평무사(公平無私)하고 영구불변(永久不變)하는 진리이다. 그러므로 천도를 따르는 정치(政治)는 곧 바르게 다스리는 정치(正治)가 된다. 「바를 정(正)」은 「한 일(一)과 멈출 지(止)」를 합친 글자이다. 따라서 「바른 정치」란 곧 「하나인 하늘과 하나가 되고 또 절대선(絕對善)의 도리인 천도를 따르고 행하는 정치」이다. 그것이 바로 덕치다. 도

(道)를 따르고 실천해서 좋은 성과를 거두는 것이 곧 덕(德)이다.

인품이 어진 요임금은 항상 하늘과 같은 자애로운 심정으로 백성들을 사랑으로 품고 돌보고 키웠다. 그는 굶주린 백성을 보면, 『내가 잘못해서 백성들을 굶주리게 했노라』 하고 뉘우쳤고 헐벗은 사람을 보면 『내가 저들을 헐벗게 했노라』 하고 가슴 아프게 여겼다. 혹 죄지은 사람이 나타나면 『내가 저들을 죄에 빠뜨렸노라』 하고, 스스로를 가책하고 한탄했다. 즉 요임금은 모든 백성들의 고통과 불행을 자기의 잘못으로 돌리고 또 책임 지려고 했던 것이다.

요임금은 궁전 앞에 감간고(敢諫鼓)라는 커다란 북을 설치하고 아무나 와서 북을 치고 정치에 대한 간언이나 억울한 사연을 호소하게 했다.

하늘은 백성을 통해 정치의 잘잘못을 살핀다. 이렇게 백성을 진정으로 사랑하고 돌보는 요임금에게 하늘은 많은 복을 내려주었다. 궁중 정원에 자란 풀에도 화곡(禾穀)을 자라게 했고 궁전 섬돌에 역초(曆草)를 자라게 하여 날짜의 지나감을 알게 했다. 또 정원에는 사시사철 아름다운 꽃들이 피어났고 우거진 숲 속에는 새들의 맑은 울음소리가 즐거웠고 하늘에는 봉황새가 선회하고 있었다. 역초(曆草)는 명초(蓂草)라고도 한다. 잎이 일 년 365일을 따라 날마다 변했고 또 열매가 한달 30일을 주기로 늘었다 줄었다 함으로써 연월일(年月日)을 알게 했다. 그러므로 요 제는 백성에게 때를 알리고 차질없이 농사를 지을 수 있게 했다.

(2) 태평성세를 구가한 격양가(擊壤歌)

하늘이 천자에게 내려주는 은총 중에 가장 큰 복은 뛰어난 인재들을 그의 신하로 쓸 수 있게 해주는 것이다. 나라를 잘 다스리기 위해서는 슬기와 덕을 갖춘 신하가 있어야 한다. 특히 총명한 임금 밑에는 현명한 신하가 있어야 한다. 그래야 저마다의 분야에서 특출한 기능을 발휘하고 천자를 보필할 수 있다. 동시에 신하들이 인자하고 청렴결백해야 한다. 그래야 사랑이 넘치고 백성의 재물을 축내지 않고 나라를 부강하게 만든다.

하늘은 때맞추어 요임금 밑에 다음과 같은 뛰어난 신하들을 내려주고 슬기롭게 보필케 했다. 후직(后稷)은 농사를 담당했고, 수(垂)는 여러 가지 기술을 고안해냈다. 고요(皐陶)는 모든 법률을 공평하고 엄하게 집행했고, 기(夔)는 음악을 관장하고 백성의 정서와 사회의 기풍을 순화했다. 순(舜)은 교육을 담당했고, 설(契)은 윤리 도덕 및 국방을 담당했다. 요임금은 이들 신하들을 적재적소에 등용하여 그의 덕치를 더욱 빛나게 했다.

요제가 자리에 올라 천하를 다스린 지 어느덧 50년의 세월이 흘렀다. 천하는 무사태평했고 백성들은 저마다의 생업에 종사하며 각자가 안분지족(安分知足)했다. 요임금의 덕화(德化)로 모든 사람들도 무위자연의 도를 따라 욕심없이 바르게 살며 서로 사랑하고 서로 도왔다.

이제는 감간고의 북소리도 안 들리고 억울함을 하소연하는 사람도 없었다. 한마디로 무사태평하고 조용하기만 했다. 인간

세상에 분란이 없고 너무나 조용하니깐 도리어 겁이 날 지경이었다.

『과연 내가 잘 다스리고 있는 것일까? 백성들은 참으로 안락한 삶을 살고 있는 것일까?』

좌우의 대신들에게 묻자 겸손하고 과묵한 그들은 짧게 입을 모아 아뢰었다.

"만백성이 성은을 입고 태평성세를 구가하고 있습니다."

요임금은 직접 확인하기 위하여 미복 차림으로 아무도 모르게 민정을 살피기로 했다. 가까이는 도성 변두리에 있는 평민들이 사는 마을, 멀리는 농부들이 사는 두메 산촌에까지 발걸음을 옮기고 백성들의 삶을 살폈다. 마을의 어구에서 아이들의 노래에 귀를 기울였다. 아이들은 무슨 뜻인지도 모르면서 다음과 같은 노래를 부르고 있었다.

『우리 백성들이 잘사는 것은 높으신 임금님의 덕택이니라. 우리 백성들은 저도 모르게 님의 가르침을 따르고 있노라.』[10]

어린 아이들이 무심코 뛰고 놀면서 입에 올리고 있는 이 노래를 후세에는 강구가(康衢歌)라고 했다. 그 노래의 깊은 뜻을 다음과 같이 분석할 수 있다. 「백성들이 저마다 자유롭게 자기의 삶을 잘 살고 있다. 그렇게 잘 사는 것이 임금님의 덕이 아닌게 없다. 우리 백성들은 저도 모르게 임금님이 세우신 법도를

---

10)「立我烝民 莫匪爾極 不識不知 順帝之則.」

따를 뿐이다. 법이 있는 줄도 모르면서 따르는 것이 이상적인 덕의정치다.」

요임금이 농촌 깊이 들어가자 이번에는 여러 노인들이 입에 음식을 물고 배를 두드리며 격양가(擊壤歌)를 부르고 있었다.

『해가 뜨면 나가서 일하고 해가 지면 들어와 쉬노라, 우물을 파서 물 마시고 밭을 갈아서 배부르게 먹노라, 임금의 힘이 나에게 무슨 상관이 있으랴』[11]

이 노래를 「함포고복(唅哺鼓腹)의 격양가(擊壤歌)」라고도 한다. 그 뜻도 백성들이 임금이나 정치를 의식하지 않고 저마다 배불리 먹고 잘 살고 있음을 나타낸 것이다.

「해가 뜨면 밭에 나가서 일하고, 해가 지면 들어와 쉬거나 잠을 잔다. 이는 즉 자연의 법칙을 따라 낮에는 활동하고 밤에는 휴식한다는 뜻이다. 우물을 파서 물 마시고 밭을 경작해서 먹고산다. 이는 곧 사람들이 각자 스스로의 힘으로 생산해서 민생을 꾸려나간다. 그러니 임금님의 힘이 우리에게 별도로 작용할 리 없다.」

이와 같은 경지가 곧 「무위자연(無爲自然)」의 덕의 정치다. 사람은 자연의 도리를 따라 순진하게 살면 된다. 그러나 후세의 욕심이 많고 간교(奸巧)한 통치자들은 자기네의 이득을 채우기 위해서 인위적(人爲的)으로 복잡하게 법이나 제도를 만들어 백성

---

11) 「日出而作 日入而息. 鑿井而飮 耕田而食 帝力何有於我哉」

들을 구속하고 또 노예화하고 남의 재물을 교묘하게 탈취한다.

물론 그 뒤에는 무자비한 무력이 뒤따른다. 그래서 정치가 타락하고 전쟁으로 사람들이 천수(天壽)를 다 누리지 못하는 것이다. 그러므로 후세의 도가(道家)나 유가(儒家)가 다같이 「무위자연의 덕치」를 주장하고 높였던 것이다. 아이들의 동요나 노인들의 격양가를 들은 요제는 미소를 지으며 속으로 혼잣말을 했다. 「그만하면 됐다. 백성들이 임금의 존재를 모르면서 잘살고 있으니 그 경지가 바로 무위자연의 덕치다.」 후세에 사람들은 「강구가와 격양가」를 태평성대의 상징으로 높였다.

(3) 허유(許由)와 소부(巢父)

아무리 덕이 높고 하늘의 축복을 받았다 해도 인간인 이상 나이 들고 늙는 것을 면할 수 없다. 요임금도 차츰 노쇠함에 따라 기력이 쇠했다. 그는 중신들에게 조용히 말했다.

"하늘은 천하를 모든 사람의 공기(公器)로 삼으라고 가르쳤소. 그러므로 천하위공(天下爲公)을 실천하는 첫걸음이 곧 유덕자(有德者)를 하늘에 천거하여 하늘로부터 천명(天命)을 내려받는 일이오. 짐은 천하를 유덕자에게 선양(禪讓)하고자 하오. 경들은 깊이 생각하여 선양을 받을만한 슬기롭고 인덕(仁德)을 갖춘 인재를 천거 해주기 바라오."

선양이란 천자가 하늘에 제사지내는 자리와 그 권한을 덕 있는 사람에게 스스로 물려주는 일이다. 즉 하늘로부터 천명을 받고 천하를 다스리던 대권을 평화적으로 유덕자에게 넘기는 것이다.

이는 무력으로 임금을 죽이고 나라를 빼앗는 찬탈과는 정반대가 된다. 그러므로 중국의 전통 사상에서는 선양을 최고의 이상적 정권교체라고 높인다. 요임금이 덕 있는 사람을 추천하라고 하자, 대신들이 이구동성으로 아뢰었다.

"공공(共工)이 재능도 뛰어나고 사람들도 잘 부리고 또 많은 공도 올렸으니 발탁하심이 옳은 줄로 아뢰오."

요제는 고개를 저으며 말한다.

"그는 능력도 있고 언변도 좋고 또 사람을 다스리는 통솔력도 뛰어나게 지니고 있소. 그러나 하늘에 대한 신앙이 깊지 못하고 백성에게 겸손할 줄 모르는 것이 큰 흠이요. 따라서 천명을 받을 수가 없을 것이오."

요제가 말한 「하늘에 대한 신앙이 깊지 못하고 백성에게 겸손할 줄 모른다.」고 한 말 뜻은 곧 인간적인 오만을 부리고 하늘의 도리를 치밀하게 살피고 실천할 줄 모른다는 뜻이다.

말하자면 인물 평가의 기준이 너무나 고차원이었던 것이다. 그러므로 대신들은 저마다 입을 봉하고 경건한 자세로 요제의 다음의 말을 기다렸다. 한동안 깊은 생각에 잠겼던 요제가 다시 조용한 어조로 말했다.

"이름나지 않은 숨은 인재 중에 천거할 사람이 없겠소."

순(舜)의 이름이 아직 알려지지 않은 때였다. 신하들은 한동

안 잠잠히 뜸을 들이고 나서 조심스럽게 아뢰었다.

"양성(陽城)에 허유(許由)라는 현명한 선비가 있습니다. 지금은 은둔하고 있으며 그는 철저하게 무위자연의 도를 따르는 은둔자입니다."

"짐도 그 분의 소문을 들은 바 있소. 총명한 식견과 고결한 인덕을 갖추고 있는 분인 줄 아오. 짐이 직접 찾아가 보리다."

이튿날 요제는 몸소 걸어서 허유를 찾아갔다. 남루한 옷차림으로 들에서 밭을 가는 허유 곁으로 가서 정중히 인사를 나누었다. 한눈에 그가 비범한 인물임을 간파한 요제는 긴 말을 하지 않고, 그 자리에서 단도직입적으로 자기가 찾아온 뜻을 말했다.

"짐이 온 것은 다름이 아니오. 공께서 짐의 뒤를 이어 천자의 자리에 올라 천하를 다스려 주시기를 부탁하려고 온 것이오."

너무나 엄청난 제안을 받은 허유는 미소를 지으며 말했다.

"천하를 다스리는 일은 막중한 책무가 따르는 큰일 중의 큰일이거늘 세상에서 물러난 우매한 제가 어찌 감당할 수 있습니까."

사양은 예절이자 동시에 미덕이다. 그러므로 요제는 속으로 생각했다.

『첫번에는 예의 상, 의당히 사양하는 것이겠지.』

그래서 다시 이튿날 높은 사신을 시켜 많은 예물을 보내주고 거듭 자기의 간곡한 청탁을 받아줄 것을 청했다. 사신은 몸을 숙여 정중하게 말했다.

“천자의 분부시옵니다. 물리치지 마시고 들어주십시오. 천하가 아니면 당장, 구주(九州)의 땅만이라도 다스리고 만백성을 돌봐 주십시오.”

허유는 여전히 난색을 보이고 예물을 되돌리면서 말했다.

“돌아가 천자에게 아뢰시오. 소인은 무위자연의 도를 지키며 유유자적하고자 하니, 소인에게 은덕을 베푸시는 셈치고 한가롭게 살도록 허락해 주시라고 아뢰시오. 앞으로는 다시 허유를 찾지 마시라고도 일러주시오”

사신에게 단호하게 사퇴에 뜻을 전한 허유는 즉시 자리에서 일어났다. 그리고 뒤도 돌아보지 않고 빠른 걸음으로 어디론가 가버렸다. 허유는 두 팔을 크게 휘저으며 큰 걸음으로 밤낮으로 길을 재촉하여 마침내 기산(箕山)의 기슭, 영수(潁水)라는 강가에 도달했다. 허유는 강물가에서 허리를 숙이고 흐르는 물에 자기의 귀를 씻기 시작했다. 한번만 씻는 것이 아니라 두 번 세 번을 연거푸 씻고 또 씻었다.

때마침 그의 친구 소부(巢父)가 소를 몰고, 소에 물을 먹이려고 왔다가 유난스럽게 귀를 씻고 있는 허유를 보고 다가와 물었다.

“이 사람아, 어째서 그렇게 수다스럽게 귀를 씻는가.”
허유가 대답했다.
“귓전이 더러워졌으므로 씻고 있다네.”
“귀가 더러워졌다니, 까닭이 무엇인가.”

허유는 눈을 크게 뜨고 허공을 바라보며 어처구니없다는 듯이 말했다.

"어제는 요제가 친히 찾아와서 천하를 맡아 다스리라고 하더니, 오늘은 신하가 또 와서 구주(九州)라도 다스리라고 하더군. 구질구질한 정치를 하라고 내 귀에 대고 일렀으니 귀가 더럽혀졌을 것이 아닌가. 그래서 지금 말끔히 씻고 있었네."

"그러니 내가 뭐라고 했나. 깊은 산 속에 숨은 채로 있어야지, 섣불리 남의 앞에 나타나서 아는 척하면 욕을 본다고 하지 않던가."

소부는 「에이, 퇴」하고 침을 뱉는 시늉을 했다. 그리고 소의 고삐를 잡고 상류를 향해 어슬렁어슬렁 발걸음을 옮기며 혼자말로 중얼거렸다.

『그대의 더러운 귀를 씻은 혼탁한 물을 내가 어찌 소에게 물 먹일 수 있으랴.』

허유는 고개를 끄떡이며 빙그레 웃었다. 후세의 많은 사람들은 허유(許由)와 소부(巢父)같이 철저히 정치를 기피하고 산 속에 숨어사는 은둔자를 청렴결백하다고 칭찬하는 사람도 많다. 그러나 그들을 무책임한 이기주의자라고 비난하는 사람도 많다. 공동체를 위하고 백성을 위해 총명하고 덕 있는 사람이 지도자로 나서야 한다. 단 덕 없는 자가 욕심으로 벼슬을 하면 안 된다. 오늘의 정치인은 자기의 저속한 야욕을 채우려고 하므로 정치가 타락하는 것이다.

(4) 요제의 후계자 물색

허유가 몸을 숨긴 후 천하를 물려 줄만한 인재를 구하지 못한 요제는 불가불 노쇠한 몸으로 20년을 더 다스려야 했으며 그 간에 뜻하지 않은 여러 가지 어려움을 겪어야 했다. 그 중에도 힘겹고 감당하기 어려운 것이 천재(天災)였으며, 천재 중에도 가장 무섭고 대처하기 곤란한 것이 「홍수(洪水)와 한발(旱魃)」 같은 하늘에서 발생하는 기상적(氣象的) 이변(異變)이었다.

한자(漢字) 「옛 석(昔)」은 원래 「≈」와 「⊖」의 두 부호를 합친 글자다. 앞의 부호 「≈」는 「물이 출렁출렁 넘쳐흐르는 부호」로 홍수(洪水)를 상징하고, 뒤의 부호 「⊖」은 「내리 쪼이는 해를 그린 부호」로 한발(旱魃)을 상징한다. 즉 「홍수와 한발」이 심한 때가 곧 「옛 석(昔)」이다.

한발에 대한 조치로, 요제는 활의 명수 예(羿)를 시켜 10개의 태양 중의 9개를 쏘아 떨어뜨리고 하나만 남게 함으로써 지구를 온화한 상태로 잘 보존할 수 있었다.

그러나 홍수를 다스리는 치수에 있어서는 많은 어려움을 겪어야 했다. 황하(黃河) 유역의 백성들은 10년 이상 혹심한 홍수에 시달렸다. 농토와 가옥이 유실되어 기아에 허덕였고 또 안식처를 잃고 사방으로 흩어져 떠돌면서 기진맥진하고 있었다.

요제는 곤(鯀)에게 치수를 명했으나 그가 실패를 했으며, 그의 아들 우(禹)가 간신히 물난리를 막을 수 있었다. 천재지변에 따라 나라의 기강이나 사회의 기풍도 해이해졌다. 전에 없었던 도적이 창궐하는 일까지 발생하였다. 요제는 더욱 지쳤고 정신이 피폐해졌다. 이에 요제는 천하의 명산 화산(華山)에 올라가 천제(天帝)에게 기도를 드리려 했다.

요제가 화산에 가자 그곳을 지키던 봉인(封人)이 달려와 엎드려 절을 하고, 이어 요제를 대신해서 하늘에 기원했다.

"거룩하신 상제님이시어. 우리 백성에게 덕치를 베푸신 임금님께 많은 은총을 베푸소서. 임금님으로 하여금 천년의 수를 누리고 태산같은 부를 지니고 아울러 많은 자손을 낳아 대대로 번성케 해주십시오."

요제는 봉인의 손을 잡고 빙그레 미소를 풍기며 말했다.

"짐을 위해 축원해주니 고맙소. 그러나 짐은 그와 같은 축복을 감당할 수가 없소. 자식이 많으면 걱정이 따르고 재물이 쌓이면 마음이 번거롭게 되고 오래 살면 그만큼 욕도 많이 볼 것이요. 그러니 사양하겠소."

늙은 봉인이 다시 정중히 복배(伏拜)하고 아뢰었다.

"송구하오나 한 말씀 더 올리겠습니다. 하늘은 만민을 낳고 그들로 하여금 저마다의 직분을 갖게 하거늘 자손이 많은들 무슨 걱정이 되겠으며, 하늘이 내리신 재물을 고루 만민을 위해 베풀어주실 것이니 어찌 번거롭다고 하십니까. 더욱이 임금님께서 수를 누리시고 장수하시면서 백성들을 오래 두고 깨우치셔야 하늘의 도리가 두루 퍼지고 만물이 흥성하고 만민이 안락하게 될 것입니다. 그런 연후에 하늘에 승하하시어 영생을 누리시기를 축원해 올립니다.”

봉인이 어렵사리 말을 마치고 고개를 들고 바라보니 요제는 이미 높은 산봉우리에 올라 흰 구름을 보고 있었다.

화산에서 돌아온 요제는 은퇴하리라 결심을 하고 천하를 대표하는 사악(四嶽)을 탑 전에 불러모아 놓고 분부를 내렸다.

“친애하는 사악들이여. 경들은 동서남북을 통괄하는 수령들이요. 이제부터 천하 대사를 함께 의논하고자 하오. 짐이 천자의 자리에 오른 지, 어언 70년이 넘었소. 그간 어려움도 많았으나 경들의 슬기와 하늘의 가호로 대과없이 소임을 다할 수 있었소. 이점에 대해 새삼 경들에게 사의를 표하오. 그러나 이제는 짐의 나이가 고령이고 또 기력도 쇠할 대로 쇠하였으므로 이 이상 더는 중책을 감당할 수가 없소. 그러므로 천하를 덕 있는 사람에게 선양하고자 하니 경들이 책임을 지고 천명을 받을만한 연부역강(年富力强)한 인재를 찾아보시오.”

동방을 다스리는 동악(東嶽)이 나서서 아뢰었다.

“소신, 아룁니다. 맏아드님 단주(丹朱) 전하를 의당히 세자로 책봉하심이 가한 줄로 아옵니다.”

후세의 제왕들은 한번 나라를 세우면 나라를 사유화(私有化)하고 자손에게 대대로 물려주면서 권세와 부귀를 독차지했다. 그러므로 우둔하고 덕 없는 자가 임금자리에 앉아서 포악을 행하는 경우가 많았고 결국 나라를 멸망케 했다. 그러나 총명하고 인적이 높은 요제는 처음부터 무위자연의 천도를 높이고 천하위공(天下爲公)의 대동이상(大同理想)을 곧이곧대로 따르고 지켰다. 예기(禮記)에「하늘의 큰 도리는 천하를 만민의 공유물로 삼고 있다.」라고 기록되어 있다. 성덕을 지닌 요제는 거룩한 하늘의 뜻을 따르려 했으며 따라서 그는 말했다. "내 아들 단주는 아니되오. 그 애는 성품이 온화하지 못하고 고집스러운 데다가 남과 다투기를 잘하니 만민을 다스릴 인재라고 인정할 수가 없소."

(5) 효성이 지극한 순(舜)

한동안 침묵이 흘렀다. 아무도 입을 열지 않자 요제가 다시 말을 이었다.

"하늘은 반드시 어딘가에 쓸 만한 인재를 낳아서 자라게 하고 계실 것이오. 비록 가문이 낮고 이름이 크게 나지 못해도 하늘의 뜻에 맞을 만한 총명하고 효성이 지극한 젊은이를 널리 찾아서 천거해 보시오."

남쪽을 다스리는 남악이 조심스럽게 입을 열었다.

"순이라고 하는 젊은이가 있습니다. 아직 장가도 안 들고 초야에 묻혀 있는 미천한 신분이나 부모에 대한 효성이 지극하며 마을사람들을 잘 감화시키고 있습니다. 부르시어 가까이 두시고 살펴보시면 좋을 듯 싶습니다."

"짐도 일찍이 그 청년에 대한 소문을 들은 바 있소. 어디 한번 시험해 봅시다."

　나머지 사악의 영수들도 고개를 끄덕이며 찬성의 뜻을 표했다. 요제는 크게 세 가지 면에서 순의 인품과 능력을 시험해 보고자 했다. 첫째는 그가 일가 친척들을 화목하게 잘 다스릴 수 있을까. 둘째는 정치적으로 높은 식견을 지니고 아울러 사물을 처리할 능력을 고루 갖추고 있을까. 셋째는 천지 신명과 잘 통하고 자연 만물을 잘 활용할 수 있을까. 여러모로 살피고 조사를 거친 다음에 요제는 자기의 두 딸, 아황(娥皇)과 여영(女英)을 순에게 내려 시집을 보냈다. 존귀한 천자의 두 공주를 미천한 무명 청년에게 하가시킴은 파격적인 처사였다. 그만큼 요제는 순의 탁월함을 알아보았던 것이다.

　두 공주는 오만하거나 사치하지 않고 남편에게 순종했고 시부모를 정성으로 공경했으며 논밭에 나가 농사일을 거들기도 했다.

　그리하여 순의 일가는 날로 번성했고 그들의 영향을 받아 온 동리에 오교(五敎)의 가르침이 퍼지어 윤리와 도덕이 돈후하게 실천되었다. 첫 번째 제가(齊家), 즉 집안 다스리기 시험에 순은 합격했다.

　총명한 순은 측천기(測天機)를 발명하여 천문과 천기(天機)를 살폈고 하늘의 뜻과 하늘의 도리에 따라 모든 정사를 처리했다. 아울러 각계 각층의 선비들을 잘 화합시키고 서로 긴밀하게 협동케 했다. 두 번째 정치 능력의 시험에도 무난히 합격했다.

세 번째 자연에 대한 순응과 활용을 시험하기 위하여 요제는 캄캄한 밤에 순을 이끌어 험준한 산 속에 홀로 남게 하고 천지가 무너져 내릴듯한 천둥 번개를 치게 하고, 이어 장대비를 쏟아 내리게 했다. 그러나 천문 지리에 밝고 천지 신명에 잘 통하는 순은 침착하게 호랑이의 등을 타고 무사히 하산했다. 요제는 순을 불러 말했다.

"짐은 오래 두고 경을 시험했으며 경은 훌륭히 모든 관문을 통과했소. 이를 짐은 사악에게 알리고 그들과 협의하여 경을 섭정(攝政)으로 결정했으니 짐의 뜻을 따르기 바라오."

섭정을 맡은 순은 충성을 바쳐 소임을 다했다. 지방의 제후들을 잘 화합시켰고 백성들로 하여금 저마다의 생업에 힘써 생산을 높이고 재물을 늘리게 했다. 아울러 문물 제도를 제정하고 음악과 예절 풍속 등을 바로잡았다. 순의 뛰어난 섭정 솜씨를 본 요제는 만족했다. 요제는 속으로 생각했다.

"내 아들 단주에게 천하를 물려주면 단주는 좋아하겠지만 천하만민은 고통을 받을 것이다. 순에게 천하를 물려주면 단주는 가슴 아파할 것이나 천하만민은 좋아할 것이다. 그러니 천하의 안녕과 만민의 안락을 위해 순에게 자리를 선양하리라."

요제는 사악을 대동하여 하늘에 제사지내고 산천에 고사를 지낸 후, 정중한 의식을 갖추어 선양 의식을 거행했다. 요제가 자리에 오른 지 70년 만에, 순을 섭정에 등용하여 그에게 덕의 정치를 익히게 했다. 그리고 다시 28년이 지났다. 마침내 요제는 향년 116세로 뒤 걱정없이 조용히 편한 마음으로 승하했다.

순은 요제로부터 선양을 받았으나, 즉시 자리에 오르지 않았다. 3년의 거상 중 천자의 권한을 요제의 아들 단주에게 양보하고 스스로는 남하(南河)란 곳으로 물러나서, 전과 같이 섭정으로써 국사를 도왔다. 그러나 제후들이나 대신들은 단주에게로 조근(朝覲)하지 않고 순에게로 왔으며 백성들도 모든 진정이나 송사를 단주에게 올리지 않고 순에게 올렸다. 이렇게 3년 상을 마친 후, 순은 "피할 수 없는 천명이로구나"하고 천자의 자리에 올랐다.

동양의 인간학 「선양(禪讓)과 은퇴(隱退)」

유교사상은 모든 사람을 잘 살게 해주기 위해 덕치(德治)를 높인다. 그것이 하늘의 뜻이고 또 하늘의 도리다. 그러므로 천명(天命)을 받은 임금은 천도(天道)를 따라 덕치(德治)를 펴야 한다. 평천하(平天下)하고 만민을 잘 살게 해주어야 한다. 사사로운 욕심으로 권력과 재물을 독점하고 악하게 쓰면 안 된다. 그리고 늙으면 물러난다. 「천하는 위공[天下爲公]」이다. 천하에서 가장 현명하고 덕이 높은 사람에게 임금자리를 물려주어야 한다. 그것이 선양(禪讓)이다. 노장(老莊)은 정치 자체를 부정한다. 그래서 소부(巢父)와 허유(許由)의 이야기가 있다. 노장은 정통(正統)이 아니다.

6. 신화 : 순(舜)의 효성과 감화력

(l) 순의 출생과 초년의 고생

순도 신화적 인물이다. 「순(舜)」은 「민첩하다, 혹은 민첩한 사람」의 뜻을 가진 한자다. 순은 천성이 총명했고, 행동이 민첩했다. 그래서 「순」이란 이름을 가졌을 것이다.

그러나 사화(史話)에서는 덕이 높은 실재하는 성인(聖人)으로 내세우고 있다. 공자는 중용(中庸)에서 말했다.

『순은 위대한 효자였다. 성인의 덕으로써 생전에는 존귀한 천자가 되었으며 천하의 부를 차지하였고 죽어서는 종묘에 제사받고 자손이 길이 보존했다.(舜其大孝也與 德爲聖人 尊爲天子 富有四海之內 宗廟饗之 子孫保之.)』

사마천의 사기에는 순의 선조를 다음과 같이 기록했다.

『황제(黃帝)—창의(昌意)—전욱(顓頊)—궁선(窮蟬)—경강(敬康)—구망(句望)—교우(橋牛)—고수(鼓搜)—중화(重華=舜)』

요제로부터 천자에 자리를 선양 받은 순제는 이름을 중화(重華)라 했다. 요제의 뒤를 이어 「문덕(文德)의 꽃[華]을 거듭[重] 밝혔다」는 뜻이기도 하고 혹은 「그의 눈동자가 두 개 있다.」고 하여 붙인 호칭이라고도 한다.

순의 친어머니는 악등(握登)이다. 그녀가 하늘의 무지개를 쳐다보는 순간 감응되어 순을 잉태했으며 요구(姚丘)에서 출산했음으로 성을 요(姚)라고 했다.

　순의 출생에 대한 다른 전설이 있다. 순의 아버지 고수(瞽叟)가 어느 날 밤에 꿈을 꾸었다. 한 마리의 봉황새가 나타나서 말했다. 「나는 계(鷄)라고 하는 새인데 영감님에게 눈이 밝고 총명한 아드님을 점지해 드리고자 왔습니다.」 이 새는 중명조(重明鳥)로 눈동자가 둘 씩 있었으며 모양이 닭을 닮았고 봉황새같이 울었다.

　하늘의 감응으로 잉태하고 출생한 순은 성품이 어질고 총명했으며 아울러 동작이 민첩하였다. 그의 신장은 6척 1치로 옛날 사람의 체구로는 거대했으며 검붉은 얼굴바탕에 용의 눈과 큰 입을 가지고 있었으므로 「용안대구(龍眼大口)」라 했다.

　순의 아버지를 고수(瞽叟)라고 부른 까닭에 대해서 설이 많다. 실제로 앞을 못 보는 장님이라고도 하고 혹은 사리를 바르게 가리지 못하여 붙인 이름일 거라고도 전한다. 즉 「눈 뜬 장님」이라는 뜻이다.

　순은 태어난 지 며칠 후에 친어머니를 여의었다. 이는 곧 순의 파란만장한 운명의 첫 징조였다.

　아버지 고수는 꿈에서 점지 받은 비범한 아들을 처음에는 더없이 애지중지했다. 그러나 후처가 들어오자 앞을 못 보는 고수는 사람이 변한 듯 순을 미워하고 학대했다. 더욱이 후처가 아들 상(象)을 낳자 맏아들 순에 대한 학대가 심하게 되었다. 계모는 순이 쫓겨나거나 죽어야 자기의 소생 상이 가산을 물려받을 거라는 속셈으로 고수와 상과 자기와 셋이 결탁하여 온갖 몹쓸 짓거리를 자행했다.

아버지 고수는 우둔하고 고집스러웠고, 계모는 간악하고 음흉했으며, 이복동생 상은 탐욕하고 잔인했다. 이들 셋이 함께 결탁하여 순을 학대했으니 얼마나 모질고 처참했으랴! 온갖 힘들고 궂은 일을 순에게 시키고는 공연히 트집잡고 매질하기와 밥 굶기기를 예사로 했다. 심지어는 죽이려고 시도한 일도 여러 번이나 있었다.

그러나 천성적으로 선량하고 총명한 순은 언제나 슬기롭게 위기를 모면하고, 결과적으로 부모와 동생으로 하여금 끔찍한 살인죄를 저지르지 않게 했던 것이다. 그뿐만이 아니었다. 온순하고 속이 깊은 순은 부모나 동생의 부당한 행동에도 반발하거나 원한을 품지 않고 한결같이 즐거운 낯으로 부모에게는 효성을 바쳤고 동생에게는 우애를 쏟았다. 때로 순은 홀로 들이나 밭으로 나가 하늘을 우러러 보고 통곡을 했다. 그러나 이때의 그의 울음은 남을 원망하거나 자신의 원통함을 하늘에 호소하는 것이 아니었다. 도리어 자책과 자기반성의 울부짖음이요 한탄이었다. 그는 다음과 같이 하늘에 읍소(泣訴)했다.

「저의 효성이 부족하여 어버이로부터 꾸지람을 듣고 정성이 모자라 동생의 미움을 받는 것입니다. 저를 벌해 주십시오.」

순에 대한 시련은 계속되었다. 악독한 계모는 마침내 순을 홀몸으로 내쫓았다. 쫓겨난 순은 규수(嬀水)라는 강가에 있는 역산(歷山) 기슭에 터를 잡고 조촐한 초가집을 세우고, 비바람을 피했다. 그리고 새벽 일찍 들에 나가, 맨손으로 황무지를 개간하며 농사를 짓기 시작했다.

성실하고 부지런한 순은 많은 수확을 올렸다. 그러자 소식을 들은 계모와 동생이 달려와 곡식을 나누어 달라고 억지를 썼다. 그래도 착한 순은 웃는 낯으로 성큼 내주었다. 지성이면 하늘도 감동한다[至誠感天]. 하늘은 나이어린 순을 보살피고 위안해 주었다. 봄철이면 숲에 뻐꾹새들이 떼지어 날아와 즐거운 노래를 불렀고, 울타리에는 사시사철 울긋불긋 화려한 꽃들이 피어났다.

순은 집안 식구에게만 효성을 바친 것이 아니라, 마을 사람들에게도 사랑과 친절을 베풀었다. 마침내 주위의 모든 사람들을 감동시키고 또한 덕으로써 교화하게 되었다. 순이 역산(歷山)이란 지방에서 농사를 지으면 그곳 사람들이 감화되어 서로 논밭의 두둑을 양보했다. 순이 뇌택(雷澤)이란 곳에서 고기를 낚으면 사람들이 서로 낚시터를 양보했다. 순이 강가에 가마를 설치하고 오지그릇을 구우면, 그곳 도공들도 그를 따라 정성껏 오지그릇을 만들었음으로, 그곳에서 구워내는 오지그릇은 실하고 반듯하고 아름답고 좋았다. 이렇듯이 이웃사람들이 감화되어 그가 사는 마을에 선량한 기풍이 넘쳤으며, 그의 이름이 전국으로 알려지게 되었다. 한편 그의 덕을 흠모하는 사람들이 전국에서 모여들고, 더욱 번창하게 되었다. 이렇게 하여, 순은 이미 20세 때에 지극한 효성으로 세상 사람들을 감동시켰고, 30세에는 그의 감화력과 명성이 전국적으로 알려지게 되었다.

(2) 천자의 사위가 된 젊은이

바로 그 무렵에 노쇠한 요제가 천하를 물려 줄만한 덕 있는 인물을 찾았고 이에 사악(四嶽)들이 이구동성으로 순을 천거했던 것이다.

이에 요제는 순을 자세히 알아 보고자 했다. 그래서 여러 사람을 풀어 순의 사람됨이나, 가정에서의 효성이나, 또는 마을 사람들에 대한 영향력 등을 상세하게 조사를 했다. 과연 순은 타고난 천성이 총명하고, 재주가 있고, 성실하고 부지런하여 역경을 극복하고 적수공권으로 자립하고 어느 정도의 부를 축적했음을 알았다.

특히 순의 효성은 지극하고 감동적인 것이었다. 앞을 못 보는 아버지가 계모와 그녀의 소생과 한패가 되어, 전처의 자식인 자기를 학대하고 내쫓기까지 했다. 그래도 착한 순은 마음속에 원한을 두지 않고, 부모에게 효성하고, 동생을 사랑으로 도와주었다. 한편 순은 마을 사람들을 잘 지도하고 교화했다. 특히 탁월한 능력을 발휘하고 솔선수범(率先垂範)함으로써, 모든 면에서 생산성을 높였으며, 동시에 사람들을 잘 계몽하여 마을 전체가 사랑과 협동의 기풍으로 넘치게 했다.

이상과 같은 보고를 받은 요제는 긍정적인 평가를 내리며 생각했다.

「그만하면, 개인적 인품이나, 가정 면에서의 효제(孝悌)의 실천이나, 사회적인 감화력이나, 다 합격하고도 남는다. 이제부터는 자기 자신의 가정 다스리기와 국가적 차원에서의 정치능력을 시험해 보자.」

이에 요제는 속으로 곰곰이 생각했다. 「그가 계모에게 학대받고 쫓겨났으니, 자기 멋대로 장가를 갈 수 없을 것이다. 또 악독한 계모가 그를 장가들이지도 않을 것이다. 그러므로 별수없이 천명(天命)으로 그를 장가들이고 가정을 꾸미게 하자.」

요제는 하늘의 명[天命]으로 순을 장가들게 하기 위하여, 자기의 두 딸을 순에게 내려 처로 삼게 했다. 이에 대한 논란이 많다. 즉 순을 대효(大孝)라고 하면서 어찌 부모의 승낙없이 제멋대로 장가를 들게 했느냐? 이와 같은 논란을 제기하는 사람은 결국 효도(孝道)의 본래의 깊은 뜻을 모르고 하는 소리다. 효도는 종국적으로는 「하늘의 도리를 따르고 실천하는 덕행」이다. 그러므로 우매하고 악덕한 부모가 설혹 반대하고 방해를 해도, 참다운 효자는 선행(善行)으로 그들을 감동시키고 종국적으로는 그들을 선화(善化)해야 한다. 그러므로 하늘을 대신한 요제가 어리석고 완고한 부모를 제치고 순에게 자기의 두 딸을 주고 가정을 꾸미게 한 것이다. 아울러 요제는 자기의 9명의 아들을 순의 집에 보내서, 그의 가정을 여러모로 돕게 했다. 요제의 의도는 바로 순이 자기 가정을 잘 다스리고 또 남들을 잘 교화하고 화목하게 할 수 있는 가를 시험코자 했던 것이다.

요제의 큰딸은 아황(娥皇)이고, 작은딸은 여영(女英)이었다. 아무리 상고 때의 전설이라 해도 천자의 두 공주를 일개 평민에게 내려준 처사는 파격이었다. 그만큼 순이 높이 인정받았다는 증거이기도 하다.

여기서 독자를 위해 한마디 부언하겠다. 오늘의 정서로는 옛날의 일부다처제(一夫多妻制)가 쉽사리 납득되지 않을 것이다.

그러나 원시적 모계씨족(母系氏族) 사회를 지나 남성 중심의 부가장제(父家長制)로 들어서기 시작한 당시에는 일가 자손의 번성을 위하여 여러 아내를 거느릴 수도 있었다. 특히 천하를 다스릴 천자의 경우는 하늘로부터 선택된 혈통의 자손들이 많이 태어나 각지로 퍼져야 한다. 그래야 모든 지방을 통일적으로 다스릴 수가 있을 것이다. 그러므로 옛날의 천자나 임금은 왕후 이외에 여러 명의 왕비를 두고 자손을 번창케 했던 것이다.

오늘에는 인구를 억제할 필요가 있고 또 키우기 힘들다고 산아제안을 권장하고 있으나, 사회의 규범은 때와 장소에 따라 다르게 마련이다.

요제는 부마 순에게 삼베옷과 거문고를 하사했고 광대한 농토와 많은 가축들과 또 큰 곡물창고까지 지어 주었다. 참으로 꿈에도 상상할 수 없는 일이 현실로 나타난 것이다. 하루아침에 천자의 부마가 되어 엄청난 부와 호강을 누리게 되었으니, 이것이 하늘의 조화가 아니겠는가?

그러나 속이 깊고 덕이 높은 순은 오만하지 않았다. 전과 다름없이 부지런히 땀흘려 일하고 씀씀이를 절약했으며 부모형제 및 이웃에게는 전보다 더 겸손했고 친절과 사랑을 베풀었다. 그의 처, 아황과 여영도 어질고 착하게 부도(婦道)를 잘 지켰다. 천자의 딸로 귀하게 자란 그들이었으나 남에게 교만하지 않고, 부지런히 가사를 돌보고 살림을 늘려나갔다. 사치하지 않고 허름한 옷을 걸치고 비천한 농부의 아내로 밭에 나가 고된 농사일을 잘 거들었다.

특히 고집 세고 심술 많은 시부모와 시동생에 대해서도, 절대로 상을 찡그리는 일 없이 항상 상냥하게 대하고 잘 받들고 도와주었다. 이를 본 요제는 속으로 미소지으며 흡족하게 여겼다.

제순 유우씨(帝舜 有虞氏)

(3) 슬기로운 내조와 위기의 극복

① 불 속에서 살아남은 순

친정 아버지 요제와 반대로, 시댁의 공기는 험악하기만 했다. 자기들이 내쫓은 순이 아름답고 지체 높은 두 공주를 아내로 삼고 부귀영화를 마냥 누리게 되자, 그들의 가슴속에는 시기와 질투가 지옥의 불길처럼 일고 있었다. 그 중에도 탐욕하고 잔인한 이복동생 상은 마침내 형을 죽이고 거문고와 두 공주를 차지하기로 결심했다. 그리고 어머니와 결탁했다. 원래부터 순의 막대한 재산을 가로채려는 흑심을 품고 있던 간악하고 음흉한 계모는 즉시 호응하고 앞 못보는 남편을 끌어들였다.

이튿날 이복동생 상이 형, 순을 찾아와 말했다.

"형님, 아버지께서 내일 곳간을 수리하시니 형님도 와서 거들라고 하셨어요."

"알았다. 가서 일하겠다고 여쭈어라."

순은 태연스럽게 대답했다. 그러나 예민한 육감으로 뒤에 음흉한 계략이 깔려있음을 감지하고 즉시 이에 대한 대비책을 두 부인과 의논했다.

하늘이 내린 요제의 딸로 총명한 두 부인은 그들의 악독하고 음흉한 계략을 훤히 꿰뚫어 보고 있었다. 그러나 내색하지 않고, 조용히 태연하게 말했다.

"설사 흉계가 있다 해도 걱정말고 가서 거드세요. 저희들이 알아서 대비책을 강구하겠어요.”

이튿날 아침에 두 부인은 날개옷을 순에게 입혀주며 말했다. “이 옷을 입고 계시면 설사 변이 일어나도 무사히 모면하실 수 있습니다. 만약에 불이 나거든 이 옷을 날개처럼 양쪽으로 벌리고 펄떡이세요. 그러면 새같이 하늘로 날아 오를 수 있습니다.”

효성스런 순은 광 안으로 들어가 정성껏 일을 했다. 그러자 갑자기 쾅하는 굉음과 함께 붉은 불길이 치솟고 사방이 불에 휩싸였다. 본래 상이 순을 광 안에 가둔 채로 불태워 죽이려 했던 것이다. 이에 순은 부인의 말대로 두 팔을 벌려 새같이 날개짓을 하고 치솟아 하늘을 타고 아무도 모르게 자기 집으로 돌아왔다.

한편 자기들의 계략대로 순을 처치했다고 확신한 범죄자들은 회심(會心)의 음흉한 미소를 지으며 떼지어 순의 재물과 아내를 가로채려고 몰려왔다. 그러나 이게 어찌된 일인가? 죽었어야 할 순이 먼저 자기들을 보고, 반가운 낯으로 맞이하는 것이 아닌가? 악당들은 어안이 벙벙하여 한동안 멍하니 서 있다가 말끝도 제대로 맺지 못하고 돌아섰다.

② 용이 되어 살아 남은 순

그렇다고 회개하고 단념할 그들이 아니었다. 두 번째로 순을 우물 속에 넣고 생매장하려는 잔인한 흉계를 꾸몄다. 이번에는 아버지 고수가 나섰다. “애, 순아! 지난번에는 수고했다. 이번에는 우물을 치고자 하니 와서 앞 못보는 나를 도와다오.”

"녜, 분부대로 하겠습니다." 순은 밝은 낯으로 쾌히 승낙했다. 그리고 즉시 두 부인과 의논을 했다.

"이번에도 걱정 마시고 가서 우물을 치세요. 가실 때는 저희들이 지어드리는 '용문(龍紋)의 옷'을 속에 받쳐 입으세요."

이튿날 아침. 현명하고 정숙한 두 부인이 순에게 용문 옷을 받쳐 입히면서 자상하게 일러주었다. "다급하실 때에는 겉옷을 벗고 용문 옷만 입고 계셔요. 그러면 용같이 조화를 부릴 수가 있습니다."

순은 의심하거나 주저하는 기색도 짓지 않고 성큼성큼 우물로 가서 밧줄을 타고 우물 속 깊이 내려갔다. 발이 밑바닥에 닿는 순간이었다. 갑자기 줄이 끊어지고 흙더미가 머리 위로부터 쏟아져 내렸다. 그러나 순은 당황하지 않았다. 즉시 겉옷을 벗고, 용문 옷 바람이 되었다. 그러자, 용으로 변신한 순은 우물 밑바닥, 다른 물줄기를 타고 멀리 떨어진 강물 밖으로 솟아났다.

이번에도 순은 내조의 공으로 보통 사람으로서는 상상도 할 수 없는 조화를 부리고 위기를 모면하고, 탈 없이 집으로 돌아와 한가롭게 앉아 요임금이 하사한 거문고를 탔다. 우물 위에서 흙을 쏟아 내리느냐고 흙투성이가 된 간악한 동생 상은 아버지 고수에게 큰소리로 뇌까렸다.

"이번에는 틀림없이 죽었습니다. 이 일은 처음부터 제가 꾸몄으므로 저의 공이 큽니다. 그러나 전리품 처분에 있어서는 부모님께 큰 몫을 드리겠습니다. 형의 전답, 가옥, 곡물, 가축

등 일체의 재산은 부모님이 다 차지하십시오. 저는 다만 거문고와 두 공주만을 취하겠습니다.”

세 악당들은 기뻐 날뛰고 덩실덩실 춤을 추듯 순의 집으로 달려갔다. 그런데 이건 또 어찌 된 조화냐? 말쑥하게 차려입은 순이 시원한 대청에 앉아 ‘투 당 탕, 투 당 탕’ 거문고를 퉁기고 있는 것이 아닌가.

상은 겁이 덜컥 났다. 저것은 분명 산 사람이 아니고 원한을 품고 횡사한 형의 유령이나 귀신이다. 형의 원귀가 한풀이를 하려고 자기 오기를 기다리고 있으려니 생각하니, 오금이 저리고 치가 떨렸다. 창백하게 질린 악당들은 이번에도 걸음아 나 살려라 하고 되돌아갔다. 어두운 밤하늘에는 초롱초롱 별이 반짝이며 눈물을 흘리고 있었다.

③ 독주를 마시고도 살아 남은 순

최고선의 상징인 하늘은 사랑으로 만물을 창조하고 또 사랑의 도리로써 만물을 키우고 있다. 그 중 사람을 만물의 영장이라 했거늘 어찌하여 인간의 마음속에는 남을 죽이고 남의 재물을 탈취하여 나 혼자 잘살려는 악덕이 뿌리깊게 심어져 있을까?

악당들은 다시 세 번째의 흉계를 실천에 옮겼다. 고수의 생일 잔치에 순을 불러 독주를 먹여 독살하고 이어 도끼로 내려찍어 확실하게 박살을 내리라 치밀하게 계략을 세웠다. 이번에는 악독한 계모가 앞장섰다.

"애야, 순아! 내일이 아버님의 생신이다. 와서 뵈어라."

"여부가 있겠습니까. 그렇지 않아도 아버님 생신 잔치에 필요한 물품을 막 사람으로 하여금 보내 올렸습니다."

순의 두 부인은 밤새 탕약을 끓였다. 이튿날 시댁에 가기에 앞서 순에게 탕약을 마시게 하고 또 온몸에 약을 발라주며 말했다. "무슨 음식이든 술이든 걱정말고 다 드셔요. 여하한 독이라도 다 해독할 것입니다."

순이 색다른 복장이 아닌 평복차림으로 나타나자 계모와 상은 서로 눈을 찡긋하고 내심으로 좋아했다. 상은 속으로 생각했다.「부친의 생신 날이 바로 형의 초상 날이 될 것이다.」

잔치 상에는 산해진미가 상다리가 휘어지도록 놓여 있었다. 앞 못보는 고수는 코를 실룩대며 연신 기름기를 집어먹었고 포악한 상은 식식대며 연거푸 술 사발을 들이키고 형에게 내밀었고 음흉한 계모는 생글거리며 순에게 독주를 철철 넘치게 따랐다. 순은 권하는 대로 주는 대로 먹고 마셨다. 반나절이 지나 햇살이 기울 때까지 태연자약한 자세로 먹고 마셨다.

한편 세 사람은 이제나저제나 하고 순이 쓰러지기를 기다렸으나 어찌된 영문인지 순은 술에 취해 비틀거리지도 않고 또 독에 걸려 쓰러지지도 않았다. 도리어 계모와 상이 초조한 빛을 띠기 시작했고 마침내는 동생 상이 먼저 술에 취해 곤드라지고 말았다.

"아버지와 어머님이 피곤하실 테고, 동생도 취했으니 저는 이만 물러가겠습니다." 순이 낮은 소리로 말하면서 일어서려 하자, 계모가 만류하며 수선을 떨며 말했다.

"게을러빠진 인간들이 술도 제대로 못 마시고 쓰러졌구나. 너는 실하여 술도 아직 취하지 않았으니, 좀 더 마셔라. 너에게 주려고 특별히 담은 꽃술이 있으니 한잔만 더 들고 가거라."

간악한 계모는 독을 푼 꽃술을 순의 술잔에 넘칠듯이 부었다. 주전자 끝이 미묘하게 떨리는 것을 눈이 밝은 순은 잘 보았다. 그러나 순은 개의치 않고 술잔을 한입에 들이키고 빈 잔을 계모에게 내밀며 말했다.

"과연 천하 일품인 명주로군요. 맛이나 향기가 그윽하니 어머님도 한 잔 드세요. 제가 아버님 생신을 축하하는 뜻으로 따라 올리겠습니다."

"참으로 너의 효성이 지극하구나. 허나 어디 내가 술을 마실 줄 아느냐, 나 대신 네가 한잔 더 마셔라."

순은 독주를 다시 한 잔 의연하게 비웠다. 그리고 하직 인사를 정중히 올리고 자리에서 일어나 뚜벅뚜벅 걸어서 뜰을 지나 대문 밖으로 나갔다. 계모는 분노에 찬 독살스런 눈으로 그를 바라보며 알 수 없다는 듯이 고개를 갸우뚱했다. 「한 방울이면 알아볼 독주를 진종일 마시고도 저렇듯이 멀쩡하다니」 이는 필경 하늘이 보호하고 있음이니라.」

비로소 하늘에 대한 두려움과 죄책감을 깊이 느낀 계모는 양심이 되살아났다. 그리고는 다시는 순을 살해할 생각을 갖지 않게 되었다. 한마디로 순의 지극한 효성과 사랑에 감동한 하늘이 도와서 지옥 밑바닥에 떨어졌던 그들의 양심을 되살아나게 했던 것이다.

사람은 천성으로 총명한 사람이 있고, 태어날 때부터 우매한 사람이 있다. 총명(聰明)이란 「귀가 밝고 눈이 밝다」는 뜻이다. 귀가 밝아야 정신적으로 소리 없는 하늘의 계시의 말을 듣고, 눈이 맑아야 자연의 현상을 통해서 정신적으로 보이지 않는 하늘의 도리를 터득하게 마련이다. 그러나 우둔하고 어리석은 사람은 동물적 욕심만을 채우려고 날뛰다가 파멸을 초래하는 것이다.

(4) 관문을 통과하고 선양을 받음

① 정치능력에 대한 시험

순은 나이 20세에 대효(大孝)로 세상에 알려졌고, 30세에 요제에게 등용되어 크게 세 가지 면에서 능력을 시험 당했다. 즉 집안 다스리기와 정치 능력과 아울러 자연 다스리기의 셋이었다.

요제는 칠흑같은 어두운 밤에, 순을 홀로 깊은 산 속에 버려 두었다. 그리고 뇌신(雷神)으로 하여금 번개와 천둥을 쳐, 천지를 진동케 했다. 그속에서 순이 무사히 탈출할 수 있는 가를 시험하기 위해서였다.

눈동자가 두 개인 순은 밤눈도 밝았으며 천문과 지리에 통달한 순은 폭풍우 속에서도 침착하게 길을 찾았다. 한편 그의 인자한 사랑과 덕성이 자연 만물에게도 넘쳤음으로, 깊은 산 속의 사나운 호랑이가 순을 등에 태우고 보호해 주었다. 이렇게 하여 순은 자연 다스리기 시험을 무난히 통과할 수 있었다.

다음의 관문은 제가(齊家)와 치국(治國)이다. 그 핵심은 모든 사람들로 하여금 서로 사랑하고 서로 어울려 협동하고 화목케 하는 일이었다. 그렇게 할 수 있어야 공동체로서의 가정이나 나라가 평화롭고 모든 백성들이 행복을 누릴 수 있다. 그러므로 후세에도 「가정에서 부모에게 효도하고 형제가 서로 우애하는 것이 인덕을 실천하는 기본이다.」라고 가르쳤다.

앞에서 본대로 순은 혹독한 가정적 시련을 슬기로운 부인들의 내조로 극복했다. 또 순은 초인간적인 사랑과 인내로써 자기에게 해를 끼치려는 계모와 동생을 감화하여 끔찍한 악덕을 저지르지 않게 해주었다.

가정은 사회의 기본 단위이다. 가정의 구성원인 가족들로 하여금 서로 사랑하고 서로 협동하여 집안에 평안과 기쁨이 넘치고, 동시에 온 가족들에게 풍요로운 삶을 누릴 수 있게 해주는 것이 제가의 요체이다.

그와 같은 「제가의 능력」은 바로 백성들을 교화하고 인도하여 잘살게 해주는 「정치 능력」에 이어진다. 제가(齊家)의 연장이 곧 치국(治國)이다.

순은 사회적으로도 탁월한 지도력을 발휘했다. 그는 부인들과 힘을 합쳐 농사를 짓고, 부를 축적했다. 아울러 성실과 덕행으로 모든 사람들을 감화하고 동시에 사회의 기풍을 순화했다. 그 결과 순을 중심으로 그 일대의 고을이 다 번성하고 주민들이 풍요로운 삶을 누리게 되었다.

이에 요제는 크게 만족했으며 순의 능력과 공적을 인정하고 그를 섭정(攝政)에 임명하고, 자신은 은퇴하여 뒤에서 보살피기로 했다. 당시 요제는 천자의 자리에 오른 지 70년을 넘겼고 또 노쇠했다. 그래서 젊고 능력있고 감화력이 뛰어난 효자 순을 섭정에 등용하여 그로 하여금 정치경험을 쌓게 하려고 한 것이다.

② 섭정이 된 순의 공적

섭정에 임명된 순은 많은 공을 세웠다. 사기에는 여러 가지 어려운 내용에 대한 기록이 상세히 적혀 있다. 그러나 여기서는 중요한 몇 가지만을 추려 서술하겠다.

우선 순은 우(禹)를 등용하여 치수를 성공케 함으로써 국토를 보전하고 백성들을 고질적인 물난리로부터 벗어나게 해주었다.

다음으로 후직(后稷)에게 농사일을 맡겨 사람들이 배부르게 먹을 수 있게 했다. 후직의 후손이 곧 주(周)나라를 건국했다.

그러나 이와 같은 국토 관리나 생산 못지 않게 중요한 것이 바로 사람들에게 윤리와 도덕을 깨우쳐 주고 실천케 하는 교육이었다. 순은 교육을 담당할 설(契)을 불러 말했다. 『배불리 먹고 따뜻하게 옷 입고 안락하게 살되 가르침이 없으면 금수와 다를 바가 없다. 그러니 그대가 만민에게 윤리를 가르치고 따르게 하라.」[12]

그리고 순은 다음의 다섯 가지 오교(五敎) 오상(五常)을 백성에게 깨우치고 실천케 했다.

『부자간에는 육친애가 넘쳐야 한다. 군신은 서로 예의를 지켜야 한다. 부부는 내외의 분별을 지켜야 한다. 위와 아래는 질서를 지켜야 한다. 붕우간에는 신의가 두터워야 한다.」[13]

이상의 오교(五敎)는 인간 관계를 잘 다스려 주는 기본 윤리이다. 윤리는 하늘의 도리를 바탕으로 한 도리이다. 서로 사랑하고 함께 잘살기 위한 인간 관계의 기본 도리이다. 하늘의 도리는 정신적으로 터득하는 것이다. 그러므로 총명해야 쉽게 깨닫고 행할 수 있다.

우둔하면 동물적인 욕심에 사로잡혀, 남을 살상하고「동물적, 이기적, 물질적」욕구만을 채우려고 한다. 그러므로 서로 싸우고 서로 뺏기 내기만을 하며, 결과적으로는 서로 피곤하고 서로 멸망한다. 오늘의 인류세계가 바로 윤리도덕을 소외하고「나만의 동물적 욕심」을 채우기 위해 서로 싸우고 있다. 그래서 위기에 빠져있는 것이다.

---

12) 飽食煖衣 逸居而無敎 則近於禽獸… 敎以人倫.
13)「父子有親 君臣有義 夫婦有別 長幼有序 朋友有信.」

서로 사랑하고 협동하는 윤리 도덕을 따르고 지켜야 재물이나 과학 기술이 유익하게 활용된다. 반대로 윤리를 상실하면, 재물이나 기술을 무력화하고 남을 죽이고 남의 것을 탈취하는 데 골몰하게 될 것이다. 그러한 세계가 곧 지옥이다.

적극적으로 도덕성을 높인 순(舜)은 한편으로는 악덕한 짓을 하는 나쁜 자들을 법으로 다스리고 응징했다. 즉 고요(皐陶)를 사법관에 등용하고 사회 질서를 어지럽히는 자들과 범법자들을 엄하게 벌주었다.

그러나 순의 치적에서 가장 빛나고 높이 평가해야 할 공적은 그가 고대 중국 예치(禮治)의 정통(正統)이 될 예악(禮樂)을 제정하고 보급시킨 일이다. 예(禮)와 예치(禮治)의 뜻은 다음과 같이 깊다.

『하늘에 귀중한 제물을 고여 바치고 하늘에 제사를 올리고, 하늘로부터 계시를 내려 받는다. 그 계시는 곧 하늘의 도리이다, 하늘의 도리는 곧 천도다. 천도를 받들고 따르고 실천하여 복을 내려 받는 정치가 곧 예치(禮治)이다.』

그러므로 예치의 내면적인 참뜻은 「천도(天道) 천리(天理)를 따르고 실천하는 다스림」이다. 이러한 다스림에 있어 의식을 갖추고 문물 제도를 제정하고 예의를 지키는 등등의 외면적인 꾸밈은 근본 뜻을 문화적으로 나타내기 위한 외형적 문화 양식인 것이다.

우주 천지에 질서와 위계(位階)가 엄하게 있듯이 예치에서 제사를 드림에 있어서도 그 구분이 엄연했다.

하늘을 모시는 천제(天祭)는 천자가 지내고, 토지 신과 곡신(穀神)을 모시는 지기(地祇)는 제후(諸侯)가 지내고, 일반 사대부(士大夫)는 자기 선조의 신령만을 제사 드렸다

고대의 예치에서 음악은 중요한 자리를 차지했다. 음악은 자연의 절주(節奏)이다. 그러므로, 하늘과 땅의 신령이나 귀신들을 감동시키고 아울러 사람들의 감정을 순화시킨다. 이와 같은 음악의 효율성을 잘 알고 있는 순은 기(夔)를 전악(典樂 : 음악의 장관)으로 임명하고 백관(百官)에게 품위있는 음악을 가르치게 했다. 즉 감정과 정서를 순화하게 했다.

모든 선비들이 음악에 맞추어 시를 읊으니 그들의 성정(性情)이 바르고 고르게 잡히었다. 인간은 성(性)과 정(情)을 조화시키고 또 순화해야 한다. 성(性)은 정신적 이성이고, 정(情)은 육체적 감정이다. 「성」은 천리를 따라 바로잡고, 「정」은 맑은 음악으로 순화한다. 그러므로 고대의 선비들은 학문과 음악으로 이성과 감정을 조화하고 순화했다. 그래야 고귀한 덕성으로 인격을 수양하고 또 만민을 바르고 착하게 다스릴 수 있다.

(5) 순의 빛나는 덕치와 선양

하늘에 제사를 드리고 하늘의 도리를 따르고 실천한 고대의 선비들은 강직하면서도 온화했고 관대하면서도 엄격하게 공무를 수행했다. 천하가 순을 칭찬했으며 치수의 공을 세운 우(禹)가 대표자로 나서서 순의 덕을 높인 구소(九韶)의 음악을 궁중에서 연주했다. 이에 봉황새들이 날아와서 축하했으며 순도 오현금(五絃琴)을 타면서 남풍가(南風歌)를 읊었다.

『훈훈히 남풍이 불어오니 백성들의 서러움도 풀리리라, 남풍이 불어올 때에 백성들의 재물이 쌓이리라.』[14]

별들이 찬란하게 반짝이고 상스러운 구름이 훈풍을 타고 나부끼자, 신하들은 경운가(卿雲歌)를 화창(和唱)했다.

『상스러운 구름이 아름답게 퍼지고, 어울려 빛나는 무늬를 이루네, 해와 달이 빛나고 아침이 되고 또 아침이 되네.』[15]

순이 섭정에 올라, 이 십년 간에 걸쳐 혁혁한 공을 세운 것을 확인한 요제는 마침내 사악(四嶽)을 대동하고 하늘에 제사를 지내고 천자의 자리를 순에게 선양했다. 이때 순의 나이 50세였다. 그러나 순은 즉시 자리에 오르지 않고 그대로 섭정으로 있으면서 요제를 보필했다. 그가 자리에 오르지 않은 이유는 크게 두 가지 생각에서였다. 하나는 친부모에게도 신임을 받지

---

14) 「南風之薰兮 可以解吾民之慍兮 南風之時兮 可以阜吾民之財兮」
15) 「卿雲爛兮 糺縵縵兮 日月光華 旦復旦兮」

못하는 처지에 어찌 만민의 어버이 자리에 오를 수 있겠느냐 하는 것이었고, 다른 하나는 요제가 생존해 계시며 또 그의 친아들 단주(丹朱)가 있으니 마땅히 자리를 그에게 양보해야 옳다는 생각에서였다.

요제는 순에게 선양한 지 8년 만에 향년 118세로 승하했다. 그 때에 순의 나이는 58세였다. 그는 삼 년 상을 경건히 마치고 천자의 자리를 단주에게 물려주기 위하여 깊은 산 속으로 몸을 숨겼다. 그러나 조정의 중신들과 백관은 단주를 따르지 않고 순을 찾아 와서 천자에 오르기를 간청했으며 만백성들도 순을 우러러 받들었다. 「아! 하늘의 뜻이로다.」

순은 61세에 자리에 올랐다. 천자가 된 순이 제일 먼저 한 일은 고향으로 가서 예를 갖추어 늙은 고수에게 고하고 인정을 받는 일이었다. 노부모와 동생은 회한의 눈물을 흘리며 순에게 용서를 빌었고 순은 두 팔을 활짝 벌려 이들을 뜨겁게 품었다. 특히 동생 상을 유비국(有鼻國)의 영주로 봉했다. 유비국은 장강(長江) 이남의 나라로 그곳 사람들은 코끼리를 잘 부렸다고 전했다.

그 후 39년이 지나 순의 나이 백살이 되었다. 남쪽을 순수(巡狩)하던 순제는 창오(蒼梧)라는 곳에서 운명했다. 급보를 받고 달려온 두 황후들은 순을 구의산(九疑山)에 묻었다. 그리고 얼마 후에는 비탄에 지새던 두 황후들도 상수(湘水)라는 강가에서 이슬처럼 스러졌다. 전하는 말에는 상수의 여신으로 화했으며 강가에 자라고 있는 대나무의 얼룩무늬는 그녀들의 피눈물 자국이라고 한다.

순임금에게는 상균(商均)이라는 아들이 있었다. 그러나 불초였으므로 순은 죽기 전에 자리를 치수의 공이 큰 우(禹)에게 선양했다. 후세 사람들은 「요임금과 순임금, 두 대의 덕치」를 「요순지치(堯舜之治)」라고 칭송했다.

동양의 인간학 「효성감천(孝誠感天)」

순의 가정환경은 악했으며 가족들의 핍박도 심했다. 그러나 순은 효성으로 극복하고 가족들을 감화했다. 보통 사람으로서는 도저히 불가능한 일을 해냈던 것이다. 이에 하늘이 감동하고 요임금으로 하여금 그에게 두 딸을 주고 또 그를 등용해 쓰게 했던 것이다. 요임금은 순에게 말했다. 「그대 순아! 하늘의 운수가 그대에게 돌아왔다. 참으로 성실하게 중용(中庸)의 도를 지키고 곤궁한 사해를 다스리고 하늘이 내리는 복을 영원히 간직해라.」〈論語 堯曰〉

제요 도당씨(帝堯 陶唐氏)

제2편 하왕조편(夏王朝篇)

우리는 지상세계가 「누구에 의해서 언제 어떻게」 만 들어졌는지 알지 못한다. 「인류의 출현」에 대해서도 아는 것이 거의 없다. 그러나 우리는 인류가 오랜 세월에 걸쳐 점진적으로 발전해왔음을 알 수 있다. 특히 오늘의 인류는 전에 없이 놀라운 과학의 발전을 구가하고 있다. 그러나 아직도 천재지변(天災地變)을 과학적으로 분석하고 만족스럽게 대처하지 못하고 있다. 과학이 발달하지 않은 태고 때에는 어떠했겠는가. 옛사람들은 심한 천재지변을 하늘이 노하고 벌을 내린다고 믿었다. 특히 나라를 다스리는 임금들은 천재지변을 당하면 심각하게 반성하고 자숙했다.

한자 「옛 석(昔)」의 옛글자는 「☰」이다. 위의 「≈」은 물의 파도를 나타내고, 이래의 「⊖」는 태양을 나타낸다. 즉 「홍수와 한발」을 합친 글자를 가지고 옛날의 뜻을 나타냈다.

제2편은 태고 때의 한발과 홍수에 얽힌 신화를 중심으로 꾸몄다. 한발에 관한 신화의 주인공은 활을 잘 쏘는 후예(后羿)와 그의 아름다운 부인 항아(姮娥)다. 그리고 홍수에 관한 신화의 주인공은 우(禹)임금이다.

이들에 관한 신화를 말하기에 앞서, 한발과 홍수에 대

한 개략적인 설명을 하겠다. 태고 때에 「열 개의 태양」이 동시에 떠올라 지상세계를 초토화한 불상사가 발생했다. 이에 하늘땅을 다스리는 천제(天帝)가 활을 잘 쏘는 후예(后羿)에게 지상에 내려가 「아홉 개의 태양」을 쫓으라고 명했다. 그러나 천제는 후예에게 위협사격(威脅射擊)만을 가하고 정통으로 맞춰 죽이지는 말라고 당부했던 것이다. 그러나 의협심이 강한 후예는 「아홉 개의 태양」을 쏘아 죽였다. 그래서 하늘에서 추방되고 자기 처와 이별하는 비극을 맞았던 것이다.

옛날부터 토지가 넓고 강의 물줄기가 긴 중국에서는 자주 치명적인 홍수에 시달여야 했다. 그러므로 국가적인 차원에서 대대적인 토목공사를 벌려 홍수 피해를 막으려 했던 것이다. 태고 때의 국가적 차원의 치수(治水)를 성공한 사람이 바로 우(禹)임금이다. 그는 자기 부친 곤(鯀)의 뒤를 이어 치수를 성취했으며, 그 공으로 순(舜)임금의 선양(禪讓)을 받고 천자의 자리에 올라 하(夏)왕조를 세웠다.

그러나 우임금의 아들이 세습(世襲) 함으로써, 정치가 타락하고 폭군이 나타났고 따라서 역성혁명(易姓革命)이 되풀이 되게 되었다.

제1장 한발(旱魃)과 홍수(洪水)

1. 신화 : 후예(后羿)와 항아(姮娥)

(1) 태양은 생명과 빛의 근원

태양은 생명과 빛의 근원이다. 만약 하늘에 태양이 없으면 우리는 어떻게 될까? 우주의 인력체계(引力體系)와 질서가 무너지고 따라서 뭇 별들이 궤도를 잃고 곤두박질하다가 서로 충돌하여 산산조각 나고 말 것이다.

물론 우리가 살고 있는 지구도 안전할 수가 없다. 수많은 별 중에 작은 별에 불과한 지구도 언제 다른 큰 별과 충돌하고 폭발하여 형체도 없이 공중 분해할지 모를 일이다. 생각만 해도 끔찍하고 몸서리칠 노릇이다. 그러나 실제로는 백억 년 이상을 두고 태양이 건재했고 따라서 뭇 별들도 질서정연하게 태양을 중심으로 운행하고 있으니 조금도 걱정할 필요가 없다. 그러한 걱정을 두고 기우(杞憂)라고 한다. 옛날에 기(杞)라는 나라에 사는 한 사람이 『하늘이 무너지면 어떻게 할까』 하고 안절부절 했다는 고사가 열자(列子)라는 책에 있다.

다음으로 태양은 빛의 근원이다. 그러므로 만약에 태양의 빛이 없다면, 우리는 공간도 시간도 인식할 수가 없게 되고 따라서 우리는 삶도 의식할 수가 없게 된다. 의식 없는 삶은 곧 동물적 생존일 뿐이다.

동물적 생존만으로는 역사와 문화의 창조적 발전을 기대할 수 없다. 또한 시간과 공간을 식별할 수 없는 어둠 속에서는 삶도 죽음도 느끼지 못한다. 결국 빛이 있으므로 유무생사(有無生死)를 의식하는 것이다. 무의식 속에서는 죽음도 없다. 그런데 생각이 부족한 사람들은 제대로 삶을 의식도 못하면서 엉뚱하게 죽음만을 지레 겁낸다.

태양은 또 열의 근원이다. 태양열이 있기 때문에 만물이 얼어붙지 않고 생명을 지니고 살아서 변화하고 음과 양이 어울려 짝짓기를 하고 새끼를 낳고 번식한다. 태양이 적당하게 열을 우리에게 내려주지 않는다면 만물은 꽁꽁 얼어 붙고 혹독한 동토(凍土) 속에서 동면(冬眠)을 하며 화석처럼 굳어질 것이다.

물론 사람들이 좋아하는 화끈한 사랑도 나누지 못하고 따라서 자손 번식도 기대할 수가 없을 것이다.

태양은 바로 우리의 생명과 생활을 보장해주는 근원이며 더없이 고마운 절대적 존재다. 그러므로 태양계에서는 태양신(太陽神)이 절대신(絕對神)이다. 그런데 그 고마운 태양도 하늘에 하나만 있고 또 적당한 거리에서 인력(引力)과 빛과 열을 적당히 내려주기 때문에 하늘의 질서가 유지되고 또 조화 속에서 만물이 삶을 누리면서 번식하고 있으며 특히 인류가 문화를 창조하고 동시에 역사적으로 발전하고 있는 것이다.

그러나 하늘과 땅이 미처 굳어지지 않고 또 질서도 제대로 잡히지 못했던 천지개벽 초창기에는 오늘과 같이 태양이 하나만 있지 않고 여러 개의 태양이 있었으며 따라서 우주 천지가 말할 수 없는 혼란 속에서 우왕좌왕 했던 모양이다.

바꾸어 말하면 우주 천지가 오늘과 같은 질서와 안정을 얻기까지는 오랜 세월을 기다려야 했을 것이다. 그러므로 태고 때에는 오늘의 우리들로서는 상상조차 할 수 없는 기괴한 변고가 수없이 발생했을 것이며, 그 증거로「하늘에 열 개의 태양이 일시에 나타나 땅을 불태웠다.」는 황당무개한 신화가 전해지고 있다.

열 개는 고사하고 만약에 서너 개의 태양이 동시에 나타난다면 지상세계가 어떻게 될까? 욕심쟁이는 무엇이든지 많으면 많을수록 좋다는 식으로 태양도 많으면 좋다고 착각할 지 모른다.

그러나 큰일날 소리를 하면 안 된다. 셋은 고사하고 두 개만 있어도 우주 천지가 온전하게 지탱되지 못한다. 그러므로 모든 것은 알맞게 있고 또 적절하게 작용해야 한다. 그것이 중용(中庸)의 도리이다. 중용의 도리는 곧 우주의 변치 않는 도리이다. 우주 천지 만물은 전체적인 조화 속에서 생성(生成)·변화(變化)·번식(繁殖)·발전(發展)하고 있다.

자연법칙을 포함한 우주의 이법(理法) 즉 천도(天道)를 전통사상에서 중용의 도리라고도 한다. 중용의 도리는 곧 영원히 변치않는 올바른 하늘의 도리다.

그러므로 사람은 하늘의 도리를 따라야 탈 없이 살고 또 발전할 수 있다. 사람들이나 국가가 하늘의 도리를 기준으로 하지 않고 동물적, 이기적 욕심을 바탕으로 행동하기 때문에 서로 투쟁하고 쟁탈하는 비극이 발생하는 것이다.

오늘의 세계 인류는 자연과학 면에서는 자연법칙 즉 천도를 엄격하게 따르고 지킨다. 그러므로 과학적 성과를 잘 거두고 있다. 그러나 정치나 경제면에서는 우주 전체의 조화를 무시하고 오직 나의 탐욕을 채우기 위해 파렴치한 짓을 서슴없이 한다.

그래서 오늘의 인류사회가 위기에 처하게 된 것이다. 결국 인류가 위기를 초래한 근본 요인은 대아(大我)를 망각하고 소아(小我)만을 고집하기 때문이다. 소아만 알고 대아를 모르는 것이 곧 무식이다. 그러므로 하늘은 옛날부터 성현(聖賢)을 통해서 우주적 차원에서 전체를 포괄하고 영원한 가치를 추구할 것을 가르치게 한 것이다.

(2) 태고 때의 하늘의 무질서와 변고

① 철부지 태양의 아들이 저지른 재난

우주, 천지, 만물은 시간의 흐름에 따라 더욱 발전한다. 인류 문화도 수십 만 년에 걸쳐 점진적으로 발전하여 오늘의 찬란한 역사와 문화를 갖게 된 것이다. 그러나 태고 때에는 지상세계만이 아니라 천상세계도 연륜(年輪)이 어린 탓으로 제반사에 율이 확고하게 잡히지 못했고 따라서 왕왕 뜻밖의 변고가 발생했던 것이다. 그러므로 요(堯)임금 때에 뜻하지 않은 천재가 하늘로부터 내렸던 것이다.

후세에는 천재지변(天災地變)을 인간의 죄를 응징하기 위해 하늘이 내리는 천벌의 일종으로 해석했다. 그러나 무위자연의 덕치(德治)를 편 요임금 때의 천재(天災)는 사람의 잘못을 응징하기 위한 것이 아니고 역시 하늘이 미숙했기 때문에 야기된 비극이라고 해석해야 한다. 요임금은 최고의 성제(聖帝)로 독실하게 천도천리를 따라 천하를 다스렸고 또 천하만민을 인덕(仁德)으로 양육했다. 그러므로 백성들은 격양가(擊壤歌)를 읊으며 태평성세를 구가했던 것이다. 그런데 뜻하지 않은 엄청난 이변이 하늘에서 일어났다. 일시에 열 개의 태양이 떠올라서 지상세계를 초토화했던 것이다. 하늘을 잘 모시고 하늘의 도리를 잘 따른 요임금 때에 어째서 이러한 참극이 발생했을까? 천상천하로 신하를 파견하여 조사한 결과 요임금은 다음과 같은 사실을 알게 되었다.

「이번의 변고는 천제(天帝)의 뜻이 아니고, 어처구니없게도 하늘의 철없는 태양의 어린아이들의 장난에서 비롯된 사고였다.」

그러므로 요임금은 즉시 천제에게 알리고 활을 잘 쏘는 후예(后羿)를 지상에 파견하여 바로잡게 해달라고 간청을 했다.

② 천제(天帝)와 요임금의 관계

우리는 먼저 천상세계와 지상세계의 기본적인 차이점을 바르게 알아야 한다. 천상세계는 무형(無形)의 허령(虛靈)의 세계이다. 한편 지상세계는 유형(有形)의 실체(實體)의 세계이다. 이 점을 분명히 알아야 한다.

영(靈)의 세계를 사람은 오관(五官)을 통해서 감지할 수 없다. 그러므로 하늘나라는 없다고 속단하고 영계(靈界)의 실재를 믿으려 하지 않는다.

한편 지상세계는 오관을 통해 감지할 수 있는 실체의 세계이다. 만물들은 형체(形體)가 있고 또 모든 생물들은 스스로 삶을 영위하고 있으며 아울러 암[雌]과 수[雄]가 짝짓기를 해서 종족을 번식한다. 그 모든 것이 나타나고 보이게 마련이다. 그러나 하늘나라는 영혼의 세계라 시간이나 공간의 제약을 받지 않고 언제나 어디에서나 기능 할 수 있다. 비록 형체가 없어 사람의 눈에는 보이지 않아도 그 기능이나 작용의 결과는 지상에 나타나게 마련이다.

천제(天帝)는 천상과 천하를 다스리는 절대자(絕對者)다. 한편 지상세계를 다스리는 요임금이 「무위자연의 덕치를 한다.」
는 뜻은 곧 「보이지 않는 하늘의 도리 즉 천도(天道)를 따르고
실천해서 지덕(地德)을 세운다.」는 뜻이다. 결국 하늘을 다스리
는 천제도 지상에 책임이 있고 땅을 다스리는 요임금도 하늘의
도리와 불가분의 관계에 있다. 그러므로 요임금의 간청을 받은
천제가 즉시 조치를 취해야 했던 것이다.

한편 지상세계에 모든 위계(位階) 질서(秩序) 법칙(法則) 및
제도(制度)가 다 하늘의 그것을 본 딴 것들이다. 그러므로 사람
들의 눈에는 보이지 않지만 하늘나라에도 최고의 통치자 천제
를 중심으로 여러 천신(天神)들이 제마다의 위치에서 직책을 수
행하고 있게 마련이다.

다음으로 하늘과 땅 사이의 가장 큰 차이점은 천상세계에서
는 남을 죽이고 남의 재물은 탈취하는 일이 없지만 지상세계에
서는 인간이 개인적으로나 집단적으로 사리사욕(私利私慾)을
채우기 위해서 서로 싸우고 살상하고 남의 재물을 탈취한다는
사실이다. 그래서 지상세계를 타락한 악덕세계라 하고 하늘나
라를 천국이라고 하는 것이다.

사람도 심령(心靈)이 발달하면 성인(聖人)이 되고, 반대로 육
신(肉身)을 위주로 하고 탐욕을 부리면 야차(夜叉)로 전락하게
마련이다. 우주, 천지, 만물을 창조하고 시간과 공간을 통합적
으로 다스리는 최고의 절대(絶對)가 천제(天帝)다. 그러나 천제
도 시간의 흐름과 공간의 확대에 따라 그 위상이 다르게 마련이

다. 십만 년 전의 천제와 오늘의 천제의 위상은 같지 않고 또 지상세계의 대응도 차이가 있게 마련이다. 즉 십만 년 전의 원시인들이 사는 지구와 오늘의 문화세계가 다르듯이 천제의 대응방식도 같지 않다. 동시에 그 밑에서 직책을 수행하는 천신(天神)들도 옛날과 오늘에는 다르게 기능하고 작용하게 마련이다.

그러므로 태고 때의 발생했던「열 개의 태양의 후예」도 이와 같은 맥락에서 고찰해 보아야 한다.

(3) 10개의 태양이 지구를 불태우다

① 태양의 아들 십 형제

지금은 하나의 태양이 절대권위를 가지고 태양계의 질서를 엄하게 다스리고 또 자연 만물을 고르게 키워주고 있다. 그러나 태고 때에는 열 개의 어린 태양이 있었다. 그들은 다 동방을 다스리는 천신(天神) 제준(帝俊)의 아들이었다. 그들 십 형제는 열 살 미만의 철부지 장난꾸러기였음으로 모신(母神)의 말을 듣지 않고 또 하늘의 율도 몰랐다.

그래서 장난삼아 열 개의 태양이 일시에 하늘로 떠올라 죄 없는 땅에 빛과 열을 마냥 쏟아 내렸으며, 그 통에 지구가 애매하게 초토화했던 것이다. 이에 육합(六合)이 균형을 잃고 휘청했으며 특히 불덩이 뙤약볕에 지구 전체가 거대한 용광로로 화해, 순식간에 모든 생물이 불에 타서 숯덩이 혹은 재로 변했다.

이러한 재난은 우주와 태양계가 확고하게 굳어지지 못했던 초창기의 이변이었다. 즉 수억 년 전, 하늘과 땅의 교감(交感)이 제대로 이루어지지 못했던 태고 때의 일이었다.

더욱이 철부지 어린 개구쟁이들의 장난이었음으로, 하늘 나라의 여러 천신(天神)들도 처음에는 알지 못했던 것이다.

본래 해나 달은 동방을 다스리던 제준(帝俊)이라는 천신의 아들과 딸이었다. 그에게는 세 명의 왕비가 있었다. 첫 번째는 아황(娥皇)이며 땅과 자연 만물을 낳아 키웠다. 두 번째는 희화(羲和)로 해 즉 태양의 모친이었고, 세 번째는 상희(常義)로 고명딸인 달을 낳았다.

하늘과 땅 사이의 불상사는 두 번째 왕비가 낳은 열 명의 아들에 의해서 발단되었다. 열 명의 아들은 십간(十干)을 따라 「갑(甲), 을(乙), 병(丙), 정(丁), 무(戊), 기(己), 경(庚), 신(辛), 임(壬), 계(癸)」로 일컬었고 또 그 순서대로 하루에 하나씩 하늘에 떠서 지상 세계에 빛과 열을 알맞게 내리게 되어 있었다.

그들은 모신(母神)과 함께 하늘나라 북쪽 양곡(暘谷)이라는 바다 한복판에 자란 부상(扶桑)이라는 거목(巨木)에 살고 있었다. 부상은 높이가 수천 길이고 둘레가 천 아름을 넘을 만치 큰 신목(神木)으로 가지와 잎이 무성하고 울창했다.

어린 태양의 아들들은 어머니 희화의 지시에 따라 열흘에 한 번씩 부상을 떠나 지구 상공에 나타나 동서(東西)를 가로지르는 하루의 노정을 따라 이동하면서 지상세계에 알맞게 빛과 열을 발산하게 되었다. 그러나 그 절차가 매우 까다롭고 엄격했다. 한밤이 지나고 새벽을 바라보는 인시(寅時)가 되면 부상나무 꼭대기에서 망을 보던 옥계(玉鷄)가 깃을 털고 회를 친다. 이를 신호로 도도산(桃都山)의 복숭아나무 숲에 자고 있던 금계(金鷄)들이 일제히 목청을 돋아 울고 외계로 나갔던 유귀(幽鬼)들을 불러들인다. 그러면 유귀들이 도도산으로 돌아와 귀문(鬼門)에서 신도(神荼)와 울루(鬱壘)의 검색을 받으며, 그 때에 비로소 지상의 모든 석계(石鷄)들이 새벽을 알린다. 바로 이 무렵에 어머니 희화가 그날 내보낼 아들을 깨운다. 그리고 함지(咸池)라는 못에서 말끔히 목욕을 시키고 오색이 영롱한 무지개 날개옷을 입히고 여섯 필의 용이 이끄는 수레 즉 용거(龍車)에 태워 눈부시게 반짝이며 출렁대는 황금빛 파도 위로 몸을 솟구쳐 망망한 허공을 질풍처럼 내달리게 한다. 그러나 이때에도 일정한 궤도를 따라 달려야 한다. 한 치의 오차도 있어서는 안된다. 또 도중에서 일각의 지체나 휴식도 허락되지 않는다. 한마디로 지극히 까다롭고 구속이 많은 여정(旅程)이었다.

이러한 태양의 하루의 행보를 역경(易經)에서는 「하늘의 운행은 세차다. 그러므로 군자도 스스로 억세게 노력하고 쉬지 말아야 한다.(天行健 君子以自彊不息)」라고 가르쳤다.

② 하늘의 무질서와 지상의 재난

앞에서도 언급했듯이 당시 천지간에는 미처 율이 굳게 잡히지 못했고 또 태양의 십 형제들은 아직도 어렸다. 그들은 처음에는 어머니의 지시를 고분고분 잘 따랐다. 그러나 청소년기에 특유한 반항심리가 발동했는지, 어느 날 아침에는 누가 나서서 선도한 것도 아닌데, 열 명이 함께 함지에서 목욕을 하다가, 갑자기 솟구쳐 올라 고삐 풀린 망아지처럼 하늘을 내달렸다. 물론 그들은 무지개 날개 옷도 걸치지 않고 수레도 타지 않은 알몸으로 미친듯이 천방지축으로 난리를 쳤다. 놀란 어머니 희화가 기겁을 하고 용수레를 타고 뒤를 쫓아가서 그들을 만류하고 제자리에 돌리려고 애를 썼으나 이미 때가 늦었다. 사방으로 흩어져 이리 뛰고 저리 뛰는 그들은 싱글벙글 천진난만한 웃음을 지은 채 끝간데 없이 넓은 하늘을 마냥 내달리고 있었다. 아직도 어리고 철이 덜 든 그들은 잠시 장난을 치는 것이었다.

그러나 하늘과 땅의 사정은 같지 않다. 영적 존재인 어린 태양의 십 형제가 이리 뛰고 저리 달리며 장난질을 쳐도 무형의 하늘나라 즉 무한대한 공간세계에서는 별로 문제 될 것이 없다. 그러나 천도(天道)의 지배를 받는 땅 나라 즉 실체의 지상세계에서는 심각한 영향과 치명적인 타격을 받을 수 있다.

일시에 열 개의 태양을 맞이한 지구는 큰 혼란에 빠졌다. 내리쪼이는 햇살은 빛이 아니라 불화살이었다. 산을 불태우고 바닷물을 들끓게 했다. 거대한 암석이 녹아 용암처럼 흘러 전답과 마을을 덮치고 휩쓸었다. 지구 전체가 용광로로 화했으니, 그 참상을 어찌 말로 다 하겠는가?

사람들은 하늘을 쳐다보지도 못하고 순간에 타죽었고 바다의 물고기들은 기름가마 속에서 튀겨진 듯 새까맣게 타 죽었다. 이대로 가다가는 지상세계는 깡그리 멸망하고 검은 숯덩어리가 될 것이다. 그러나 하늘의 철부지 악동들은 지상세계의 참상을 헤아리지 못했다.

그들은 그저 심심풀이로 장난질을 하고 있을 뿐이었다. 허긴 예나 지금이나 지상에 사는 인간들의 딱한 처지를 하늘이 몰라 주기는 마찬가지가 아닌가?

지상을 다스리던 요임금은 중신들을 소집하고 긴급대책을 강구했으며, 다급한 대로 영검하다는 무당 여축(女丑)으로 하여금 기우제를 올리게 했다. 무당 여축은 남색 철릭을 걸치고 붉은 갓을 쓰고 방울을 잘랑잘랑 흔들며 목청 돋아 주문을 외며 음양간의 모든 신령들을 불러모았다.

그녀는 양푼에 가득 찬 탁주를 한 모금에 마시고 한바탕 덜렁덜렁 신명풀이 춤을 추고 난 다음에 날이 시퍼렇게 선 작두 위에 성큼 올라가 신 들린 두 눈을 부릅뜨고 불을 쏟아 내리는 하늘을 향해 사납게 꾸짖듯 앙칼진 소리로 외쳤다. "냉큼 물러 가렸다."

그녀의 호령은 준엄했다. 만약에 상대가 지상의 인간세계를 맴돌고 있는 뜬귀신들이나 혹은 삼악도에 떠돌고 있는 원귀들이었다면 그녀의 호통에 질려서 혼비백산하고 물러났을 것이다. 그러나 상대가 하늘나라의 천신의 아들들이다. 비록 어릴지언정 태양의 십 형제들이니 지상의 무당, 보잘것없이 잔망한 무녀의 푸닥거리에 기죽을리 만무했다. 도리어 무당 여축이 탈진하고 식은땀을 흘리며 두 손으로 허공을 내저으며 입에 게거품을 물고 쓰러지고 말았다.

(4) 요임금의 청원과 후예의 하강(下降)

요임금은 길게 탄식을 하며 혼잣말처럼 중얼거렸다.

"하늘에서 내리는 재화는 사람의 힘으로는 감당할 수 없구나. 천제(天帝)에게 애걸하여 구원을 청할 수밖에 별 도리가 없구나."

요임금은 천제에게 구원을 청하는 급보를 띄웠다.

"열 개의 태양이 밤낮 없이 떠서 지구를 초토화하고 있습니다. 당장에 조처해 주시지 않으면 조만간 지상세계는 전멸할 것입니다."

문자 그대로 청천벽력의 급보를 받고 화들짝 놀란 천제는 노발대발하고 즉시 동방을 다스리는 제준(帝俊)과 그의 처 희화(羲和)를 불러들였다. 그리고 크게 노한 천제는 격한 소리로 그들을 꾸짖었다.

"경들의 철부지 아이들 장난질 때문에 지상세계가 몽땅 타서 초토가 되었다는 데, 그 연유를 소상히 아뢰시오."

탑전에 부복하고 있는 그들은 죄스러움에 고개를 박은 채 입을 열지 못했다. 그러자 부인 희화가 기어 들어가는 소리로 아뢰었다.

"소신이 자식놈들 단속을 소홀히 한 탓으로 돌이킬 수 없는 재앙을 지상세계에 끼치게 되었습니다."

"당장 아이들을 불러들이도록 하시오"

"그게 여의치 못하와 송구하기 짝이 없습니다. 애당초에 자식놈들을 틀어잡지 못한 것이 큰 불찰이었습니다. 이제는 실기(失機)를 하여 수습할 수 없게 되었습니다. 아뢰기 송구하오나 이미 쇤네들의 품을 떠나, 무한 공간으로 뛰쳐나간지라 쇤네들로서는 되잡아오기 지난하게 되었습니다."

천상세계에도 태고 때에는 이렇듯이 부모의 말을 안듣고 부모의 속을 썩이는 불효 자식이 있었다. 천제는 퉁명스럽게 한마디 던졌다.

"허, 참으로 불효막심한 불초 자식들인지고."

그리고 결연하게 한마디 덧붙였다.

"별 수 없군, 뒤처리는 짐이 알아서 할 것이오."

부모의 말을 거역하고 무한 공간을 쏘다니며 인류에게 치명상을 입히는 불효막심한 태양의 아들들을 그냥 내버려 둘 수가 없었다. 천제는 활을 잘 쏘기로 이름난 후예를 불러 막중한 사명을 내렸다.

"경이 지상에 내려가 수고를 해 주어야겠소."

"분부를 따르겠습니다. 소신이 지상에 내려가 어찌하면 되겠습니까."

"동방을 다스리는 제준의 철부지 아이들이 일시에 뛰쳐나가 태양 빛을 쏟아 내리는 바람에 지상이 초토화 되었소. 하늘에서는 아이들의 장난이겠으나 지상세계가 절멸 직전에 놓였으니 묵인할 수 없게 되었소. 그러니 즉각 하강할 차비를 차리시오."

천제는 붉은 각궁(角弓)과 옥으로 만든 백시(白矢)를 넣은 전통을 하사하며 엄하게 영을 내렸다. "경의 탁월한 무공으로 불더위에 허덕이는 인류를 구제하시오. 그렇게 되면 경은 인류의 은인으로 칭송될 것이오. 또한 지상에는 인류에게 해를 끼치는 포악하고 사나운 들짐승이나 날짐승들이 많으니 당분간은 지상세계에 남아서 금수들을 퇴치하시오. 이 자리에서 경에게 후(后)에 임명할 것이니, 이후로는 후예(后羿)로 행세하며, 지상세계의 모든 악한 자들을 정의의 무력으로 응징하고 성덕이 높은 요임금을 보필하시오."

후(后)는 뒤를 봐 주는 임금의 뜻이다. 후예는 반신반인(半神半人)이 되었다. 즉 하늘에서는 형체가 없으나 지상으로 내려가면 육신을 지닌 무사로서 요임금을 보좌하는 수호신과 같은 존재가 되었다. 후예가 전투복을 입고 부인 항아(姮娥)를 동반하고 천제에게 하직인사를 올리자 천제는 후예의 귀에 나직한 말로 속삭이듯 당부를 했다.

"철부지 아이들, 태양의 형제들을 혼쭐을 내 주되, 절대로 살상하는 일이 없게 하시오. 다만 위협해서 그 아이들이 부모 곁으로 돌아와 율을 잘 지키게 하면 될 것이니 화살을 명중시키지 말고 슬쩍 비껴나게 하시오. 짐의 말뜻을 알아듣겠소.”

“예, 명심하겠습니다.” 후예는 천제의 의중을 십분 이해하고 있었다. 위협사격만을 가하라는 뜻이었다. 따라서 후예는 그렇게 하겠다고 다짐을 하고 지상세계로 내려왔다.

(5) 아홉 개의 태양을 쏜 후예(后羿)

다시 한번 하늘과 땅의 차이를 생각해 봐야 하겠다. 하늘에 사는 천신들은 영적(靈的)인 존재이다. 그러나 그들이 땅에 내려오면 육신과 오관을 지닌 인간으로 화한다. 따라서 하늘에 있을 때보다 지상에서 보고 느끼는 모든 것이 구체적이고 또 원색적으로 생생하고 강렬하기 마련이다.

천제의 명을 받은 후예(后羿)는 자기의 아름다운 처 항아(姮娥)를 데리고 지상세계에 내려오는 즉시, 동굴 속에 움츠리고 있는 요임금을 찾았다. 어둠이 내릴 무렵 요임금을 따라 피해 상황을 둘러 본 후예는 분개했다. 상상을 초월한 참상을 목도하고 또 폐부를 찌르는 비명과 통곡을 귀청 아프게 들은 후예는 솟구치는 의분에 몸을 떨었다.

“이것은 철부지 장난으로 무사하게 넘길 예삿일이 아니다. 아무리 어린 장난꾸러기라도 이렇듯이 무고한 생명들을 생지옥에 떨군 그들의 죄를 묻지 않을 수 없다. 또 앞으로 인류의 안전을 보장하기 위해서도 응분의 조치를 취해야 하겠다."

인류의 입장에서 보고 느낀 나머지 인류의 편이 된 후예는 비장한 결심을 했다.

"천제는 위협만 주고 죽이지 말라고 분부했으나, 그대로 내버려두면 언제 그들이 또 나타나 광기를 부리고 인류를 괴롭힐지 모른다. 더욱 지상세계를 위해서는 태양은 하나면 족하다. 열이나 존재할 필요가 없을 것이다. 이 기회에 나머지 태양들을 처치함이 좋을 것이다."

본래 태양의 어린 신들은 형체가 없는 정령(精靈)이다. 그러므로 사람들은 그들의 실체를 볼 수가 없다. 다만 그들이 발하는 열과 빛을 받고 또 둥근 모양의 해를 볼 뿐이다.

그러나 하늘의 신이었던 후예는 정령이 보인다. 그러므로 천제는 후예에게 절대로 태양의 정령인 십 형제를 쏘아 죽이지 말라고 신신당부했던 것이다. 후예는 왼손으로 적궁(赤弓)을 잡고 오른손으로 신전(神箭)을 시위에 매겨 당겼다. 그의 활 솜씨는 신묘의 경지에 들었다. 눈앞을 스치는 참새도 한 대에 쏘아 떨굴 수가 있었다. 두 발을 벌리고 큰 대(大)자로 버티고 선 후예는 혼신의 힘을 기울여 시위를 당겨 살을 날렸다. 화살은 하늘을 가르고 바로 앞에 있는 태양을 향해 일직선으로 날아갔다. 후예는 곧은 자세를 간직한 채, 자기가 쏜 화살을 주시했다. 이윽고 쾅하는 굉음과 함께 앞에 있던 태양이 폭발하고 불꽃을 사방으로 뿌리며 곤두박질을 치고 떨어졌다.

석상(石像)처럼 서서 무표정하게 바라보던 사람들이 막혔던 숨통을 트고 짧게 환성을 올렸다. 절망에 죽은 듯하던 그들이 비로소 삶의 희망을 되찾고 술렁이기 시작했다. 화살에 관통된 태양은 떨어지면서 점차로 오므라들었다. 얼마 후에 산기슭에 떨어진 잔해는 바로 세 발 달린 큰 까마귀였다. 말하자면 태양의 정령(精靈)인 금오(金烏)가 죽어 떨어진 것이었다. 하늘에는 아직도 아홉 개의 태양이 남아있다. 기왕에 뽑아 든 칼이요, 쏘기 시작한 활이었다. 강직하고 의협심에 불타는 후예는 날렵한 솜씨로 계속 화살을 날렸고 날릴 때마다 태양을 맞춰 떨구었다. 도합 아홉 개를 다 쏘아 떨구자 곁에서 요임금이 손을 뻗어 그만두라는 신호를 하며 다급하게 말했다.

"그만! 되었소. 하나의 태양마저 쏘아 떨어뜨리면 도리어 큰 변을 당합니다. 지구가 어둠에 묻히고 모든 생물이 얼어 죽고, 전멸합니다. 그만 활을 거두고 돌아가 쉬십시오."

하늘땅에는 다시 질서와 평화가 돌아왔다. 산천에는 푸른 꽃이 피어났고 맑은 샘물이 졸졸 흘렀다. 동물과 인간들도 예전처럼 춘하추동 사계절을 따라 생명을 누리고 발랄하게 날뛰고 또 짝짓기를 하고 자식이나 새끼들을 낳고 더욱 번식했다. 후예는 만백성으로부터 생명의 은인으로 높이 칭송되고 또 지상 세계의 수호신으로 대접을 받았다. 그리고 후예는 전국을 두루 돌면서 사람을 해치는 맹수와 농작물이나 가축을 해치는 사나운 금조(禽鳥)들을 처치했다.

후예가 퇴치한 수없이 많은 맹수 중에는 알류(猰貐)라는 괴수(怪獸)도 있었다. 알류는 본래는 하늘의 신이었으나 원통하게 피살되어 곤륜산(崑崙山)에 떨어진 것을 무사(巫師)가 되살려 용두호조(龍頭虎爪 : 용의 머리와 호랑이 발톱)과 우신마족(牛身馬足 : 소의 몸과 말의 발)을 지닌 괴물로 변신케 한 것이다. 다른 하나는 흉수(凶水)에 살고 있던 머리가 아홉 개 달린 구영(九嬰)이라는 악용(惡龍)이었다. 마지막으로 후예는 상림(桑林)에서 봉희(封豨)라고 불리는 사나운 큰 돛을 잡아 죽였다.

(6) 하늘에서 추방된 후예의 비극

① 천제의 노여움을 산 후예

후예의 공으로 모든 요괴들을 퇴치하고 지상세계의 안온을 회복한 요임금은 경건한 마음으로 불계(祓禊)를 지냈다. 특히 후예는 자기가 마지막으로 퇴치한 돛을 천제에게 제물로 고여 바치고 아뢰었다.

"소신 소임을 완수하였습니다. 태양의 신동(神童)들의 장난을 응징하고 아울러 지상의 괴수(怪獸) 요금(妖禽)들을 퇴치하여 검수(黔首 : 무명색한 백성)들을 편히 살게 뒤를 봐 주었습니다. 원하오니, 소생 내외를 다시 천상으로 복귀할 수 있게 윤허해 주십시오."

그러나 어찌된 일일지, 천제는 후예가 바친 제물을 물리치고 노한 어조로 꾸짖듯이 말했다.

"지상에서 경이 수행할 소임이 아직도 많으니 귀환할 생각을 말고 더 체류하시오. 당분간은 경들 내외가 하늘나라로 돌아오기 어렵게 되었소."

"어인 연고인지 우둔한 소신 알 수가 없습니다."

"지난번에 짐이 철없이 날뛰는 아이들을 위협만 하고 살상하지 말라고 간곡히 당부한 일을 경은 기억하리다."

"예, 잘 알고 있습니다. 그러나 막상 내려가 보니……"

"막상 내려가 보니 어떻단 말이오."

"전멸 직전에 몰린 인류의 참상이 너무 참혹하였습니다. 소신은 그 참상을 목도하는 순간에, 참을 수 없는 의분에 넘쳐 불각시에 취한 거조가 해망쩍게 되었습니다."

"그러니 탈이란 말이오. 순간적으로 민망한 생각이 들기로서니 사람들의 편만을 들고 불각시에 아홉 개나 되는 어린 정령들을 비정하게 알과녁을 맞춰 죽게 한 처사는 크게 잘못한 일이오. 그러므로 그들의 부친 제준을 위시하여 모든 하늘의 신들이 노발대발하고 그대 내외의 신적(神籍)을 몰수했던 것이오. 그러니 짐으로서도 경들의 귀환을 허락할 수가 없게 되었소. 그리 알고 당분간 지상에서 근신하고 계시오."

말인즉 듣기 좋게 근신이라 했으나 결국은 천국에서 추방된 것이다. 그 순간 후예 자신도 뒤늦게나마 자기가 취한 과격한 짓을 뉘우치게 되었다. 천제의 말을 잘 아로새겨서 태양의 정령들을 위협하여 제자리에 돌아가게 하고 동시에 지상의 인류도 구제하는 양자구전(兩者俱全)의 길을 택할 것을 잘못했구나 하는 죄책감을 떨칠 수 없었다.

그러나 천성이 다혈질인 그는 격하기 쉬웠고 또 지나치게 활 솜씨를 자랑하고 싶었던 것이 크나큰 화근이 되어 마침내 천국에서 추방되는 비운을 초래했던 것이다. 이제 와서 후회한들 무슨 소용이 있으랴. 이미 엎지른 물이다. 다시 거두어 담을 수 없다. 그는 영겁의 업고를 등에 지고 험난한 고해에서 부침 할 수밖에 별 도리가 없게 되었다. 그러므로 만사를 슬기롭고 냉철하게 처리해야 한다.

② 남편을 원망하는 항아

결국 활 잘 쏘는 후예와 그의 아름다운 처 항아가 함께 하늘로 돌아갈 수가 없게 되었다. 후예는 지나치게 인정(人情)에 쏠리어 천심(天心)을 저버린 탓이라 하겠지만, 항아는 아무런 죄 없이 천국에서 추방되었으니 그 억울함과 울화를 남편에 대고 풀 수밖에 도리가 없게 되었다.

"당신이 미욱하게 사람의 편만을 들고 동방을 다스리는 제준의 어린 아들 형제들을 우악하게 죽였으니 천벌을 받게 된 것이오."

당연한 짜증이었다. 더욱이 그녀가 목자를 부라리고 악다구니를 쓰는 가장 큰 이유는 다름이 아니었다. 하늘에서는 불로불사(不老不死)로 영생할 수가 있으나 지상세계에서는 시시각각으로 늙어 시들어 쇠퇴하고 종국에는 죽어 스러져야 하지 않는가.

"당신은 죄 값을 친다 하겠으나, 죄 없이 천국에서 추방되고 또 영생을 잃고 지상에서 늙어 추한 몰골로 죽어야 할 나는 뭐냐 말이오. 나의 원통함을 누가 보상해 줄 것이오."

이들 부부는 하늘에서는 더없이 금실지락(琴瑟之樂)을 누리던 천신이었다. 그러나 지상에 추방된 두 사람은 철천지 원수가 되어, 자나깨나 입 싸움이 낭자했고 마음 편한 때가 없었다. 우직한 후예는 참다 못하여 시끄러운 집을 버리고 조용한 심산유곡을 찾아 방랑의 길에 올랐다.

울적한 가슴을 달래며 정처없이 헤매던 후예는 우연한 기회에 복비(宓妃)라는 절세미인과 일시나마 사랑을 나누게 되었다. 복비는 원래 낙수(洛水)의 여신으로 그녀의 아름다움은 천하에 칭송되고 있었다. 전국시대의 위대한 시인 굴원(屈原)은 이소(離騷)에서 다음과 같이 읊었다.

『나는 운신 풍륭을 그의 구름 수레에 태워, 만고의 절색 미인 복비를 찾게 했다. 나는 옥대를 풀어 그녀에 대한 사랑을 표했으며, 복희의 현신 건수에게 중매를 부탁했으나, 그녀는 착잡한 마음으로 오락가락 결정을 못하고, 마침내 나의 간절한 소청을 물리쳤노라. 그녀가 밤에 돌아가는 서쪽 궁석 얼음은, 바로 곤륜산 밑 약수가 흐르는 시발점이라. 유반 강물에서 치렁치렁 검은머리를 씻을 재, 엄자산에 아침 햇살이 눈부시게 떠오르네, 절세 미모를 지닌 그녀는 산림 깊이 숨어, 초연하고 교

만한 체 어울리려 하지 않노라, 어이 하리, 저렇듯 무정하고 연
줄 대기 어려우니, 그녀를 단념하고 물러나 다른 님이나 찾아
보리라.」[16)]

조식(曹植)도 낙신부(洛神賦)에서 「복비의 자용이 하늘을 나
는 기러기 같고 구름을 타고 승천하는 용처럼 화사하다. 멀리
서 바라보면 새벽 안개를 날리고 떠오르는 태양 같고 가까이 보
면 푸른 물결에 나부끼는 백련 꽃과 같았다.」라고 읊었다.

(7) 후예(后羿)와 하백(河伯)의 결투

풀죽고 낙담한 후예가 터덜터덜 낙수 가를 걷다가 뜻하지 않
게 번득 눈에 뜨인 미인이 바로 하백(河伯)의 부인 복비였다.

하백도 본래는 하늘나라의 신이었다. 그러나 그의 본성이 질
정치 못하고 바람기 많고 행실이 얕은 물처럼 출싹거렸으므로
하늘에서 추방되어 지상의 강물들을 관장하는 하백으로 전락했
던 것이다.

그러므로 그는 지상에서도 노상 방탕했고 닥치는 대로 강물
에 접근하는 미녀들을 낚아채서 물귀신으로 만들기 일쑤였다.
이에 천하의 백성들이 그를 원망하고 미워했다. 그렇다고 그의
타고난 악한 성품이 고쳐질 리 만무했다.

---

16)「吾令豊隆乘雲兮 求宓妃之所在 解佩纕以結言兮 令蹇修以爲理 紛總
　　總其離合兮 忽緯繣其難遷 夕歸次於窮石兮 朝濯髮乎洧盤 保厥美以驕
　　傲兮 日康娛以淫遊 雖信美而無禮兮 來違棄而改求」

유유상종(類類相從)이라고 했다. 같은 부류들이 모이고 어울려 패거리를 만든다는 뜻이기도 하다. 그러므로 하백 주변에는 많은 악령들이 예속되어 있었으며 자칫 비위가 틀리거나 심술이 나면 난데없이 천지간을 뒤집어 놓기가 일쑤였다.

하늘에서는 악한 용들을 풀어 폭풍우를 휘몰아치게 하고 지상에서는 온갖 이매망냥(魑魅魍魎)들을 시켜 산천초목을 황폐하게 만들고 또 강이나 바다에 거센 파도를 일으켜 배를 뒤집고 해일을 일게 했다.

그러므로 사람들은 무격(巫覡)을 시켜, 봄과 가을 두 차례씩 정기적으로 예쁜 처녀를 하백의 화신인 용왕에게 바쳐야 했던 것이다. 그러니 잔혹하고 포악한 하백의 처, 복비는 한시도 즐거울 수가 없었다. 항상 우수에 젖은 낯으로 낙수(洛水), 후미진 곳에 홀로 앉아 연보라색 들국화를 바라보는 것이 유일한 즐거움이었다. 그러던 어느 날 그녀는 우연하게 실의에 빠져 각지를 방랑하던 후예와 단 둘이서 상봉하게 되었던 것이다.

흘긋 주고받은 시선이었으나 두 남녀의 가슴에는 왈카닥 뜨겁게 박히는 것이 있었다. 그래서 절세미인 복비와 영웅호걸 후예는 구름과 안개가 엉키듯이 어울렸다.

우아하고 청초한 한 송이 들국화 같은 복비는 이내 우람하고 강직하고 소탈한 영웅 후예의 품에 안기었다. 두 사람이 다 난생 처음으로 맛보는 애틋하게 감미로운 사랑의 맛에 도취했다. 특히 앙칼진 아내, 항아에게 평생 구박만 받아오던 후예는 비로소 남녀의 정겨운 사랑의 기쁨을 새삼 알게 되었다.

그러나 그들 유부남과 유부녀의 사랑과 밀회는 오래 지속될 수가 없었다. 천하의 악당 하백이 방해를 했던 것이다.

평생 자기 아내를 소박 놓았던 하백이 자기 아내 복비가 천하의 영웅 후예를 가까이 한다는 소문을 듣자 비열하게 생트집을 잡고 까탈을 부리기 시작했다.

한편 후예도 자기의 아내 항아의 앙칼진 투기와 광적인 발악에 부대끼다 지쳤던 것이다. 조석으로 밥도 제대로 얻어먹지 못한 후예는 악바리 처, 항아를 멀리 피하고 항상 집밖으로 나가 객지를 맴돌고 방황했다.

이렇게 같은 불행한 처지에서 방황하던 두 사람은 더욱 서로가 서로를 위로하고 의지하려고 접근했으며 마침내는 생명을 걸고 밀회를 거듭하게 되었다.

그 결과 후예와 하백이 정면으로 대결하게 되었다.

비열하고 음흉한 하백은 후예의 출중한 무력에 크게 겁을 먹고 정면대결을 피했다. 부하 졸개들을 사방으로 출몰시켜 그를 혼란에 빠뜨리고 최후에 자기가 나타나 일격을 가할 심산이었다.

그러나 태양의 정령들을 백발백중으로 퇴치한 후예는 비굴한 하백의 간계를 미리 알고 만반의 대비책을 강구했다.

하백은 천둥 번개로 천지를 진동하고 억수로 비를 쏟아 사람들의 얼혼을 뜨게 한 다음, 자신은 백용(白龍)으로 변신하고 해

일을 일으켜 바다에서 치솟아 하늘로 올랐다가 급선회하고 지상에 있는 후예를 내리 덮쳤다.

그러나 신통력을 갖춘 후예는 즉시 백용의 정체를 간파하고 침착하게 화살을 날려 그의 왼쪽 눈을 맞추었다. 참으로 어처구니없이 싱겁게 승부가 났다. 마누라 빼앗기고 싸움에 패한 하백은 그 길로 하늘로 달려가 천제에게 억울함을 호소했다.

그러나 전부터 질정치 못한 하백을 탐탁지 않게 여기고 있던 천제는 도리어 그를 꾸짖었다.

"평소의 네 놈의 악업이 재화를 초래한 것이다. 후예가 네 한쪽 눈을 남겨 준 것을 고맙게 여기고 앞으로는 하백의 직책을 충실히 이행하라. 즉 강물을 잘 다스려 사람들에게 은혜를 베풀도록 하라."

천제의 심판도 내렸다. 그 속에는 지상에서 상처입은 남녀를 측은하게 여기고 은근히 두둔하려는 뜻이 숨어 있는 듯했다. 즉 잔인한 남편에게 버림받은 아내, 복비의 「새 사랑 추구」를 용인하고 동시에 지나치게 남편을 들볶는 앙칼진 항아를 피해서 방랑하는 후예의 「새 사랑 추구」도 용인하는 듯이 보였다. 그러므로 오늘날에도 인간에게 유린되고 버림받은 남녀가 서로 만나 저마다의 서러움을 달래고 있는 것일까. 참되게 사랑하는 부부를 하늘은 보호하고 기뻐한다. 그러나 부부라는 이름을 악용하고 배필을 학대하는 하백 같은 사나이를 하늘은 용서하지 않을 것이다.

(8) 약을 훔쳐먹고 달나라로 도망간 항아

① 서왕모(西王母)가 준 불사약(不死藥)

후예와 복비의 밀회가 싸움으로 확대되었고 종국에는 천제의 심판까지 받았으니 당사자들의 가정불화는 돌이킬 수 없게 되었다. 그러나 비열하고 잔인한 하백과 강직하고 인정 많은 후예 사이에는 그 처리에 있어서도 천양(天壤)의 차이가 났다.

하백은 복비를 마구 두들겨 패고 내다 버렸다. 그녀를 알몸 알거지로 만들어 들판에 내다 버렸다. 물론 후예가 쫓겨난 그녀를 거두어들이고 아무도 모르게 깊은 동굴 속에 안식처를 만들어 주었다. 한편 후예는 자기의 본처 항아를 완전히 소박 놓지 않았다. 맞닥뜨리기만 하면 악다구니하는 항아에게 포근한 정을 느끼거나 줄 수는 없었다. 그러나 자기 때문에 영생할 수 있는 하늘에서 추방되고 지상에서 남편의 사랑도 받지 못하고 나날이 노쇠하고 시들어가는 항아가 불쌍하고 측은했다.

후예는 양심적으로 생각했다. 이유야 어떠했건 크게 어긋나고 뒤틀린 부부의 정과 사이가 옛날의 원앙으로 되돌아갈 수는 없다해도 최소한 자기의 힘과 책임으로 항아에게 불로불사(不老不死)의 길을 터주거나 가능하면 혼자만이라도 하늘로 되돌려보내야 하겠다고 다짐을 했다.

지성이면 감천이라. 어느 날 밤에 서왕모(西王母)가 꿈에 나타났다. 서왕모는 높이가 만 길이 넘는 곤륜산(昆侖山)에 살고 있는 신선(神仙)이다. 표범의 꼬리와 호랑이 어금니를 지니고 있으며 봉발한 머리에는 관모를 쓰고 천지간의 악령이나 여귀(厲鬼)들을 몰아 쫓는 신통력을 지니고 있으면서, 지상세계에 자비를 베푸는 여신(女神)이었다.

그녀는 세 마리의 푸른 새를 날려 사방의 영산(靈山)에서 약초를 채집하여 불로불사의 약을 빗기도 했다. 그녀가 꿈에 나타나 후예에게 몽시를 내렸다.

"내게로 오너라, 그대에게 불로불사의 약을 주리라."

곤륜산은 땅에서 하늘에 오를 수 있는 가장 높고 또 험준한 산이었다. 둘레에는 새털조차 띄울 수 없는 약수(弱水)라는 심연(深淵)이 있고, 그 안쪽에는 사시사철 불을 뿜어내는 화산들이 중첩하여 인간의 능력으로서는 좀처럼 범접할 수 있는 곳이 아니었다.

그러나 용감하고 신통력을 지닌 후예는 온갖 난관을 극복하고 천신만고 끝에 곤륜산 마루터기에 당도했다. 서왕모가 요지(瑤池)에서 목욕을 하고 분장을 마치기를 기다려, 후예는 서왕모에게 헌신했다. 이미 후예의 억울함을 알고 불쌍하다고 생각하고 있던 서왕모는 반갑게 그를 맞이하고 환대했다. 그리고 호로병(葫蘆瓶)을 내주며 말했다.

"이 알약은 천 년에 한 번 결실하는 불사수(不死樹)의 열매로 빚은 영약이다. 오직 두 알이 있을 뿐이니 소중히 간직하고 있다가 동지날을 택해서 먹어라. 단 이 선약은 그대 내외가 같은 시각에 한 알씩 나눠 먹어야 한다. 그래야 그대들이 지상에서 불로불사하고 또 금실지락(琴瑟之樂)을 되찾고 언제까지나 행복하게 살 수 있다. 만약에 혼자서 두 알을 다 먹으면 육신은 스러지고 영혼만 남아 승천하게 될 것이니 명심하거라.”

기쁨에 넘친 후예는 하직인사도 제대로 아뢰지 못하고 다급히 하산하여 처 항아 앞에 선약을 내보이면서 말했다.

“서왕모 할머니가 준 영약이오. 이 알약을 먹으면 늙지도 않고 또 죽지도 않는다 하셨오. 다만 길일을 택해서 복용하라 하셨오. 그러니 이번 동지날에 각자 하나씩 나누어 먹고 함께 행복과 영생을 누립시다.”

“당신은 복비년에 홀딱 빠졌으니깐 이곳에서 오래 살고 싶겠지만, 나는 싫어요. 지긋지긋한 지상에서는 단 하루도 머물고 싶지 않아요. 그런데 내가 그 알약을 먹고 언제까지나 당신들의 꼴사나운 수작을 보고 있으란 말예요. 당장 나는 죽어도 좋으니 당신들이나 둘이서 하나씩 나눠 먹고 천년 만년 즐겁게 사세요.”

“짜증을 삭이고 차분하게 내 말을 들어보시오. 우리는 하늘에서 맺은 결발 부부가 아니오. 그러므로 서왕모 할머니가 우리들의 금실을 되돌리려고 특별히 영약을 내려 주신 것이오. 또 이 약은 본색이 천신(天神)이라야 효험이 있지, 지상의 인간들에게는 약효가 없다 하였소.”

“그렇다면 당신이나 혼자서 두 알을 다 드시구려.”

"혼자서 두 알을 다 먹으면 즉각 육신을 잃고 영화(靈化)되어 하늘로 뜬다 하였소."

"육신을 잃고 영혼만 남는단 말이요?"

"잘은 모르겠으나 아마 그런가 보오."

그러자 항아는 조소하는 말투로 뇌었다.

"육신이 스러지면 그년과의 육체적 일락을 누리지 못할 테니 당신도 약을 안 먹겠다 그 말이구려."

"여보, 곡해하지 말고 고정하고 뒷일을 생각하고 결기를 푸시오."

"참으로 당신은 뻔뻔하시오."

후예는 그 이상의 대꾸를 않고 자리를 피했다.

② 애정의 갈등과 항아의 파멸

여기서 남녀의 애정에 얽힌 희비(喜悲)의 굴절에 대해 잠시 살펴보겠다.

인간도 동물이다. 그러므로 「식색을 본으로 한다.(食色本也)」 음식을 먹어야 개체(個體)를 보전(保全)하고 건강하게 활동하고 일할 수 있다. 동시에 남자와 여자가 짝짓기를 해야 지식을 낳아 키우고 종족을 번성케 한다.

이와 같은 본능은 하늘이 내려준 본능이다. 거부하거나 기피할 수 없다. 누구나 반드시 따르고 행하는 본능이다. 그러나 사람의 경우는 음식을 먹을 때나 짝짓기를 할 때나 자기의 취향이나 주변의 상황 변화에 따라 보다 좋은 것을 선택하게 마련이다.

가난했을 때는 거칠고 나쁜 음식도 달게 들고, 박색 부인도 고마운 짝이 된다. 그러나 어쩌다가 부귀를 누리면 성미가 변덕스럽게 되고 만사에 남을 탓하게 된다.

특히 남녀간의 애정관계는 미묘하므로 잘 조절하지 못하면 뜻하지 않은 엄청난 비극을 초래할 수도 있다.

애정에 있어서도 남자와 여자 사이에는 현격한 심리적 격차가 있게 마련이다. 도덕 규범이 형성되기 전인 옛날이나 남녀간의 불륜을 법으로 엄하게 다스리는 오늘날이나 남녀간의 애정(愛情)의 심층에는 미묘하게 애증(愛憎)이 엉겨있게 마련이다.

나의 남편이 나만을 사랑하면 기쁘고 좋으나 다른 여자를 사랑하면 싫고 밉게 된다. 반대로 아내가 나를 무시하고 미워하면 진정으로 아내를 사랑할 수 없게 된다. 그런데 사람은 이기적 욕심이 있음으로 남녀의 사랑 면에서도 무조건 나만을 사랑해주기를 바라고, 그렇지 못하면 미워하게 된다. 그렇기 때문에 바람을 피운 남편을 철저히 증오하고 배반자로 몰아붙이고 종국에는 낯을 들지 못하게 만든다. 그래서 남편을 잃게 된다.

대체로 남자들은 낭만적이고 바람기가 있으며, 몰래 슬쩍 방탕할 수도 있다. 그러나 악착하게 모든 것을 절제하고 손안에 검어쥐려는 여성은 자기 남편의 낭비나 방탕에 대하여 관대할 수가 없다. 그러므로 후예와 항아 사이의 가정 불화와 싸움은 의당히 있을 수 있는 것이었다. 문제는 어느 정도의 선에서 한

발짝씩 물러나 미움을 삭히고 응어리를 풀었다면 파국에 치닫지는 않았을 것이다. 그러나 항아는 그렇지를 못했다. 증오를 넘어 복수심에 불타는 항아는 유황(有黃)이라는 선무당을 찾아가 의논을 했다.

"이왕 파경한 마당에 내가 지상세계에 미련 두고 남아서 추하고 역겨운 꼴을 더 볼 까닭이 없지 않소. 그러니 차라리 이 선약을 내가 혼자 다 먹고 나만이라도 천상으로 귀환하면 어떠하겠소."

생각이 깊지 못한 선무당 유황은 씽긋 웃으며 항아를 두둔하고 말했다.

"잘 생각하셨습니다. 절호의 기회를 놓치지 마시고 즉각 알약을 복용하시고 승천하시어 다시 하늘나라 선녀로 환생하십시오."

여자가 투기와 증오에 타면 야차(夜叉)가 된다. 집에 돌아온 항아는 호리병의 선약을 훔쳤다. 그리고 두 알을 혼자 다 먹었다. 그녀는 돌이킬 수 없는 실수를 한 것이다.

무당은 예나 지금이나 음계(陰界)의 떠도는 유령이나 원귀를 다스릴 수는 있어도, 양계(陽界)의 신령과는 통할 수 없다. 그러므로 선무당 유황은 천제의 뜻이나 하늘의 도리를 헤아리지 못하고 다만 남편을 증오하는 항아의 편을 들고 선약을 혼자 다 먹고 승천하라고 점지했던 것이다. 그러나 하늘은 평화와 사랑의 세계이다. 마음이나 영혼 속에 미움을 품으면 들어갈 수 없는 곳이다. 항아는 알약을 꿀꺽 삼키는 순간 『아차』 하고 죄책감을 느꼈다. 그러나 이미 때가 늦었다.

알약을 훔쳐먹은 항아는 자신의 몸이 홀연히 스러지는 것을 몽롱하게 느꼈다. 아무리 발을 굳게 내리 딛고 땅에서 떨어지지 않으려 해도 안되었다. 미풍에 날리는 안개처럼 자신이 자국도 없이 흩어져 하늘로 피어오르는 것을 느꼈다. 당황한 그녀는 눈을 부릅뜨고 위를 쳐다보았다. 칠흑의 밤하늘에는 뭇별들이 총총히 박혀 반짝이면서 자신의 경솔한 처사를 힐난하고 있는 듯이 보였다.

"투심에 환장을 하여 선약을 혼자 다 훔쳐먹고 남편을 홀로 땅에서 늙어 죽게 내버려 둔 악독한 계집은 용서받을 수 없다. 어찌 네가 하늘로 오르려 하느냐?"

찰나에 눈앞에 휘영청 밝은 달이 넓은 치마폭을 벌이고 자신을 감싸줄 듯이 다가왔다.

"옳다. 저 달로 가자. 하늘에 가서 천제의 노여움을 받고 영겁의 죄인으로 낙인찍히고 살 바에는 차라리 음계를 지배하는 달나라에 묻혀 살자."

항아는 두 손을 뻗어 계수나무 가지를 움켜쥐고 매달렸다. 그리하여 달 위에 두 발을 딛으려는 순간이었다. 전신이 뒤틀리고 위축되었다. 그리고 눈 깜짝할 사이에 추악한 두꺼비로 화하고 말았다.

③ 남자와 여자에게 주는 교훈

원래 그녀는 하늘나라에서 아름다움을 자랑하던 최고의 미인이었다. 그러므로 오늘날에도 그녀를 동정하여 월궁항아(月宮姮娥)라고 부른다. 그러나 달의 검은 반점은 실은 초라한 몰골로 오뇌하고 있는 두꺼비의 어두운 그림자일 것이다. 일념지차(一念之差)란 말이 있다. 선과 악, 아름다움과 추악함, 사랑과 증오가 가슴속에서 오락가락 혹은 넘나고 있거늘 그 결과에 따라서는 극락과 지옥이 갈라지니 참으로 한스럽기만 하다.

우리는 후예와 항아의 신화를 통해서 많을 것을 배우고 깨달아야 한다. 절대로 사람은 지상의 척도나 자신의 기준을 바탕으로 하고, 높고 넓은 하늘을 헤아리거나 특히 불평하거나 매도하면 안된다. 더더욱 하늘에 대고 화살질을 하면 절대로 안된다.

사람은 언제나 하늘이 내리는 축복이나 재화를 겸손하게 받아들이고 동시에 슬기롭게 중용(中庸)의 도를 바탕으로 대처해야 한다. 아울러 중정(中正)의 도를 바탕으로 각자에게 주어진 삶을 살고 자기의 책임을 수행해야 한다.

소박한 신화 속에 나타난 인간들의 심리적 갈등을 읽어야 한다. 특히 남녀의 사랑의 미묘한 조화와 변화 및 애증(愛憎)에 얽힌 무서운 투기심이 얼마나 끔찍한 비극을 초래하는 가를 냉철하게 살펴야 한다.

나 혼자 잘살겠다는 이기적 탐욕을 극복하고, 공생(共生) · 공존(共存) · 공영(共榮)하는 인애(仁愛)의 도덕을 실천해야 진정한 평화와 행복을 누릴 수 있다.

동양의 인간학 「도망가는 여자」

남자와 여자는 참사랑으로 어울려야 참사랑의 아들 딸을 낳고 건전하게 역사와 문화를 계승 발전할 수 있다. 남녀의 사랑은 하늘이 준 본능에 속한다. 그러므로 윤리 도덕적으로 바르게 따르고 지켜야 한다. 그렇지 못하면 비극이 일어난다. 남자가 일시적인 동물적 욕구나 관능적 쾌락을 채우려고 탈선하면, 여자가 받는 충격이나 고통이 엄청나게 크고 또 여자도 본분을 잃고 바른 길에서 이탈하게 된다. 남자에게도 선인과 악인이 있듯이 여자에게도 착하고 정숙한 여자와 악하고 요사스런 여자가 있게 마련이다. 후예(后羿)와 항아(姮娥)는 하늘에서 맺은 부부다. 그러나 지상에 내려오자 타락한 인간을 본받게 되었다. 즉 남자가 바람을 피우고, 여자가 도망을 갔던 것이다.

항아(姮娥)

제2장 우왕(禹王)과 하왕조(夏王朝)

1. 신화 : 홍수와 우의 등장

바로 앞에서 열 개의 태양을 활로 쏘아 인류를 구제한 후예에 대한 신화 전설을 기술했다. 이번에는 홍수에 얽힌 고대인의 처절한 투쟁을 살펴보겠다.

미리 알아두어야 할 긴요한 관점이 있다. 그것은 앞의 후예의 이야기에서 보듯 지상 세계의 문제는 사람들의 힘으로 해결해야 한다는 원칙이다.

일반적으로 하늘은 전지전능(全知全能)하니까 지상세계의 모든 현상도 하늘에 의해서 이루어지고 하늘에 의해서 수습된다고 보기 쉽다. 그러나 중국의 신화나 전설의 특성의 하나는 인간의 힘이나 영향력이 강조되는 점이다.

하늘은 눈에 보이지 않는 도리나 법칙을 제시해 줄 뿐, 그 도리나 법칙을 따르고 활용해서 좋은 성과를 거두는 주체는 인간이다. 요약하면 중국의 신화나 전설은 어디까지나 인간 본위이다.

그와 같은 특성을 바탕으로 고대의 중국사상도 현세적 인간 본위로 전개되었으며 동시에 신화도 역사적 사실로 화하게 되었던 것이다. 흡사 자연과학자가 자연법칙을 깨닫고 활용하여 좋은 과학적 업적을 성취하듯이 중국의 전통사상은 도리의 근거를 하늘의 도리 즉 천도(天道)에서 찾되 사람이 그것을 따르고 실천해야 한다고 강조한다. 그러므로 우리는 중국의 신화나 전설을 흥미로운 옛이야기로만 보지 말고 그들 주인공들을 통해서 우리 자신들의 삶의 철학과 가치를 탐구하려는 의식을 배양해야 할 것이다.

홍수에 얽힌 중국의 신화 전설도 인간화 되었다. 그러나 정확한 역사적 사실이나 기록은 물론 알지 못한다. 그 속에는 신화적 요소가 더 많이 섞여 있다.

예를 들어 인류의 시조 복희와 여와의 신화에도 뇌공(雷公)이 등장하여 지상세계를 물로 휩쓸었다. 그러나 이러한 내용은 어디까지나 민간신화로 전해진 것이며 결코 역사적 기록에는 기재된 일이 없었다.

그러나 두 번째의 대홍수와 이를 다스린 우의 이야기는 신화로도 전하고 또 역사기록으로도 기술되었다.

먼저 우의 치수에 관한 사화(史話)를 보겠다. 우도 전설적 존재이다. 「우(禹)」라는 한자는 본래 「도마뱀」의 모양을 그린 글자였다. 아마도 태고 때에 홍수를 막는 일에 큰 공을 세운 용신(龍神)과 같은 인물을 우로 지칭했을 것이다.

〈다음의 왕조 은(殷)은 은허(殷墟)에세 발굴된 유물을 통해 역사적으로 실존했던 왕조임이 증명되었다. 그러나 우임금이

세운 하(夏)왕조에 대한 유물은 아직 발굴 된 것이 없다.〉

「우임금(禹王)」을 사화에서는 고대의 성군(聖君)으로 높였다. 먼저 사기(史記)와 십팔사략(十八史略) 및 맹자(孟子) 등의 기록을 바탕으로 우임금을 다음과 같이 그릴 수 있다.

『우는 황제(黃帝)의 후손이며, 성은 사(姒), 이름은 문명(文命)이며, 치수의 공을 세워 순임금으로부터 천하를 물려받고 하왕조(夏王朝)를 창건했다. 그 계통은 다음과 같다. 황제(黃帝)-창의(昌意)-전욱(顓頊)-곤(鯀)-우(禹)』

전욱 고양씨(顓頊 高陽氏)

2. 신화 : 우의 치수와 국토개발

(1) 홍수와 곤(鯀)의 실패

① 성군(聖君) 요제 때의 홍수

중국 고대에서 최고의 성군으로 칭송되는 요제 때에 천재지변이 여러 차례 발생하여 사람들을 괴롭혔다는 사실은 하늘과 땅이 직결되어 있지 않다는 증거이다.

물론 지상세계는 시간과 공간의 법칙의 지배를 받는다. 그리고 시간과 공간을 통합한 절대가 하늘이니까 그런 의미에서는 지상세계도 하늘의 법칙의 지배를 받는다. 그러나 직접적인 인격신으로서의 하늘의 뜻에 의해 좌우되지는 않는다고 하는 것이 중국의 전통사상이다.

요제는 무위자연(無爲自然)의 덕의정치를 폈다. 그러므로 백성들이 폭군에게 시달리거나 악덕한 정치에 유린당하는 일이 없었다. 바꾸어 말하면 인간이 인간을 억압하고 착취하는 따위의 인재(人災)가 없었다.

요제 때에는 백성들이 고복격양(鼓腹擊壤)의 태평을 마냥 누렸다. 그래서 훈훈한 춘풍에 백화가 만발했고 만백성이 배를 두드리며 격양가(擊壤歌)를 구가했다.

그러나 아직도 하늘과 땅의 나이가 어리고 제대로 성숙하지 못했던 때라 한발이나 홍수가 백성들의 삶을 어지럽혔음은 어쩔 수 없는 노릇이었다. 이에 인애(仁愛)로운 요제는 손을 써 도탄에 빠진 백성들을 구제하고자 애를 썼다.

한발에 대해서는 천제(天帝)에게 직접 도움을 청했다. 그리하여 활의 명수 후예(后羿)가 열 개의 태양 중, 아홉 개를 활로 쏘아 떨어뜨리고 하나만 남김으로써 지상세계를 구제했다. 이때에도 본래 하늘의 신이었던 후예가 지상에 내려와 인간적으로 지상의 문제를 해결했던 것이다. 그와 마찬가지로 지상의 홍수에 대해서도 일차적인 노력은 땅을 다스릴 책임을 진 요임금 자신이 지고 해결해야 했다.

요제 때에 홍수가 장장 22년에 걸쳐 천하를 어지럽히고 국토를 황폐화했다. 억수로 쏟아지는 장마비가 황하를 위시하여 천하의 모든 하천을 넘치고 범람케 했으며, 이에 천지가 흙탕물에 잠기고 농작물이 진흙에 뒤범벅이 되었다. 그 때의 참상을 맹자는 다음과 같이 서술했다.

『요제 때에 엄청난 홍수로 인해, 온 천하가 대 혼란에 빠졌다. 대지에 넘치는 흙탕물 속에는 뱀이나 토룡들이 득실거렸고, 그 틈바구니에서 사람들이 허우적대다가 탁류에 휩쓸려 익사한 채로 떠내려갔다. 소수의 사람들만이 높은 산으로 기어올라가 간신히 살아 남을 수 있었다. 그러나 장마가 걷히고 물이 빠져도 먹을 것이 없었다. 땅 위에 쌓인 것은 진흙더미 뿐이었고 어디에서도 나무 열매나 곡물을 거두어 먹을 수가 없었다. 사람들은 허기진 채로 떠돌다가 쓰러져 죽었고 혹은 사나운 맹수를 피해 굴 속에 은신한 채로 병들어 신음하다 죽었다.』

이러한 경우 구약성서 창세기에는 「여호와의 신이 노하여 홍수로 심판한다.」고 기록하고 있다. 즉 노한 신이 지상에 벌을 내리는 것이라고 해석했다. 그러나 요제는 평소에도 하늘을 잘 섬겼고 또 하늘의 도리를 따라 천하를 평화롭게 또 만민을 안락하게 잘 다스렸으니 하늘로부터 혹독한 벌을 받을 이유가 없었다.

역시 태고 때에는 우주를 주재하는 천제(天帝)의 단속이 허술하여 사고가 일어난 것으로 보아야 할 것이다. 즉 태고 때에는 천제의 질서가 엄하게 잡히지 않았으며, 그런 틈을 타서 악령들이 심술을 부린 것이라고 해석해야 할 것이다.

② 곤(鯀)의 실패와 그 원인

요제는 무고한 사람들을 괴롭히는 악령들을 몰아내고 백성들을 구제하기 위하여 사악(四嶽)들을 불러 의견을 묻고 대책을 강구했다.

"악령을 몰아 쫓고 홍수를 막고 땅을 안정시켜 만민을 구해야 하겠소. 이러한 중대사를 감당할 적임자가 누구이겠소? 경들의 생각을 말씀해 보시오."

오랫동안 참극에 시달리고 사태의 심각성을 뼈저리게 느끼고 있던 그들은 즉시 이구동성으로 토목건축의 능숙한 곤(鯀)을 추천했다. 그러나 요제는 가볍게 머리를 저었다.

"곤은 명문 출신이고 또 능력도 기술도 있음을 짐도 인정하오. 그러나 그는 지나치게 독선적이며 외고집이 세고 일가친족과도 화목하지 못하는 게 흠이오."

사악들이 다시 입을 모아 아뢰었다.

"많은 사람을 동원하는 대공사에는 그와 같은 신념과 결단력이 있어야 합니다. 또한 이 일은 초미의 급사이오니 급한 대로 곤에게 명을 내려 시험해 보시고 차선책을 강구하심이 좋을 것입니다."

요제는 마침내 곤에게 치수하라는 명을 내렸다. 한편 명을 받은 곤은 자신을 가지고 저돌적이며 직선적으로 공사를 벌였다. 그는 인장(陻障)의 공법을 썼다. 즉 제방을 높이 돋아 쌓고 물줄기를 가로막자는 것이었다. 그러나 그의 방법은 이내 한계점에 도달했다. 곤이 채택한 「인장의 공법」은 작은 물줄기는 막을 수 있어도 바다의 노도처럼 넘치는 큰 홍수를 막지는 못했다. 아무리 토석(土石)으로 제방을 높이 쌓아도 여름철의 범람하는 황하 앞에는 무력한 모래성과 같았다. 범람하는 흙탕물에 밀리고 쓸리어 온데간데 없이 자국도 남기지 못했으며, 수년 간의 노력이 문자 그대로 수포에 돌아갔던 것이다. 곤은 9년 간이나 실패를 거듭했으며, 그 결과 엄청나게 많은 인력과 막대한 국가의 재물을 축내고 또 세월을 허송했다. 그 무렵에 노쇠한 요제는 젊은 순을 등용하고 정사를 대신 보게 했다. 이에 전국을 순시하던 순이 각지에서 곤의 치수가 잘못된 사실을 발견했고 책임을 물어 벌을 내렸다. 즉 곤을 우산(羽山)에 연금하고 그곳에서 운명케 했던 것이다. 이러한 처사에 대해 후세의 시인 굴원(屈原)은 곤을 동정하고 『명을 받고 공을 세우려 했거늘, 어찌 그를 벌주었는가?』라고 항변했다.

(2) 순(舜)이 우(禹)에게 치수를 명함

순은 다시 사악(四嶽)을 소집하고 그들의 의견을 물었다.

"곤이 실패했으니 이번에는 누구에게 맡기면 좋겠소."

사악들은 이구동성으로 대답했다.

"곤의 아들 우가 총명하고 성실하니 부친의 뒤를 이어 치수를 완수하게 대임을 맡기시는 게 좋겠습니다."

이에 순임금은 우를 불러 말했다.

"그대에게 사공(司空)의 벼슬을 내리고 치수의 대임을 맡기니 반드시 성취해야 하오."

그러나 겸손한 우는 복배(伏拜)하고 아뢰었다.

"천하의 대사를 소신이 어찌 감당하겠습니까. 설(契 : 은나라의 시조), 후직(后稷 : 주나라의 시조), 고요(皐陶 : 순의 신하) 같은 현인에게 하명하심이 좋을 것입니다."

그러나 순은 단호하게 명을 내렸다.

"그대가 맡아서 공을 세우시오. 그래야 나라에도 충성도 하고 또한 그대의 선친에게 효도하고 아울러 그대의 가문을 빛내게 될 것이오."

아들이 아버지의 뜻과 사업을 계승하고 나라에 공을 세우는 것이 곧 효도다. 사람만이 대를 이어오면서 집안의 전통과 가업을 계승하고 더욱 역사와 문화를 창조적으로 발전시킬 수 있다. 그러므로 순은 우에게 충성과 효도를 아울러 다하라고 명했던 것이다.

사실 우는 순에게 발탁될 만큼 뛰어난 인격과 능력을 가지고 있었다. 그는 머리가 총명했고 사람이 성실하고 또 행동이 민첩했다. 그는 인자하고 예의범절을 잘 지키고 또 언제나 어디에서나 천도에 맞게 신중하게 행동했다.

그의 음성은 자연의 음율(音律)에 맞았고 그의 온화한 성품은 훈훈한 봄바람처럼 모든 사람들을 감화했다.

한편 치수는 우에게 있어 국가에 대해서는 충성을 바치고 부모에게는 효도를 다하는 충효겸전(忠孝兼全)의 이중적 의미를 지니고 있었다.

국토를 잘 다스려 백성을 안락하게 살게 해주는 대역사일 뿐만이 아니라 선친의 불명예를 불식하고 가문을 빛내는 중대사이기도 했다. 그러므로 치수에 임하는 우의 결의는 더없이 비장했고 그의 태도도 마냥 진지했다.

우선 그는 학식과 덕망이 높은 설(契), 후직(后稷), 고요(皐陶) 등 현인들을 찾아가서 겸허한 자세로 도움과 협력을 간청했고 그들로부터 도와주겠다는 다짐을 받는데 성공했다. 이어 순은 전국을 순회하면서 명산(名山)과 대천(大川)에 엄숙하게 제사를 올렸고 아울러 각 지방을 다스리는 제후(諸侯)들의 절대적인 신임과 협조를 얻어내기도 했다. 우는 아버지가 치수에 실패한 여러 가지 원인을 면밀히 조사하고 검토했다. 그 결과 우는 다음과 같은 결론을 내렸다.

『흘러 넘치는 자연의 억센 홍수를 작은 인간의 힘으로 틀어막으려고 한 처사는 무모한 시도다. 그러한 시도는 자연의 도리에 어긋나는 처사로 결국은 실패할 수밖에 없다. 가친께서 채택한 인장(陻障)의 공법은 순리가 아니다. 태고 때부터 도도히 흐르는 황하의 물줄기를 인위적으로 차단하려는 시도는 하늘의 도리에도 어긋난다.』

그러므로 우는 천도에 순응하는 소도(疎導)의 공법을 채택했다. 즉 강물이 잘 흐르도록 물줄기를 터주고 물길을 바로잡아 줌으로서 밖으로 흘러 넘치지 않게 하는 소도의 공법을 채택했던 것이다.

또 그는 치수의 공사를 벌이기에 앞서 전국토의 지리를 살피기로 했다. 거시적 안목으로 전국의 지형과 지세를 관찰하고 아울러 황하와 양자강의 물 흐름을 바르게 파악하기 위해서였다. 태고 때에 이와 같은 거시적 안목과 발상을 한 우는 분명히 뛰어난 인물이라 하겠다.

그는 총명하게 머리를 썼을 뿐만이 아니라 성실한 마음가짐으로 민첩하게 행동했다. 그 결과 우는 민족적 대 역사인 치수와 국토개발을 아울러 성취했던 것이다.

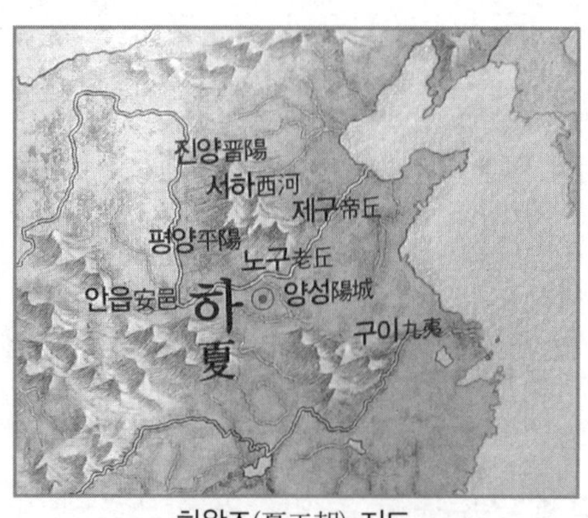

하왕조(夏王朝) 지도

(3) 순임금이 우에게 천하를 선양함

우는 13년 간 집을 비우고 전국을 돌며 공사에 열중했다. 어쩌다가 자기 집 대문 앞을 지나도 들어가 처자식을 만나지 않았다. 이것을 사기에서는 과문불입(過門不入)이라고 했다.

표면적으로는 치수(治水)라고 했으나 실질적으로는 전국적 규모의 국토개발이었다. 그러므로 그는 구주(九州 : 중국 전 영토)를 두루 누벼야 했다. 즉 전국의 산천(山川)은 사람이 살지 않는 후미진 벽지에도 몸소 걸어가 지형과 기후를 살폈던 것이다. 사기에는 다음과 같이 기술했다.

『육지를 갈 때에는 수레를 타고 강물 위에서는 배를 띄우고 진흙 뻘에서는 흙 썰매[橇]를 타고 산을 탈 때에는 등산용 나막신[樏]을 신고 왼손에는 준승(準繩)을 잡고 바른 손에는 규구(規矩)를 들고, 사계절에 따라 공사를 추진하고 구주(九州)를 개척하고 구도(九道 : 전국의 도로를 개통)하고 구택(九澤 : 전국의 택지나 호수) 가에 제방을 쌓고 구산(九山 : 전국의 산악)을 측량했다.』

사기에는 기타 지리 및 토목 공사에 관한 기록이 상세하게 적혀 있다. 그러나 지나치게 전문적이므로 여기서는 생략하겠다.

허름한 작업복을 걸치고 조잡한 음식으로 허기를 채우고 지친 몸을 이끌고 구부정 허리로 절룩이며 전국을 누비며 「분골쇄신(粉骨碎身)」한 우의 걸음걸이를 후세 사람들은 우보(禹步)라고 일컬었다.

우가 치수와 국토 개발을 성공적으로 성취하자 순임금은 그를 제후에 봉하고 현규(玄圭 : 검 붉은 옥)을 하사했다.

그리고 곁에 두고 항상 덕치(德治)의 도리를 가르쳐 주고 장차는 천하에 대권을 물려주기로 작정했다.

얼마 후, 순임금이 창오(蒼梧)에서 붕어하자, 우는 자리를 순임금의 아들 상균(商均)에게 양보하고, 자신은 물러나 산 속에 몸을 숨겼다.

그러나 모든 제후는 상균을 따르지 않고 숨은 우에게 와서 조례를 들고 또 모든 정사를 의논하고 윤허를 얻고자 했다. 이에 별 수 없이 천자의 자리에 올라 국호를 하라고 칭했다. 하(夏)는 화(華 : 꽃필 화, 번성할 화)와 뜻이나 음이 통한다. 즉 「문화가 찬란한 큰 나라」의 뜻이다.

우임금에 관한 역사적 토막 고사를 두 개 더 추가하겠다. 지방 순시에 나섰던 우임금은 노상에서 이상한 광경을 목도했다. 가까이 가서 보니 마을 사람들이 떼지어 한 사나이를 혹심하게 문책하고 있었다. 이유는 그가 남의 곡식을 훔쳤다는 것이었다. 사정을 안 우임금은 그 사람의 손을 움켜잡고 눈물을 펑펑 쏟으며 말했다.

"요임금이나 순임금 때에는 백성들이 천자와 한 마음이 되어 서로 사랑하고 협동하여 천하가 태평 무사했다. 그러나 짐의 치하에서는 사람들이 저마다 사리사욕(私利私慾)을 채우려고 다투고 재물을 도둑질까지 하게 되었구나. 이는 결국 짐의 덕이 부족한 탓이다. 그 아니 한탄할 일이 아니냐?"

백성들이 죄짓는 것을 자신의 덕이 부족하기 때문이라고 눈물을 흘린 우임금이었다. 이에 백관(百官)들이 더욱 덕치에 힘을 썼으며, 그 덕풍(德風)이 각 지방의 제후를 통해 온 천하의 백성에게 미쳤으며, 나중에는 문자 그대로 태평성세를 이루었던 것이다.

우임금이 제후들을 도산(塗山)이라는 곳에 소집한 일이 있었다. 평소에 우임금을 존경하고 따르던 제후들은 각지에서 옥돌이나 비단을 공물로 바쳤다. 그 때에 연주했던 음악을 「대하의 음악[大夏之樂]」이라고 한다.

우임금은 지상세계의 사람들에게만 덕을 베풀었을 뿐만이 아니라 하늘과 땅의 신이나 신령들도 잘 모셨다.

그는 「아홉 개의 솥[九鼎 : 구정]」을 만들어 구주(九州)의 천제(天帝) 지기(地祇) 및 여러 귀신에게 제사를 지내게 했다. 그 솥은 쇠[鐵]로 만들었으며 「강(强) 유(柔) 직(直)」 삼덕(三德)을 상징하는 「세 발」이 달렸다. 그러므로 천지의 모든 신령들이 그를 잘 보우(保佑)해 주었다. 우임금이 배를 타고 강을 건너갈 때였다. 갑자기 하늘에서 황용이 나타나 배를 뒤엎을 듯이 엄습해 왔다. 배에 탔던 모든 신하들은 공포에 떨고 얼굴이 창백하게 질렸다. 그러나 우임금은 하늘에 대고 항의를 하듯이 기구를 올렸다.

"소자는 천명을 받고 천자의 자리에 올랐으며 온갖 정성과 힘을 기우려 하늘을 섬기고 만민에게 인덕을 베풀었습니다. 그런데 어찌하여 황룡으로 하여금 소자와 측근들을 해치려 하십니까. 허기는 삶은 잠시이고, 죽음은 영원한 돌아감이라 했습니다. 소자에게 하늘로 돌아오라고 명을 내리신다면 달게 따르겠습니다.”

이렇게 말하고 태연자약했다. 그러자 어느 사이에 황룡이 스스로 꼬리를 틀고 사라져 버렸다. 우임금 때에 의적(儀狄)이라는 사람이 처음으로 술을 만들어 바쳤다. 달고 향기로운 냄새를 풍기는 술을 조심스럽게 입에 대고 한모금 마신 우임금이 눈을 찡긋하며 말했다.

“장차 많은 사람들이 이 술 때문에 타락하고 또 임금 중에 술로 인해 나라를 망칠 자도 나타날 것이다.” 그리고 술을 만든 의적을 멀리 국외로 추방했다.

(4) 곤(鯀)의 억울한 죽음

역사적 기록은 곤(鯀)과 우(禹)를 실재인물처럼 기술했다. 그러나 이들은 어디까지나 신화적 존재로 그 실체는 수생동물(水生動物)일 거라고 추측하는 설도 있다. 즉 곤(鯀=鯤)은 큰 물고기이고, 우(禹)는 작은 뱀이며, 이들을 의인화(擬人化)해서 홍수와 치수의 주인공으로 삼은 것이라고 추측한다. 중국 서남지방에 구전되는 민화(民話) 중에 대략 다음과 같은 것이 있다.

『옛날, 곤명호(昆明湖)에 큰 물고기와 작은 용이 함께 살고 있었다. 큰 물고기가 한바탕 성질을 부리면 호수의 물이 넘쳐 주변의 마을들을 휩쓸었다. 이를 본 작은 용이 싸워서 큰 물고기를 퇴치하고 다시는 포악한 짓을 못하게 했다. 그러나 작은 용도 너무나 힘겨워 죽고 말았다. 이에 마을 사람들은 호숫가에 용묘(龍廟)를 지어 작은 용을 모시고 제사를 드렸다.」

이와 같은 민화가 점차로 다음과 같은 신화로 변했을 것이다.

곤은 본래 하늘에서는 백마(白馬)의 정령이었다. 그러다가 황제(黃帝)의 손자로 지상에 태어나 요(堯)임금 때에는 숭(崇)이라는 지방을 다스리던 추장이었다. 그는 강직하고 의협심이 강한 영주(領主)였으므로 사람들은 그를 유숭백곤(有崇伯鯀 : 숭나라의 영주 곤)이라고 높였다. 요제(堯帝)로부터 홍수를 다스리라는 명을 받은 곤은 백마의 화신답게 순식간에 천하를 일주하고 홍수의 처참한 실상을 살폈다.

옛날에는 사람이 잘못하면 하늘이 천재지변을 내린다고 생각한 때도 있었다. 그러나 후세의 유가사상은 「하늘의 도리」를 절대선(絕對善)의 도리로 본다. 또 중국의 신화의 나오는 천제(天帝)도 어디까지나 사랑과 자비의 절대(絕對)로 본다. 그러므로 설사 사람이 잘못해도 하늘이 벌을 내린다고 생각하지 않는다. 즉 자기가 창조한 인간을 적대시하거나 복수하려는 무자비한 하늘일 수가 없다. 만약에 사람들이 하늘의 뜻이나 도리를 어기면 그 죄값으로 복을 못 받거나 나라를 잃고 패가망신하는 수는 있다. 그러나 우주, 천지, 만물을 창조하고 역사적으로 더욱 발전케 하는 하늘이 인간이 잘못했다고 혹독한 천벌을 내린다고 해석하지 않는다.

그러므로 요임금 때의 한발이나 홍수도 우주를 지배하는 절대인 천제가 내린 것이 아니고 「하늘과 땅이 조화하지 못한 틈바구니에서 야기된 재난이라」고 보아야 한다. 앞에서 우리는 이미 「천신 제준(帝俊)의 철부지 아이들이 한발을 일으켰음」을 보았다.

하늘 나라에도 많은 천신들이 있으며 태고 때에는 그들이 서로 다투고 싸우기도 했다. 천지개벽 시에도 수신(水神) 공공(共工)과 화신(火神) 축융(祝融)이 큰 싸움을 벌린 일이 있었다.

그리고 인면사신(人面蛇身)의 공공이 패하자 분통을 터뜨리고 부주산(不周山)을 들이받아서 땅을 기울게 한 일도 있었다. 이 때에도 지상의 인류들이 크게 재난을 입었고, 간신히 인류의 시조이자 자애로운 어머니 여와(女媧)가 보수를 해서 지구의 파멸을 모면한 일도 있었다.

요임금 때의 홍수도 역시 하늘의 신 공공(共工)의 일족이 난동을 친 것이다. 그래서 백마의 화신인 곤(鯀)이 인류를 구제하기 위하여 용감히 나선 것이다.

그러나 홍수의 규모가 너무 크고 그 피해가 엄청났음으로 곤이 어떻게 손을 써야 할지 모르고 난감해 하고 있었다. 그 때에 작은 거북 한 마리가 아장아장 기어와서 고개를 치켜들고 말했다.

"천제의 창고에 식양(息壤)이라는 특수한 흙이 있습니다. 그 식양은 하늘에서는 좁쌀알만한 부피지만 땅 위에서는 부풀어 큰 산더미로 변하는 흙입니다. 그러므로 그것을 갖다가 홍수를 막으면 됩니다."

"좋은 말을 들었다. 허나 그렇게 소중한 식양을 어떻게 손에 넣지? 천제에게 요청하면 주실까?"

"절대로 아니 주십니다. 그러므로 위험을 무릅쓰고 창고에 들어가 한 줌 훔쳐내야 합니다."

"어떻게 감히 하늘나라 창고에서 훔쳐낸단 말이냐?"

"홍수에 시달리는 무고한 인류를 구하기 위해서는 별 수 없습니다. 의(義)를 위해 살신성인(殺身成仁)해야 합니다."

의협심이 강한 곤은 인류를 위해 자신을 희생할 각오를 굳게 다지고 식양을 훔쳤다. 과연 식양은 영묘하게 작용했다. 범람하는 홍수를 사방으로 막아 넘치지 못하게 했다. 이에 심술궂은 홍수의 신이 천제에게 고자질을 했다.

"곤이 무엄하게도 하늘 창고에서 식양을 훔쳐 땅을 높이 돋아 올리고 있으며, 장차는 하늘에까지 사람들을 기어 오르게 하고자 합니다."

천제는 깜짝 놀랐다. 첫째는 궁전 창고에 감추어 둔 식양을 절취한 곤의 소행이 괘씸했다. 두 번째는 땅을 돋아 올려서 천지간의 간격을 좁히는 일도 용납될 수 없다. 세 번째는 지상의 문제를 사람의 힘에 맡기지 않고 하늘의 신의 후예, 곤이 나서서 하늘의 재물까지 절취해가면서 구제하는 일은 결과적으로 하늘을 축내고 땅을 보태주는 반역행위에 속한다.

천제는 엄벌을 내리기로 작정하고 화신(火神), 축융(祝融)을 토포사(討捕使)로 임명하고 곤을 우산(羽山)에서 처형하고 아울러 식양을 회수해 오게 했다. 인류의 입장에서 보면, 곤은 고마운 의인(義人)이었거늘, 처형까지 당했으니, 너무나 억울하고 애석한 일이었다. 여기서도 우리는 깊이 헤아려야 한다.

왜 하늘이 곤(鯀)을 처형했을까? 어린 태양의 아들들을 활로 쏘아 떨어뜨린 후예(后羿)와 마찬가지로 곤이 고지식하게 인류의 편을 들었기 때문이다. 하늘에 적을 둔 천신은 냉철해야 한다. 인간 구제를 하는 경우에도 천지간의 조화와 질서를 흩뜨리지 말아야 한다. 그러나 곤은 일방적으로 지상세계의 편을 들고 인간만을 위했던 것이다.

인류를 구하려다가 처형된 곤의 죽음은 인류 측에서 보면 너무나 애통한 노릇이었다. 그러므로 전국시대의 시인 굴원(屈原)이 「공을 세우려고 애를 쓴, 착한 사람을 왜 처형했느냐?」하고 항변했던 것이다.

곤이 처형 된 우산은 북극(北極)이다. 그 곳은 영겁(永劫)의 얼음과 암흑에 갇힌 곳이다. 끝없는 한을 품고 북극에서 처형된 그의 넋은 잠들 수가 없었다. 그러므로 정령(精靈)은 곤의 뱃속에 「새 생명」을 잉태하고 자라게 했다. 그래서 북극의 얼음 바닥에 버려진 그의 시체는 삼 년이 되도록 생전과 같은 모습을 간직하고 있었다. 산해경(山海經)에 다음과 같은 기록이 있다.

『곤이 죽어 삼 년이 되어도 썩지 않았다. 오도(吳刀)로 배를 가르자, 황룡으로 변했다.』

사실은 뱃속에서 한 마리의 규룡(虯龍)이 나와 하늘로 솟아올랐다. 그러자, 곤(鯀)이 황룡으로 변해 우연(羽淵)이라는 바닷속으로 잠기었고, 그 순간에 곤(鯤)으로 변했던 것이다. 「곤(鯤)」은 큰 물고기의 이름이자, 동시에 작은 알이기도 하다. 「곤(鯀)」은 큰 물고기를 의인화(擬人化)해서 신화의 주인공으로 내세운 것이리라.

(5) 우(禹)의 정성과 효성

억울하게 죽은 곤(鯀)의 아들이 우(禹)다. 얼음에서 태어난 새 생명이 바로 우다. 우는 치수를 완성하고 인류를 구제하려는 집념의 결정이다. 신통력을 타고난 우는 아버지의 뜻을 계승하여 홍수로부터 인류를 구제하는 일에 온갖 열성을 바치기로 결심을 했다.

이 무렵에 노쇠한 요제(堯帝)를 보필하던 순(舜)이 우의 탁월함을 알고 치수를 맡기려고 생각했다. 우는 곤과 여러 모로 다르다. 곤(鯀)은 정령(精靈)이라 하늘땅을 오갈 수 있었다. 그러나 우는 지상에서 태어난 사람이다. 그래서 하늘에 올라가 직접 상제를 만날 수 없고 다만 하늘에 제사를 올리고 소원을 기구할 뿐이었다.

우는 먼저 억울하게 처형된 아버지의 원죄(冤罪)와 누명(陋名)을 벗게 해달라고 빌었다. 다음으로 지상의 무고한 백성들을 괴롭히는 홍수를 멈추게 해달라고 간청을 했다. 그리고 끝으로 자신에게 치수(治水), 관개(灌漑) 및 국토를 개발하는 지혜와 기능을 내려 달라고 빌었다.

정성이 통하여 그는 하늘에 가서 상제를 알현할 수 있었다. 총명한 우는 반짝이는 눈으로 논리정연하게 상제를 설득했다. 대략 다음과 같은 내용이다.

『눈에 보이지 않는 무형(無形)의 천상세계를 눈에 보이는 우형(有形)의 지상세계로 전개해야 한다. 사람은 곧 몸을 지닌 하늘의 아들딸이다. 그러므로 사람들로 하여금 하늘이 바라는 진선미(眞善美)의 지상천국을 건설케 해야 하며, 그러기 위해서는 지상세계를 안정시키고 인류를 사랑으로 품고 잘살게 해야 한다. 따라서 일부 몰지각한 천신(天神)들이 경솔하게 한발이나 홍수를 일으켜 지상의 인류를 괴롭히는 일을 못하게 막아야 한다. 저의 선친 곤이 바로 인류에 대한 의협심으로 홍수를 막으려다가 무고하게 처형되었다. 그러나 그의 아들인 저는 가친의 뜻을 계승하여 다시 홍수를 막고 지상 세계를 안정되게 하고자 한다. 상제께서 저에게 많은 은총과 능력을 내려 주십시오. 아울러 저의 선친의 무고한 죄를 사하시고 원혼을 달래 주십시오.』

우의 효성에 감동한 상제는 즉석에서 그의 아버지 곤의 죄를 사하고 명예를 회복하고 그의 원혼을 달래 주었다. 뿐만 아니라, 이번에는 식양을 손수 우에게 하사하고 또 옛날 황제가 치우를 퇴치할 때에 공을 세운 응룡(應龍)으로 하여금 우의 치수를 돕게 했다. 동시에 강물을 다스리는 백안어신(白顔魚身)의 하백(河伯)이 나타나 강 흐름을 알게 하는 하도(河圖)를 바쳤다. 또 산신(山神)이 나타나 용문산(龍門山) 신전(神殿)에 있던 복희씨의 옥간(玉簡)을 바쳤다.

우는 모든 도움을 얻어 마침내 치수를 성취하고 아버지의 명예를 회복하고 인류를 구제할 수 있었다.

신화를 오직 옛이야기로만 취급하면 안된다. 신화 속에서 삶의 철학과 인류의 역사와 문화 발전의 자취를 살펴야 한다. 오늘 우리가 누리고 있는 문화는 과거의 모든 사람들의 정성과 노력의 결정이다. 그러므로 우리도 정성과 노력을 기울여 문화 발전에 선가치적(善價値的)으로 기여해야 한다. 우리는 착한 신화의 주인공이 되어야 한다. 악신(惡神)이나 악인(惡人)이 되면 안된다.

사람이 우주의 주인이다. 시간과 공간을 초월한 절대인 하늘을 인식하고 그 하늘과 하늘의 도리를 따라 지상세계에 선과(善果)를 맺게 하는 주체가 바로 우리 자신이다. 그러므로 우리는 절대선(絕對善)의 천도(天道)를 따라 지덕(地德)을 세워야 한다. 즉 사랑이 넘치는 하나의 평화세계를 창건해야 한다.

(6) 효도의 뜻과 실천

여기서 우(禹)를 예로 들고, 효도(孝道) 효행(孝行)의 원리를 말하겠다. 효(孝)는 곧 절대선(絶對善)의 천도(天道)를 따르고 실천해서 지덕(地德)을 세우는 도리이자 덕행(德行)이다. 이를 크게 셋으로 나누어 설명할 수 있다. ①「우주적 차원의 큰 뜻과 실천 사항」, ②「가정적 차원의 뜻과 실천 사항」, ③「개별적 차원의 작은 뜻과 실천 사항」 등이다. 개별적으로 설명하겠다.

① 효(孝)의 큰 뜻과 실천 사항

하늘의 도리를 따라 인류의 역사와 문화를 계승하고 발전시키는 것이다. 국가적 차원에서 상하 좌우가 합심하고 일치단결해서 천도를 따라 덕치를 펴는 것도 이에 포함된다. 이를 효경에서는「천경(天經), 지의(地義), 민행(民行)」이라고 했다.

② 효(孝)의 좁은 뜻과 실천 사항

「나 자신」이 선조나 부모의 뜻을 계승하고 정성으로 노력하고 일하고 근검절약해서 대대(代代)로 이어지는 가문(家門)과 가업(家業)을 더욱 발전시키는 것이 곧 효도 효행이다. 그렇게 되면 자연히 선조와 부모를 영광되게 한다.

③ 효(孝)의 인격적 차원의 뜻과 실천 사항

가정에서 부모를 잘 공양하고, 형제가 서로 우애하고, 자식을 잘 키우고, 아울러 일가 친척과 화합하여, 정신적으로나 물질적으로나 잘살고 집안을 번창하게 하는 것이 개인적 차원에서의 효도다.

우가 죽은 아버지 뱃속에서 태어나 자기 아버지가 실패한 치수를 완성하고 아버지의 명예를 회복한 것은 효도 효행이었다. 중용(中庸)과 효경(孝經)에 다음과 같은 말이 있다.

『가장 큰 효도는 어른의 뜻을 계승하고, 어른의 유업을 더욱 발전시키는 것이다.』[17]

『사회에 나가서 하늘의 도리를 따라 행동적으로 실천하여 이름을 후세에 남기고, 그렇게 함으로써 부모의 이름을 세상에 빛나게 함이 효도의 최종 단계이다.』[18]

총체적으로 볼 때 참으로 인류는 끈질기게 역사와 문화를 계승하고 발전시켜 왔다. 앞으로도 그럴 것이다. 신화는 곧 인류의 역사와 문화를 선가치적으로 발전시켜온 착한 인간들의 기록이다.

---

17) 夫孝者 善繼人之志 善述人之事者也. 〈中庸 19장〉
18) 立身行道 揚名於後世 以顯父母 孝之終也. 〈孝經〉

(7) 우의 결혼과 아들

우는 국토개발과 치수에 발분망식(發憤忘食)하고 분골쇄신(粉骨碎身)했다. 그러므로 나이 삼십 세가 지나도 장가를 못 들었다. 마침 도산(塗山 : 현 浙江省)에서 흙먼지를 뒤집어쓰고 곡괭이 질을 하던 우는 순간적으로 겁이 났다.

『미장가로 나이 삼 십을 넘겼구나. 이러다가 그대로 늙으면 후사를 얻지 못하고 또 가문의 대를 끊게 할지도 모른다. 이보다 더 큰 불효가 없을 것이다.』

바로 그때에, 눈앞에 꼬리가 아홉 개 달린 구미호(九尾狐)가 나타나 우에게 말을 건넸다.

"걱정하지 마세요. 얼마 후에 어여쁜 각시를 만나 장가를 들게 될 것입니다."

구미호는 길조를 미리 알려주는 전설에 나오는 영물이다. 과연 우는 수일 후, 도산 부근 산중에 숨어사는 도사로부터 자기의 딸을 아내로 취하라는 부탁을 받았다.

도사의 딸은 이름을 여교(女嬌)라 했고 절세미인이었다. 우는 한눈에 그녀의 아름다움에 매혹되어 그녀를 아내로 삼겠다고 승낙을 했다.

그러나 즉시 남쪽으로 시찰을 떠나야 했다. 그래서 그는 일을 마치고 돌아오는 길에 다시 들러 정식으로 맞이하겠다고 언약만을 했다.

그로부터 반년이 지났다. 우는 시찰을 마치고 되돌아와 대상

(臺桑)이라는 곳에서 성대하게 화촉을 밝히고 여교를 아내로 맞이하고 신방을 꾸미고 꿀보다 더 달콤한 신혼의 살림 맛을 보았다.

그러나 치수와 국토개발이란 막중한 책무를 완수해야 할 우는 사흘 간의 꿈같은 신혼생활을 끝내고 집을 나서야 했다.

그러므로 우는 아내를 우의 고향인 안읍(安邑 : 현 山西省)에 가 살게 하고 자신은 또 전국을 분주하게 오가며 국토개발에 전념했다. 홀로 안읍에 도달한 어린 신부는 아침저녁으로 높은 산에 올라가 사방을 둘러보며 남편의 모습을 그리며 안타까운 눈물을 흘렸다고 한다. 이윽고 남편이 귀가하자 아내는 결사적으로 매달리고 졸랐다.

"혼자서는 외로워 살 수가 없어요. 어디라도 좋아요. 당신을 따라 가겠으니, 공사장 근처에 있게 해주세요."

당시 우는 환원산(轘轅山) 부근에서 치수공사를 대대적으로 벌이고 있었다. 그러나 산세가 너무 험난하여 연약한 아내를 공사장 가까이까지 데리고 갈 수가 없었다. 그래서 산기슭 안전한 곳에 머물게 하고 우는 아내에게 말했다.

"내가 산 절벽에 북을 걸어놓고 점심 때가 되면 북을 울리겠소. 그러니 당신은 북소리가 나면 점심을 들고 달려오시오. 그럼 잠시나마 함께 지낼 수가 있을 것이오."

산으로 돌아온 우는 거대한 바위산을 뚫고 물줄기를 트는 난공사를 시작했다. 그는 혼신의 힘을 기울여 산더미처럼 큰 바위덩이를 두 손으로 번쩍 들어서, 계곡으로 굴렸다. 그렇게 하는 동안 그는 옷을 벗어 던지고 알몸이 되었으며, 험상궂은 그의 얼굴은 흡사 괴물의 낯짝처럼 흉악하게 보였다. 우가 수백 길 낭떠러지 암벽에서 두 발을 딛고 용을 쓰다가 삐끗하는 바람에 발끝에 돌덩이가 걸려 떨어졌으며, 그 돌덩이가 절벽에 걸린 북을 울렸다. 그러나 일에 열중한 우의 귀에는 북소리가 들리지 않았다.

한편 북소리 나기만을 목을 빼고 기다리고 있던 아내의 귀에는 그 소리가 더없이 반갑게 들렸다. 여교는 점심밥 광주리를 집어들고 그리운 낭군을 만나기 위해, 쏜살처럼 달려갔다. 그리고 먼발치에서 큰 소리로 외쳤다.

"여보, 제가 왔어요. 점심 가지고 왔어요."

그러나 어찌된 일인가? 흙먼지가 자욱한 시끄러운 일터에는 사람의 모습은 안 보이고 오직 한 마리의 험상궂은 큰곰이 바위덩이를 치켜들고 있을 뿐이었다. 암벽 모퉁이를 돌면 준수하고 다정한 신랑이 웃으며 자기를 맞이할 줄 예측했던 그녀는 덜컥 겁이 났다. 뿐만이 아니라, 전신이 검은 털로 뒤덮인 사람 아닌 곰이 일그러진 낯으로 버럭 소리를 질렀다.

"아직 북도 안 쳤는데 왜 불쑥 나타나서 나의 흉한 몰골을 훔쳐보는 거요."

"아차, 저 무서운 곰이 바로 내 낭군의 본 모습이었구나"

혼비백산한 여교는 광주리를 내던지고 줄달음쳤다. 그 순간

곰으로 변신했던 우는 정신을 차리고, 자기를 보고 놀라서 도
망치는 아내의 뒤를 쫓으며 부드러운 소리로 아내를 달랬다.

“여보 나요, 놀라게 해서 미안하오. 별일 없으니 도망가지 말
고 돌아와요.”

소리를 듣고 그녀가 흘끔 뒤돌아보았다. 그러나 도망가는 아
내의 뒤를 쫓기에 바빴던 우는 미처 사람의 모습으로 되돌아오
지 못하고 여전히 곰의 탈을 하고 있었다. 아내는 더욱 기겁하
고 냅다 뛰었다. 쫓기는 아내나 뒤를 쫓는 남편이나 다 필사적
이었다. 마침내 연약한 여자인 여교는 숭고산(崇高山) 기슭에
도달하자 기진맥진 했고, 그 자리에 선 채로 굳어지면서 돌덩
이로 변해버렸다. 곰으로 변신했던 우는 절망과 오뇌에 전신을
떨며 노기충천한 큰 소리로 외쳤다.

“내 자식을 돌려다오.”

그러자 돌덩이로 굳어졌던 여교가 벌떡 몸을 일으켰다. 그리
고 뚜벅뚜벅 걸어서 석굴(石窟)로 들어갔다. 우는 자기도 모르
게 뒤따라 들어갔다. 동굴 속에는 돌로 만든 신단(神壇)이 있
고, 여교가 북쪽을 바라보고 반듯하게 누워있었다. 그러자 얼
마 후에는 참으로 기적이 일어났다.

돌로 변한 여교의 배가 제물로 갈라지면서 한 옥동자가 ‘으
아--’ 하고 소리를 내며 태어났다. 이렇게 해서 우는 아들 하나
를 얻었으며, 이름을 계(啓)라고 지었다. 즉 돌로 화한 어머니
배를 열고 나온 자식이라는 뜻이다. 얼마 후에 제정신을 차린

우는 돌덩이가 되어 누워있는 여교를 손으로 쓸면서 울먹이며 혼잣말처럼 중얼거렸다.

"당신이나 내나 좀 침착하게 살폈더라면 아무 일도 없었을 것을 피차에 허둥대다가 이제는 돌이킬 수 없게 되었구려. 남자란 본래 자기 일에 전념할 때에는 괴물이 되는 법이라오. 그걸 선량한 여자, 더욱이 어리고 예쁘기만 한 당신이 미처 몰랐던 것이오."

(8) 우(禹)의 건국과 보정(寶鼎)

우가 치수를 완성하고 공을 세우자, 하늘과 땅 및 만민이 함께 기뻐하고 칭송했다. 하늘을 다스리는 상제가 천자의 상징인 원규(元珪)를 하사했다. 원규는 검은 옥돌을 다듬은 상방하원(上方下圓)의 홀(笏)이다. 상방(上方)은 하늘의 방정(方正)을 뜻하고 하원(下圓)은 지상세계를 원만하게 다스리라는 뜻이다. 또 하늘은 성고(聖姑)라는 신선을 하강시켜, 상처하고 외로운 우의 외로움을 달래고 곁에서 수발을 들게 했다. 이는 곧 하늘이 우를 다음의 천자로 인정한 것이나 다름없다.

이에 순임금은 하늘의 뜻을 바르게 살피고, 천하의 대권을 우에게 선양하기로 작정을 하고 즉시 제후 및 만백성에게 알렸다. 순임금으로부터 선양을 받고 천자가 된 우임금은 국호를 하(夏)라고 정했다. 하(夏)는 여름철에 나무가 무성하듯이 문화가 흥성(興盛)한다는 뜻으로 「꽃 화(華)」와 뜻이 통한다. 한(漢)

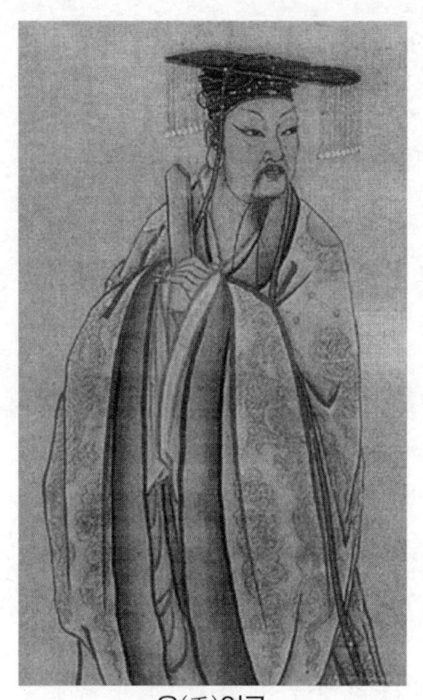

우(禹)임금

민족이 애용하는 중화(中華)라는 말은 곧 문화가 찬란한 중심 국가라는 뜻이다. 하늘이 우를 축복하자 땅도 호응했다. 중원(中原)의 기름진 황토지대는 물론 변방의 황야에도 수목이 무성하고 백화가 만발했다. 식물만이 아니라 서방의 사막지대로부터 비토(飛菟)와 결제(趹踶)의 두 신마(神馬)가 달려왔다. 그 말은 하루에 3만 리를 번개처럼 달리는 준마로, 우를 등에 태우고 천하 구주(九州)를 두루 누볐다.

우임금은 신마를 몰고 전국을 두루 순회하며 계속 국토를 개발하고 또 백성들의 삶을 더욱 향상시켰다. 또 우임금은 전국에서 산출되는 동(銅)이나 철(鐵)을 거두어 「아홉 개의 보정(寶鼎)」을 주조했다. 하나의 크기나 무게가 엄청났으며 일시에 수백 명이 먹을 밥을 지을 수 있었다.

우임금은 구주(九州)의 방백(方伯)에게 보정을 하나씩 나눠주고 상하가 함께 보정의 밥을 먹고 화목하라고 일렀다. 보정 표면에는 백성에게 인덕을 베풀라는 훈계와 아울러 천하 전국의 지리, 풍토, 습속 및 귀신 괴물에 대한 기록이 조각되어 있었다. 그러므로 지방의 방백들은 저마다의 보정을 궁궐 문앞에 세워놓고 만민들에게 바른 덕치(德治)의 요체와 선악시비(善惡是非)를 알게 했다.

이 보정은 왕조가 바뀌어도 그 나라의 정통성을 상징하는 보기(寶器)로 존중되었다.

그러므로 역대의 왕들은 보정을 종묘 깊이 간직했던 것이다. 보정은 하(夏), 은(殷) 및 주(周)를 거치는 사이에 분실되기도 했다.

춘추시대(春秋時代) 남쪽의 대국 초(楚)의 장왕(莊王)이 자신들의 강성한 무력을 과시하기 위하여 쇠약한 주(周)나라의 사신에게

"그대의 나라가 간직하고 있는 보정의 크기와 무게가 얼마나 되느냐?" 하고 물었다.

이는 장차 그대의 나라를 치고, 국가의 상징인 보정을 뺏겠다는 암시였다. 이에 대해 주나라의 사신이 "보정의 크기나 무게는 인덕(仁德)으로 재는 것이다. 외형적인 크기나 무게로 헤아리는 것이 아니다." 라고 반박했다는 고사가 있다.

그 후 진(秦)나라 소양왕(昭襄王)이 서주(西周)를 치고 보정을 탈취했다고 한다. 산동성(山東省) 무량사(武梁祠)에 있는 화석상(畵石像)에는 사수(泗水) 강물 속에 빠진 보정을 찾고 건져 올리려다가 줄이 끊어져 사람들이 물에 빠지는 광경이 그려져 있다.

(9) 우의 붕어와 왕조의 세습(世襲)

이상에서 우리는 사화(史話) 및 신화를 통해서 우임금의 인간상을 살폈다. 그는 신비롭게 출생했음으로 천신의 후예라고 말할 수 있다. 그러나 그의 행적은 인간적인 면이 많았다.

이와 같이 중국신화의 주인공들은 점차로 인간화되었으며 동시에 우임금의 경우처럼 신화가 사화로 변모했음도 알 수 있다.

치수와 국토개발을 위해 전국을 발섭하고 시찰한 우는 어렵사리 장가든 그의 처 여교가 뜻하지 않게 돌로 변하고 죽은 다음 우 자신도 회계산(會稽山) 부근에서 뚜렷한 병도 없이 졸지에 붕어했다.

회계산에는 지금도 우혈(禹穴)이 있고, 그곳이 바로 우가 묻혔던 곳이라고 전한다.

그리고 우의 무덤이 있었던 언저리에는 항상 사랑스런 풀꽃들이 피어나고 귀여운 새들이 아름다운 소리로 울어 그의 넋을 달랜다고도 한다.

우의 공적은 참으로 위대했다. 따라서 그가 요임금으로부터 선양을 받고 천자가 되자 천하가 번창하고 백성들이 안락하게 태평성세를 구가한 것은 당연했다.

그러나 우가 붕어하고 그의 뒤를 숭고산(崇高山)에서 돌덩이로 화해 죽은 여교의 배를 열고 나온 계(啓)가 계승함으로써 선양의 미덕이 무너지고 왕조를 세습(世襲)하는 폐습이 시작했던 것이다.

우임금은 자기가 제위를 선양받은 것처럼 자기도 제위를 선양할 의향으로 생전에 유능하고 덕 있는 사람을 결정해 놓았었다. 그러나 우가 붕어하자 제후들이 우의 아들 계를 받들고 자리에 오르게 했다. 그러한 조치는 제후들이 자기들의 기득권을 계속 유지하고 누리자는 심산에서 나온 것이었다. 결국 천하위공(天下爲公)의 선양(禪讓)이 이기적 탐욕에 의해서 없어진 것이다.

이렇게 하여 천자의 자리가 선양에서 세습으로 바뀌었다. 즉 천자라는 임금자리를 대대로 한 집안에서 이어나가게 되었던 것이다. 그 후 이 세습제가 중국 역사에 자리를 잡음으로써 역대 왕조가 흥망성쇠를 거듭하게 되었다.

우임금이 세운 하(夏)왕조가 타락하자, 은(殷)의 탕왕(湯王)이 무력으로 치고, 새 나라를 창건했고, 다시 은나라가 타락하자, 주(周)의 문왕(文王), 무왕(武王)이 역시 무력으로 치고 다시 새 나라를 창건했다. 이렇게 하여 중국에는 왕조의 교체가 되풀이되었으며, 청조(淸朝)가 멸망할 때까지 약 25대의 왕조가 일어났다가 망하는 악순환을 되풀이했던 것이다. 세습제를 심하게 말하면 천하를 한 집안에서 사유화하고 모든 권력이나 재물 및 백성을 독점하는 봉건통치의 나쁜 제도이다. 나라를 무력으로 쟁탈하는 비극의 첫 씨가 하왕조에서 싹텄던 것이다. 다음에서 하왕조의 쇠퇴와 멸망에 관한 신화 및 사화를 추려 보겠다.

제3장 하(夏)의 세습과 찬탈

1. 세습과 찬탈의 악순환

윤리 도덕을 높이는 재래의 전통사상은 「요(堯)와 순(舜)」을 성제(聖帝)로 높였다. 그 이유는 크게 두 가지다. 그들이 절대선(絶對善)의 천도(天道)를 따라 무위자연(無爲自然)의 덕치(德治)를 폈고 아울러 천하위공(天下爲公)의 원칙을 준수하고 정치의 대권을 총명하고 유능하고 성실한 유덕자(有德者)에게 선양(禪讓)했다는 것이다.

요순(堯舜)은 실재인물이 아니고 신화적 존재다. 그런데 그들을 태고의 성제(聖帝)로 높이고 사서(史書)나 사화(史話)에 기재하는 의도는 다름이 아니다. 태초(太初)의 이상(理想)을 본받고 때묻지 않은 원상(原狀)에 돌아가기를 바라서일 것이다. 그러나 중국의 역사적 사실은 이와는 반대로 무력으로 천하의 대권을 찬탈하고, 통치자가 국가와 인민을 사유화하고, 간악한 권모술수를 농하여 자신의 야욕을 채우고 나중에는 자기 자손에게 왕조를 넘겨주었다. 이에 무능하고 우매하고 덕 없는 자들이 왕조를 물려받고 임금자리에 올라, 타락한 악덕정치를 폈으며, 급기야는 국가를 위기에 몰아넣고 인민을 도탄에 빠뜨렸다.

그러면 역성혁명(易姓革命)이 일어나, 타락하고 낡은 왕조가 무너지고 새로 유덕자가 등극하여 천하의 대권을 잡고 통치한다. 그러나 그 왕조도 역시 자손들이 세습하고 타락하고 결국에는 멸망한다.

이와 같은 악순환이 바로 하(夏)왕조에서 시작되었고, 청(淸)이 망할 때까지 장장 3천 년의 세월에 걸쳐 약 25개 이상의 왕조들이 흥망성쇠를 거듭했던 것이다. 즉 우임금이 창건한 하왕조을 시발점으로 하여 권력의 세습과 국가 및 백성의 사유화가 이루어졌고, 동시에 무력으로 권력을 찬탈하고 토지나 재물을 쟁취하는 참극이 되풀이 되었던 것이다. 그러므로 고대의 요임금, 순임금 같은 성군을 높이고 본받기를 바랐던 것이다.

2. 신화 : 하왕조(夏王朝)의 난맥상

(1) 세습으로 인한 왕조의 타락

요(堯)나 순(舜) 같은 태고의 성제(聖帝)들은 자신들이 노쇠하면 현명한 유덕자(有德者)에게 천하의 대권을 선양(禪讓)했다. 요임금은 효성이 지극한 순에게 천하를 선양했고, 순임금은 치수와 국토개발의 공이 큰 우에게 천하를 선양했던 것이다. 그러나 이와 같은 천하위공(天下爲公)의 전통이 우임금의 뒤를 그의 아들 계(啓)가 계승함으로써 무너지고 말았다.

하왕조의 시조인 우임금에 대해서는 공자도 논어에서 「그만 하면 흠 잡을 데가 없다.」고 칭찬했듯이, 우임금은 만년에 유능하고 덕이 높은 익(益)이라는 신하에게 선양하겠다는 뜻을 분명히 밝혔었다.

그러나 우임금이 죽은 다음에, 제후(諸侯)들이 익을 제쳐놓고 우의 아들 계(啓)를 제2대 왕으로 추대했던 것이다. 그러므로 우임금의 뜻인 선양이 이루어지지 않았다. 선양이 이루어지지 않은 직접적인 죄는 우에게는 없다.

단 역사적 사실로 우의 뒤를 아들 계가 계승함으로써 최초로 왕조의 세습(世襲)과 사유화(私有化)가 이루어졌으니, 결과적으로는 책임을 완전히 모면할 수는 없을 것이다.

아들 계(啓)는 바로 죽어서 돌로 변한 우의 처 여교(女嬌)의 배에서 탄생한 반신반인(半神半人)의 신비로운 아들이었다. 그는 성장하여 영특한 청년이 되었으며, 양쪽 귀에 푸른 뱀을 매달고, 두 발로 두 마리의 용에 올라타고 구름을 뚫고 승천하여 상제를 알현하기도 했다.

그는 가무음곡(歌舞音曲)에도 능통했고 천정(天庭)의 음악을 본뜬 구초(九招)라는 가무(歌舞)의 악곡을 손수 편곡하여 수백 명의 악사, 가수 및 무녀들로 하여금 노래하고 춤을 추게 한 일도 있었다.

계는 맹도(孟涂)라는 총명한 신하를 시켜 백성들의 죄를 다스리게 했으며, 맹도는 신통력으로 모든 범죄를 색출하고 엄벌했으므로 감히 법을 어기는 자가 없게 되었다.

계는 초기에는 무난하게 나라를 잘 다스렸다. 그러나 만년에 가서 해이해졌고 밤낮을 가리지 않고 풍류와 유흥에 골몰했으며, 궁전에서 난잡한 술잔치 판을 벌려, 궁궐 담 너머로 음란한 노래 소리가 들렸고 또 주효의 썩은 냄새가 하늘 높이 풍겼다.

마침내 상제는 계에게 벌을 내리고 명을 거두게 했다. 이에 그의 아들 다섯 형제들이 권좌를 놓고 서로 싸우고 반목하게 되었으며, 그 틈을 타서 유궁국(有窮國)의 임금 후예(后羿)가 무력을 휘둘러 하왕조를 찬탈했던 것이다.

여기 등장하는 후예는 바로 태양의 아들 9형제를 쏘아 떨구어 상제의 노여움을 사고 지상으로 추방된 명궁 후예의 후손이다. 선조의 핏줄기를 이어받은 그는 어려서부터 활을 잘 쏘았으며 이미 다섯 살 때에 나는 파리를 활로 쏘아 떨구었다고 전한다.

일찍이 부모를 여읜 그는 초호부(楚狐父)라는 사냥꾼 밑에서 활 쏘는 기량을 연마하여 최고의 궁수(弓手)가 되었으므로 마침내 추대되어 유궁국(有窮國)의 임금이 되었다. 일설에는 후예가 바로 고구려(高句麗)의 시조 주몽(朱蒙)이라고도 한다.

(2) 후예(后羿)의 야욕과 반란

우리는 개인적으로나 집단적으로나 탐욕을 채우기 위해 권력과 무력을 남용하고 남의 재물을 갈취하고 황음무도(荒淫無道)하게 놀아나다가 패가망신한 예를 많이 보았다. 중국 역사에 나타난 그와 같은 비극의 첫 번째 주인공이 바로 후예다.

하왕조의 제2대 계(啓)가 죽자, 왕위를 놓고 다섯 형제가 치열하게 다투었으며 결국 원로 제후들의 결정에 따라 첫째 아들 태강(太康)이 자리에 오르게 되었다. 그러나 제3대 왕 태강은 천성이 우둔하고 또 나태하여 천하를 맡아 다스릴만한 인재가 못 되었다.

우임금의 장손이라는 이유만으로 자리에 올라 막강한 권세와 막대한 재물을 움켜쥐기는 했으나 역시 그는 무능한 일개의 필부(匹夫)에 지나지 않았다. 그는 학문과 덕행을 닦고 백성을 인애(仁愛)하고 덕치(德治)를 펴지 못했으며 반대로 사치와 낭비 및 향락만을 일삼았다. 이에 나라의 기강이 흐트러지고 국고의 재물이 감소되었으며 제후들과 백성들의 원성이 치솟았다.

그런데도 우매한 태강은 반성하고 근신할 줄 몰랐다. 궁중궁궐 깊은 대궐 안에서 밤낮으로 풍악 잡히고 질탕하게 마시고 놀기만 했다. 한편 대궐을 비우고 먼 곳으로 사냥을 나가기도 했다.

겨울이 가고 포근한 봄이 되자, 태강은 소수의 군졸들을 앞세우고 사냥터로 향했다. 이러한 태강의 동정을 전부터 예의 치

후예

밀하게 주시하고 있던 자가 바로 명궁으로 이름난 후예였다. 그는 하의 도읍에서 멀지 않은 곳에 위치한 유궁국(有窮國)의 영주였다.

태강은 그가 요임금 때에 공을 세운 후예의 후손이며 천하에서 제일 가는 명궁(名弓)임을 잘 알고 있었다. 따라서 그를 도읍 가까운 유궁국의 영주로 삼고, 다른 나라의 제후나 영주들을 감시하고 또 견제해 왔던 것이다. 말하자면 태강은 후예를 믿고 중책을 맡겼던 것이다.

그러나 후예의 속내는 정 반대였다. 그는 우매하고 무능한 태강을 축출하고 왕좌를 찬탈할 기회를 호시탐탐 노리고 있었던 것이다. 후예에게는 태강이 보잘것 없는 존재로 보였다. 식견, 덕성, 무력, 그 어느 것 하나 지니지 못한 주제에, 자나깨나 주색잡기에 빠져 나라의 재물을 축내고 백성들을 괴롭히는 악덕한 임금에 불과했다.

그러므로 정의를 옹호하고 백성을 위하는 의협심으로 태강을 제거해야 한다고 생각했다. 이왕 그를 처단할 바에는 다른 제후의 손에 처단되기를 기다릴 것이 아니라 자기가 선봉이 되어야 태강을 추방할 뿐, 그의 목숨은 살릴 수 있다고 생각을 했다.

오래 전부터 치밀하게 계략을 세우고 틈을 엿보고 있던 후예에게 마침내 결정적인 때가 왔다. 즉 후예를 전적으로 신임하는 태강이 다시 궁전과 도성을 비우고 멀리 서남쪽으로 사냥을 나갔던 것이다.

그러므로 후예는 일 같잖게 임금없는 도성을 점거하고 휘하의 정예 부대를 강가에 배치하고 태강이 돌아오기를 기다리고 있었다. 그런지 열흘이 지나, 후예의 반란 소식을 들은 태강은 사냥을 중지하고 허둥지둥 도성으로 돌아왔다. 강가에 이르러 대안을 바라보니 이미 때가 늦었고 또 속수무책이었다. 맞은편 강가에는 후예의 군대가 구름처럼 포진하고 있었다. 그러나 이쪽 편에는 병장기 조차 제대로 지니지 못한 백여 명의 군졸들이 후줄근한 몰골로 우두망찰 서 있을 뿐이었다. 대세는 이미 결판이 난 것이다.

태강은 "아차!" 하고 뉘우쳤다. 그는 핏발이 곤두선 두 눈을 부릅뜨고 후예를 노려보며 악다구니를 퍼붓는 것이 고작이었다.

"대역 무도한 역적, 이놈 후예야! 네놈이 감히 천자에게 반기를 들고 역적질을 하다니. 하늘이 두렵지 않으냐? 네놈은 필시 천벌을 받으리라"

그러나 태강의 힘없는 질타성(叱咤聲)은 도도히 흐르는 강물

소리에 묻히고 바람에 날리어 강 건너 후예의 귀에까지 들리지 않았다. 맞은편 후예의 진영에서 울려대는 전고성(戰鼓聲)은 천지를 진동하는 뇌성처럼 태강을 전율케 했다. 이윽고 구름 떼처럼 운집한 군졸들 사이로 칠흑의 갑옷을 입은 후예가 백마를 타고 나타나 붉은 활을 높이 치켜들고 큰 소리로 외쳤다.

"우둔한 태강아, 듣거라. 하늘은 이미 너를 버렸다. 황음무도한 놀이에 미쳐 국사를 돌보지 않고, 궁전을 비우고 사냥터로 나가 재물을 탕진하고 백성을 도탄에 빠뜨린 너를 하늘은 나에게 벌주라 한 것이다. 단 목숨만을 살려줄 것이니, 그 자리에서 말머리를 돌려 깊은 산 속으로 들어가거라."

태강은 분통을 터뜨리고 이를 갈았다. 그러나 어찌 하랴? 혈혈단신 적수공권으로 막강한 후예의 대군에 대적할 수가 있겠는가.

태강은 피눈물을 흘리며 뒤돌아 산 속으로 몸을 숨겼다. 그럼에도 왕족이나 신하 혹은 제후들 중, 누구 하나 나서서 그를 도우려 하지 않았다. 결국 태강은 이름도 모를 산중에서 외롭게 숨을 거두었다. 이렇듯이 인품도 학식도 능력도 덕도 없는 인간이 설사 임금의 아들로 태어나 세습으로 임금의 자리에 앉았다 해도, 결국은 그 임금의 말로는 비참하게 되는 법이다. 이것도 하나의 교훈이다. 그래서 왕손들은 어려서부터 제왕학(帝王學)을 배웠던 것이다.

(3) 우매하고 욕심 많은 찬탈자

① 무력은 오래 가지 못한다

후예는 최초의 찬탈자로 등장하게 되었다. 그는 화살 한 대 날리지 않고 태강을 추방했다. 그는 내심으로는 즉시 용상에 올라 천하를 호령하고 싶었을 것이다. 그러나 조정의 신료들과 지방의 제후들이 두려웠으므로 울며 겨자 먹기로 태강의 동생 중강(仲康)을 명목상의 임금으로 자리에 앉히고 자기는 뒤에서 실권을 휘둘렀다.

후예는 무력이 뛰어날 뿐 학식이나 덕성이 없었다. 그러므로 애당초부터 국태민안(國泰民安) 같은 고매한 경륜에는 뜻이 없었고 오직 천하의 권력과 재물을 독차지하고 백성 위에 군림하며 거드름 피우겠다는 천박한 생각만을 가지고 태강을 내쫓고 국권을 찬탈했던 것이다.

그러므로 그는 안하무인격으로 온갖 악덕을 자행했다. 왕족이나 귀족의 토지나 재물을 트집잡아 탈취했고 반반하게 생긴 부녀자들을 예사로 겁탈했고 또 지방의 제후들을 무력으로 위협하고 그들의 영토나 재물을 몰수했다.

고금동서를 막론하고 졸지에 권력과 재물과 미녀를 얻은 졸자가 벌이는 작태 및 그들이 더듬는 길은 뻔하다. 잡배들과 어울려 먹고 마시고 계집질하다가 패가망신하는 것이 고작이었다. 후예의 오만 무도한 전횡과 무절제한 음란이 극에 달하자 마침내 천하 만민의 의분과 원성이 하늘 높이 치솟았으며 중강을 옹립하는 뜻 있는 선비들과 기골있는 제후들이 내통하여 왕당파(王黨派)를 결성하고 마침내 역적 후예를 몰아내려는 기운이 싹텄다.

그러나 막강한 무력을 장악하고 있는 후예에게 정면으로 무력으로 대들 수 없었다. 그러므로 왕당파들은 우선 후예의 측근부터 제거하기로 계략을 세웠다. 말하자면 잎을 치고 가지를 잘라서 몸통과 뿌리를 고사케 하자는 계책이었다. 왕당파가 꼽은 첫 번째 숙청대상은 희화(義和)였다. 희화는 대대로 천문과 달력을 관장하는 명문가의 후예로 당시에도 천문을 관찰하고 달력을 제정하여 백성에게 농사짓는 때를 바르게 알려주는 중책을 맡고 있었다. 그러나 그는 역적 편에 가담하여 후예와 함께 마시고 노느라고 제대로 천문을 관측하지 못하고 또 백성에게 때를 바르게 알리지 못하여 전국적으로 농업생산에 막대한 손실을 초래케 했다. 이에 백성의 비난과 규탄을 받고 있었다. 그러므로 왕당파는 희화를 처단했던 것이다.

후예는 즉각 반격에 나섰다. 자기네가 흘린 피의 몇 배를 상대방으로 하여금 흘리게 하는 무자비하고 참혹한 복수를 연출했던 것이다.

후예가 제물로 삼은 인물은 백봉(伯封)이었다. 그는 왕족 출신으로 중강의 심복이며, 나라의 재정과 왕궁의 재물을 관장하고 있었다. 또 그는 왕당파의 중심인물로 모든 계략의 주모자이기도 했다. 그러므로 백봉을 타도하면 국가의 재물을 손에 넣고 동시에 왕당파의 세력을 미연에 꺾을 수 있었다.

후예가 백봉을 죽이려한 보다 큰 또 다른 하나의 이유가 있었다. 그것은 천하절색으로 알려진 현처(玄妻)를 탈취하여 자기 아내로 삼으려는 음탕한 동기에서였다.

② 재물과 미녀를 탐내는 찬탈자

현처는 백봉의 모친으로 언제까지나 시들줄 모르는 만년 미인이다. 현(玄)은 검다는 뜻이다. 그녀의 머리가 칠흑처럼 검고 윤이 나므로 현처라 했다. 좌전(左傳 : 昭公28)에 대략 다음과 같은 기록이 있다.

「옛날 유잉씨(有仍氏)가 딸을 낳았다. 머리가 칠흑처럼 검고 아름다웠으며, 거울처럼 밝게 광택이 났으므로 이름을 현처라고 불렀다. 그녀를 악정(樂正) 후기(后夔)가 취하여 아들 백봉(伯封)을 낳았다. 백봉은 돼지같이 탐욕하고 또 성질도 사나웠으므로 사람들이 백봉 돼지라고 별명을 불렀다. 유궁국의 임금 예(羿)가 그를 멸했다. 이에 아버지 기(夔)는 사후에 제사도 못받았고, 삼 대가 함께 멸망했으니 결국 현처의 소생인 아들 때문이었다.」「유별나게 아름다운 여자는 남에게도 해를 끼친다. 스스로 덕과 의를 갖추지 못하면 반드시 남에게 화를 미친다.」[19]

「숙향(叔向)이 한 여인을 처로 삼으려 하자, 숙향의 모친이

___

19) 「(昔有仍氏生女黰黑而甚美 光可以鑑 名日玄妻) (樂正后夔取之生伯封 實有豕心 貪惏無厭 忿類無期 謂之封豕 有窮后羿滅之) (夔是以不祀 且 三代之亡 共子之廢 皆是物也) (夫有尤物 是以 移人 苟非德義 則必有 禍)」. 〈左傳 : 昭公28〉

반대하고 나서서 말했다. 『지나치게 아름다운 여자는 어딘가 악한 구석이 있다. 옛날에 자령(子靈)의 처는 세 명의 남편과 한 명의 임금과 또 자기 아들을 파멸케 했다.』 그와 같이 악덕한 여자의 소생을 취하면 안된다.」[20]

현처는 신화 전설 및 사화(史話)에 등장하는 절색의 미인으로 그녀를 가까이 하는 남성은 반드시 불행하게 된다. 자고로 요염한 미인은 남성을 파멸케 하는 경우가 많다. 그런데도 불에 뛰어들어 타죽는 불나비처럼 뭇 남성들은 미녀를 탐하고 패가망신을 거듭하고 있다. 한서(漢書)에 유명한 구절이 있다.

「요염한 미인이 던지는 눈초리 한 번에 성이 기울고, 두 번에 나라가 무너진다.(一顧傾人城, 再顧傾人國)」

후세의 큰 나라의 수많은 임금들도 미인 때문에 파멸했거늘, 어찌 태고 때의 신화의 주인공인 후예가 온전할 수가 있었으랴? 바로 후예가 미인 때문에 나라 망치고 제 몸을 잃은 비극의 첫 주인공이 되었던 것이다.

후예는 일석삼조(一石三鳥)를 노리고 백봉을 치기로 결심했다. 중강을 옹립하는 왕당파의 핵심인물을 처형함으로써 국고의 재물을 수탈하고 동시에 미인 현처를 가로채자는 속셈이었다. 그러나 후예는 야욕을 숨기고 대외적으로는 그럴듯한 명분을 내세웠다. 즉 탐욕스런 백봉이 백성들로부터 수탈한 재물을

---

20) 「初叔向欲娶於申公巫臣氏 其母欲娶其黨 其母曰 子靈之妻 殺三夫一君一子 而亡一國兩卿矣 可無懲乎 吾聞之 甚美必有甚惡)」.〈同上〉

중간에서 가로채고 사복을 채우고 있으므로 백성과 임금을 위해서 정의의 군대를 풀어 역적을 토벌한다고 떠벌렸던 것이다.

애당초 백봉은 후예의 적수가 될 수 없었다. 게다가 내부에서 부하들이 반역하고 미리 성문을 활짝 열고 후예의 군대를 맞이해 들였으므로 백봉은 갑옷도 걸치지 못하고 뒷문으로 도망갔다. 후예의 화살을 피할 도리가 없었다. 몇 발짝 뛰지도 못하고 양미간에 화살을 맞은 채 절명하고 말았다. 후예는 즉시 백봉의 집으로 뛰어들었다. 그리고 안채 고미다락에 숨어있던 현처를 잡아 수레에 싣고 또 창고를 헐어 보화를 깡그리 거두어 돌아왔다. 그리고 후예는 천연덕스럽게 임금에게 백봉 토벌의 연유를 아뢰고 문무 백관들을 한자리에 모아 승리의 주연을 베풀었다. 그 자리에는 용모가 수척하고 안색이 파리한 현처도 배석하고 있었다. 그리고 다시 몇 일 후 임금 앞에 나타난 후예는 육장 한 쟁반을 바쳐 올리면서 능글맞게 아뢰었다.

"멀리 서역에서 보내온 천하의 진미인지라, 소신이 손수 전하에게 바쳐 올립니다. 수라상에 곁들여 드실만 하옵니다."

후예가 천하의 진미라고 떠 벌인 것은 바로 자기가 죽인 백봉의 살을 저며서 포를 뜨고 다시 소금에 절여서 만든 육장이었다. 그토록 끔찍한 것을 임금에게 내민 후예의 속내에는 『나에게 맞섰다가는 너도 이 꼴이 된다.』라는 노골적인 공갈과 위협이 숨어 있었다.

이처럼 천인공노할 후예의 패악(悖惡)에 중강은 치를 떨고 이를 갈았다. 그러나 무력이 없으니 어찌 하랴. 결국은 울화통을 터뜨리고 화병에 시달리다 민절(悶絕)하고 말았다. 중강의 뒤를 어린 아들 상(相)이 계승했다. 그러나 그도 후예의 핍박에 못 견디어 도성을 버리고 멀리 동쪽 상구(商丘)라는 곳으로 망명했다. 이에 하왕조는 명목상으로는 명맥을 유지했으나 실권은 후예 손에 넘어갔다. 이에 꺼릴 것 없게 된 후예는 천자의 용상을 차지했고 또 현처를 공공연하게 후비로 내세웠던 것이다.

(4) 찬탈자의 비참한 말로

① 복수에 불타는 현처(玄妻)의 음모

후예에게 나라를 빼앗긴 하(夏)나라의 왕족들은 저마다 목숨을 구걸하여 도망가 숨었다. 이에 명실상부하게 전국권을 장악한 후예는 고삐 풀린 미친 말처럼 날뛰었다.

조정의 고관에게는 물론 지방의 제후나 호족들에게도 오만무례하게 대했으며 또 백성들의 재물을 강제로 탈취했다.

뿐만이 아니라 조야(朝野)를 막론하고 조금이라도 눈에 거슬리거나 말을 듣지 않는 자가 있으면, 불문곡직하고 잡아다 족쳤다.

그러면서 찬탈자 후예는 낮과 밤을 가리지 않고 황음무도한 술잔치를 벌이고 끝간데 없는 향락에 빠져들었다.

허기는 후예와 같이 불학무식한 자가 무력으로 나라를 찬탈하면 반드시 백성들을 괴롭히고 재물을 수탈하게 마련이고 그렇게 되면 하늘이 그와 같은 악덕을 용서하지 않고 은밀하게 사람의 손을 빌어서 천벌을 내리게 마련이다.

이번에 하늘이 내세운 하수인이 다름 아닌 현처였다. 그녀에게 있어 후예는 자기 아들을 죽인 불구대천의 원수이자 또 임금을 추방하고 국권을 찬탈한 역적이자 동시에 자신을 겁탈 유린한 용서할 수 없는 인면수심(人面獸心)의 파렴치한이었다. 그런데도 찬탈자 후예는 자신의 대역죄를 깨닫지 못하고 그녀에게 미혹되어 음란한 욕정을 채우기에 골몰하고 있었다. 따라서 하늘은 후예를 멸하기 위해 현처를 내세웠던 것이다.

후예같은 왈패가 무력으로 나라를 찬탈한 동기는 곧 권력과 재물과 미녀들을 독차지하려는 천박한 탐욕에서 나온 것이다.

그러나 그와 같이 천박한 탐욕을 채우기 위해 무력을 휘두르는 자는 반드시 멸망하는 것이 하늘의 도리이다. 즉 칼로 얻은 것을 칼로 잃고 또 유린한 자가 유린을 당한 자에게 멸망 당하는 것이 곧 하늘의 도리이다. 그러므로 후예는 자기가 유린한 현처와 다른 악덕한 찬탈자의 손에 멸망 당해야 했던 것이다.

이것을 후세에는 인과응보 혹은 자업자득이라고 한다. 그것이 바로 오묘한 하늘이 인간에게 내리는 법칙이다. 그러므로 사람은 나의 동물적 탐욕이나 일시적 쾌락을 채우기 위해 남을 해치면 안된다.

사람은 악한 마음을 버리고 항상 거시적 안목으로 모두가 함께 어울려 더불어 잘 사는 하늘의 도리를 기준으로 살아야 한다. 하늘의 도리를 어기면 준엄한 하늘의 벌이 내린다.

② 현처(玄妻)와 한착(寒浞)의 야합

무력으로 나라를 찬탈한 자는 무력에 의해 살육되고 폭력으로 여자를 능욕한 자는 그 여자로 인해 멸망한다. 이와 같은 천벌을 실증해 보인 인류 역사의 첫 주인공이 바로 후예였다.

현처가 짐승만도 못한 후예에게 몸을 더럽히고 온갖 치욕을 당하면서도 자결하지 않고 살아남은 속내에는 무서운 복수심이 불타고 있었기 때문이다.

말하자면 현처는 이미 사람이 아니라 복수의 원귀로 변했던 것이다. 겉으로는 온순한 척 꾸미고 후예를 받들었으나 항상 복수의 칼을 갈면서 원수의 피를 볼 날만을 노리고 있었던 것이다.

능욕당한 여인의 포한은 이렇듯이 끔찍한 복수심으로 변하는 법이다. 그러나 아둔한 후예는 미묘한 여심(女心)을 헤아리지 못하고 계속 자신의 음욕만을 채우려 했다.

한편 후예가 자기 임금을 무력으로 내쫓고 나라를 찬탈한 것과 같이 또 다른 야심가가 후예를 몰아내고 모든 것을 탈취하려고 했으니, 그가 바로 후예가 가장 신임하던 측근 중의 측근인 한착(寒浞)이란 자였다.

참으로 총명하고 선량한 선비는 절대로 악덕한 자에게 빌붙지 않는 법이다. 그러므로 후예 밑에서 충성을 바친 한착은 역시 간악하고 음흉한 악한이었다.

그것을 우매하고 혼탁한 후예가 가리지 못했던 것이다. 간사한 한착은 겉으로는 충성하는 척 했으나 실은 속으로는 어리석고 탐욕스런 후예를 타도할 기회를 호시탐탐 엿보고 있었다. 마침내 그는 후예를 타도하기 위해 현처와 짝이 되었던 것이다.

이러한 기미를 눈치챈 현처는 후예가 궁전을 사냥간 틈을 타서 한착을 불러 술대접을 했다. 구렁이 같은 한착이 자기에게 술대접을 하는 그녀의 속내를 모를 이가 없었다.

그러나 그는 시치미를 떼고 근엄한 자세로 묵묵히 술잔을 받아 마시기만 했다. 이윽고 술이 여러 순배 돌고 피차에 거나해지자 한착은 술잔을 내미는 현처의 옥수를 덥석 잡아당기었다.

현처 또한 이 순간을 기다렸다는 듯이 끌리는 대로 한착의 품에 안기었다.

치렁치렁 드리운 검은머리, 달덩이처럼 희맑은 얼굴, 요염한 작태로 한착을 사로잡은 그녀는 한바탕 정염의 불을 사른 다음, 나직이 그러나 결연한 어조로 말했다.

"이제 우리는 한몸이 되었으며 또 한 배를 타고 생사를 같이할 처지에 놓였습니다. 그러므로 우리가 살기 위해서도 후예를 제거해야 합니다. 궐자는 저에게는 철천지원수이고, 그대에게는 포악한 지배자요, 앞을 가로막는 장해물입니다. 뿐만 아니라 궐자는 나라를 찬탈한 역적이고 또 천하 만민을 괴롭히는 악덕한입니다. 그러므로 우리가 거사를 하면 하늘도 도와줄 것입니다."

"옳소. 나도 이 날이 오기를 은연중에 기다렸소. 우리의 거사는 하늘을 대신하여 천벌을 집행하는 것이오. 그러므로 지방의 제후들이나 만민들도 우리 편에 가담할 것이오. 그러나 후예의 무력이 막강한지라 자칫 빗나가면 도리어 우리가 처참하게 살육될 것이오. 그러니 계략을 치밀하게 짜야 하오."

"이를 말씀이옵니까. 저도 그 점을 염두에 두고 은밀히 지목해 둔 인물이 있습니다."

"그가 누구요?"

"바로 후예의 호위 대장 봉몽(逢蒙)이옵니다. 봉몽은 한창 나이에 무예가 출중한지라, 후예로부터 절대 신임을 받고, 자나 깨나 그림자처럼 곁에 붙어 있습니다."

"그를 어떻게 매수하고 우리 편에 가담시킨단 말이요? 섣불리 눈치를 보이거나 접근했다가는 먼저 그자 손에 우리가 척살당할 것이오."

"그 점은 염려 마십시오. 제가 이미 오래 전부터 봉몽을 사로잡아 놓았습니다."

③ 봉몽(逢蒙)의 가담

봉몽은 원래 고아였다. 떠도는 그를 사냥터에서 거둬들인 후예는 그의 자질이 무예에 적합함을 알고, 손수 단련시키고 또 비법을 전수했다. 이에 봉몽은 성장하여 특출한 무사가 되었고 전적으로 후예의 신임을 얻기에 이르렀다.

봉몽의 활 솜씨는 아직은 후예를 능가할 처지는 아니었다. 그러나 완력이나 봉술(棒術)에 있어서는 대적할 자 없게 되었다. 이에 후예는 그를 수양아들이자 호위 대장으로 삼았던 것이다.

현처가 봉몽을 사로잡았다고 장담한 까닭은 다름이 아니었다. 밤에 후예와 현처가 동침하는 침실 바로 곁에서 숙직하는 자가 바로 호위 대장 봉몽이다.

그러므로 봉몽만이 잠자는 후예의 목을 노릴 수가 있다고 생각한 현처는 자기가 수양딸로 삼은 예쁘고 젊은 시녀를 봉몽과 짝을 맺게 하였던 것이다.

그리고 현처는 그녀에게 봉몽을 매혹하는 비법의 방중 술을 전수하고 그녀로 하여금 봉몽을 흠씬 홀리게 했던 것이다.

이에 봉몽은 두 여인에게 완전히 사로잡히게 되었으며 그들의 말이라면 물불을 가리지 않고 따를 지경에 이르렀던 것이다.

한편 봉몽도 엄청난 야욕을 품고 있었다. 그것은 후예를 꺾고 자신이 완력이나 무술에 있어 천하 제일임을 과시하려는 단순한 것이었다.

그러나 봉몽은 무사답게 정정당당히 일대 일로 맞서 싸워 이기기를 바라고 있었다. 그런데 후예가 무절제하고 황폐한 생활을 함으로써, 그의 완력이나 무예가 날로 녹슬고 시들어 가는 꼴을 곁에서 지켜본 봉몽은 도리어 마음 한 구석으로는 실망과 초조를 느꼈던 것이다. 즉 이러다가는 사나이답게 정정당당하게 무술의 기량을 겨누고 싸울 승부의 상대를 잃을 것이 아닌가? 후예가 더 늙기 전에 한판 승부를 해야 하겠다고 벼르고 있었던 터였다. 이 무렵에 현처와 한착 및 자기의 처가 입을 모아 말하는 것이었다.

"하늘은 욕심 많고 우매하고 포악한 후예를 타도하고 천하 만민을 구제하기를 바라고 있다. 천명을 받들고 천벌을 대행할 진정한 용사가 바로 봉몽 자네가 아닌가. 자네가 거사하면 천하의 모든 제후들이 호응할 것이며, 만민이 칭송할 것이다."

이 말은 하늘의 편에 서서 정의의 칼은 들어야 한다는 한착의 말이었다. 뒤이어 현처가 한마디 거들었다.

"인륜 도덕을 흐트러뜨리고 만백성의 재물을 노략질하고 아녀자를 겁탈하는 파렴치한 후예를 응징해야 한다. 호걸로 자처하는 대장부는 모름지기 정의와 대의명분을 앞세워 연약한 아녀자를 보호하고 아울러 도탄에 빠진 백성들을 구제해야 한다."

봉몽의 처가 앙칼진 목소리로 나무라듯이 쏘아 붙였다.

"이녁이 나서서 후예를 처단하시오. 그래야 악한 밑에서 악행을 방조했다는 죄명과 오욕을 청산할 수 있을 것이오. 이 이상 더 주저하다가는 때를 놓치고 말 것이오. 그러니 하루 속히 그와 맞서서 싸워 이기고, 천하에 참다운 용사가 당신임을 알게 해야 하오."

당장 하늘에서 벼락이 떨어질 형국인데도 우둔한 후예는 위험을 느끼지 못했다. 그 날 밤도 술에 취한 후예는 양쪽에 궁녀를 끼고 비틀거리며 봉몽을 보고 이기죽거렸다.

"봉몽 장군, 그대만이 참다운 충신일세. 그대 같은 용사가 짐을 지켜 주기 때문에 이렇듯이 천하가 태평성세를 누리고 있는 것이야, 안 그런가."

(5) 칼로 얻은 자, 칼로 망한다

그러나 봉몽은 다른 때와는 딴판으로 험상궂게 목자를 부라
리고 결연하게 한마디 내뱉었다.

"전하 그렇지 않소."

"무엇!? 그렇지 않어?"

너무나 뜻밖의 말을 들은 후예는 분노에 일그러진 면상을 실
룩거리며 엇뜬 눈초리로 되묻고 버럭 호통을 쳤다.

"네 놈이 환장을 했느냐? 실성을 했느냐? 한사코 대드는 까
닭이 뭐냐?"

그래도 봉몽은 굽히지 않고 정면으로 대들고 큰 소리로 외쳤
다.

"하늘을 대신하여 포학무도(暴虐無道)한 전하를 치려 하오."

"뭐, 네 놈이 짐을 쳐? 짐은 임금이자 네 아비가 아니냐. 천
하에 임금이자 아비에게 반역하는 자식놈이 있느냐?"

"그런 자식은 없소."

"그런데 너는 왜 짐에게 반역하려느냐?"

"전하는 이미 덕을 잃었으니 임금이 아닌 필부일 따름이오.
또 악행으로 인륜 도덕을 어기고 세상을 어지럽혔으니 저의 아
비도 아니오. 전하는 일개의 파렴치한일 따름이오. 그러므로
제가 전하를 치려함은 신하가 임금을 치고 자식이 아비를 치려
는 것이 아니고, 천명을 받은 정의의 용사가 사악한 역적을 응
징하려는 것이오."

"참으로 가소롭구나. 네 놈이 누구의 사주를 받고 일조에 변심하고 배은망덕(背恩忘德)하고 짐에게 칼을 들려고 하느냐? 네놈의 힘이나 기량으로 감히 짐에게 대적할 수 있을 것 같으냐? 하룻강아지 범 무서운 줄 모르고 날뛰는구나."

"바로 알과녁을 맞쳤소. 전하를 제거하는 것만이 목적이었다면 벌써 잠자는 틈을 타서 결판을 냈을 것이오. 그러니 신에게 무술을 전수해준 스승이기에 정정당당히 승부를 가리고자 이날 이때까지 기다렸던 것이오. 그러니 아직도 자신만만한 때에 신과 싸워 호걸답게 무력의 강약을 가리기 바라오."

"그러고 말고, 네놈의 본심을 안 이상 그냥 살려둘 수 없다. 네 놈을 도살해서 짐에게 항거하는 자의 처참한 말로를 세상에 알려주어야 하겠다."

봉몽은 후예로 하여금 활을 못 쓰게 하기 위하여 깊은 밤을 택해서 도전했던 것이다. 허나 녹슨 칼과 다름없는 후예가 오기로 대적했으니 계략적으로 넘어간 것이었다. 봉몽이 몸을 솟구쳐 마당으로 뛰어내리자, 후예는 허둥대고 뒤따랐다. 칠흑같은 어둠이라 앞을 볼 수 없었다. 시위에 살을 메긴 채 우두망찰하고 있을 때였다. 바로 옆에서 "예잇!" 하는 소리가 귀청을 때리는 찰나, 육중한 곤봉이 후예의 머리통에 떨어졌다.

"으악!" 비명을 지르고 쓰러지는 후예의 가슴에 봉몽의 단검이 박혔다. 후예는 절명했다. 참으로 어처구니없는 죽음이었다. 화살 하나 날리지 않고 천하를 얻었던 후예는 화살 한 대

쏘지 못하고 척살되었다. 이를 가리켜 「칼로 얻은 자는 칼로 망한다.」고 한다.

맹자는 『봉몽은 활쏘기를 예에게 배웠다. 그는 스승인 후예의 기능이나 비법을 전부 터득한 다음에는 천하에서 자기보다 뛰어난 자는 오직 스승 한 사람이라고 생각하고 마침내 그를 죽였다.』고 말했다 그리고 또 다음과 같이 평했다. 「스승을 죽인 봉몽 같은 인간에게 무예를 가르쳐 준 후예에게도 잘못이 있다.」[21]

원한이 골수에 사무친 현처는 후예가 자기 아들 백봉의 시체를 장조림해서 중강에게 바친 그 앙갚음으로 이번에는 후예의 살을 소금에 절여 후예의 전실 아들에게 먹으라고 윽박지르며 말했다. "이것을 먹어라. 먹으면 너를 살려주겠다." 겁에 질린 어린 후예의 아들은 도망가려다가 등뒤에 화살을 맞고 죽었다. 결국 무력을 과시하던 후예의 일족은 전멸한 것이다.

---

21) 逢蒙學射於羿 盡羿之道 思天下惟羿爲愈己 於是殺羿 孟子曰 是亦羿有罪焉. 〈孟子 離婁 下〉

(6) 하의 중흥과 한착의 멸망

간특한 한착(寒浞)은 봉몽(逢蒙)을 매수하여 후예를 시역(弑逆)하는 데 성공하자 자기는 왕이 되고 현처는 황후가 되고 봉몽을 대사마(大司馬)에 임명했으며, 복종하지 않는 제후들을 무력으로 다스렸다. 그러는 사이에 현처는 병들어 죽고 한착도 노쇠하였다. 이에 한착은 현처와의 사이에서 태어난 두 아들 요(澆)와 희(豷)에게 나라를 맡기고 자기는 뒤에서 도왔다.

한편 후예에게 나라를 찬탈당하고 국외로 망명했던 하왕조의 중강(仲康)도 객지에서 울분을 터뜨리다가 죽자, 그 뒤를 상(相)이 계승하고 동쪽 상구(商丘)라는 곳에서 유신들을 규합하고 망명정부를 세우고, 하왕조의 재건을 꾀하고 있었다.

한착은 뒤늦게 이 사실을 알고, 즉시 두 아들과 봉몽의 군대를 출동시켜 동족에 있는 여러 나라들을 정벌케 했다. 특히 한착의 큰아들 요가 이끄는 중군(中軍)이 상구로 진격하여 하(夏)왕실을 재기하려는 상(相)을 전광석화처럼 일거에 쳐 부셨다. 상은 불의의 습격을 받고, 피할 틈도 없이, 그 자리에서 자결하고 말았다.

한착의 아들 요는 불탄 궁전에서 죽은 상의 목을 잘라, 창 끝에 높이 달고 돌아와, 재차 하왕조의 전멸을 선포했다.

그러나 하늘이 어찌 무심하랴. 어찌 하늘이 요임금, 순임금, 우임금으로 선양(禪讓)되고, 이어진 하왕조를 이렇듯이 악덕한 무력 찬탈자에게 유린되고 멸망하는 것을 보고만 있으랴. 하늘의 그물은 성글지만 빠뜨리지 않는다. 하늘은 살릴 것은 살리고, 벌 줄 것은 어김없이 벌을 준다. 이번에도 하늘은 은밀히 하왕조의 후예를 보우(保佑)했던 것이다.

상(相)의 아들을 잉태한 왕비가 천우신조로 불타는 궁전 개구멍을 통해 구사일생으로 친정의 나라인 유잉국(有仍國)으로 무사히 도피했으며 얼마 후에는 유복자 즉 하왕조의 후계자 소강(小康)을 출산했다. 유잉국의 임금 즉 소강의 외조부는 극비리에 외손자 소강을 양육했으며 어려서부터 무술을 가르쳤다. 이에 소강은 준수한 영웅의 기상이 넘치는 믿음직한 청년으로 성장하였다.

그러자 주변에 하왕조의 유신들이 모여들어 소강을 옹립하고 왕조의 중흥을 기도하게 되었다. 그 중에도 미(靡)라는 충신이 있었다. 그는 문무겸비(文武兼備)한 호걸로 각지의 애국열사들을 규합하고 또 천하의 제후들에게 밀사를 보내, 음흉하고 악덕한 「한착일가(寒浞一家)」를 섬멸하고 하왕조를 재건할 것을 호소했다.

백성들 사이에서도 한착에 대한 반감이 날로 높아졌고 아울러 억압과 수탈만을 당해오던 제후국들 사이에도 한착일가를 타도하고 하왕실을 부흥하자는 기운이 고조되었다.

소강은 마침내 무력봉기를 독려하는 격문을 전국에 띄웠다. 이에 정의의 투사들이 각지로부터 구름 떼처럼 모여들게 되었다. 이와 같이 천운을 타고 천하의 대세가 크게 바뀌게 될 무렵

유잉국의 병마의 대권을 한 손에 쥐고 있던 봉몽이 나서서 결정적인 역할을 했던 것이다. 봉몽은 후예를 죽이고 한착을 임금되게 한 일등공신이었다. 그러나 모든 권력이나 재물은 한착과 그의 두 아들이 독점한 반면, 자신이 소외되고 있음을 깨닫게 되었던 것이다.

한편 현처가 죽은 다음에는 그의 처도 한착일가를 가까이 하거나 존경할 이유가 없게 되었다. 이에 우직하고 소박한 봉몽이 사냥터에서 활로 한착의 큰아들 요를 사살하고 휘하 부대를 이끌고 소강에게 투항했다. 이에 봉몽을 잃은 한착은 망하고, 반대로 봉몽의 무력을 얻은 하나라는 기사회생(起死回生)했다. 뿐만 아니다. 소강은 승천하는 용의 기세로 한착을 포위하고 호통을 쳤다.

「간교하고 음흉한 한착아, 내 말을 듣거라. 마침내 하늘이 역적을 멸하고, 하왕조를 중흥시키려 한다. 그러니 천명에 따라 무기를 버리고 땅에 엎드려 용서를 빌어라.」

소강의 말이 끝나기가 바쁘게 한착의 부하 군졸들이 일제히 병장기를 버리고 땅에 엎드렸다. 그러나 한착의 둘째 아들 희(豨)가 한 손에 칼을 높이 치켜들고 오기를 부리며 말을 타고 달려 나왔다. 봉몽이 화살을 날려, 정통으로 그를 쏘아 죽였다. 이에 국권을 잃은 지 40년 만에 다시 우의 후손이 등장하여 대통을 이어가게 되었다.

3. 신화 : 포학무도한 걸왕(桀王)

(1) 하왕조의 역대 왕

하(夏)나라의 임금의 이름을 추리면 다음과 같다.

『제1대 우(禹), 제2대 계(啓), 제3대 태강(太康), 제4대 중강(仲康), 제5대 상(相), 제6대 소강(小康)… 제14대 공갑(孔甲), 제17대 걸(桀)』

치수의 공을 세운 우임금이 순임금으로부터 천자의 자리를 물려받고 하왕조를 세운 때가, 대략 기원전 2,200년경이었다. 그러나 제1대 우임금이 죽고 뒤를 아들 계(啓)가 이음으로써 중국 역사에서 최초로 왕조의 세습(世襲)이 시작되었다.

제2대 임금 계(啓)는 처음에는 잘 다스렸으나 후반에는 해이해졌고 유흥에 골몰함으로써 나라가 문란하게 되었다.

제3대 태강(太康)은 우둔하고 무능했으며, 후예(后羿)에게 나라를 찬탈당하고 나라를 빈사(瀕死) 상태에 빠지게 했다.

제5대 소강(小康)이 역적들을 처단하고 하왕조를 중흥했으며, 그로부터 약 4백년 간을 큰 탈 없이 명맥을 유지할 수가 있었다.

그 후 7대를 거쳐 제13대 왕 공갑(孔甲)에 이르러 하왕조는 다시 문란하게 되었으며, 드디어 제17대의 걸왕(桀王)에 의해 하왕조가 멸망하게 되었던 것이다. 「걸(桀)」은 은(殷)의 주(紂)와 더불어 중국 역사상 가장 잔학무도한 폭군의 대표자로 꼽힌다.

(2) 사화에 나타난 공갑(孔甲) 과 걸(桀)

사기(史記)에는 다음과 같이 기록되어 있다. 『공갑은 오르자 귀신을 믿고 또 여색에 빠져 음란한 짓거리를 좋아했다. 그러므로 하나라의 덕이 다시 쇠퇴했고 제후들이 등을 돌렸다.』[22]

또 다음과 같은 사화도 전한다. 『하늘이 암과 수, 두 마리의 용을 공갑에게 내려주었다. 마침 요임금의 후손으로 유루(劉累)라는 사람이 용을 잘 부렸으므로 공갑은 유루에게 어룡씨(御龍氏)라는 성을 내려주고 그로 하여금 두 마리의 용을 돌보게 했다. 그러나 뜻밖의 사고로 암 용이 죽자, 유루는 죽은 용의 고기를 소금에 절여서 임금 공갑에게 바쳐 먹게 했다. 공갑은 영문도 모르고 맛이 좋다고 하며 다시 바치라고 채근했다. 이에 유루는 용이 죽었다는 사실이 발각 될 것을 겁내고 멀리 도망가 몸을 숨겼다.』

이 사화 속에는 다음과 같은 상징적 의미가 숨어있다. 용은 하왕조를 창시한 우임금의 화신이다. 따라서 하늘에서 내려온 용을 잘 모시고 받들고 따라야 할 후손, 공갑이 잘못하여 죽게 하고 더욱이 용의 고기를 먹었다는 것은 후손이 선조의 공덕을 망치게 했다는 뜻이 내포되어 있는 것이다. 이렇듯이 선조를 모독하고 또 선조를 상징하는 용의 고기를 먹고 태어난 후손이 바로 왕조를 멸망케 한 걸(桀)이다.

---

22) 「帝孔甲立 好方鬼神 事淫亂 夏后氏德衰 諸侯畔之」

십팔사략은 걸을 다음과 같이 기술했다.

『호를 걸이라고 했다. 타고난 성품이 탐욕하고 잔학했다. 완력은 쇠사슬을 당겨 끊을 수 있었다.』[23]

『걸왕이 유시씨(有施氏)의 나라를 무력으로 정벌하자, 유시씨가 말희(末喜)라는 미녀를 걸왕에게 바쳤다. 걸은 그녀에게 매혹되고 총애했으며, 그녀의 말이라면 무엇이고 다 들었다.』

『그리하여 옥으로 장식한 화려한 궁전을 세우고 나라와 백성의 재물을 탕진했다.』[24]

『한편 고기를 산더미로 쌓고 육포를 숲처럼 사방에 걸어놓고 술을 가득 채운 연못에는 배를 띄우고 먹고 마시며 온갖 난잡한 짓을 다 했다. 지게미로 쌓은 높은 둑에서는 십 리까지 내려다 볼 수 있었다.』[25]

『북소리가 나면, 소처럼 술 연못에 엎드려 술 마시는 사람들의 수가 삼천을 헤아렸다.』[26]

『이와 같은 낭비와 광란을 말희는 좋아했다. 그러나 반대로 만백성의 민심은 크게 이탈되고 말았다.』[27]

『마침내 은나라의 탕왕이 하나라를 정벌하자, 걸왕은 명조라는 곳으로 도망가서 죽었다. 하왕조는 전후 17대 도합 432년

---

23) 「號爲桀 貪虐 力能伸鐵鉤索」
24) 「爲瓊宮瑤臺 殫民財」
25) 「肉山脯林 酒池可以運船 糟堤可以望十里」
26) 「一鼓而牛飮者三千人」
27) 「末喜以爲樂 國人大崩」

이어오다가 멸망했다.」[28]

사기(史記)에는 다음과 같이 간략하게 적었다.

『공갑 때부터 제후들의 마음이 이탈했고 걸왕 때에는 더욱 심했다. 그런데도 걸왕은 덕치에 힘을 쓰지 않고 무력을 휘둘러 백성들을 다쳤으므로 백성들이 참고 견딜 수가 없게 되었다.」[29]

『〈형세가 험악해지자〉 걸왕은 탕(湯)을 하대라는 곳에 감금했다. 얼마 후에 석방된 탕은 더욱 덕을 닦았으며 이에 제후들이 모두 탕을 따르게 되었다.」[30]

『탕왕은 드디어 무력을 동원하여 하나라의 걸을 토벌했으며 걸은 명조로 도망가 쫓기던 끝에 죽었다. 걸은 죽기 전에 말했다. 내가 탕왕을 하대에서 죽이지 못하고 이 지경이 된 것을 후회한다.」[31]

『탕이 천자의 자리에 올라 하나라를 대신하여 천하를 다스렸다.」[32]

이상이 하의 망국왕(亡國王) 걸을 중심으로 한 역사 기록이

---

28) 「湯伐夏 桀走鳴條而死 夏爲天子一有七世 凡四百三十二年」.
29) 「帝桀之時 自孔甲以來 而諸侯多畔 夏桀不務德 而武傷百姓 百姓弗堪」.
30) 「召湯 而囚之夏臺 已而釋之 湯修德 諸侯皆歸湯」.
31) 「湯遂兵以伐夏桀 桀走鳴條 遂放而死 桀謂人曰 吾悔不遂殺湯於夏臺 使至此」.
32) 「湯乃踐天子位 代夏朝天下」.

며, 그것은 지극히 간단하다. 그러나 걸에 대한 신화나 전설은 내용과 곡절이 다양하고 또 많다. 다음에서 걸을 중심으로 신화를 살펴보겠다.

(3) 걸(桀)과 말희(末喜)

걸은 용의 육장을 먹은 공갑의 후손이다. 그러므로 걸의 핏줄기 속에는 마귀의 악성이 박혀 있었다. 걸은 천성이 잔학했을 뿐만 아니라 남달리 뛰어난 완력과 지능을 지니고 있었다. 그는 맨손으로 억세고 굵은 쇠사슬을 당기어 끊기도 했고 알몸으로 물 속에 뛰어들어 손에 든 단도로 사나운 악어를 일격에 죽이기도 했다. 때로는 깊은 산에 들어가 맨주먹으로 호랑이나 승냥이를 때려잡기도 했고 또 광활한 들판을 달리는 노루나 사슴을 한 대의 화살을 날려 잡기도 했다.

완력이나 무력이 강할 뿐만이 아니라 또 다식하고 구변도 뛰어났다. 그러므로 그는 간교한 말재주나 괴변으로 자신의 비리나 잘못을 그럴사하게 얼버무렸으며 또 절대로 남의 충고나 간언을 받아들이는 법이 없었다.

그는 끝없는 탐욕으로 천하의 재물을 노략질했으며 동시에 오만 무례한 태도로 천하 만민들을 모욕하고 유린했다.

본래 임금은 하늘을 두려워하고 천도와 천명을 경건하게 받들고 따라야 한다. 그러나 걸은 하늘을 무시하고 천도와 천명에 어긋나는 짓거리를 서슴없이 자행했다. 임금은 백성의 어버이로서 인덕(仁德)을 베풀어 만민을 고르게 사랑하고 잘살게 해 주어야 한다. 그런데 걸은 반대로 백성을 학대하고 만민의 재물을 수탈하고 못살게 굴었다.

자고로 학정에는 무자비한 형벌이 따르게 마련이다. 걸은 순순히 따르지 않는 제후나 혹은 불평의 기색을 보이는 신하나 백성들을 마구 잡아다가 혹독하게 처형했다.

이에 어질고 덕 있는 충신들이 걸을 멀리 했고 반대로 간악한 소인배들이 모여들고 또 득세를 했다. 그 결과 백성들의 원성이 날로 높아졌으며 마침내는 하늘도 그를 버리게 되었다. 시경(詩經)에 천명미상(天命靡常)이라는 말이 있다. 천명도 바뀔 수 있다는 뜻이다. 임금이 덕을 잃으면 하늘은 그에게 내렸던 천명을 거두어 다른 유덕자(有德者)에게 넘겨준다.

하왕조도 천벌을 받고 멸망할 운세에 놓이게 되었다. 이에 기름을 붓고 불을 사른 요물이 바로 말희(末喜)라는 악독한 미인이었다. 걸이 전에 산동(山東) 지방에 있는 유시씨(有施氏)라는 작은 나라를 정벌한 일이 있었다. 그 때에 투항한 유시씨의 임금이 재물과 함께 바친 요녀(妖女)가 바로 말희다.

인간의 성품을 선과 악의 두 가지로 양분할 수 있다. 남을 사랑하고 함께 어울려 잘살려는 인애(仁愛)를 베푸는 선성(善性)이 있는 반면에, 폭력으로 남을 죽이고 남의 재물을 탈취하려는 탐학(貪虐)한 악성(惡性)이 있다.

선천적으로 타고난 핏줄기에 의해 선한 사람도 있고 혹은 악한 사람도 있다. 허나 사람은 학문을 익히고 마음을 수양하면 어느 정도 악성을 억제할 수가 있으며 더욱 노력하고 정진하면 선천적으로 악한 사람도 후천적으로 선한 사람이 될 수 있다. 그러므로 옛날의 성현들은 학문과 덕행을 중시했던 것이다.

자고로 개인이 남을 죽이거나 해치고 남의 재물을 탈취하는 행위를 범죄로 치부하고 벌을 내린다. 그런데 국가적 차원에서는 남의 나라를 침략하고 토지나 재물을 강탈하고 또 백성들을 잡아다가 노예로 부려쓰는 무력침략을 도리어 미화하거나 영웅적 행위라고 칭송된다. 즉 개인적 악행은 벌을 받지만 국가적 악덕은 도리어 영광의 승리라고 칭송한다. 이에 악덕한 임금들은 무자비하게 남의 나라를 침공했던 것이다. 참으로 한심스러운 우매한 짓거리가 아닐 수 없다. 이와 같은 국가적 횡포를 개인이 나서서 제재하거나 처벌할 수 없다. 그래서 결국은 하늘이 나서서 마지막으로 심판하고 또 벌을 내리게 마련이다. 그래서 노자(老子)는 말했다.『하늘의 그물은 성기면서도 악을 빠뜨리거나 놓치지 않는다.』[33]

그럼에도 불구하고 태고 때부터 수천 년이 지나고 문명이 발달한 오늘의 세계에 아직도 무력으로 탐욕을 채우려는 악덕 정치가들이 득실대고 있으니 한심스럽다. 걸은 하나라를 멸망케 했다. 신화를 통해 역사적 교훈을 얻어야 한다.

---

33)「天網恢恢 不遺疎」.

(4) 망국의 한을 품은 말희

말희는 본래 유시씨(有施氏)라는 나라의 미인이었다. 걸이 무력으로 그 나라를 정복하자, 그 나라 임금이 살아남기 위해서 바친 미녀였다. 그녀의 타고난 미모는 걸을 한눈에 매료했고 전신에 넘치는 요염한 교태는 걸의 넋을 사로잡았다. 이에 걸은 적의 나라의 여자를 왕비로 삼았던 것이다. 그러나 망국의 한을 품고 정복자의 품에 안긴 말희는 즐겁지만은 않았다. 귀를 막고 눈을 감아도 침략자의 칼을 맞고 죽어간 동포들의 아우성이 귓전에 울렸고, 처절한 몰골이 망막에 선명하게 떠올랐다. 그러므로 그녀는 가슴속으로 복수의 칼날을 갈고 있었다. 뿐만 아니라 그녀는 극과 극을 달리는 이중성격의 소유자였다. 겉으로는 절색으로 요염한 교태가 넘쳤다. 그러나 속에는 모질고 앙칼진 복수의 불이 사납게 타고 있었다. 그녀는 일찍이 고국에 있을 때에 이따금 남장을 하고 말을 타고 사냥을 즐겼으며 또 번잡한 거리에서 시비를 벌이다가 칼을 휘둘러 남을 다치기도 했다. 열녀전(列女傳) 얼폐전(孽嬖傳)에 다음과 같은 기술이 있다.

『말희는 하나라 걸의 왕비다. 용색은 아름답지만 덕이 없고 잔학하고 무도하여 남을 해쳤다. 여자면서 남자의 사나운 마음을 지니고 또 허리에 칼을 차고 관을 쓰고 다녔다.』[34]

---

34) 「末喜者 夏桀之妃也 美于色 薄于德 亂孽無道 女子行丈夫心 佩劍帶冠」.

유시국의 임금이 걸에게 말희를 바친 속셈에는 그녀의 이중 성격을 양면으로 이용하려는 의도가 숨어 있었던 것이다. 즉 그녀의 요염으로 걸을 홀키고 숨겨진 칼로 하나라를 멸망케 하자는 것이었다. 이와 같은 유시국의 임금의 계략은 적중했고 말희는 자신의 이중 역할을 완벽하게 수행했던 것이다. 우선 그녀는 요염한 미모와 음란한 작위로 걸을 완전히 사로잡았다. 그러면서 그녀는 걸에게 순종하고 무슨 말이던지 잘 따랐다. 이에 걸은 자신과 말희를 혼동하게 되었다. 자신이 바로 말희이고, 말희가 바로 자신인 것처럼 착각하게 되었다. 마침내는 말희의 생각이나 말을 바로 자기의 생각이나 말이라고 믿게 되었으며 그녀의 말을 다 따르고 행했던 것이다. 말희는 걸에게 천자의 권위와 국가의 위세를 높이 세우기 위해 장엄하고 화려하고 거창한 궁전을 세우자고 졸랐다. 걸은 너무나 당연한 말이라고 찬성하며 한마디 덧붙였다.

"총명하고 아름다운 황후를 위해 후세에 길이 남을 장엄하고 또 눈부실 만큼 찬란한 궁전을 신축합시다."

새 왕궁의 건축을 위해 만백성이 혹독한 노동에 시달려야 했고 천하의 재물이 탕진되었다. 신축된 궁전은 하늘을 찌를 듯이 높았다. 쳐다보면 무너져 내릴 듯하여 사람들은 이를 「경궁(傾宮)」이라고 했다. 한편 금은보석 및 옥돌로 치장을 했고 아울러 상아로 층계나 난간을 장식했다. 그래서 「경궁(瓊宮)」이라고도 불렀다.

(5) 주지육림(酒池肉林)의 광란

　궁전 안의 전원의 꾸밈 또한 희안했다. 복판에 큰 연못을 파고 물이 아닌 '술'을 가득 채웠다. 못 둘레 잔디밭에는 산해진미를 고인 식탁을 늘어놓고 숲에는 육포를 주렁주렁 매달았다. 이를 가리켜 후세의 사람들은 주지육림(酒池肉林)이라 일컬었다.

　왕궁 낙성의 축하연이 성대하게 열리는 날이었다. 하늘에는 오색의 무지개가 걸렸고 풍악이 은은하게 울리자 걸과 말희가 '술연못[酒池]'에 띄운 배를 타고 건너가, 찬란하게 장식한 누각에 올라가 앉았다. 그들의 좌우에는 역시 화려한 옷차림의 제후들과 중신들이 배석했고 한층 아랫자리에는 벼슬아치들이 득시글거렸다. 이윽고 '퉁!' 하고 북소리가 울렸다. 이를 신호로 사방의 숲 속에서 오색이 찬란한 비단옷을 걸친 천여 명의 무희(舞姬)들이 요염한 몸짓을 짓고 나타났다. 흡사 숲에서 안개가 피어나는 듯 황홀했다. 뒤이어 아랫도리만 가린 날렵한 용사들이 먹이를 쫓는 굶주린 이리떼처럼 우르르 쏟아져 나와 여자들을 에워싸고 도열했다. 다시 '퉁' 하고 북이 울렸다. 그러자 용사들이 저마다 앞에 있는 무희를 하나씩 낚아채고 '술연못'에 엎드려 꿀꺽꿀꺽 술을 마셨다. 그리고 또 다시 '퉁' 하고 북이 울리자, 이번에는 술 취한 남녀들이 일제히 몸에 걸쳤던 겉옷을 벗어 던지고 알몸으로 서로 엉키어 춤을 추었다. 걸과 말희는 광란하는 무리들을 내려다보면서 흡족한 듯이 크게 웃으며 좋아했다. 이를 후세에는 「일고우음삼천(一鼓牛飮三

千)」이라 기록했다. 「북 소리에 삼천 명이 소 같이 엎드려 술을 마셨다.」는 뜻이다. 이번에는 홀연히 뿔피리소리가 날카롭게 울렸다. 그러자 사람들은 숨을 죽이고 누각 위를 쳐다보았다. 말희가 성큼 일어나 몸을 내밀고 군중을 향해 손을 높이 들었다. 그러자 군중들은 천지를 뒤흔들 듯 소리 높여 환호성을 올리고 쌍수를 들어 화답했다.

광란의 열기가 절정에 오르자, 말희는 몸에 걸치고 있던 비단옷을 훌떡 벗었다. 그리고 한바탕 허공에 대고 흔들고는 그 비단옷을 두 손으로 잡고 매몰차게 잡아 찢었다. 비단이 '싹' 하는 소리를 내고 찢어지자, 말희는 그 조각을 다시 치켜들고 열광하는 군중을 향해 자랑스러운 듯이 흔들어 보였다. 이에 군중들은 다시 아우성을 치고 저마다 입고 있던 비단 옷을 벗어 저마다 '싹!' 하고 찢어발겼다.

말희가 광란의 잔치를 벌이는 근저에는 음모가 숨어 있었다. 자기의 조국을 멸하고 또 자신을 유린한 걸과 하나라를 멸망케 하자는 속셈에서 꾸며낸 수작이었다. 즉 정복자를 음탕한 주색으로 타락시키고 또 사치와 낭비로써 나라를 멸망케 하자는 계략이었다. 그러나 요염한 말희에게 미친 걸은 눈치를 채지 못하고 음모에 빠져 자신도 모르게 멸망의 수렁으로 빠졌다. 열녀전에는 다음과 같이 적었다.

『말희을 무릎 위에 앉히고 그녀의 말을 다 들어주고 어리석게 광란하고 길을 잃었다.(置末喜于膝上 聽用其言 昏亂失道)』

(6) 관룡봉(關龍逢)과 이윤(伊尹)

나라와 장래를 염려하는 많은 사람 중의 관룡봉이란 충신이 있었다. 마침내 그는 비장한 각오를 하고 걸에게 충간(忠諫)을 올렸다.

"하왕조를 창건하신 시조 우임금의 본을 받으셔야 하십니다. 천명을 받으신 전하께서는 덕으로 나라를 다스리시고, 인애(仁愛)로써 백성을 잘살게 해야 하십니다. 그래야 하늘도 천명을 거두지 않습니다."

충고라고 할 것도 없다. 덕치(德治)의 원론을 환기하고자 했을 뿐이다. 그런데도 걸은 화를 버럭내고 술잔을 내던지며 고함을 쳤다.

"내가 바로 하늘이다. 내가 누구의 본을 받고 또 누구의 명을 받는단 말이냐. 내 말이 바로 법도이거늘 네놈이 감히 나서서 지절거리느냐? 네놈은 목숨도 아깝지 않으냐?"

"소신의 목숨은 이미 전하께 바친 지 오래이옵니다. 소신의 죽음으로써 전하께서 선정(善政)을 베푸신다면, 그 이상 바랄 것이 없사옵니다."

"네놈이 그렇게 죽기가 소원이라면 원대로 죽여주마."

살기 등등한 걸이 목자를 부라리고 영을 내렸다.

"여봐라, 이 대역 무도한 놈을 당장 끌어내다가 목을 치고, 성문 높이 효시해라. 감히 짐에게 거역하는 자, 그 말로가 어떠한지를 천하에 알게 하리라." 그 길로 충신 관룡봉은 처형되었다.

한편 이윤(伊尹)이라는 현명한 사람이 있었다. 그는 직분 상

으로는 높은 자리에 있지 않았다. 고작 왕궁의 선관(膳官 :주방
장)으로 임금의 수라를 조리하는 책임자였다. 그래서 직접 말을
할 수 있었다. 마침내 이윤도 나서서 걸왕에게 간언을 올렸다.

"지난번에 충신 관룡봉을 처형하신 처사는 잘못이었습니다.
그로써 천심(天心)과 민심(民心)을 동시에 잃으셨습니다. 그러
므로 앞으로는 심기일전 하시어 씀씀이를 아끼시고 백성들의
고통을 덜어주는데 진력하셔야 하십니다. 백성들이 풍족하게
살아야 나라도 흥성하고 임금도 평안할 수가 있습니다. 백성이
궁핍하면 나라도 위태롭게 되고 따라서 임금자리도 안전하지
못할 것이옵니다."

이윤의 말도 새삼 간언이라고 할 수 없는 지극히 상식적인 제
왕학(帝王學)의 원론이었다. 그런데 걸은 평범한 정치의 상도
(常道)를 가지 않고, 요녀(妖女) 말희와 짝이 되어, 황음무도(荒
淫無道)하고 잔인포학(殘忍暴虐)을 일삼아 나라의 재물을 탕진
하고 백성들을 유린했다. 그런데도 독선과 오만에 빠진 걸은
간언을 듣지 않을 뿐더러 도리어 충신을 무참하게 처형함으로
써 만민의 미움을 사고 스스로 고립되고 급기야는 멸망하기에
이르렀다. 걸은 이윤이 바친 산해진미를 맛있게 먹으면서 그를
경멸하는 투로 한마디했다.

"경의 요리솜씨는 천하일품인지라, 이번만은 못들은 척 넘기겠
다. 그러나 앞으로는 말을 삼가고 함부로 흰소리하지 말라. 짐이 바
로 태양이고, 황후가 바로 달이다. 해와 달이 하늘에서 영원히 빛을
발하듯이 짐과 황후도 지상에서 영원히 권세를 누릴 것이다."

(7) 민심의 이탈과 폭군의 멸망

대궐에서 나온 이윤은 절망에 빠진 심정으로 어둔 밤길을 재촉하며 귀가하고 있었다. 오늘까지는 목숨을 보전하고 살아 있으나, 언제 관용봉 같이 화를 당할지 모른다. 그 때에 한 행인이 스치면서 나직한 소리로 시를 읊듯이 중얼거리는 것이었다.

"어찌 박(亳)으로 가지 않으리, 그 곳에는 빛과 희망이 있노라."

박은 바로 탕왕(湯王)이 다스리는 은(殷) 나라의 도읍이다. 당시의 은나라는 제후국에 불과했다. 그러나 탕왕의 덕이 높다는 소문이 퍼져, 전국에서 많은 뜻 있는 선비들이나 백성들이 모여들었다.

이윤은 본래 은나라 출신이었다. 그러므로 그는 그 자리에서 발길을 돌려 동쪽 박을 향해 걸음을 재촉했다. 후세의 공자는 논어에서 말했다. 『위태롭게 기운 나라에는 들어가지 말고, 흐트러지고 문란한 나라는 버리고 떠나라.(危邦不入 亂邦不居)』 『천하에 도가 행해지면 나서서 참여를 하고, 도가 없으면 은퇴하고 숨어라.(天下有道則見 無道則隱)』

무도한 나라는 다른 나라가 아니다. 바로 포학한 걸 같이 권세를 남용하고 충신을 마구 죽이는 나라다. 동시에 통치자가 유흥함으로써 나라의 재물을 탕진하고 백성을 못살게 구는 나라다. 따라서 모든 백성들은 악덕한 독재자 잔학한 폭군을 증오하고 하루라도 빨리 그가 죽기를 바라게 마련이다. 당시의 하왕조의 백성들은 다음과 같은 노래를 입버릇처럼 불렀다. 『저 지긋지긋한 해가 언제나 슬어질까? 차라리 내가 네놈과 함께 죽으리라.』 민심이 천심이라 했다. 천하 만백성에게 미움과 저주를 받으면 그 임금은 오래 견디지 못한다. 마침내 하늘은 덕이 있는 탕(湯)으로 하여금 걸을 치고 새 나라를 세우게 했던 것이다. 탕은 이윤을 재상으로 등용하고 덕치를 펴 민심을 사고 나라를 부강하게 발전시켰다. 그 무렵 걸 밑에서 녹을 먹던 비창(費昌)이라는 선비가 있었다. 그가 어느 날 대낮에 황하(黃河) 강변을 걷고 있는데 홀연히 하늘에 두 개의 태양이 떠올랐다. 하나는 서쪽에, 다른 하나는 동쪽에 떠서 서로 대립하는 듯이 보였다. 그런데 기이하게도 동쪽의 태양은 눈이 부시도록 찬연한 데 비해, 서쪽의 태양은 먹구름 속에 묻혀 암담하게 보였다. 비창이 본 두 개의 태양은 바로 동쪽의 신흥 왕국 은나라를 상징하고, 서쪽의 태양은 허물어지는 하왕조를 상징한 것이었다. 탕왕과 이윤은 마침내 대군을 동원하여 하를 쳤다. 이에 천하의 제후들이 기다렸다는 듯이 호응하고 나섰다. 한편 걸을 돕고자 하는 제후는 하나도 없었다. 뿐만 아니라 그 밑에서 녹을 먹던 고관이나 무장들도 사방으로 도망을 가고 행방을 감추었다. 이에 고립 무원하게 된 걸은 명조(鳴條)라는 곳까지 쫓기어 갔다가, 토벌군의 칼을 맞고 처참하게 죽었다. 말희는 어찌 되었을까? 그녀의 최후를 전하는 기록은 없다. 아마 그녀는 자기의 고국, 유시국에 돌아가 자결했을 것이다. 이렇게 하여 우임금의 뛰어난 치수와 국토관리의 공으로 창설된 하왕조는 종국에는 포학무도한 걸의 의해 비참하게 멸망하게 되었던 것이다.

제3편 은왕조편(殷王朝篇)

은허(殷墟)에서 발굴된 여러 가지 유물에 대한 고고학적 연구와 갑골문자(甲骨文字)의 해독으로 은왕조(殷王朝)의 실재를 인정하게 되었으며 또 사마천(司馬遷)의 사기(史記)의 기록이 대부분 사실에 가깝다는 것도 알게 되었다.

은왕조의 연대는 대략 「BC. 1600 – BC. 1050」으로 추정한다. 즉 제1대 탕왕(湯王)이 하(夏)의 걸(桀)을 치고 나라를 세우고, 제19대의 반경(盤庚)의 중흥(中興)을 거쳐, 제31대의 주왕(紂王)이 망국(亡國)할 때까지 약 550년 간 지속되었다.

은(殷)은 진(秦) 같은 강력한 통일국가가 아니다. 당시의 나라는 일종의 도성(都城) 국가다. 즉 도성을 단위로 한 정치적 집단이다. 집단의 으뜸이 임금이다.

당시는 신권통치(神權統治)와 노예제도(奴隸制度)의 시대였다. 그러므로 임금은 신권(神權)을 대표하는 절대권력자다. 그 밑에 점복(占卜)과 무술(巫術)을 담당하는 사제(司祭)와, 힘이 세고 싸움 잘하는 무사가 따랐다.

은나라는 무력을 가장 중시했다. 무력이 강해야 신권통치도 노예제도의 생산도 가능하다. 뿐만 아니다. 국가의 수비와 영토 확장도 가능하다. 그러므로 은나라에서

는 「무력제일주의」였다. 〈유교의 도덕사상은 뒤에 나타
났다.〉

　통치자들은 절대적인 신권과 무력을 바탕으로 자기네
들만의 부귀영화를 마냥 누렸다. 즉 노예들을 혹사하고
백성들을 착취하고 마냥 사치하고 유흥했다. 반면 반대
하는 자에게는 혹독한 형벌을 가했다. 그래도 모자라 죽
은 다음에는 수많은 순사(殉死)를 강요했다. 한마디로
몽매한 시대의 비인간적이고 야만적인 나라였다.

　그러나 발굴된 갑골문자나 청동기 및 기타의 수공예
품을 통해 볼 때에, 은나라의 문화가 매우 발달했고 또
그 영향이 광범하게 확산되었음을 알 수 있다.

　예나 지금이나 물질이나 무력은 잘 나타나고 대중을
휩쓸고 지배한다. 그러나 내면적인 정신문화나 윤리 도
덕이 항상 뒤쳐지고 소외된다. 이 책에서는 유교적 사화
를 중심으로 기술하겠다.

제1장 탕왕(湯王)의 등장

I. 중국 역사의 발전관

(1) 악(惡)은 망하고 선(善)이 이긴다

오랜 세월을 두고 흥망성쇠를 거듭한 인류역사를 우주적인 안목으로 보면 「선은 흥하고 악은 멸망한다.」는 낙관과 희망을 갖게 된다. 그것이 하늘의 뜻이고 또 하늘의 도리다.

우(宇)는 공간이고 주(宙)는 시간이다. 「공간과 시간의 통합체」를 「천(天)」이라 하고 또 「하늘의 도리」를 「천도(天道)」라고 한다.

중국의 왕조의 흥망성쇠도 그와 같은 맥락에서 보아야 한다. 오천 년에 걸친 중국의 역사변천은 복잡다양하게 엉키고 또 우여곡절도 많다. 그러나 우주적인 안목과 발전적인 견지에서 종합하면 대체로 낙관할 수 있다. 즉 새 왕국이 나타나면 총체적으로 향상하고 발전했음을 알 수 있다.

이러한 낙관론이 곧 유교의 「역사관(歷史觀)」이자 동시에 「천도관(天道觀)」이다.

공간과 시간을 통합한 우주(宇宙)를 「하나의 큰 생명체[一大

之生命體]」로 본다. 공간과 시간을 통합한 우주 속에서 자연 만물이 부단히 「생성(生成), 변화(變化), 발전(發展)」하고 있다.

그래서 「우주를 하나의 생명체」라고 한다. 그것이 곧 유교의 「생명 철학적 발전관(生命 哲學的 發展觀)」이다.

역경(易經)에서는 「생생불이(生生不已)」라고 했다. 천지 만물 및 인류의 역사와 문화는 천도를 따라 쉬지 않고 선 방향으로 발전하고 있다.

(2) 혁명(革命)과 방벌(放伐)

인류의 역사 발전도 그렇다. 부분적 일시적으로는 악이 이길 때도 있다. 그러나 총체적으로는 선이 이기고 악은 멸망한다. 따라서 개별적 나라에서나, 총체적 인류 사회에서도, 착한 신흥의 체제나 세력이 악하고 낡은 체제나 세력을 몰아내게 마련이다.

고대 중국에서는 이를 「방벌(放伐)」 혹은 「혁명(革命)」이라고 일컬었다. 「방벌」은 「악을 치고 추방한다.」는 뜻이다. 「혁명」은 「하늘의 명을 바꾸어 내린다.」는 뜻이다.

그 예를 「하(夏)·은(殷)·주(周)」 세 나라에서 볼 수 있다. 즉 하의 마지막 왕 걸(桀)이 타락하고 악덕하게 되자, 은의 탕(湯)이 나타나 걸을 무력으로 치고, 새 나라를 창건했다. 다시 은의 마지막 왕 주(紂)가 타락하고 악덕하게 되자, 주(周)의 문왕(文王)과 그의 아들 무왕(武王)이 나타나 새 나라를 창건했다.

악(惡)은 스스로 물러나지 않는다. 그러므로 무력으로 쳐야 한다. 그래서 무력방벌(武力放伐)이라고 한다. 악한 자를 축출하고 착한 사람이 새로 등장한다. 그래서 「역성혁명(易姓革命)」이라고 한다.

유교에서 말하는 「혁명」은 서양의 혁명과 뜻이 다르다. 서양은 인간적인 차원에서 「신진의 강한 세력」이 「낡고 약한 세력」을 무력으로 축출하는 것을 혁명이라 한다.

그러나 유교에서 말하는 혁명은 「하늘이 명을 바꾸어 내린다.」는 뜻이다. 본래 하늘은 「유능(有能)하고 유덕(有德)한 사람」에게 「천명(天命)을 내려 임금이 되고 만민을 다스리게 한다.」

그러나 그의 후손이 「우매(愚昧)하고 실덕(失德)하면, 하늘은 명(命)을 거두어, 새 사람에게 바꾸어 내린다.」 그래서 「혁명(革命)」이라고 한다. 「혁(革)」은 「바꾼다.」는 뜻이다.

새 왕조도 오래가면 타락하고 악덕하게 된다. 그러면 또 새 인물과 착한 세력이 나타나 새 왕조를 창건했던 것이다. 이와 같이 종국적으로 악이 밀려나고 선이 등장하는 것이 역사의 법칙이다. 그것을 하늘의 도리라고도 한다.

(3) 「하(夏)·은(殷)·주(周)」 삼대(三代)

「하(夏)·은(殷)·주(周)」를 삼대(三代)라고 한다. 이 때 만큼 천명(天命)에 의한 「무력방벌」과 「역성혁명」이 여실하게 나타난 때도 없었다.

그러므로 유교는 이 때의 왕조교체를 바탕으로 「악은 망하고 선이 이긴다.」는 덕치사상(德治思想)을 강조한다.

우(禹)임금이 창건한 하(夏)왕조가 말기에 포학무도(暴虐無道)하고 황음잔인(荒淫殘忍)한 걸(桀)에 의해 기울게 되자, 신흥의 은(殷) 민족이 일어났다. 그리하여 덕망 높은 지도자 탕(湯)임금을 옹립하고 낡고 타락한 하의 걸을 추방하고, 새 왕국을 창건했다. 인간적 차원에서 보면 선한 사람이 악한 사람을 밀어낸 것이다.

그러나 탕왕이 창건한 은나라도 후세에 와서 타락하고 악덕하게 되었으며, 마침내 주(紂)에 와서는 도저히 수습할 수 없게 되었다.

그래서 하늘은 주(周)나라의 문왕(文王)에게 천명을 내리고 또 그의 아들 무왕(武王)으로 하여금 무력으로 치고, 새 나라를 세우게 했다.

악한 임금이란 하늘의 도리를 따르지 않고 인간적, 동물적, 이기적 차원의 탐욕을 채우기 위하여 백성을 학대하고 무력을 휘둘러 남을 살상하고 남의 재물을 탈취하여 자기의 관능적 향락을 추구하는 악한(惡漢)을 말한다.

한편 착한 임금은 하늘의 도리를 따르고, 만민을 사랑하고 생산을 높이고 재물을 절약하여 나라를 더욱 흥성하게 만드는 덕 있는 지도자 곧 유덕자(有德者)를 말한다.

그러나 새 사람이 나타나서 하늘로부터 유덕자라고 인정을 받고 또 천명(天命)을 내려 받고 또 새 왕조를 창건하기까지는 오랜 세월에 걸친 수많은 시련을 극복해야 한다.

「천도와 천명」을 「정치적 선악」에 결부시키는 것이 유교의 특색이며 전통이다. 이러한 정치사상은 서양에는 없다. 서양사람들은 무력이 강하면 승리하고, 무력이 약하면 패한다는 단순논리를 따른다. 서양사람들은 개인주의, 이기주의를 바탕으로 하고 권력과 재물 및 육체적 쾌락을 끝없이 추구한다. 동시에 자신의 탐욕을 채우기 위해서는 권모술수와 무력행사를 당연시한다. 서양사람들은 대체로 동양사람처럼 존엄한 정신과 윤리도덕을 높이는 일이 없다.

2. 은(殷) 민족의 대두

(1) 나라 이름

우리가 일반적으로 부르는 은(殷)왕조는 엄격히 말하면 전반기는 상(商)이고 후반기는 은(殷)이다.

처음에 탕(湯)이 하(夏)의 걸(桀)을 치고, 새로 나라를 창건했을 때는 상(商)이라 했다.

그 후 20대 왕 반경(盤庚)이 대략 BC. 1300년 경에 안양(安陽)으로 도읍을 옮기고, 나라 이름을 은(殷)이라고 고쳤다. 그리고 31대 왕, 주(紂)가 나라를 망칠 때까지, 역시 은이라 했다. 여기서는 사기를 따라 은으로 부른다. 〈연대는 학설에 따라 차이가 난다.〉

(2) 시기 구분

서기 1899년 하남성(河南省) 안양현(安陽縣) 소둔촌(小屯村)에서 갑골문자(甲骨文字)가 발굴되었고, 계속해서 그 일대의 은허(殷墟)에서 청동기(靑銅器)를 위시한 많은 유물이 발굴되었다. 그리하여 은왕조를 역사적으로 실재하던 나라로 인정하게 되었다.

그러나 갑골문자의 기록은 반경이 도읍을 옮기고 나라 이름을 은이라고 개칭한 이후로부터 멸망할 때까지 약 270년 간의 쓰여진 것들이다. 초창기 즉 탕왕이 새 왕국을 창건한 때의 기록은 아직 발견된 것이 없다. 그러므로 여기서 서술한 은의 이야기도 대개는 신화나 사화를 바탕으로 한 것이다. 은나라를 중흥한 20대 왕 반경(盤庚)을 중심으로 은왕조를 크게 세 시기로 구분할 수 있다.

① 기원전 1,600년경 : 탕왕(湯王)이 하(夏)의 마지막 왕, 걸(桀)을 추방하고, 새 나라를 세우고 도읍을 박(亳)에 정했다. 그 때에는 나라를 상(商)이라 일컬었다.

② 기원전 1,300년경 : 20대 왕, 반경(盤庚)이 도읍을 탕 왕의 옛 도읍 박(亳)으로 천도(遷都)하고 나라 이름도 은(殷)이라고 고쳤다. 〈이름은 같아도 위치는 같지 않다. 탕의 박은 하남성(河南省) 낙양(洛陽) 동쪽이고, 반경의 박은 하남성 안양현(安陽縣) 소둔촌(小屯村) 부근이다. 이 곳이 곧 유물이 발굴된 은허(殷墟)다.〉

③ 기원전 1,050년에 멸망함 : 은나라 후반기로 대체로 기울고 쇠퇴한 때다.

(3) 은(殷) 왕의 계보

은나라 임금의 계보는 대략 다음과 같다.

은(殷)의 먼 시조 : 오제(五帝) 때의 제곡(帝嚳) — 설(契).

제1대 탕왕(湯王) : 기원전 1600년경에 나라를 세움. 나라를 이루었음으로 성탕(成湯)이라고도 한다.

제5대 태갑(太甲) — 제6대 옥정(沃丁).

제20대 반경(盤庚) : 은나라를 중흥.

제23대 무정(武丁) : 부열(傅說)을 등용하고 잘 다스림.

제30대 제신(帝辛) 주(紂) : 은나라 멸망.

역사학자들은 은(殷)이라는 국호(國號)보다 상(商)이라는 칭호를 많이 쓴다. 본래 민족의 시조인 설(契)이 하남성(河南省) 상(商)에 봉해졌기 때문에 그들 자신들이 상이라 자칭했던 것이다. 다른 왕조도 대개 시조가 봉해진 나라 이름을 따서 국호로 삼았다. 「주(周), 진(秦), 한(漢), 당(唐), 송(宋)」의 국명이 다 그러하다.

(4) 탁월한 은나라 민족

설(契)이 순임금으로부터 영토(領土)를 받고 상(商)이라는 제후국을 수립한 후 그들 상민족은 도읍을 여덟 번이나 옮기고 꾸준히 발전하면서 세력을 확장했다.

상민족은 말 잘 타고 또 활 잘 쏘는 동방의 기마민족(騎馬民族)에 속한다. 그러므로 무력으로 주변의 작은 나라들은 굴복시키고 날로 세력과 영토를 확장했다.

그들은 무력만이 아니라 기능 면에서도 남달리 슬기로운 민족이었다. 그들은 일찍부터 청동기(靑銅器) 제작을 위시하여 기타 여러 가지 수공업을 발달시켰다.

마침내 그들은 마차(馬車)를 고안했으며 그 마차의 뛰어난 기동력과 적재능력(積載能力)을 이용하여 일시에 많은 토산물이나 공산품을 싣고 여러 나라를 오가면서 교역을 했으며 막대한 경제적 부를 축적할 수 있었다.

탕이 임금의 자리에 올랐을 때는 그들의 국력이 제법 신장되었던 때였다. 그러므로 그는 또 다시 도읍을 박(亳)으로 천도했다.

박은 그들 민족의 시조 즉 설의 부친 제곡의 근거지였다. 탕왕이 박을 도읍으로 정했다는 것은 민족의 발상지를 중심하고 세력을 사방으로 뻗어내려는 의도가 숨어 있다고 추측할 수 있다.

그러나 국력의 신장은 무력이나 재력만으로 이뤄지는 것이 아니다. 나라를 대표하는 임금에게 높은 인덕(仁德)과 감화력이 있어야 한다. 이 점에 있어서도 탕왕은 탁월했다. 국내적으로 그는 백성을 사랑하고 또 민생을 안정시켰으며 동시에 국외적으로도 신의를 잘 지키고 또 친선과 교역에 힘을 써 모든 제후들로부터 높은 신망을 얻고 있었다.

우수한 민족에서 탁월한 인물이 나타나는 법이다. 동방의 기마민족 속에서 탕이 태어났다.

탕(湯)은 양(陽)과 통한다. 굴원(屈原)은 천문(天問)에서 「태양이 탕곡에서 나온다(出自湯谷).」라고 했다. 신화학적 해석으로 탕왕을 태양신(太陽神)이라고 풀이할 수 있다. 암흑의 바다 술렁이는 파도를 타고 새벽에 떠올라 온누리를 찬연하게 비치는 대양신의 화신이 바로 탕왕이다.

그러므로 그는 하늘이 내려준 임금이다. 즉 하늘은 그를 제곡(帝嚳)과 간적(簡狄)의 아들로 태어나 순임금 밑에서 백성들을 교화하는데 혁혁한 공을 세운 설의 후예로 태어나게 했다. 특히 하늘은 그를 때를 맞추어 지상에 나타나게 했다. 즉 하나라의 걸(桀)이 포학무도하여 백성이 암흑에 빠져 신음하고 있을 때, 신흥의 은민족 속에서 탕왕을 이 세상에 나타나게 했던 것이다.

3. 신화 : 설(契)의 출생

은나라의 시조는 순(舜) 임금 밑에서 사도(司徒 : 교육 장관)을 지낸 설(契)이다. 그의 14대 후손이 은(殷)을 세운 탕왕(湯王)이다.

제곡 고신씨(帝嚳 高辛氏)

설의 출생에 얽힌 기이한 신화가 전한다. 설의 아버지는 오제(五帝)의 한 사람인 제곡(帝嚳)이고, 어머니는 간적(簡狄)이다. 간적은 제곡의 차비(次妃)였다.

어느 초여름 날 저녁 어둠이 내리기 시작할 무렵에 그녀는 시녀를 거느리고 궁전 뒤에 있는 맑은 강물에 들어가 목욕을 했다. 목욕을 마치고 시녀의 손에 이끌려 언덕에 올라가 나른한 몸을 향기로운 풀밭에 눕히고 있었다. 방초(芳草) 사이로 울긋불긋 꽃이 피어난 정원에는 싱그러운 신록이 어우러져 아름답기 그지없었다. 한편 주변의 숲 속에서는 날개를 접고 둥지에 들려는 새들이 우짖고 있었다.

바로 그때였다. 난데없이 나타난 한 마리의 제비가 그녀의 머리 위를 두 서너 번 선회한 다음, 그녀의 치마폭에 알을 사뿐히 떨구고 사라졌다. 그녀는 반사적으로 「제비 알」을 손에 바쳐 들었다. 그 알은 유난히 희고 빛났으며 또 아름다웠다. 그녀는 저도 모르게 먹고 싶은 충격을 느끼고 즉시 입에 넣고 꿀꺽 삼켰다. 그리고 궁전에 돌아간 그녀는 그 날 밤에 임금 제곡과 동침을 했고, 잉태해서 열 달 후에 출산한 왕자가 바로 설이었다.

『은나라의 선조는 설이다. 그는 제곡의 아들이다. 어머니 간적은 유융씨의 딸이다. 그녀가 신비로운 제비가 떨어뜨리는 알을 삼키고 아들 설을 출산했다.』[35)]

태어날 때부터 남달리 총명한 설은 마침내 높은 학식과 인덕(仁德)을 겸비한 의젓한 선비로 성장하였다. 그는 순(舜) 임금의 명을 받고 치수의 전념하고 있는 우(禹)를 성심성의 보좌하고 도왔다.

순임금은 그의 성실한 인품과 탁월한 능력을 인정하고 그에게 사도(司徒)의 직책을 맡겼다. 사도는 만민을 교육하는 책임자로 오늘의 문교장관에 해당하는 고관이다. 맹자(孟子)에 다음과 같은 기록이 있다.

---

35) 「其先日契 帝嚳子也 母簡狄 有娀氏女 見玄鳥墮卵 吞之生契」〈十八史略〉

『사람에게는 기본 원칙이 있다. 배불리 먹고 따뜻하게 입고 물질생활 면에서 안락하게 살되, 바르게 교육을 받지 않으면, 금수와 비슷한 존재가 된다. 성인은 그것을 걱정해서 설을 문교장관 격인 사도에 임명하고 사람들에게 윤리를 교육하게 했다. 즉 부모와 자식이 서로 친애하고, 임금과 신하가 서로 도의를 지키고, 남편과 아내는 서로 안과 밖으로 일을 나누어 수행하고, 연장자와 나이 어린 사람은 서로 질서를 지키고, 벗이나 친구들은 서로 신의를 지키게 가르쳤다.』[36]

사람이 물질생활을 풍족하게 하는 것도 중요하다. 그러나 더 중요한 것은 윤리 도덕을 높여야 한다. 윤리 도덕이 문란하면 인류사회는 파탄난다. 윤리 도덕을 높이기 위해서는 그에 대한 교육을 강화해야 한다. 만 백성에 대한 윤리교육의 중책을 맡은 설은 자기의 직책을 슬기롭게 수행하고 혁혁한 공을 세웠다. 이에 순(舜) 임금은 그를 상(商)이라는 지방에 봉하고 자씨(子氏)라는 성을 내려주었다. 설의 14대 후손이 바로 은나라를 창건한 탕왕(湯王)이다.

---

36) 「人之有道也 飽食煖衣 逸居而無敎 則近於禽獸 聖人有憂之使契爲司徒 敎以人倫 父子有親 君臣有義 夫婦有別 長幼有序 朋友有信」〈孟子 滕文公 上〉

4. 사화 : 탕(湯)의 인덕

(1) 한쪽에만 그물을 치다

십팔사략(十八史略)에는 탕왕의 인덕을 알리는 일화가 둘 있다. 먼저 「새 그물」에 관한 이야기를 말하겠다.

탕왕이 교외로 사냥을 나간 일이 있었다. 넓은 사냥터에는 이미 다른 나라의 제후들이 와서 진을 치고 사냥을 하고 있었다. 그들은 제 각기 사방으로 그물을 빈틈없이 둘러치고 하늘을 나는 새들을 문자 그대로 일망타진하고 있었다.

이를 본 탕왕은 길게 탄식하며 혼잣말을 했다. 「사냥에도 지킬 도리가 있는 법이다. 저렇게 사방을 틀어막고 새들을 모조리 잡으면 새들이 갈 곳 없게 될 것이며, 종국에는 날짐승의 씨가 마를 것이다. 저런 식으로 사냥을 하면 하늘의 노여움을 사게 될 것이다.」

탕왕은 다른 제후들과는 다르게 세 방향을 터놓고 오직 바람에 쫓기는 한쪽에만 그물을 쳤다. 그리고 크게 외쳤다.

「날짐승들아, 너희들 뜻 내키는 대로, 사방으로 자유롭게 흩어져 날아가거라. 단 하늘의 바람에 쫓겨 오갈 데 없는 새들만 내가 친 그물에 와서 걸려라.」

그런데 어찌 된 일인지, 다른 제후들이 사방을 빈틈없이 막고 친 그물보다, 세 방향을 비어놓고 한쪽만을 막은 탕왕의 그물에 잡히는 새들이 엄청나게 많았던 것이다.

그게 바로 하늘의 도리이다. 탐욕에 눈이 어둡고 냉철하게 사리를 분별하지 못하는 어리석은 사람들은 사방을 꽉 틀어막고, 모든 것을 독점하려고 한다. 그런 용심쟁이에게는 애당초 접근하지 않음으로 잡히는 것도 없게 된다. 즉 사방을 틀어막으면 애당초 새가 들어올 틈이 없으며 따라서 그물에 걸릴 것도 없게 마련이다.

그러나 슬기롭고 어진 탕왕은 세 방향을 터 놓고 바람에 쏠리는 한 쪽에만 그물을 쳤다. 그러므로 모든 새들이 바람을 타고 모여들게 마련이다.

그것이 바로 하늘의 도리 즉 우주의 이법(理法)이다. 사람을 다스리는 정치도 같다. 인민을 핍박하고 착취하면 인민이 사방으로 흩어지고 나라가 쇠망한다. 반대로 인민을 사랑하고 양육하면 사방에서 사람들이 모여들고 따라서 나라가 더욱 커지게 될 것이다.

자고로 성군은 하늘의 도리를 따르고 행해서 나라를 흥성케 한다. 반대로 우둔하고 포악한 임금은 하늘의 도리를 따르지 않고 자기 욕심을 채우기 위해 백성을 착취하다가 망한다. 「무위자연(無爲自然)의 덕치(德治)」란 곧 인간의 간악한 욕심을 채우기 위해, 권모술수를 쓰지 말고 천도를 따르는 바른 정치를 펴라는 뜻이다.

(2) 스스로 제물이 된 탕왕(湯王)

혹심한 가뭄이 칠 년이나 계속되었다. 태사(太史)가 점괘를 보고 탕왕에게 아뢰었다.

「사람을 제물로 바치고 축원해야 할 것입니다.」

그러자 탕왕이 말했다.

「하늘에 제사를 지내고 축원하는 까닭은 백성들을 잘살게 함이다. 그런데 사람을 제물로 바쳐야 한다면, 별 수 없이 임금인 내가 제물이 되어야 하겠구나.」

그리고 탕왕은 목욕재계하고 손톱과 머리를 자르고 흰 띠[白茅]를 몸에 걸치고 자신을 희생으로 삼고, 상림(桑林)에서 제사를 드리고 다음과 같이 반성하며 하늘에 축원을 올렸다.

『소자가 다스림에 있어 절도를 잃었나요? 백성들이 자기네들의 생업을 잃었나요? 대궐이나 궁전을 호화롭게 차리고 사치를 했나요? 여색을 지나치게 탐했나요? 뇌물이나 비행이 성행하기 때문입니까? 아첨 혹은 참언 하는 간신들이 많은가요?』

탕왕이 스스로 반성하며 축원을 올리자 이내 큰비가 쏟아져 내렸다. 하늘이 감응한 것이다. 하늘이 임금에게 천명을 내려 존귀한 자리를 주는 것은, 백성을 잘살게 하기 위해서다. 백성을 착취하라고 권위를 준 것이 아니다.

5. 신화 : 이윤(伊尹)과의 만남

(1) 만남에 대한 여러 가지 설

이렇게 인덕을 갖춘 탕왕을 보필하고 은나라를 창건하는 데 혁혁한 공을 세운 뛰어난 재상(宰相)이 바로 이윤(伊尹)이었다. 이윤은 본래 유신씨(有莘氏)라는 작은 나라에 묻혀 살던 빈천한 처사(處士)였다. 그가 탕왕과 인연을 맺게 된 복잡하고 기구한 경위에 대해서 여러 가지 설이 있다.

하나는 이윤이 탕왕의 인덕을 흠모하고 그를 섬기려고 했으며, 마침 유신씨의 딸이 탕왕과 결혼하게 되자, 그녀의 잉신(媵臣)으로 수행하여 탕왕에게 접근했다고 한다. 잉신은 시집가는 여성을 따라가는 천한 하인이다. 그래서 탕왕에게 접근한 이윤은 주방장이 되어 특유한 요리 솜씨를 발휘하여 탕왕의 환심을 샀다고 한다.

다른 하나는 이윤이 하(夏)의 폭군 걸(桀)의 요리사로 있다가 간언을 하고 생명이 위태롭게 되자 은나라로 피신해 왔다고 한다.

또 다른 하나는 탕왕이 먼저 이윤의 현명함을 알고 막대한 예물을 보내어 그를 초빙했다고 전한다.

다른 설도 있다. 탕왕이 동쪽 유신씨의 나라에 가서 먼저 이윤을 발견했고, 다음에 유신씨의 딸을 아내로 맞이했을 거라고 한다. 선견지명을 갖춘 이윤이 탕왕에게 후덕한 황비를 추천했으며 부족간의 결합을 시도했을 것이다.

(2) 이윤의 출생과 만남의 뜻

비범한 인물은 비범하게 태어난다. 이윤의 출생도 기이했다. 여씨춘추(呂氏春秋)와 열자(列子)에 다음과 같은 고사가 있다.

이수(伊水) 가에 살고 있는 이윤의 어머니가 잉태한지 얼마 후의 일이었다. 꿈속에 신령이 나타나 그녀에게 말했다.

"이수에 절구통이 떠내려 오거든 그대는 보는 즉시 동쪽을 향해 달려라. 그리고 절대로 뒤돌아보면 안 된다."

이튿날 과연 절구통이 떠내려 왔다. 이에 그녀는 신령의 계시대로 즉시 동쪽으로 뛰어 달렸다. 10리 쯤 달린 다음 이제는 괜찮겠지 하고 뒤를 돌아보았다. 그 순간 마을이 완전히 물바다로 변하고 그녀는 한 그루의 공상(空桑) 즉 속이 빈 뽕나무로 돌변하고 말았다. 얼마 후에 한 여인이 뽕잎을 따러 왔다가 뽕나무 속에 어린아이가 있는 것을 발견하였다. 그 아이가 바로 이윤이었다.

인류의 시조 「복희와 여와」가 속이 빈 표주박에서 탄생했듯이 이윤은 속이 빈 뽕나무에서 태어난 것이다. 이들이 다 홍수와 관련이 있다. 아이를 발견한 여인은 유신국(有莘國)의 임금에게 바쳤다. 그러나 임금은 괴상하게 태어난 어린아이를 주방의 요리사에게 기르게 했다. 이로 인하여 이윤은 요리 솜씨가 뛰어났으며 또 요리 솜씨가 계기가 되어 후일에 탕왕에게 접근할 수 있게 되었다.

사마천은 탕왕과 이윤의 만남에 대해서 두 가지 설을 내세웠다. 하나는 이윤이 어진 탕왕에게 접근하려 했다는 설이고, 다른 하나는 탕왕이 슬기로운 이윤을 후한 예로 맞이했다는 설이다.

전자의 전설을 먼저 소개하겠다. 궁중의 주방에서 성장한 이윤은 탕왕이 인자하고 인덕이 높다는 소문을 듣고 왕에게 접근하려고 했다. 그러나 좀처럼 연줄이나 기회를 얻지 못하고 있다가 마침 유신씨(有莘氏)의 왕녀가 탕왕에게 시집을 가게 되자, 이윤이 자청해서 그녀의 잉신(媵臣)이 되었다고 한다. 잉신은 신부를 따라가는 노예와 같은 존재다. 결국 이윤은 높은 신분으로 탕왕 앞에 나타난 것이 아니고 천한 신분으로 나타났던 것이다. 이윤은 솥이나 도마를 짊어진 주방장으로서 탕왕에게 접근했으며, 우선은 맛있는 요리로 탕왕을 즐겁게 해주었고, 다음으로 왕도(王道)의 정치를 논하는 상대가 되었던 것이다.

그러나 이설(異說)도 있다. 굴원(屈原)은 천문(天問)에서 다음과 같이 읊었다.

『탕왕이 동쪽 나라를 순행하다가 유신국에 이르러, 어째서 미천한 신분인 이윤의 말을 듣고, 그 나라 왕녀를 경사스러운 왕비로 맞이했을까? 본래 이윤은 강가의 속이 빈 뽕나무에서 태어난 현인이거늘 유신국에서는 왜 그를 미워하고 왕녀의 잉신으로 딸려 보냈을까?』[37]

---

37) 「成湯東巡 有莘爰極 何乞彼小臣 而吉妃是得 水濱之木 得彼小子 夫何惡之 媵有莘之婦」.〈天問〉

굴원의 천문편의 시는 표면적으로는 질문만 하고 해답은 없다. 그러나 그 속에는 해답이 숨어 있다. 즉 탕왕이 동순(東巡)하자, 공상에서 태어난 현인 이윤의 말을 듣고 탕왕이 길복(吉福)을 안겨다 줄 유신국의 왕녀와 결혼을 했다. 그리고 또 이윤을 잉신으로 딸려서 함께 은나라로 보냈다는 것이다.

여기서 우리는 신화 전설 속에 숨어있는 의미를 터득해야 한다. 탕왕이 동순한 것은 부족의 연합을 위해서 여러 나라를 찾아 다녔던 것이다. 마침 그 때에 유신국의 현인 이윤이 있었다. 비록 신분은 천했으나 현인이었다. 그래서 탕왕이 그의 건의를 받아들이고 부족 연합을 위해서 유신국의 왕녀를 왕비로 맞이하고 아울러 이윤을 잉신이란 이름으로 함께 은나라로 오게 했던 것이다.

다시 말하면 탕왕은 걸(桀)을 치기 위하여 여러 부족들과의 연합 세력을 구축하고 있었으며, 이에 이윤이 슬기롭게 도왔던 것이다.

이와 같은 탕왕의 의도를 알면, 사기의 다른 설도 쉽게 이해가 간다. 즉 탕왕이 민간의 숨어있는 이윤에게 예물을 후하게 보내고 또 사신을 다섯 번이나 보내서 맞이했으며, 이윤이 탕왕에게 소왕(素王)과 구주(九主)의 도리를 말했다고 한다. 「소왕의 도」는 장차 왕도덕치(王道德治)를 펴는 좋은 임금이 되는 도리이고, 「구주의 도」는 「삼황오제 및 우임금」의 덕치의 도리이다. 결국 탕왕과 이윤의 만남은 악덕한 하나라의 걸을 치기 위한 연합 전선을 구성하는 과정에서 순조롭게 이루어진 것이다.

이와 같은 전설은 탕왕을 태양신으로 모시고, 그를 보좌한 이윤을 이수(伊水)의 수신(水神)의 후예로 짝지으려는 의도에서 꾸며진 설화일 것이다.

탕왕이 이윤을 등용해 쓴 다음부터 은나라는 지방의 작은 제후의 나라에서 비약하여, 다른 제후들을 통합하고 천하를 통일하는 기세를 떨치게 되었다.

(3) 탕왕(湯王)이 갈(葛)을 치다

탕왕의 높은 인덕과 이윤의 탁월한 지략이 합하여 은나라의 국력은 눈부시게 성장했다. 그러나 천하는 아직도 하(夏)에 속해있으며 통치권은 여전히 걸왕(桀王) 손아귀에 잡혀 있었다. 한편 각 지방국가를 다스리는 제후들은 너나없이 포악무도한 걸에게 등을 돌리고 점차로 조공도 바치지 않게 되었다. 이에 걸왕은 탕왕을 방백(方伯)에 임명하고 제후들을 단속하게 했다. 방백은 「여러 지방을 다스리는 제후들의 장(長)」이라는 뜻이며 때로는 무력으로 반항하는 제후들을 제압할 수도 있었다.

탕왕은 본래 성품이 인자(仁慈)하고 모든 지방 국가들이 평화롭게 공존하기를 바랐다. 그래서 그는 방백이 된 것이지, 결코 걸왕의 악행을 방조하기 위해서가 아니었다.

방백이 된 탕왕은 갈(葛)이라는 나라를 정벌했다. 갈은 은나라의 도읍 박(毫)에서 그리 멀지 않는 곳에 있는 작은 나라다. 그 나라의 임금은 폭군이었다. 무식한 그는 인애(仁愛)의 덕치(德治)를 알지 못하고 오직 무력 통치만을 좋아하고 백성들을 억압하고 못살게 굴었다. 더욱이 그는 자기 나라에 있는 산천이나 자기 조상에 대한 제사도 지내지 않았다. 당시, 나라를 다스리는 임금이 제사를 안 지낸다는 것보다 더 큰 죄가 없었다.

천하를 다스리는 천자는 천신(天神)과 지기(地祇)를 모시고 또 종묘에서 선조에 제사를 드려야 한다. 지방의 임금은 그 지방의 산천을 모시고 자기 선조에 제사를 지내야 한다.

제사는 영적(靈的)으로 천지인(天地人)을 일관하고 또 과거, 현재, 미래를 계승하고 역사적으로 더욱 발전하기를 축원하고 다짐하는 엄숙하고 중대한 의식이다.

만물의 영장인 사람은 개인이나 임금이나 천도(天道)를 따르고 행하여 지덕(地德)을 세워야 한다. 그러므로 경건하게 제사를 지내고 하늘이나 선조의 계시를 내려 받고 실천해야 한다. 동물이나 동물적 존재는 제사를 알지 못하고 지내지도 않을 것이다. 제사의 깊은 뜻을 아는 탕왕은 사신을 보내서, 제사를 안 지내는 갈(葛)의 임금에게 물었다. 「귀국에서는 선조에 제사를 안 지내는데, 그 이유가 무엇입니까?」 그러자 갈왕(葛王)이 말했다. 「제사를 올려야 하지만, 나라가 가난하여 값비싼 희생을 마련하지 못했습니다.」

탕왕은 속는 줄 알면서, 여러 마리의 값나가는 「소, 양, 돼지」

등의 희생을 보내주었
다. 그러나 갈왕은 그들
을 먹어버리고 여전히
제사를 지내지 않았다.
이에 탕왕이 또 사신을
보내서 묻자 간교한 갈
왕이 괴변을 늘어놓았
다. 「희생으로 바칠 동
물은 있으나, 정작 중요
한 뢰로 바칠 정백미(精
白米)가 없어서 못 올렸습니다.」

탕왕(湯王)

　탕왕은 노기(怒氣)를 눌러 참고, 수십 대의 마차에 양곡을 실
어 보냈다. 그러나 갈왕은 그 양곡도 먹어버리고 여전히 제사
를 지내지 않았다. 이에 탕왕은 하늘을 대신하여 그를 징벌하
는 뜻으로 정예부대를 파견하여 그를 처형했다. 마침내 인간적
인 오만과 간교한 꾀를 부리던 악덕한 갈왕이 천벌을 받은 것이
다. 탕왕은 이와 같이 하늘의 도리를 따라서 천하를 바로잡으
려고 애를 썼다. 그러나 하나라의 걸은 반성할 줄 모르고 여전
히 무도한 짓을 되풀이했다.

6. 사화 : 하왕(夏王) 걸(桀)을 치다

(1) 걸(桀)의 단말마적 발악

탕왕은 종주국인 하(夏)를 돕고 또 가능하면 걸(桀)을 구제하려고 애를 썼다. 그래서 현명한 재상 이윤을 하나라에 파견하고 걸을 바른 길로 인도하고 백성들의 고통을 덜어주려고 했다. 그러나 걸은 이윤을 멀리하고 그의 헌책(獻策)을 들으려고 하지 않았다.

마침 그때에 충신 관용봉(關龍逢)이 간언을 올리자, 걸은 그를 무참하게 처형했다. 이에 신변의 위험을 느낀 이윤은 즉시 은나라로 돌아왔다. 불길한 소식을 들은 탕왕은 길게 한탄하고 억울하게 죽은 관용봉의 원혼(怨魂)을 달래기 위해 조촐하게 제를 올렸다. 그러지 않아도 날로 세력이 커지는 은나라의 탕왕을 혐오하던 걸은 대노하고 즉시 탕왕을 체포하여 하대(夏臺)라는 곳에 감금했다.

걸의 이와 같은 폭거는 한마디로 단말마적 발악이다. 그러므로 전국의 제후들은 물론 백성들은 결정적으로 하에 등을 돌리고 은나라로 모여들었다. 한편 은나라에서는 이윤을 중심으로 긴급대책을 세우고 탕왕의 석방을 서둘렀다. 즉시 재물과 미색을 탐하는 걸왕에게 금은보화와 절색의 미녀들을 바쳤다. 이에 죄 없이 구금되었던 탕왕이 하대에서 석방되고, 은으로 돌아왔다.

(2) 탕왕의 무력정벌(武力征伐)

탕왕이 무사히 돌아오자, 천하의 모든 제후들이 모여들었다. 그들은 저마다 무장을 하고 또 자기나라의 군대들을 도성 밖에 주둔시키고 있었다. 제후들은 너나없이 정의감에 불타는 격한 어조로 말했다.

「더 두고 볼 수 없습니다. 하늘의 뜻과 도리를 거역하고, 온갖 악행을 자행하는 폭군 걸과 그의 도당을 토벌하고 백성들의 고통을 덜어주어야 합니다.」

탕왕이 할 소리를 제후들이 먼저 주장하는 것이었다. 탕왕은 하늘에 제사를 지내고, 천명을 내려 받고 포학무도한 걸을 방벌하기로 결심했다. 방벌은 악덕한 자를 추방하고 토벌한다는 뜻이다. 방벌의 기준은 「하늘의 뜻과 도리」다.

나라를 다스리는 임금이 하늘의 뜻과 도리를 따르지 않고 자기만의 탐욕을 채우기 위해, 권력과 무력을 남용하면, 하늘이 노하고 그를 치라는 명을 내린다. 그러므로 방벌은 하늘의 이름으로 행해지는 것이다.

그러나 무식하고 우매한 자는 여전히 걸왕을 편들었다. 대표적인 나라가 바로 곤오(昆吾)였다. 곤오는 영토도 크고 역사도 오래된 나라다. 고로 하왕조(夏王朝)가 가장 신임하는 부용국(附庸國)이었다. 그래서 탕왕은 이윤으로 하여금 먼저 대군을 인솔하고 출격하여, 일거에 그 나라를 점령케 했다.

(3) 명조(鳴條)의 결전

하나라의 방패라고 믿었던 곤오가 연합군에게 격파되자 가장 놀란 자는 걸이었다. 걸은 노기 충천, 눈을 부릅뜨고 즉각 전군에게 동원령을 내렸다. 물론 걸 자신이 천자 직속의 근위군(近衛軍)을 지휘하고 출동했다.

마침내, 포학무도한 하의 걸왕과 천도를 따르고 인자한 은나라 탕왕 간의 대결이 임박했다. 천하 양분의 최후의 결전은 명조(鳴條)라는 넓은 벌에서 전개될 판이었다.

결전을 앞두고 탕왕은 모든 장병과 백성들에게 다음과 같은 방벌의 이유를 엄숙하게 고했다.

『그대들이여 짐의 말을 들어라. 소자(小子)는 일부러 세상을 어지럽히려는 것이 아니다. 하나라의 걸왕이 죄를 많이 졌음으로 하늘이 나에게 명하여 하를 멸하게 하는 것이다.』[38]

『혹 그대들 중에는 '백성들을 불쌍히 여기고 또 생업을 생각하지 않고 무슨 이유로 하나라를 정벌하려느냐?' 하고 생각하는 사람도 있을 것이다.』

『그러나 나는 백성을 사랑하는 상제(上帝)의 뜻을 받들어 하를 정벌하지 않을 수 없는 것이다.』[39]

『상제의 명을 받고 자리에 오른 천자는 마땅히 천하를 평화

---

38) 「格爾衆庶 悉聽朕言 非台小子敢行稱亂 有夏多罪 天命殛之」
39) 「予畏上帝 不敢不正」

롭게 다스리고 백성을 사랑하고 잘살게 해주어야 한다. 그러나 걸은 반대로 제후들의 나라를 무력으로 침략하고 백성의 재물을 강탈할 뿐 아니라, 자기는 황음무도한 놀이만을 일삼고 있다.』

『그러므로 하의 백성들의 원성이 높고 하루라도 빨리 걸이 죽기를 바라고 있다. 이에 상제가 노하여 천벌을 내리고, 짐으로 하여금 그를 치려고 하는 것이다.』

『그대들은 짐을 도와서 상제의 뜻인 천벌(天罰)을 이루도록 해라. 그러면 그대들에게 상을 내려줄 것이다.』

『만약에 짐의 말을 믿지 않고 따르지 않으면, 짐은 반드시 그 자들을 용서하지 않고 벌할 것이다.』

이상은 상서(尚書) 탕서(湯誓)에 있는 말이다. 「하늘의 명을 받고 하늘의 뜻과 도리를 어기고 악을 행하는 걸을 치려고 하니, 백성들도 협조하라.」고 명한 것이다. 탕왕은 무력을 과시하거나, 남을 죽이기 위해 정벌에 나선 것이 아니다. 하늘의 뜻을 따라 정의의 군대를 동원한 것이다.

걸왕(桀王)

(4) 탕(湯)의 승리와 걸(桀)의 최후

하늘 편에 선 정의의 군대는 여러 가지 새로운 정예무기를 활용했다. 그 중에도 가장 위력적인 것이 은나라 사람들이 발명한 전차(戰車)였다. 네 마리의 말이 끄는 전차의 위력은 엄청났다. 전차 위에는 갑옷을 두른 날렵한 무사가 탔고, 뒤에는 견고한 우혁(牛革)으로 만든 방패와 청동기의 칼 혹은 창을 든 억센 병사들이 따랐다. 당시로 말하자면 최신식 첨단무기를 갖춘 정예부대였다.

이에 비해 걸이 이끄는 하의 군대는 취약하기 짝이 없었다. 걸이 평생을 두고 음주주색에 빠져 나라의 재물을 탕진했으니, 무사다운 무사도 없고 또 무기도 낡고 녹슨 것 뿐이었다. 더욱이 대부분의 병졸들은 강제로 동원된 노예였다. 그럼으로 그들은 전의가 없을뿐더러 틈만 나면 도망갔다.

그럴 수밖에 없었다. 하나라의 노예에게는 생명도 자유도 없었다. 싸워서 이겨도 죽고 저도 죽는다. 그러나 은나라의 병사들은 사람으로 대접을 받고 또 생명의 자유를 간직했으며, 더욱 공을 세우는 경우에는 재물과 지위도 얻을 수 있었다.

그러므로 하늘 편의 은나라 군대가 이기는 것은 당연했으며 따라서 명조(鳴條)의 결전은 싸울 필요도 없이 승부가 났다. 즉 하늘의 미움을 받고 민심이 멀어진 걸왕이 패망하고, 하늘의 뜻과 도리를 따르고 민심을 얻은 탕왕이 승리한 것이다.

걸왕은 남소(南巢)라는 곳으로 도망가 숨었으나, 결국에는 탕왕에게 잡히고 처형되었다. 이것이 중국의 첫 번째 방벌이다. 즉 천명을 받고 새로 등장한 유덕자가 무도하고 타락한 실덕자를 무력으로 내쫓았던 것이다. 동시에 이것을 「낡고 타락한 왕조를 새 왕조로 바꾼다.」는 뜻에서 역성혁명이라고도 한다.

 * 「죽서기년(竹書紀年)」에 다음과 같은 전설이 있다.

『폭군 걸왕은 여색을 무척 좋아했다. 그가 민산국(岷山國)이라는 작은 나라를 점령했을 때, 두 미녀를 데리고 왔다. 그 때는 과거의 총비 말희(末喜)가 이미 나이 들고 여색도 쇠퇴하였다. 그래서 걸왕은 새로 얻은 두 젊은 미녀만을 총애했다. 이에 말희가 조용히 있지 않았다. 그녀는 천생으로 총명하고 결단력이 있는 여성이다. 원래 그녀는 자기 나라를 멸망시킨 걸왕에게 복수를 하려는 음모를 품고 행동한 요부였다. 그러므로 그녀는 이윤(伊尹)에게 내통하고 여러 가지 국가 기밀이나 군사 정보를 넘겨주었다. 이로써 걸왕의 몰락을 결정적으로 만들었다.』

 칼이나 무력으로 나라를 얻은 자는 남의 칼이나 무력에 의해 멸망하게 마련이다. 동시에 음심을 품고 남의 여자를 범하고 유린하는 자는 바로 여자 때문에 패가망신하게 마련이다. 그것이 하늘의 도리다.

 과학이 발달한 오늘의 인류 사회도 마찬가지다. 첨단 무기를 악용하고 남의 나라를 유린하고 나의 탐욕을 채우려는 자는 반드시 천벌을 받는다. 그러나 대체로 오늘의 정치 지도자들은 동양 사상을 모른다.

(5) 성탕(成湯)의 경고

탕왕(湯王)을 성탕(成湯)이라고도 한다. 즉 은나라를 이룩한 탕이라는 뜻이다.

인덕(仁德)이 높은 탕왕이 천명을 받고 포학무도한 주(紂)를 토벌한 것은 결코 힘 자랑을 위한 처사가 아니었다. 하늘도「어느 쪽이 싸움질을 잘하나 보기 위해서」천명(天命)을 내린 것이 아니다.

하늘은 크게 두 가지 목적을 달성하기 위해서 명을 내린다. 우선 악을 응징하고 폭군을 축출하고 만백성을 구제하기 위해서 탕에게 명을 내렸다.

「천도를 이탈하고, 세상을 어지럽히고, 백성을 못 살게 구는 악덕한 폭군을 축출하라.」

그러나「악을 멸하는 것」은 전제조건에 불과하다. 그 자체만으로는 만백성이 태평성세를 구가할 수 없다.

한 발 더 나아가, 적극적으로 천하의 만백성을 잘살게 해주어야 한다. 아울러 만민이 안락한 삶을 누리고 나라가 번성하고 또 역사와 문화를 더욱 발전하게 하기 위해서는 모든 사람이 마음과 힘을 하나로 모아야 한다. 그래서 탕왕은 모든 제후들을 소집하고 엄숙하게 고했다.

「짐은 하늘의 이름으로 모든 임금에게 고한다. 우리는 천명을 받고 출정하여 무도한 걸을 멸하고 영광의 승리를 거두었다. 앞으로는 하늘이 바라는 덕치(德治)를 펴서 만백성을 잘살게 해주어야 한다. 이에 제후(諸侯)는 각자 직책을 다하기를 바란다. 그 직책은 곧 천자(天子)인 짐을 중심으로 천하를 하나되게 하고, 만민을 잘살게 하는 일이다.」

「옛날 순(舜) 임금 때에 우(禹)는 일신을 돌보지 않고 치수(治水)하여 백성을 홍수로부터 구제했다. 고요(皐陶)는 법을 잘 다스려 백성들로 하여금 죄를 짓지 않게 영도했다. 후직(后稷)은 농경을 진작하여 백성들로 하여금 잘먹고 잘살게 해주었다. 그리고 설(契)은 백성들을 교육하고 감화하여, 모두가 윤리 도덕을 따르고 지키게 했다. 그리하여 그들의 후손들도 두고두고 번성했다.」

「이와는 반대로 황제(黃帝) 때의 치우(蚩尤)는 직분을 어기고 사리사욕에 눈이 어두워 반항하다가 멸족(滅族) 되었다. 이와 같은 역사적 사실을 거울삼아, 경(卿)들도 각자 맡은 직책을 완수하기를 바란다.」

「하늘은 백성의 눈과 귀를 통해서 감시하고 있다. 잘못하여 하늘의 노여움을 사고 주멸(誅滅)되지 않도록 명심하고 노력해라.」

이상과 같이 은나라는 덕이 높은 탕왕과 슬기롭게 그를 보좌한 이윤에 의해 탄생했으며, 기원전 1,050년경까지 존속했다.

제2장 은(殷)의 역대 왕들

I. 사화 : 태갑(太甲)과 태무(太戊)

(I) 태갑(太甲)과 이윤(伊尹)

탕왕(湯王)의 태자 태정(太丁)은 일찍 죽었으며, 태정의 동생 외병(外丙)이 뒤를 이었다. 은나라는 장자상속(長子相續)이 아니고 형제상속(兄弟相續)이었다.

외병도 2년 만에 죽고, 뒤를 그의 동생 중사(仲士)가 이었다. 중사도 4년 만에 죽고, 뒤를 태정의 아들 태갑(太甲)이 이었다.

태갑(太甲)은 탕왕의 적손(嫡孫)이며, 5대의 왕이다. 그러나 시조(始祖)인 탕왕(湯王)의 법도를 따르지 않고 방자하고 무도했다. 그래서 어린 임금, 태갑을 보좌하는 개국공신 이윤(伊尹)이 심히 걱정을 했다.

그대로 두면 제후들이 등을 돌리고 민심이 이탈될 우려가 컸다. 그래서 이윤이 태갑을 동궁(桐宮 : 山西省)으로 추방했다. 동궁은 탕왕의 무덤이 있는 곳이다. 그곳에서 반성하고 덕을 쌓으라고 기회를 준 것이다.

태갑은 다행히 동궁에서 3년을 살면서 조부 탕왕의 신령의 감화를 받고 개과천선했다. 이에 이윤은 태갑을 다시 국도 박

(亳)으로 돌아오게 하고 대권을 넘겨주었다.

태갑은 근신하고 성실하게 정사에 임했다. 그래서 제후들의 신망을 다시 받게 되었으며, 태종(太宗)이라고 존칭되었다. 그의 뒤를 아들 옥정(沃丁)이 이었다. 그 무렵에 이윤도 사망했다.

(2) 태무(太戊)와 이척(伊陟)

옥정(沃丁)으로부터 3대를 거쳐, 태무(太戊)가 제10대 왕으로 자리에 올랐다. 그때에 이윤의 아들 이척(伊陟)이 그를 보필했다. 〈이척은 이윤의 손자라는 설도 있다.〉

당시 은나라 대궐에 불길한 징조가 나타났다. 뽕나무 줄기에 닥나무가 붙어 자라고 하루만에, 한 아름의 크기로 성장했다. 임금 태무는 괴상하게 여기고, 재상 이척에게 점을 치고 요괴를 쫓으라고 했다. 그러자 이척이 다음과 같이 대답했다.

「국가는 점보다도 임금의 덕으로 다스려야 합니다. 이와 같은 변고가 발생하는 것은 임금에게 잘못이 있을 때 나타나는 징조일 것입니다. 그럴수록 임금을 비롯하여 백관들이 더욱 수신하고 백성들에게 덕을 베풀어야 합니다.」

임금 이하 모든 신하들이 목욕재계하고 하늘과 종묘에 제사를 올리고 또 정사를 바르고 경건하게 집행했다. 그러자 정원의 괴상한 나무가 제물로 시들어 죽었다.

당시는 신권통치(神權統治) 시대로 무술과 복점(卜占)을 중시했다. 임금이나 지방의 제후들은 사제장(司祭長)이며, 신의(神意)의 대변자로 절대 권력을 행사했다. 그런 임금에게 복점보다 수덕(修德)을 권했다는 것은 놀라운 혁신이 아닐 수 없다. 맹목적인 신권통치를 도덕정치로 전환하자는 의식의 발로라고 높이 평가할 만하다. 그래서 사람들은 태무를 중종(中宗)이라 높였다.

2. 사화 : 반경(盤庚)의 부흥(復興)

(1) 형제상속과 빈번한 천도

임금 태무(太戊), 중정(仲丁), 외임(外壬)을 거쳐 제13대 하단갑(河亶甲)에 이르러 홍수를 피해 도읍을 상(相)에 옮겼다. 다시 조을(祖乙) 왕 때에는 경(耿)에 도읍했다. 그러나 경도 홍수로 파괴되었다.

그 후「조신(祖辛), 옥갑(沃甲), 조정(祖丁), 남경(南庚), 양갑(陽甲)」등을 거쳐 제20대 왕, 반경(盤庚) 때에 다시 도읍을 경(耿)에서 박(亳)으로 옮겼다. 이름은 같으나, 그 위치는 틀린다. 성탕이 도읍한「박」은「하남성 언사현(河南省 偃師縣)」이며, 반경이 옮긴「박」은「안양현(安陽縣)」부근이다. 반경은 도읍을 옮긴 후 국호를「은(殷)」이라 고쳤다.

사략(史略)에서는 천도의 이유를 홍수 때문이라고 했다. 그러나 보다 더 큰 이유는 왕들이 자기의「세력 근거지」로 도읍을 옮기려고 한 것이다. 예나 지금이나 국가의 세력은「생산과 무력」을 바탕으로 한다. 당시의 은나라의 경제적 생산은 지역에 따라 틀렸다. 즉 서북쪽에서는 유목(遊牧)과 목축(牧畜)이 발달했고, 중남부에서는 농경과 농업생산을 주로 했다. 이들 생산의 노동력은 오직 노예로 충당했다. 노예는 곧 은민족이 무력으로 정벌한 나라의 백성들이다. 은나라는 노예제도시대였다. 강력한 무력으로 남의 나라를 정복하여 노획한 민중을 노예로 썼다. 그런데 임금이 갈리고 도읍을 빈번히 옮기면 필연적으로 「생산과 무력」이 약화되게 마련이다.

(2) 반경의 천도와 국력부흥

이와 같은 은나라의 약화를 막고 국력을 중흥케 한 임금이 바로 제20대 왕, 반경(盤庚)이다. 〈반경을 제19대로 계산하기도 한다.〉

본래 탕왕(湯王)이 하(夏)의 걸(桀)을 타도하고 박(亳)에 도읍을 정함으로써 고대 중국의 중원 일대를 장악하고 주변의 제후들로부터 조공을 받았다. 그런데 후대의 왕들이 도읍을 빈번히 옮김으로써 국가의 세력도 약해졌다. 따라서 제후들이 조공을 안 바칠 뿐만 아니라, 때로는 주변의 강한 제후국이 무력으로 은나라의 영토를 침략하고 은나라 부족을 능멸하기도 했다.

제11대 중정(仲丁) 때에는 은나라의 도읍 오(敖)가 적의 습격을 받고 파괴된 일도 있었다. 그래서 중정에서 반경까지 도읍을 다섯 번이나 옮겼다. 사기(史記)에는 「양갑(陽甲) 때에는 은

나라가 극도로 쇠잔했다.」고 적었다.

이를 만회하려고 제20대 왕, 반경이 도읍을 다시 중앙에 위치한 박(亳)으로 천도했으며, 무력만이 아니라 갑골문자 및 청동기문화도 발전하게 했다. 또 그는 나라이름을 상(商)에서 은(殷)으로 고치기도 했다.

(3) 상서(尙書)에 나타난 반경의 훈계

사기(史記) 은본기(殷本紀)에 다음과 같이 있다. 「반경왕 때, 은나라의 도읍은 황하 북쪽에 있었다. 반경이 강을 건너 남쪽으로 와서 옛날 탕왕이 도읍 했던 박(亳)을 다시 도읍으로 정했다.」[40]

이에 대해서 정의(正義)는 「남쪽 박에서 서쪽 박으로 옮겼다.」고 주를 달았다.

반경이 은나라의 세력을 부흥하기 위하여 도읍을 은나라를 세운 탕(湯) 왕의 옛 도성 박(亳)으로 옮겼다. 그러나 국도를 옮기는 일은 쉬운 일이 아니었다. 사기(史記)에는 대략 다음과 같이 기술했다.

「은나라 백성들이 서로 물으며 원망하고 옮기기를 원치 않았다.」[41]

---

40)「帝盤庚之時 殷已都河北 盤庚渡河南 復居成湯之故居」.
41)「殷民咨胥皆怨不欲徙」.

원래 은왕조는 여러 부족을 통합한 나라다. 그러므로 반경은 여러 부족의 이해를 촉구하고 또 통합을 촉진하기 위해서 엄하게 다음과 같이 포고했던 것이다. 그 일단을 상서(尚書) 반경 (盤庚)에서 살펴보겠다.

「반경이 도읍을 옛 은의 도읍 박으로 옮기려 하자 백성들이 가서 살지 않으려고 했다.」[42]

「하늘은 우리에게 내린 명을 새 도읍에서 영원히 이어가게 할 것이며, 선왕의 대업을 다시 이어가고 천하 사방을 편하게 할 것이다.」[43]

「어서 새 도읍지로 가서 무궁하게 삶을 누려라. 지금 나는 그대들을 이끌고 새 도읍지로 가서 영원히 그대들의 집을 세우려고 한다.」[44]

반경은 다른 나라의 임금, 장군 및 관리에게 훈계했다.

「백성에게 덕을 베풀고 언제까지나 한결같은 마음을 지니고 충성하라.」[45]

발굴된 은나라의 찬란한 문화는 주로 반경왕 이후의 것임을 알게 되었다. 그러므로 반경의 천도가 은나라 부흥과 은나라 문화발전에 얼마나 큰 의미를 갖는지 알 수 있다.

---

42) 「盤庚遷于殷 民不適有居」.
43) 「天其永我命于茲新邑 紹復先王之大業 厎綏四方」.
44) 「往哉生生 今予將試以汝遷 永建乃家」.
45) 「式敷民德 永肩一心」.

4. 사화 : 무정(武丁)과 무을(武乙)

(1) 무정(武丁)과 부열(傅說)

반경(盤庚)으로부터 소신(小辛), 소을(小乙)을 거쳐, 무정(武丁)에 이르렀다. 무정은 꿈속에서 좋은 보필을 만났는데, 이름을 열(說)이라 했다. 열은 실존하는 인물로 중죄를 지고 부암(傅巖:山西省)이라는 곳에서 토목공사에 복역하고 있었다. 무정은 각지로 수소문해서 열을 찾아냈으며 그를 재상에 임명했다. 그래서 「열」을 후세에 부열(傅說)이라 불렀다.

무정이 탕왕의 제사를 지낼 때에 들꿩이 날라와서 솥 위에 앉아 울었다. 이에 무정이 겁을 먹고, 스스로 반성하고 나라를 바르게 다스렸다. 그러므로 은나라의 운세가 다시 흥성했다. 무정을 고종(高宗)이라 높였다. 이상은 사략(史略)에서 추린 글이다.

(2) 무을(武乙)이 하늘을 쏘다

무정으로부터 조경(祖庚), 조갑(祖甲), 늠신(廩辛), 경정(庚丁)을 거쳐, 무을(武乙 : 제28대)에 이르렀다.

무을은 무도했다. 인형을 만들어 천신(天神)이라 하고 또 천신과 박혁(博奕) 같은 내기놀음을 한다고 실제로는 인형 대신 사람을 내세워 놀음을 했으며, 그 사람이 이기지 못하면 욕하고 창피를 주었다. 또 가죽부대를 만들어, 그 속에 피를 가득 넣고 높이 매달아 놓고, 위를 향해 활을 쏘아 올리면서 「하늘을 쏘아 맞춘다.」고 큰 소리를 쳤다.

　결국 무을은 사냥에 나갔다가 날벼락을 맞고 무참하게 죽었다. 오만 무도하게 하늘을 능욕하고 하늘의 도리를 따르지 않는 자는 멸망한다.

(3) 상서(尙書)의 고종융일(高宗肜日)

　무정이 은나라의 시조 탕(湯)에게 제사를 올렸다. 그때에 꿩한 마리가 날아와서 청동기로 만든 제기, 솥의 귀에 앉아 울었다. 무정은 이를 불길한 징조라고 생각하고 무척 두려워했다. 그러자 조기(祖己)라는 현명한 신하가 말했다. 이를 상서(尙書)의 고종융일(高宗肜日)에서 보겠다.

　「서문 : 고종이 탕왕을 제사지냈다. 그리고 다음 날 고종의 아들 조경(祖庚)이 다시 고종을 제사지내려 하자, 꿩이 날아와서 솥의 귀에 앉아 울었다. 조기(祖己)가 왕에게 훈계하여 「고종융일(高宗肜日)」과 「고종의 훈계[高宗之訓]」를 지었다.」

　『고종에게 융제를 지내던 날, 꿩이 날아와서 울었다. 그래서 현명한 신하, 조기(祖己)가 아뢰었다. "이것은 하늘의 선왕이 왕에게 고하여 일을 바로잡게 하려는 것입니다." 그리고 조기가 왕 조경에게 아뢰었다. "하늘은 하늘 아래 백성들을 감시하고 바르게 도의를 행하도록 주장합니다. 하늘이 사람에게 수명을 길게도 짧게도 내려줍니다. 그러나 하늘이 사람을 요절케 하고 사람을 도중에 절명케 하는 것이 아닙니다. 사람들이 덕을 따르지 않고 죄에 복종하지 않으면 하늘은 명을 내려 덕을 바로 잡게 하고 하늘의 권위를 알게 합니다. 왕께서도 사람을 공경해야 합니다. 사람은 다 하늘의 후손이니 〈모든 선조를 공평하게 모셔야 합니다.〉 자기에게 가까운 신에게만 제사를 잘 지내면 아니 됩니다.」[46]

「고종융일」의 글은 천자는 하늘의 대행자다. 그러므로 백성을 사랑하고 잘살게 하는 것이 하늘의 뜻을 따르고 하늘의 도리를 행하는 것임을 깨우치고 아울러 선조에 제사를 지내되 백성들의 민생도 잘 돌보라고 훈계한 것이다.

---

46)「高宗肜日 越有雊雉 祖己曰 惟先格王 正厥事 乃訓于王曰 惟天監下民 典厥義 降年有永有不永 非天夭民 民中絶命 民有不若德 不聽罪 天旣 孚命 正厥德 乃曰其如台 嗚呼王司敬民 罔非天胤 典祀無豊于昵」.

제3장 은(殷)나라의 멸망

1. 사화 : 망국의 징조

(1) 폭군 주(紂)의 탄생과 자질

요(堯)임금과 순(舜)임금을 최고의 성제(聖帝)로 꼽는다. 그와 반대로 하(夏)의 걸(桀)과 은(殷)의 주(紂)를 가장 악덕한 폭군으로 친다.

제23대 무정(武丁) 다음에는 임금다운 임금이 나타나지 않았다. 그래서 은나라는 더욱 쇠퇴했다. 특히 제28대 무을(武乙)이 하늘을 능욕하다가 날벼락을 맞고 즉사한 것은 하늘이 은나라를 멸하려는 징조였던 것이다. 드디어 제31대 주(紂)에 이르러 은나라는 멸망했다.

주(紂)의 이름은 수(受), 호가 주(紂)다. 그의 아버지는 제31대 왕, 무을(武乙)이다. 주는 무을의 둘째 아들이다. 무을의 큰 아들은 미자(微子)다. 그러나 미자의 모친은 신분이 천했기 때문에, 사자(嗣子)가 되지 못하고, 정비(正妃)의 소생 주가 자리에 올랐다.

(2) 선인(善人)과 악인(惡人)

주(紂)는 우매하고 재능이 없어서, 나라를 망친 것이 아니다. 그는 남달리 뛰어난 자질을 타고 나왔다. 즉 힘이 세고, 말 잘하고, 눈치 빠르고, 머리가 잘 돌았다. 그러므로 그와 같은 탁월한 자질을 「착한 방향으로 활용」했더라면 좋은 임금이 되었을 것이다. 그런데, 불행하게도 「나쁜 방향으로 악용」 했음으로 천하의 둘도 없는 폭군이 되었던 것이다.

임금만이 아니다. 일반 사람도 같다. 「선인(善人)과 악인(惡人)」을 나누어 설명하겠다.

「착한 사람」 : 「하늘이 내려준 착한 본성을 바탕으로 하고, 도(道)를 따르고 실천하고, 남에게 덕(德)을 베풀고 또 서로 사랑하고 협동하여 함께 잘사는 공동체를 만들고 더 나가서는 인류의 역사와 문화를 더욱 창조적으로 발전시키는데 기여한다. 즉 자기의 정성과 노력 및 지능을 선가치적으로 활용한다. 이러한 사람이 착한 사람, 보람있는 삶을 사는 사람이다.」

「악한 사람」 : 「존엄한 정신과 착한 본성을 바탕으로 하지 않고, 오직 동물적, 육체적, 관능적, 이기적 욕구를 채우기 위하여 남을 살상하고, 남의 재물을 겁탈하여, 자기 혼자만 잘먹고 호강을 한다. 또 그러기 위하여 지능(知能)을 간악하게 악용하고, 재물과 과학을 무력화(武力化)하고 악용한다. 이러한 사람이나 나라가 곧 악한 사람, 악한 나라다.」

여담 : 불행하게도 오늘의 세계는 악한 사람, 악한 강대국이

판을 치고 있다. 그래서 위기라고 하는 것이다. 고대 중국에만 포학 무도한 걸(桀)이나 주(紂) 같은 나쁜 임금이 있는 것이 아니다. 오늘에 더 많은 악인들이 있다.

(3) 폭군 주(紂)의 독부(毒婦) 달기(妲己)

거듭 말하겠다. 주(紂)는 언변이 좋고 동작이 민첩했으며, 맨 주먹으로 맹수를 때려잡았다. 그러나 교지(狡智)가 많아, 남의 간언을 반박하고 물리쳤으며 또 간교한 술책으로 자기의 죄악을 감추고 얼버무리기도 했다.

말하자면 주는 총명하고 재주도 있고 힘도 있었다. 그런데 그 모든 것은 착한 면으로 발휘하지 않고 반대로 악덕하게 악용했던 것이다. 총명과 지능을 선용하면 성군이 된다. 반대로 악용하면 폭군이 된다. 선용은 곧 천도를 따라 만민에게 인덕을 베푸는 덕치를 뜻한다.

악용은 곧 막강한 권력을 남용하고 무력을 행사하여 백성들의 재물을 겁탈하고, 백성들을 도탄에 빠뜨린다. 그리고 자신의 끝없는 탐욕을 채우고 아울러 음탕한 관능적 쾌락에 몰두하여, 국가의 재물을 낭비하고 급기야는 나라를 망치고 자신도 죽게 된다. 이와 같은 포학무도한 악덕의 대표자가 바로 걸왕(桀王)과 주왕(紂王)이었다.

동류상종(同類相從)이라고 한다. 착한 사람을 착한 사람끼리 어울리고, 악한 사람은 악한 사람끼리 어울리게 마련이다. 착한 남자는 착한 여자를 아내로 맞고, 악한 남자는 악한 여자와 짝한다.

은나라를 망친 폭군 주왕은 마침내 천하에 둘도 없는 독살스런 요부(妖婦) 달기(妲己)와 짝이 되었다.

(4) 사치와 낭비

역경(易經)에 있다. 「서리가 얼음이 된다.」 작은 악이 쌓이면 큰 악덕이 된다. 포정(暴政)은 사치(奢侈)와 낭비(浪費)에서 비롯된다. 주가 상아(象牙)로 젓갈을 만들어 쓰자 기자(箕子)가 탄식하며 말했다.

『저렇게 상아 저를 만들어 쓰고 있으면 필경 흙으로 만든 그릇에는 음식을 담아 먹지 않고 장차는 옥으로 술잔을 만들어 쓸 것이다. 옥 술잔과 상아 저를 쓴다면 필경 채소나 콩잎의 국을 먹지 않을 것이며 또 짧은 베옷을 입거나, 띠를 덮은 지붕 밑에서는 살지 않을 것이다. 비단 옷을 여러 겹으로 포개 입고 높은 대 위에 큰 궁전을 짓고 살 것이니 그 같은 사치를 충족하기 위해 재물을 모으면 천하의 재물을 다 거두어도 모자랄 것이다.』

기자의 예언은 적중했다. 주왕과 달기는 녹대(鹿臺)에 호화로운 궁전을 신축했다. 그리고 거교(鉅橋)라는 창고에는 금은 보화 및 비단 재물을 가득 채웠다. 또 사구(沙丘)라는 곳에 거창한 원유(苑囿)를 축조하고 숲에는 새와 동물을 풀어 키웠다.

(5) 주지육림(酒池肉林)의 광란

망국의 임금 뒤에는 반드시 요염한 독부가 있게 마련이다. 그게 바로 악명 높은 달기(妲己)였다. 그녀는 바로 주(紂)가 유소씨(有蘇氏)의 나라를 토벌하고 전리품으로 탈취해온 미인이었다. 그녀는 천하에 둘도 없는 요염한 절색이었다. 그래서 주는 다른 여자들을 제쳐놓고 그녀만을 총애하고 또 그녀의 말이라면 다 들어주고 따랐다.

왜 그녀를 독부라고 하나. 달기는 자기나라를 멸망케 한 원수의 품에 안겼다. 그러나 그녀 가슴속에는 원한과 복수의 불길이 타고 있었다. 즉 자기나라를 정복한 주를 음탕한 여색으로 사로잡음으로써 은나라를 멸망케 하려고 시도했던 것이다.

달기(妲己)

칼은 칼로 망하고 악은 악에 의해서 망한다. 이것이 하늘의 도리다. 폭군 걸과 독부 달기가 엉킨 것도 보이지 않는 악의 도리의 일환이었다. 말하자면 하늘이 뒤에서 벌을 내린 것이다. 〈이 점이 하(夏)나라를 망친 걸(桀)과 말희(末姬)의 경우와 같다. 이 모두가 신화의 가르침이다.〉

악덕한 폭군과 요염한 독부가 어울렸으니, 그자들의 소행이 좋을 리 없다. 나라를 바르게 다스리고, 백성에게 덕을 베푸는 착한 정치와는 정 반대가 되는 악한 짓만을 했던 것이다. 즉 사치하고 낭비하고, 낮이나 밤이나 주색 잡기에 몰두했다. 요염한 달기는 가무(歌舞)에 능숙했다. 그녀는 악사(樂士)에게 명하여 관능적이고 음란한 음악이나 춤을 만들게 했다. 그것이 바로 「북리의 무[北里之舞]」와 「미미의 악[靡靡之樂]」이었다.

그리고 이궁(離宮) 안의 연못을 술로 가득 채우고, 둘레의 숲에 고기 안주를 주렁주렁 매달고, 연일 술잔치를 벌였다. 잔치의 서막은 홀랑 벗은 젊은 무희들이 음탕하고 난잡한 춤으로 시작되었다. 자고로 광란(狂亂)의 잔치에는 미친 사람이 많으면 많을수록 흥이 고조되는 법이다. 무희들의 나체 춤이 끝나면 '퉁, 퉁, 퉁' 북소리가 울린다. 그것을 신호로 모든 참가자들도 환성을 울리며 저마다 옷을 벗어 던지고 알몸이 되어 연못가에 몰려와 소 같이 엎드려 꿀떡꿀떡 술을 마신다. 이를 우음(牛飲)이라고 했다. 얼마 후에, 다시 '퉁' 하고 북이 울린다. 그러면 술 취한 알몸뚱이 남녀가 서로 껴안고 숲 속으로 들어가 엉키고 소리를 지르며, 난장판을 벌인다. 이와 같은 광란을 후세의 사가(史家)들은 「주지육림(酒池肉林)」이라고 기술했다.

(6) 참혹한 포락지형(炮烙之刑)

이 모든 재물이 백성들의 고혈이다. 무거운 세금으로 백성들의 재물을 수탈한 것이다. 또 혹독한 부역으로 백성을 부려쓴 대가로 이루어진 사치와 낭비 및 쾌락이었다.

폭정과 학정 뒤에는 반드시 기아에 허덕이는 백성들의 원성이 따르게 마련이다. 백성들의 불평과 원한이 쌓이면 비방하고 저주하고, 필경은 등을 돌리고 이탈하게 마련이다. 그러면 완악(頑惡)한 폭군은 더욱 백성들을 매질하고 가혹한 형벌을 가한다.

그와 같은 악덕의 절정이 곧「포락지형(炮烙之刑)」이라는 잔인한 형벌이었다. 깊은 구덩이를 길게 파고 그 위에 둥근 동주(銅柱)를 걸쳐놓고 죄지은 사람에게 무사히 건너가면 죄를 용서해준다는 이상한 형벌이었다.

그러나 뜨겁게 달군 기름 바른 둥근 쇠기둥을 맨발로 무사히 건너갈 수는 없다. 그래서 모든 사람들이 실족하고 불 속으로 떨어져 처참하게 타 죽는다.

달기는 그와 같은 단말마적인 참상을 보면서 깔깔대고 웃었으니, 그녀는 참으로 마녀(魔女)의 화신(化身)이라 하겠다. 한편 주왕은 임산부의 배를 갈라 태아를 죽이고 또 노인의 다리를 잘라 골수를 보기도 했다고 한다.

불에 타 죽는 많은 사람들은 애당초 죄가 있는 사람들이 아니었다. 폭군 걸과 독부 달기를 비방한 사람들이다. 그것도 사실은 그런 것이 아니다.

악독한 임금 밑에는 반드시 간악한 밀고자가 있게 마련이다. 그들은 대개 정의로운 사람들을 밀고한다. 그러므로 「포락지형」에 걸려서 처참하게 죽은 사람들이야말로 참으로 착하고 정의로운 사람들이었다.

예나 지금이나 악독한 독재자는 정의를 내걸고 악을 반대하는 선량한 사람들을 무참히 죽이려는 증오심이 있는 법이다. 오늘의 세계에도 이와 같은 참상이 각처에서 일어나고 있으니, 한탄할 노릇이다.

(7) 충신들의 수난

세상에는 악한 사람보다 착한 사람이 더 많다. 우주, 천지, 만물은 하늘에 의해서 창조되고 또 하늘의 도리를 따라 역사적으로 발전한다. 그러므로 인간세계에도 하늘의 도리를 어기고 자기의 욕심만을 채우려는 악인(惡人)보다 하늘의 도리를 따르고 남을 사랑하고 덕을 베풀려는 선인(善人)이 더 많게 마련이다.

폭군 걸과 독부 달기 때에도 그러했다. 일시적으로는 현명하고 선량한 사람이 수난을 받고 고생을 했으며 반대로 아첨하는 간신들이 득세를 했다.

그러나 착한 사람은 반드시 고개를 들고 다시 나타나게 마련이다. 그래서 은나라 말기에도 바르고 착한 왕족이나 충신들이 수없이 나타났다.

물론 주는 그들의 충고를 안 들었다. 안 들었을 뿐만이 아니라, 그들을 박해하고 심지어 죽이기도 했다. 그러한 대표자가 곧 「미자(微子)·비간(比干)·기자(箕子)·태사(太師)」였다.

폭군과 독부의 광란(狂亂)이 절정에 달하자 마침내 서형(庶兄) 미자(微子)가 행방을 감추었다.

숙부(叔父) 비간(比干)이 참다못해 꾸짖고 훈계를 하자, 악독한 주가 눈을 부라리며 말했다. 「내가 들은 바 성인의 심장에는 구멍이 일곱 개 있다고 하드라. 사실이 그런지 봅시다.」 하고, 그 자리에서 비간의 가슴을 도려내 죽였다.

다른 숙부인 기자(箕子)는 미친 척 가장하고 떠돌았다. 그러자 주는 기자를 잡아 가두었다.

한편 제례(祭禮)를 관장하는 태사(太師)가 제기와 악기를 가지고 은밀히 주(周)나라로 도망갔다.

(8) 삼공(三公)의 수난(受難)

삼공은 은나라 천자를 보좌하는 최고의 기관이며, 제후 중에서 가장 덕이 높은 세 사람으로 구성되었다. 주왕 때의 삼공은 구후(九侯), 악후(鄂侯) 및 서백(西伯) 문왕(文王)이었다.

주(紂)는 일찍이 구후(九侯)의 아름다운 딸을 왕비로 삼았다. 그러나 그녀는 달기와는 정반대로 정숙하고 우아했다. 따라서 그녀는 주지육림 같은 음탕하고 난잡한 놀이에 끼여들지 않았다.

이에 주왕과 달기는 그녀를 살해하고 또 그의 아버지 구후도 딸을 잘못 키웠다는 구실로 죽이고 시체를 소금 젓에 담았다. 참으로 천인공노할 무참한 짓이었다.

이 소식을 듣고, 악후가 힐난하자, 주왕은 그도 즉석에서 살해하고 시체를 포로 떴다. 한편 서백 문왕은 그 소식을 듣고도 겉으로는 아무런 반응을 보이지 않았다. 그러나 집안에서 홀로 길게 탄식을 했다. 독재자 밑에는 악질의 밀고자가 있게 마련이다. 문왕이 한숨을 지었다는 말을 듣고, 주왕은 즉시 문왕을 유리(羑里 : 河南省 湯陰縣)에 있는 감옥에 감금했다.

이에 당황한 문왕의 충신 굉요(閎夭)와 산의생(散宜生) 등 주(周) 나라의 충신들이 서둘러 많은 보물과 수십 명의 미녀들과 백 필의 준마(駿馬)를 은나라 주(紂)에게 바쳤다.

이에 문왕은 석방되었다. 문왕은 자기의 방대한 영토를 바치는 조건으로 주에게 「포락지형」의 철회를 간청했다. 그리고 삼공의 벼슬을 반납하고 주나라로 돌아왔다.

상공을 몰아낸 은나라 주왕은 간악한 아첨꾼 비중(費中)과 오래(惡來)를 등용하고, 음흉하고 악질적인 정보정치를 강화했다.

문왕은 전보다 더욱 나라를 잘 다스리고 또 백성에게 은덕을 베풀었다. 이에 전국의 제후들이 주(紂)에 등을 돌리고 문왕을 따랐다. 그리하여 31대, 약 6백 년을 이어온 은나라가 주(紂)에 의해 드디어 멸망했던 것이다.

(9) 기자(箕子)의 맥수가(麥秀歌)

주(周)나라의 서백(西伯) 문왕(文王)이 죽고 아들 무왕(武王)이 뒤를 이었다. 그리고 만반의 준비를 갖추고 아버지 문왕의 소망인 은나라 주왕(紂王)을 토벌했다. 토벌에는 아버지 문왕의 군사(軍師)인 태공망(太公望) 여상(呂尙)과 전국의 제후들이 참가했다.

주(紂)는 목야(牧野)에서 크게 패하고 도망가 자기 궁전에 불을 지르고 보물에 묻혀 불에 타죽었다. 이로써 은나라는 멸망했다. 〈주무왕(周武王)의 은주왕(殷紂王) 토벌에 대해서는 다음 주왕조편(周王朝篇)에 나온다.〉

후일, 기자(箕子)가 주(周)나라로 가면서 폐허가 된 은의 도읍을 지나갔다. 기자는 궁전과 가옥이 파괴되고 허물어져 밭으로 변하고 벼와 기장이 자란 것을 보고 상심했다.

그는 소리 높여 통곡하고 싶었다. 그러나 사내 대장부로서 함부로 울 수도 없었다. 또 소리 죽여 흐느껴 울자니 아녀자의 짓

같은 지라 그렇게 할 수
도 없었다.

그래서 결국 「맥수가
(麥秀歌)」를 지어 다음과
같이 읊었다.

『보리가 무럭무럭 자
라는구나, 벼와 기장이
기름져 탐스럽구나, 그
포악하고 간교한 주왕
이, 나와 함께 나라를 잘
다스리지 못하고, 결국
나라를 망쳤구나.』

(麥秀漸漸兮 禾黍油油
兮 彼狡童兮 不與我好兮)

은왕조 주왕(殷王朝 紂王)

은나라 유민들은 기자의 노래를 듣고, 모두 눈물을 흘리고 흐
느껴 울었다. 거듭 말한다. 은나라는 31대, 총 629년을 이어오
다가 폭군에 의해 멸망했다.

(10) 천명사상(天命思想)

하늘은 유덕자(有德者)에게는 귀한 자리를 주지만 실덕(失德)하면 추방한다. 이것이 중국의 전통적 천명사상이다. 하늘은 항상 지상세계를 감시하고 살핀다. 임금이 유덕하면 나라가 흥성하고 백성들이 잘산다. 반대로 임금이 실덕하면 나라가 쇠퇴하고 백성들이 고생한다. 그러면 하늘은 다른 유덕자를 내세워 새 나라를 세우게 한다. 그래서 주(周)의 문왕(文王)과 무왕(武王)이 천명을 받고, 은나라의 폭군 주를 멸하고 새 나라를 세웠다. 여기서 우리는 중국역사에서 가장 대조적인 두 임금을 본다. 「주문왕(周文王)」과 「은주왕(殷紂王)」이다. 문왕은 서백(西伯)으로 있으면서 하늘을 잘 섬기고 덕으로써 민심을 얻어 주나라 건국의 바탕을 세웠다. 반대로 주(紂)는 천자이면서, 백성을 돌보지 않고, 달기(妲己)에 홀려 음탕한 짓거리로 민심을 잃고 급기야는 멸망했다. 맹자(孟子)는 말했다. 「하늘의 뜻은 곧 백성의 뜻이다.(天意卽民意)」

맹자(孟子)

제4편 주왕조편(周王朝篇)

은(殷)왕조는 황하(黃河) 하류, 안양(安陽)을 중심으로 강대한 도시국가를 형성하고 신권통치와 노예제도의 정치체제를 바탕으로 고도의 청동기문화의 꽃을 피우고 또 교역(交易)과 무력(武力)으로 중원일대에 막대한 영향력을 끼치고 있었다.

한편 황하 상류 섬서성(陝西省), 위수(渭水)와 경수(涇水) 유역의 황토고원지대(黃土高原地帶)에서는 주(周) 민족이 농업 생산을 바탕으로 대두하고 차츰 세력을 확대하기 시작했다. 주나라 민족의 시조는 후직(后稷)이다. 그는 요(堯), 순(舜) 때에 농업으로 공을 세워, 후직이란 관직과 희(姬)라는 성을 내려 받았다. 그의 손자 공류(公劉)는 빈(豳)에서 농업을 진흥하고 덕을 베풀었다. 그의 아들 고공단보(古公亶父)도 적덕행의(積德行義)하여 백성들로부터 숭앙을 받았다. 그러나 오랑캐의 침입을 피해 도읍을 기(岐)로 옮기고 나라이름을 주(周)라고 고쳤다.

고공의 셋째 아들이 왕계(王季)고, 왕계의 아들이 문왕(文王)이다. 문왕은 서백(西伯)이 되어, 제후들의 영도자가 되었다.

마침내 문왕의 아들 무왕(武王)이 무력으로 은(殷)의 주(紂)를 토벌하고, 천명을 받고 새나라 주(周)를 창건했으며, 그의 동생 주공(周公)이 종법(宗法), 봉건(封建) 및 정전(井田) 등의 새로운 문물제도를 확립했다.

그러나 점차로 주왕실이 쇠미하게 되었고 마침내 여왕(厲王)이 추방되고 유왕(幽王)이 견융(犬戎)에게 피살되었으며, 뒤를 이은 평왕(平王)은 도읍을 동쪽 낙읍(洛邑 : 洛陽)으로 옮겼다. 이로써 서주(西周) 시대가 막을 내리고, 춘추(春秋)와 전국(戰國)의 혼란기가 뒤를 이었다.

중국에서는 서주(西周) 초기를 가장 이상적인 왕조로 높인다. 특히 문왕(文王) 무왕(武王) 및 주공(周公)의 주나라 건국 초기의 업적을 이상으로 친다. 아울러 서주(西周) 초기에 제정되고 시행된 예악(禮樂)을 비롯한 문물제도를 모범적인 문물제도로 평가한다. 특히 공자(孔子)를 비롯한 유학자는 주왕조를 왕도덕치(王道德治)의 모범왕조로 친다. 그래서, 시경(詩經)이나, 상서(尙書)에도 주왕조의 임금들의 덕을 칭송하는 글들이 많으며, 그 글들은 모두 경전(經典)으로 받든다. 그러므로 주나라 때의 신화는 거의 전하는 것이 없다. 이 책도 사화(史話)를 바탕으로 했다.

주공의 사당(周公廟)

제1장 주(周)의 시조

I. 사화 : 주나라의 빛나는 선조들

(1) 나라를 세운 문왕(文王)과 무왕(武王)

무력으로 은(殷)의 폭군 주(紂)를 토벌하고, 주(周)나라를 새로 세운 제1대 왕은 무왕(武王)이다.

무왕은 곧 문왕(文王)의 아들이다. 문왕은 생전에는 임금이 아니었다. 그는 서백(西伯)에 불과했다. 그러나 높은 인덕(仁德)으로 많은 제후(諸侯)들을 귀순(歸順) 시키고 있었다. 그러므로 도덕적으로는 천하의 3분지 2를 지배하고 있었다. 그래서 하늘이 그에게 천명(天命)을 내려주었던 것이다. 그러므로 아들 무왕이 「천명을 받은 문왕의 신주(神主)」를 모시고 출정하여 무력을 행사하고 은나라를 멸하고 주나라를 세웠다. 그리고 아버지를 문왕(文王)으로 추시(追諡)했던 것이다.

(2) 시조(始祖) 후직(后稷)의 탄생

주(周)나라의 시조는 후직(后稷)이다. 그 15대 후손이 문왕이고, 16대 후손이 무왕이다. 성(姓)은 희(姬)다.

후직(后稷)의 후(后)는 임금 혹은 토지 신이라는 뜻이다. 일반적인 존칭으로도 쓴다. 후직은 요(堯)임금 및 순(舜)임금 때에,

농업을 관장하는 장관을 지냈으며, 태고 때에 농업을 진작하여 백성들의 식량을 풍성하게 한 성인(聖人)이다. 후직은 어려서 이름을 기(棄)라고 했다. 어머니는 강원(姜嫄)이다. 그녀는 제곡(帝嚳)의 원비(元妃 : 첫째 황후)다. 제곡은 황제(黃帝)의 증손이며 오제(五帝)의 세 번째 성제(聖帝)다.

그녀가 들에 나가서 거인의 발자국을 보고 마음이 즐거워져, 그 발자국을 밟았다. 그리고 기를 출산했으며, 이를 상스럽지 않다고 생각하고 아이를 좁은 길거리에 내다버렸다. 그러나 말과 소가 그 아이를 피하고 밟지 않았다. 이에 그 아이를 다시 산림 속으로 옮기자 그 숲 속으로 많은 사람들이 모여들었다. 〈그래서 버리지를 않고〉 얼음 위에 옮겼다. 〈즉 얼어죽게 하려고 했다.〉 그러자 새들이 날개로 그 아이를 덮고 보호해주었다. 이에 비로소 신령한 아이라 생각하고 거두어 키웠다.

주무왕(周武王)

(3) 농업의 천재, 후직(后稷)

대지의 정령(精靈)을 받고 태어난 후직은 특히 식물재배에 탁월했다. 어려서 장난하고 놀 때에도 나무를 심고 재배하는 것을 좋아했으며 어른이 되자 땅을 보고 농사에 적합한지 아닌지를 가릴 수 있었다. 그래서 사람에게 땅을 갈고 농사를 짓고 추수하는 법을 가르쳐 주었다.

그가 심은 과일 나무에는 과일이 탐스럽게 여물고, 그가 마당에 화초를 심으면, 오색의 꽃이 아름답게 피어났다. 그는 삼[麻]을 심어, 옷을 만드는 기술도 가르쳐 주었다. 특히 전답을 개간하여 토질과 지형에 맞게 여러 가지 곡식을 재배해서 사람들의 식량을 풍족하게 했다. 백성들은 그의 덕택으로 철따라 옷을 입고 또 배불리 먹을 수 있었다.

요임금이나 순임금이 그를 등용하고 농업을 진흥했다. 특히 순임금 때에 전국에 큰 기근이 들었다. 순임금이 후직에게 말했다.

「지금 전국에 기근(饑饉)이 들어, 만백성이 굶주리고 있다. 경(卿)을 후직(后稷)에 임명하니, 때맞추어 농업을 진작하고 백성들을 구제하시오.」

명을 받은 후직은 불철주야 각지로 다니면서, 토지를 개간하고 치수(治水)하여 농업생산을 높이고 기근을 극복했다. 이에 순임금은 공을 세운 후직을 태(邰)라는 곳의 영주로 봉(封) 했으며, 그의 본래의 성(姓)인 공손(公孫)을 희(姬)라고 고쳤다. 「희(姬)」는 곧 주(周) 왕가의 성이다.

참고 보충 **후직(后稷)의 신비로운 탄생**

주(周)의 시조(始祖)는 요순(堯舜) 시대에 농업을 관장했던 후직(后稷)이다. 그는 백성에게 농사짓고 거두어 먹는 법을 가르쳐준 위대한 지도자다. 후직의 어머니는 강원(姜嫄)이다. 오제(五帝)의 한 사람인 제곡(帝嚳)의 원비(元妃)이다. 동양이나 서양을 막론하고, 뛰어난 인물은 신령(神靈)이나 성신(聖神)에 의해 출생한다.

후직의 출생도 신비롭다. 높푸른 하늘 아래 향기로운 풀밭을 거닐던 강원은 거인(巨人)의 발자국을 보고, 즐거운 마음으로 저도 모르게 그 발자국에 자기의 발을 맞추었다. 그 순간 성령으로 잉태하고 달이 차서 아들을 낳았다.

그러나 상스럽지 못하게 여긴 그녀는 아이를 내다 버렸다. 그래서 이름을 「기(棄)」라고 했다. 그런데 또 기적이 일어났다. 후미진 길에 내다버리자, 오가는 말이나 소들도 아이를 피했다. 다시 산 속 깊은 숲에 내다버렸다. 그러자, 많은 사람들이 모여들어 아이를 돌보아주었다. 다시 그 아이를 강 얼음 위에 버렸다. 그러자 이번에는, 하늘에서 큰 새가 내려와 날개로 덮어서 보호했다. 이에 어머니 강원은 『이 아이는 하늘이 내린 신동이다.』고 생각하고 거두어 양육했다.

참고 보충 **주자(朱子)의 해석**

주자는 사략언해주(史略諺解註)에서 「후직의 신비로운 탄생에 대해서」 대략 다음과 같이 말했다. 「사람의 도리에 맞지 않게 자식을 낳았음으로 혹은 상스럽지 않다고 생각했을 것이다. 그래서 내다가 버렸을 것이다. 그러나 그와 같은 기적이 일어난 것이다. 그래서 비로소 거두어 키웠다.(無人道 而生子 或者 以爲不祥也 故棄之 而有此異也 於是始收 而養之)」「천지의 기에 의해서 만물이 태어난다.(天地之氣 生之也)」「신령한 사람의 출생은 평범한 사람과 다르다.(神人之生 有異於人)」 즉 기(棄)는 천지의 기를 받고 태어난 신의 아들이다.

참고 보충 주민족(周民族)의 계보

은(殷)이 황하(黃河) 하류, 안양(安陽)을 중심으로 하고, 노예제도(奴隷制度)와 신권통치(神權統治)를 펴고 있을 때에, 황하의 상류 섬서성(陝西省)의 위수(渭水)와 경수(涇水) 유역, 황토고원(黃土高原)에서는 농업생산을 주로 하는 주민족이 대두하기 시작했다. 그 시조가 후직이다. 시경(詩經) 대아(大雅)「생민(生民)」은 후직을 칭송한 시다. 주(周)나라 왕실(王室)의 계보는 대략 다음과 같다.

○후직(后稷) 기(棄) : 주(周)나라의 시조.

○공류(公劉) : 먼 선조로 역시 농업을 진흥했다.

○고공단보(古公亶父) : 문왕(文王)의 조부(祖父)다.「고공」에게는 세 아들이 있었다. 즉「태백(大伯), 우중(虞仲), 계력(季歷)」세 사람이었다. 첫째와 둘째가 스스로 형만(荊蠻)으로 몸을 숨기고, 영주의 자리를 양보했다.

○계력(季歷) : 영주가 되었다. 문왕의 부친이다.

○문왕(文王) : 덕을 펴서, 주(周)의 바탕을 세웠다.

ㅇ무왕(武王) : 문왕의 아들이다. 무왕(武王)이 무력으로 은(殷)
을 치고 새 나라를 세웠으며, 그의 동생 주공(周公)이 문제도
를 새로 만들었다.

참고 보충 **서주(西周)의 역대 왕**

무왕(武王)〈1대〉--성왕(成王)〈2대〉--

강왕(康王)〈3대〉--소왕(昭王)〈4대〉--

목왕(穆王)〈5대〉--공왕(共王)〈6대〉--

의왕(懿王)〈7대〉--효왕(孝王)〈8대〉--

이왕(夷王)〈9대〉--여왕(厲王)〈10대〉--

(공화시대 14년)--선왕(宣王)〈11대〉--

유왕(幽王)〈12대, 포사(褒姒)에 홀려 나라를 망치고 자기도
피살되었다.〉

참고 보충 **열녀전(列女傳)에 나타난 강원(姜嫄)**

「기(棄)의 어머니 강원은 태후의 딸이다. 요임금 때에 〈들을〉
가다가, 거인의 발자국을 보고, 좋아서 자기 발로 밟았으며, 돌
아와서 임신했으며, 차츰 배가 불렀다. 마음으로 괴상하다고
꺼리고, 복점을 치고, 제사를 지내며 자식을 없게 해달라고 기
도를 했다. 그러나 결국은 아들을 낳았다.(棄母姜嫄者 邰侯之
女也 當堯之時 行見巨人跡 好而履之 歸而有娠 浸以益大 心怪惡
之 卜筮禋祀 以求無子 終生子)」

「상스럽지 않게 여기고 좁은 골목에 버렸으나, 소나 양들이
피하고 밟지 않았다. 다시 들 숲에 옮기자, 숲에 나무를 하는

사람들이 자리를 펴주고 덮어 주었다. 다시 추운 얼음 위에 내다 버렸으나, 나는 새들이 와서 날개로 덮어주었다. 강원은 기이하게 여기고, 거두고 돌아왔으며, 따라서 기라고 이름을 지어주었다.(以爲不祥 而棄之隘巷 牛羊避而不踐 乃送之平林之中 後伐平林者 咸薦之覆之 乃取置寒冰之上 飛鳥傴翼之 姜嫄以爲異 乃收以歸 因命曰棄)」

「강원의 성품이 맑고 조용하고 한결같았다. 씨뿌리고 농사짓기를 잘했다. 기가 성장하자, 〈어머니가 그에게〉 나무 심고, 상마 키우는 법을 가르쳐 주었다. 기의 성품도 총명하고 인자했으며, 가르침을 더욱 발전시킬 수 있었으며, 유명하게 되었다.(姜嫄之性 淸靜專一 好種稼穡 及棄長 而敎之種樹桑麻 棄之性 明而仁 能育其敎 卒致其名)」

「요임금이 기를 곡식을 관리하는 벼슬에 임명하고, 국도를 태에 옮기고, 기를 태에 봉하고 후직이라는 이름을 내려 주었다. 요가 죽고 순이 자리에 오르자, 후직에게 명했다.『기여! 백성이 굶주리고 곤궁하니, 그대가 모든 곡식을 키워서 〈구제하라〉』후직의 후손이 대대로 후직의 벼슬을 살았다. 주나라는 문왕, 무왕 대에 이르러 흥하고, 마침내 천자가 되었다.(堯使棄居稷官 更國邰地 遂封棄于邰 號曰后稷 及堯崩 舜卽位 乃命之曰棄, 黎民阻飢 汝后稷播時百穀 其後世世居稷 至周文武 而興爲天子.)」

2. 사화 : 후직(后稷)의 후손들

(1) 후직의 아들 불줄(不窋)

후직이 죽고 그의 아들 불줄(不窋)이 뒤를 이었다. 불줄은 농업에 전념하지 않고 하(夏)나라에서 벼슬을 살았다. 그러나 하나라의 임금이 도를 잃고 정치가 쇠퇴하자 불줄은 벼슬을 버리고 몸을 서북쪽 오랑캐 땅으로 피했다. 불줄이 죽은 다음에는 그의 아들 국(鞠)이 자리에 올랐다.

(2) 후직의 증손 공류(公劉)

국(鞠)이 죽고 아들 공류(公劉)가 뒤를 이었다. 즉 공류는 불줄의 손자요, 후직의 증손자다. 공류는 어려서 융적(戎狄) 땅에서 성장했다. 그러나 총명하고 부지런했으며, 증조부 후직의 유업을 계승하고 다시 농업을 흥성케 했다.

주(周)나라 민족도 그를 따라 황야를 개척하고 그를 받들었다. 그리고 그들은 빈(豳：陝西省 栒邑縣)으로 옮겨 주나라의 터를 새로 잡고 농업을 진작했다. 그래서 그 일대에는 농산물이 풍족하고, 평화가 넘쳤다.

공류가 죽자 아들 경절(慶節)이 뒤를 이었다. 이렇게 하여 주족(周族)은 미개한 융적(戎狄)의 땅, 즉 오랑캐 땅 속에서 점차로 농업을 바탕으로 한 문화 국가의 기초를 다지고 세력을 펴나갔던 것이다. 「시경 · 대아 · 공류(詩經 · 大雅 · 公劉)」가 그의 공적을 칭송한 시다.

(3) 인자한 영도자 고공단보(古公亶父)

공류(公劉) 다음에 다음과 같은 후손들이 주(周)의 나라를 이어 가면서 점차로 발전하고 세를 확대했다.

「황복(皇僕)·삼불(參弗)·훼유(毀隃)·공비(公非)·고어(高圉)·아어(亞圉)·공숙서(公叔鉏)」 등이다.

그리고 나타난 탁월하고 인자한 영도자가 바로 「고공단보(古公亶父)」다. *「父」를 「보」로 읽는다.

그는 빈번하고 날로 심해지는 오랑캐의 침략을 피해, 오랜 세월 대대로 개척하고 풍요롭고 안락하게 살 수 있는 빈(豳)을 뒤로하고, 일족을 이끌고 기산(岐山 : 陝西省 岐山縣)으로 가서 새로 터를 잡았다.

원래 서북 지방에는 유목민족인 오랑캐가 많이 살고 있었다. 그들 야만족은 농경생산을 모르고 오직 약탈만을 알고 있었다. 그 중에도 가장 사나운 야만족인 훈육(獯鬻)이 빈(豳)을 침략하려고 했다.

당시 고공은 빈(豳) 지방의 실질적인 영주(領主)로서, 백성들을 슬기롭게 잘 지도했다. 이에 백성들은 더욱 풍요롭고 안락하게 잘살고 있었다. 그래서 백성들은 한결같이 노하고 무력으로 그들은 단호히 처단하자고 들고 일어났다. 그러자 덕이 높은 고공이 침착하게 타이르고 말했다.

「영주는 모든 백성들의 지도자로, 모든 사람을 안락하게 잘 살게 해줄 책임이 있다. 백성들이 있어야 농사를 짓고 곡식을 생산할 수 있다. 지금 무력전쟁을 하면, 백성도 죽고 생산도 못하게 된다. 오랑캐들은 빈 땅을 점령하려고 침략하는 것이 아니다. 백성들로 하여금 농사를 짓게 하고, 그 재물만을 차지하려는 것이다. 그럼으로 지금 당장 이 땅의 영주인 나만 물러나면 일단 싸움을 면할 수 있다. 오랑캐들의 가혹한 요구는 시간을 두고 점차로 조절해야 한다. 그러므로 당장에 싸움을 해서 백성을 죽게 할 수 없다.」

무력으로 남의 땅과 재물을 탈취하는 것은 악덕이다. 그러나 악덕한 침략을 그 자리에서 악덕한 무력으로 마주 싸우면, 필연코 서로 피를 흘리고 무고한 생명을 죽게 한다. 그러므로 일단 적에게 넘겨주고 소중한 백성의 생명을 보호하자는 것이었다. 호전가(好戰家)가 보면 비겁하게 보일 것이다. 그러나 인덕(仁德)에 서서 보면 고공의 처사는 현명한 처사라 하겠다. 악을 덕으로 교화하자는 것이 유교의 가르침이기도 하다. 그래서 유교에서는 고공의 인덕을 칭송하는 것이다.

고공은 스스로 영주의 자리를 버리고 일가 친족을 데리고 빈(豳)을 뒤로 하고, 칠수(漆水)·저수(沮水)을 건너, 양산(梁山)을 넘어 기산(岐山 : 陝西省 岐山縣) 밑으로 옮아갔다. 그리고 기산 산록(山麓) 주원(周源)에 나라를 세웠다. 그래서 나라 이름을 주(周)라고 했다.

한편 모든 백성들이 그의 인덕(仁德)을 칭송하고 이구동성으로 「고공은 인인(仁人)이다. 그를 잃을 수 없다.(仁人也不可失)」고 말하고, 노인을 부축하고 어린아이를 손으로 잡아끌고 고공을 따라 왔다. 부근의 다른 부족들도 떼지어 고공을 따라 와서 귀순했다. 그래서 기산 밑에 새로 번화한 도성 즉 주(周)가 생겼던 것이다. 「시경대아면(詩經大雅縣)」편이 바로 고공을 칭송한 시다.

(4) 태백(太伯)과 우중(虞仲)

고공단보(古公亶父)의 원비(元妃)는 태강(太姜)이다. 태강은 세 아들을 낳았다. 장자는 태백(太伯)이고 차자는 우중(虞仲)이고 막내가 계력(季歷)이다.

셋째 아들 계력의 부인 태임(太壬)이 창(昌)을 낳았다. 창은 바로 고공의 손자다. 그가 바로 주문왕(周文王)이다. 창이 태어날 때, 하늘에서 새가 단서(丹書)를 물고 내려와 지붕에 앉았다고 전한다. 성왕은 출생할 때부터 남다른 데가 있게 마련이다. 할아버지 고공은 어린 손자의 상을 보고, 장차 위대한 인물이 될 것을 간파했다. 그래서 속으로 장차 영주의 자리를 셋째 아들 계력을 통해 창에게 물려주려고 다짐했다.

그러나 창의 아버지 계력은 셋째 아들이었다. 그러므로 부자상속(父子相續)으로 보나, 형제상속(兄弟相續)으로 보나, 오랜 세월을 기다려야 했다. 이 때에 큰아들 태백이 둘째 우중에게 말했다.

「부친께서는 영주의 자리를 셋째 동생의 아들 창에게 물려주고자 하신다. 우리가 있으면 여러 가지로 지장이 있을 것이다. 그래서 말인데, 나와 네가 스스로 몸을 숨기면, 일이 쉽게 해결될 것이 아니냐.」

「지당한 말씀이오.」

얼마 후에, 태백과 우중은 아무도 모르게 행방을 감추었다. 그리고 멀리 형만(荊蠻 : 남쪽 오랑캐) 땅으로 가서, 문신단발(文身斷髮)했다. 즉 오랑캐와 똑같이 몸에 검게 문신을 그려 넣고, 머리를 짧게 자르고, 오랑캐의 옷을 걸치고 완전히 오랑캐인으로 변신했다. 그래서 주나라에서는 그들의 행방도 모르고 또 찾지도 못했다.

결국 그들의 현명하고 생각 깊은 양보로 해서, 주나라에서는 고공의 뒤를 셋째 계력이 계승했고, 또 그 뒤를 창(昌: 문왕)이 계승했던 것이다. 사략(史略)은 다음과 같이 기술했다. 「고공이 죽고 계력이 뒤를 이었고, 계력이 죽자, 창이 뒤를 이었다. 창은 후에 서백이 되었다.(古公卒 公季立 公季卒 昌立 爲西伯.)」그래서 후세의 사가(史家)가 태중과 우중, 두 형제를 높이 평가한다.

[참고 보충] **태왕(太王)의 아들과 손자**

고공단보(古公亶父)는 후세에 「태왕(太王)」이라고 존칭한다. 태왕의 비(妃)는 태강(太姜)이며, 세 아들을 낳았다. 큰아들이 태백(太伯), 둘째가 우중(虞仲), 셋째가 계력(季歷)이다. 이 셋째 계력의 비가 태임(太姙)이다. 그들 사이에서 나온 아들이 창(昌)이다. 창은 곧 태왕의 손자다. 이 창이 바로 「주문왕(周文王)」이다. 알기 쉽게 도시하겠다.

```
              ┌─ 太伯
  大王 ───────┼─ 虞仲
              └─ 季歷(王季) ── 昌(文王) ┬─ 武王
                                        └─ 周公
```

[참고 보충] **태백(太伯)과 우중(虞仲)**

계력의 아들이 창(昌 즉 文王)이다. 창이 태어날 때에 붉은 새가 단서(丹書)를 물고 날아왔다고 전한다. 할아버지 태왕은 비범한 신기(神氣)를 타고 난 손자 창에게 가계를 물려주려고 생각했으며, 그러기 위해서는 먼저 막내아들 계력을 후계자로 삼아야 했다. 그러나 당시의 예법은 장자상속이다. 그래서 어려움이 있었다. 부친의 의중을 살핀 맏아들 태백과 둘째 우중은 몸을 숨겼다. 즉 형만(荊蠻)으로 가서 오랑캐로 변신했다. 그래서 계력을 거쳐 손자에게 물려줄 수 있었던 것이다.

참고 보충 사략(史略)의 기술

(1) 고공의 장자는 태백이고 차자는 우중이다. 그 후 고공의 비 태강이 막내아들 계력을 낳았다. 계력은 태임을 부인으로 취하고 아들 창을 낳았다. 〈태공의 손자〉 창은 어려서부터 성왕(聖王)의 기상이 보였다. 첫째 아들 태백과 둘째 아들 우중은 〈아버지〉 고공이 자리를 셋째 아들 창에게 물려주고 다시 〈손자〉 창에게 전하려는 뜻을 미리 살피고 즉시 남쪽 오랑캐 땅으로 가서 〈오랑캐 풍습을 따라〉 머리를 깎고 몸에 문신(文身)을 그리고 〈고의로 자리를 몸을 피해서〉 〈자리를〉 계력에게 양보했다.

(1) 古公長子太白 次虞仲 其妃太姜 生少子季歷 季歷娶
太任生昌 有聖瑞 太伯虞仲 知古公欲立季歷以傳昌 乃如
荊蠻 斷髮文身 以讓季歷.

(2) 고공이 죽고 계력이 뒤를 이었고 계력이 죽자 창이 뒤를 이었다. 창은 후에 서백이 되었다.

(2) 古公卒 公季立 公季卒 昌立 爲西伯.

제2장 문왕과 무왕의 건국

1. 사화 : 서백(西伯) 시대의 문왕(文王)

(1) 덕망이 높은 서백(西伯)

중국역사에서 최고로 칭송되는 임금이 주나라의 문왕(文王)이다. 그는 탁월한 집안에서 출생했다. 시조 후직(后稷), 공유(公劉), 고공단보(古公亶父 : 태왕), 아버지 왕계(王季)로 이어지는 혈통을 타고 출생했다.

백부 태백(太伯)과 우중(虞仲)은 현명한 효자였다. 그들이 할아버지 태왕의 의중을 살피고 형만의 땅으로 몸을 숨긴 덕택으로 해서, 아버지 왕계(王季)가 뒤를 이었으며, 따라서 문왕도 영주가 될 수 있었던 것이다.

영주의 자리에 오른 창(昌=文王)은 할아버지의 기대에 어긋나지 않았다. 서백(西伯)이 된 그는, 은(殷)의 폭군 주(紂)와는 정반대로 모든 제후나 백성에게 인덕(仁德)을 베풀었다. 그는 삼황오제(三皇五帝)의 덕치를 본받았고, 특히 노인을 공경하고 의지할 곳 없는 불우한

주문왕(周文王)

사람들을 잘 돌봐주었다.

한편으로는 천도를 따르지 않는 무도한 작은 나라들을 정벌해서 백성들을 해방시켜 주었다. 또 서백은 주(紂)의 학정(虐政)을 한탄하고 비판하다가 자신이 유리(羑里)에 감금되기도 했다.

그의 덕망은 더욱 높아졌으며, 온 천하의 현명한 사람들이 그에게로 귀순했다. 마침내, 서백은 도읍을 기산 밑의 풍읍(豊邑)으로 옮겨 본격적으로 주(周)나라의 바탕을 다졌던 것이다. 그는 인덕(仁德)으로 천하의 삼분의 이를 귀순시켰다. 이에 하늘은 민심(民心)을 보고 천명(天命)을 내렸다.

(2) 우예쟁전(虞芮爭田)

우(虞)와 예(芮)는 작은 나라다. 서로 붙어있는 두 나라는 토지와 전답을 더 많이 차지하려고 서로 다투고 싸웠다. 그러다가 덕망이 높은 주나라 서백의 판결을 얻으려고 주나라 안으로 들어갔다.

가서 보니, 주나라 사람들은 서로 밭두둑을 양보하고, 젊은이가 노인을 공경하고, 가진 사람이 없는 사람을 도와주고 있었다. 점심 시간에는 부인과 아이들까지 와서 함께 먹으며 어울려 즐겁게 담소를 했다. 이와 같이 화목하고 윤리 도덕이 바로 선 것을 보고 두 나라 사람은 창피함을 느끼고 즉시 발을 돌려 돌아가서 서로 토지와 밭을 양보했다고 한다.

참고 보충 사략(史略)의 기술

(1) 〈은나라 주왕(紂王)의 임명을 받고〉 서백이 된 창(昌)은

더욱 어진 덕을 쌓고 베풀었다. 이에 많은 제후들이 그를 따르고 귀순했다. 우와 예 두 나라가 전답의 경계를 놓고 서로 다투고 〈자기들의 힘으로 해결 못하게 되자〉 주나라에 가서 〈서백의 결판을 얻으려고 했다.〉 그리고 두 나라의 대표자가 주나라의 경내에 들어가 경작하는 사람들을 보니 주나라 사람들은 겸손하고 서로 밭두둑을 양보하고 있었으며 또 백성들의 풍속이나 기풍이 윗사람에게 공손하고 양보하고 있었다. 이를 본 두 사람은 속으로부터 부끄럽게 느끼고 서로 상대에게 말했다. 「우리가 욕심을 내고 서로 싸우는 일을 주나라 사람들은 창피하게 여기고 있구나.」 그리고 서백을 만나보지도 않고 되돌아가 서로 밭두둑을 양보하고 욕심스럽게 취하지 않았다.

(1) 西伯修德 諸侯歸之 虞芮爭田 不能決 乃如周 入界見畊者 皆遜畔 民俗皆讓長 二人慙 相謂曰 吾所爭 周人所恥 乃不見西伯而還 俱讓其田不取.

  * 「우·예(虞芮)」는 산서성(山西省)에 있는 작은 두 나라.

(2) 〈이와 같이 그에게 감화력이 있었음으로〉 한수(漢水) 이남에 있는 여러 나라 중에서, 사십 개 나라가 서백에게 귀순했으며 그들은 모두 창(昌)을 천명을 받고 임금 될 사람으로 생각했다. 이렇게 하여 사실상 주(周)나라가 천하의 삼분의 이를 〈덕의 힘으로〉 귀순시키고 있었다.

(2) 漢南歸西伯者四十國 皆以爲受命之君 三分天下有其二.

2. 사화 : 태공망(太公望) 여상(呂尙)

(1) 여상(呂尙)과 복수난수(覆水難收)

여상(呂尙)은 전설적 인물이다. 전하는 바, 그는 「전반 80년은 궁핍하게 살았고, 후반 80년은 부귀를 누렸다.(窮八十達八十)」고 한다. 일찍이 그는 독서에 몰두했으며 생업이나 가정을 돌보지 않았다. 그래서 부인이 집에서 뛰쳐나갔다.

그런데 누가 알았으랴? 그는 주(周)나라 문왕(文王)과 무왕(武王)의 군사(軍師)가 되어, 은(殷)나라 토벌에 공을 세우고 마침내 제(齊)나라의 제후(諸侯)가 되었다. 제후는 즉 지방국가의 임금과 같은 절대 권력자다.

뒤늦게 소식을 들은 늙은 부인이 찾아와서 다시 살게 해달라고 간청을 했다. 그러나 여상은 받아주지 않았다. 여상은 항아리의 물을 바닥에 쏟고 부인을 보고, 물을 다시 그릇에 담으라고 했다. 이를 「엎어진 물은 다시 거둘 수 없다(覆水難收).」라고 한다.

(2) 문왕(文王)과 태공망(太公望)의 만남

태공망(太公望)은 「태공(太公)이 만나기를 소망하던 사람」이라는 뜻이다. 태공은 바로 문왕(文王)의 할아버지 고공단보(古公亶父)다.

문왕은 어려서부터 신령님 같은 할아버지가 「장차 위대한 군사(軍師)가 나타나 우리나라를 도와줄 것이다.」라고 말한 것을 기억하고 있었다.

문왕이 사냥에 앞서 점을 치자, 점괘가 이상하게 나왔다. 「얻는 것은 용도, 곰도, 교룡도, 호랑이도 아니다. 우리나라를 패왕(覇王)되게 보필(輔弼)해 줄 사람이다.」

과연 그 날은 종일토록 잡히는 것이 없었다. 빈손으로 터덜터덜 말을 몰고, 위수(渭水) 강물 가를 지나갔다. 무심코 힐끗 보니 백발노인이 낚시질을 하고 있었다.

그 노인이 바로 여상(呂尙)이었다. 그는 본래 동해 가에서 태어났다. 머리가 총명하고 기상이 웅대한 그는 어려서부터 글읽기를 좋아했으며, 특히 전술에 능통했다.

그러나 때를 못 만난 탓으로 항상 궁핍하게 살았다. 결국 그의 부인마저 참지 못하고 도망갔던 것이다. 그래서 그는 홀로 낚시질을 하면서, 황하를 타고 서쪽 주(周)나라를 바라고 왔던 것이다.

마침 그 날도 여상은 강물에 낚시를 드리우고 있었다. 마침 그때에 문왕이 그 곁을 지나가다가 그를 발견한 것이다.

문왕은 말에서 내려 곁으로 다가갔다. 그러나 백발의 노인은 지긋이 두 눈을 감은 채 아는 척을 하지 않았다. 문왕은 '에헴!' 헛기침을 하고 물었다.

「고기가 잘 잡힙니까?」

노인은 고개도 돌리지 않고 눈도 뜨지 않고 낮은 소리로 혼자 말을 했다.

「고기야 잡히던 말던, 아무래도 좋소이다.」

문왕은 직감적으로 그가 바로 할아버지 태왕이 말하던 성인(聖人)인줄 알았다. 그래서 큰 소리로 외쳤다. 「선생이 바로 태공망(太公望)이십니다.」

그러자 노인은 눈을 뜨고 빙그레 웃으면서「무어라 하셨소.」하고 되물었다.

이에 문왕은 허리를 굽혀 절을 하고 말했다.「저는 주나라의 서백(西伯)입니다. 저의 조부 태공께서 생전에『장차 성인이 나타나 우리나라를 도울거라』고 말씀하셨거늘, 바로 선생님이 그분이십니다.」

그래서 문왕은 여상을 수레에 태워 모시고 돌아왔으며,「태공망(太公望)」이라 높이 불렀다. 본래 그는 성(姓)이 강(姜)이므로, 강태공(姜太公)이라고도 한다. 그래서 우리나라에서도 낚시꾼을 강태공이라 불렀다.

문왕(文王)과 여상(呂尙)의 만남에 대한 다른 설도 있다. 문왕이 이웃 나라에서 강씨 성을 가진 왕비를 맞이했을 때, 수행한 잉인(媵人:몸종이나 수행원)이라는 설도 있다. 옛날에는 부족과 부족이 결혼을 통해 결합하고 국력을 강화하는 경우가 많았다.

참고 보충 사략(史略)의 기술

(1) 여상이라는 사람이 있었다. 동해 가의 사람이며 빈곤하고 연로한 몸으로 낚시질을 하며 방랑하다가 주나라에 왔다.

(1) 有呂尙者 東海上人 窮困年老 漁釣至周.

(2) 서백이 사냥을 하려고 점을 치자 점괘가 다음과 같이 나왔다. 〈잡히는 것은〉 용도 아니고 이무기도 아니고 곰도 아니고 큰곰도 아니고 호랑이도 아니고 비휴도 아니다. 잡히는 것은 임금을 패왕되게 하는 데 도울 사람이다.

(2) 西伯將獵卜之 曰 非龍 非彲 非熊 非羆 非虎 非貔所
獲霸王之輔.

(3) 사냥에 간 서백은 과연 위수 북쪽에서 여상을 만났다. 서백은 여상과 함께 말을 나누고 크게 기뻐하며 다음과 같이 말했다. 「전부터 돌아가신 나의 조부 태공께서 "성인이 주나라에 온다. 그로 인해 주나라가 흥성한다"고 말씀하셨거늘, 바로 선생이 참으로 그 분이십니다. 우리 조부 태공께서 선생을 기다리신 지 오래됩니다.」

(3) 果遇呂尙於渭水之陽 與語大悅曰 自吾先君太公曰
當有聖人適周 周因以興 子眞是耶 吾太公望子久矣.

(4) 그래서 호를 「태공망」이라 하고 함께 수레를 타고 돌아왔으며 태사(太師)로 높이 받들고 「스승 상보」라고 존칭했다.

(4) 故號之 曰太公望 載與俱歸
立爲師 謂之師尙父.

태공망(太公望)

3. 사화 : 무왕벌주(武王伐紂)

(1) 무왕(武王)의 무력시위

주(周)나라의 서백(西伯)은 인덕(仁德)으로 백성을 사랑하고 제후들을 귀순케 했으며 또 도성(都城)을 풍읍(豊邑: 陝西省 邠縣)으로 옮겼다. 그래서 실질적으로 천하의 삼분의 이를 귀속시키고 아울러 천명을 내려 받고 있었다.

이와 같이 나라의 바탕을 굳게 다진 서백(西伯) 창(昌=文王)이 죽자, 그 뒤를 맏아들 무왕(武王 : 이름은 發)이 계승했다. 무왕은 아버지가 존경하던 여상(呂尚)을 그대로 군사(軍師)로 높이고 받들었다.

여상은 우주적인 안목을 가지고 천하를 통합할 원대한 경륜을 지닌 위대한 군사였다. 한편 무왕의 동생 주공(周公: 이름은 旦)은 학문과 덕행을 겸비한 학자이자 동시에 사려가 깊고 또 인품이 온유한 군자였다. 주공은 덕치(德治)의 바탕이 될 문물제도를 새롭게 제정했다. 이에 주나라는 경제적으로도 번창하고 또 무력도 증강되고 아울러 문화도 높아졌다.

맏아들 무왕 즉 발(發)은 뒤를 이은 지 9년이 되자 여상과 동생 주공과 함께 군대를 이끌고 동쪽으로 가서 무력을 과시했다. 그 목적은 크게 두 가지가 있었다. 무도한 주왕(紂王)에게 경고를 주는 동시에 천하의 제후들이 얼마나 자기에게 편들고 호응하는 지를 보고자 해서였다.

무왕이 맹진(盟津 : 河南省 남쪽, 黃河의 요지)에 이르자, 기약하지 않은 제후들 8백 명이, 저마다 자기 나라 군대를 이끌고 달려왔다. 그리고 이구동성으로 외쳤다. 「무도하고 잔학한 주(紂)를 토벌합시다.」

한편 하늘도 그들에게 길상(吉祥)을 내려주었다. 하나는 무왕이 탄 배 속으로 흰 물고기가 제물로 뛰어들었다. 흰색은 은(殷)나라를 상징한다. 이는 곧 은나라의 병사들이 자진해서 무왕에게 귀순한다는 뜻이다. 다른 하나는 밤에 무왕이 묵고 있는 군막 지붕 위에 붉은 새가 날아왔다. 붉은 새는 효덕(孝德)을 상징한다. 이는 곧 하늘이 무왕의 효성을 칭찬해준다는 뜻이다. 즉 무왕이 아버지 문왕의 뜻을 계승하여 천하를 바로잡으려는 것을 칭찬해 준 것이다.

이로써 무왕은 천하의 모든 제후들이 자기를 받들고 있음을 확신했고 또 대부분은 은나라의 병사들이 자기에게 귀순할 것도 알았으며 또 하늘도 자기를 도와줄 것을 믿게 되었다.

그러나 무왕은 그 자리에서 즉시 싸우지 않고 조용히 군대를 거두어 철수했다. 왜 그랬을까? 더 때를 기다리자는 생각에서였다.

아무리 주왕(紂王)이 실덕(失德)하고 민심(民心)이 이탈되었다고 해도, 은나라는 탕왕(湯王)이 세우고 또 수백 년간이나 유지되었던 왕조다. 그와 같이 역사가 오래 된 나라가 하루아침에 후딱 무너질 수 없다. 그래서 무왕은 더 때를 기다리자는 것이었다. 이러한 생각은 아버지 문왕의 생각이기도 했다. 동시에 은나라의 주왕(紂王) 자신이 스스로 깨닫고 반성하는 동시에 주(周)나라의 무력을 보고 스스로 투항하라는 뜻도 있었다.

(2) 은(殷)나라의 민심이탈

그래도 주(紂)는 반성할 줄 몰랐다. 오히려 반대로 더욱 광란적인 주지육림(酒池肉林)에 몰두하고 나라의 재물을 탕진했다. 뿐만 아니라 참혹한 「포락지형(炮烙之刑)」을 한층 더 강화하고 충신들을 학살했다.

간하는 왕자 비간(比干)을 산 채로 심장을 도려내기도 했다. 이에 왕족인 미자(微子), 기자(箕子)가 행방을 감추었다. 이어 태사(太師)와 소사(少師)가 국가의 상징인 제기와 악기를 들고 주나라로 망명해 왔다. 하늘과 선조에 제사지내는 제기가 주나라로 옮겨져 왔다는 것은 은(殷)나라의 국권이 넘어왔다는 뜻이 된다.

주(周)의 무왕은 최후의 결단을 내렸다. 왕족으로부터 버림을 받고 민심을 잃고 제기마저 상실한 허수아비 주(紂)를 처단하기로 결단을 내렸다.

(3) 출정(出征)과 목야(牧野)의 승리

무왕이 동방에서 무력을 과시한 지 만 2년이 지났다. 그간 무왕은 만반의 준비를 갖추고 최후의 출동명령을 내렸다. 때는 한파에 눈보라가 휘날리는 엄동설한이었다.

무왕은 아버지 문왕의 위패를 모신 전차를 타고 진두지휘를 했다. 그 곁으로는 군사 여상이 말을 달렸고, 뒤로는 동생, 주공(周公), 소공(김公), 필공(畢公)이 따랐다.

문왕의 위패를 선두에 모신 것은 이 토벌이 문왕의 친정(親

征)을 뜻하는 것이다. 문왕이 생전에 달성하지 못한 평천하(平天下)의 이상을 실현한다는 뜻이 담겨 있었다. 그러므로 무왕의 출전은 하늘에 충성하고 부친에 효도한다는 이중의 의미를 지닌 거룩한 거시가 된다.

위대한 군사 태공망(太公望) 여상(呂尙)은 3백 대의 천자, 3천 명의 장군, 4만 5천 명의 병사를 이끌고, 맹진(盟津 : 河南省 孟縣 남쪽)에 이르렀다. 그곳에서 다시 전국에서 모인 4천 대의 전차와 6만의 병력을 통합해서 총지휘하고 최후의 결전장인 목야(牧野:殷의 도읍 朝歌의 남쪽)로 진격했다. 결전에 앞서 무왕은 모든 장병에게 엄숙하게 말했다.

「천하 전국에서 모인 정의의 용사에게 고하노라. 은나라 주왕은 여색에 빠져 나라를 망치고 백성을 도탄에 떨어지게 했다. 이에 하늘은 아버지 문왕에게 천명을 새로 내리고 우리로 하여금 천벌을 집행하게 명한 것이다. 그러니 우리 모든 용사들은 하늘을 대신하여 악을 토벌해야 한다.」

음탕한 놀이에 취했던 주(紂)는 화들짝 놀랐고 즉각 모든 군대를 소집했다. 이에 전국에서 70만 대군이 모였다. 그러나 은(殷)나라 군대는 이름만의 대군이다. 대부분이 노예인 졸병들은 이 기회에 은나라를 뒤집어엎고 주나라에 붙어 자유로운 농민이 되려고 했던 것이다. 또 한편 항상 술 마시고 놀기만 했던 은나라의 장군들도 누렇게 녹슨 칼과 다름없었다.

천명을 받고 하늘의 권위를 등에 업은 주나라 군대가 노도같이 밀려오자, 은나라의 군대는 광풍에 휘날리는 모래같이 흩어졌다. 뿐만 아니라 많은 병사들은 등을 돌리고 주나라 편이 되었으며 저마다 무기를 주(紂)에게 꼬나 세우고 덤볐다.

　이렇게 하여 주나라와 은나라 간의 결전은 싱겁게 결판이 났다. 제대로 싸우지도 못하고 패한 주(紂)는 녹대(鹿臺)로 도망가서 스스로 불을 지르고 보물 더미에 묻혀 타죽었다. 무왕은 그의 시체에 세 발의 화살을 쏘고, 다시 황월(黃鉞 : 황금도끼)로 목을 쳐, 백기(白旗)에 달았다. 물론 달기도 처형했다. 이렇게 하여, 덕이 높은 탕왕(湯王)이 세운, 은나라는 약 6백 년 만에 덕을 잃은 주(紂)에 의해 멸망했다.

주왕조(周王朝) 지도

(4) 무왕의 뒤처리

무왕은 하늘에 제사를 지내려고 천단(天壇)에 갔다. 그런데, 주(紂)가 오래 하늘에 제사를 지내지 않았음으로 천단이 황폐했다. 무왕은 제단을 새로 수축하고 제물을 바치고 하늘의 제사를 정성껏 올렸다. 그러자 하늘이 무왕에게 새삼 천명을 내렸다.

「은의 마지막 왕, 주(紂)가 실덕(失德)하고 천하를 어지럽히고 만민을 돌보지 않았음으로 그대 주(周)의 무왕으로 하여금 은나라를 멸하고 주나라를 세우게 한 것이다. 삼가 천명을 받고 인애(仁愛)로운 덕치(德治)를 펴라.」

명실상부 성천자(聖天子)가 된 무왕은 아버지를 문왕(文王), 할아버지 계력(季歷)을 왕계(王季), 증조부 고공단보(古公亶父)를 태왕(太王)으로 추시(追諡)했다.

그리고 공을 세운 여상(呂尙)을 제(齊)에 봉하고, 동생 주공(周公)을 노(魯)에 봉하고, 소공(召公)을 연(燕)에 봉했다. 한편 주(紂)의 아들 녹보(祿父)를 은나라의 수도였던 조야(朝野)에 봉하고 은의 조상의 제사를 받들게 했다.

아울러 무왕은 부당하게 감금되었던 기자(箕子) 및 기타의 현명한 사람들을 풀어주었고 또 비참하게 죽은 비간(比干)의 묘도 만들었다. 은나라의 창고 속의 곡식이나 재물을 털어 백성들을 구제해 주었다. 한편 무왕은 주 나라의 도읍을 풍(豊)에서 호경(鎬京)으로 옮겼다.

참고 보충 사략(史略)의 기술

(1) 서백이 죽고 아들 발이 뒤를 이었다. 이가 바로 무왕이다. 무왕이 동쪽으로 가서 〈자기에게 가담할〉 무력을 점검하면서 맹진에 이르자 〈은나라의 병사를 상징하는〉 흰 물고기가 제물로 무왕의 배 안으로 뛰어 들었다. 〈이는 장차 은나라 병사가 귀순하겠다는 징조라〉 무왕은 몸을 숙여 그 물고기를 손에 들고 제사를 지냈다.

맹진의 나루를 건너가니 이상한 불덩이가 위로 치솟다가 다시 아래로 내려와 무왕의 군막 지붕에 이르자 옆으로 나는 듯하면서 까마귀로 변했다. 그 빛은 〈주나라를 상징하는〉 적색이며 그 울음소리가 차분하면서도 엄숙했다.

(1) 西伯卒 子發立 是爲武王 東觀兵 至於盟津 白魚入王舟中 王俯取以祭 旣渡 有火自上復于下 至于王屋 流爲烏 其色赤 其聲魄.

(2) 그 때에 사전에 기약하지도 않았는데, 그 곳에 모인 제후들의 수가 팔백 명이나 되었으며, 모든 제후들이 포악한 주를 쳐야 한다고 말했다. 그러나 무왕은 군대를 인솔하고 돌아왔다. 그래도 은나라의 주가 반성하고 회계하지 않았다. 마침내 무왕이 주를 치기로 작정하고 선친 문왕의 신주를 전차에 모시고 토벌에 나갔다.

(2) 是時諸侯 不期而會者八百 皆曰紂可伐矣 王不可 引歸 紂不悛 王乃伐紂 載西伯木主以行.

4. 사화 : 백이(伯夷)와 숙제(叔齊)

(1) 고죽국(孤竹國)의 왕자

백이(伯夷) · 숙제(叔齊)는 고죽군(孤竹君)의 두 왕자다. 백이는 큰 왕자고 숙제는 셋째 왕자다. 아버지는 생존시에 자리를 총명한 셋째에게 물려주려고 생각했다. 고죽군이 사망하자, 아버지의 뜻을 잘 아는 백이가 숙제에게 말했다. 「아버지의 뜻에 따라 네가 자리에 올라라.」 그러나 셋째 숙제는 말했다. 「그럴 수 없습니다. 인륜에 따라 큰 형이 오르셔야 합니다.」

서로 임금자리를 양보하던 끝에, 백이가 홀연히 행방을 감추었다. 동생에게 자리를 주기 위해서였다. 그러자 셋째 숙제도 뒤따라 집을 나섰다. 이렇게 하여 결국 둘째 왕자 중자(仲子)가 자리에 올랐다.

객지를 떠돌던 백이와 숙제는 늙은 나이에 서로 만났다. 그리고 주(周)나라의 영주(領主) 서백(西伯)이 덕이 높고 특히 노인들을 잘 돌봐 준다는 소문을 듣고 함께 주나라 수도 풍읍(豊邑)으로 갔다. 그러나 서백은 이미 죽고 그의 아들 무왕이 뒤를 이었다. 더욱이 주나라는 대군을 동원하고 은나라를 치려고 출동하고 있었다. 무왕이 아버지의 위패를 정중히 들고 앞서고 있었다. 이를 본 백이와 숙제는 용감하게 달려가 말고삐를 잡고 큰 소리로 질타하듯이 말했다.

「부친의 삼 년 상도 지키지 않고 군사행동을 일으키는 것은 효도(孝道)에 어긋납니다. 신하의 신분으로써 천자를 시해하려는 것은 인도(仁道)에 어긋납니다.」

거룩한 성전(聖戰)의 앞길을 가로막는 무법자를 가만둘 수가 있겠는가. 호위병이 칼을 뽑아들고 달려가 그들의 목을 치려고 하자, 총사령관인 여상이 침착하게 말렸다. 「칼을 거두어라. 그들은 고결한 의사(義士)다.」 무사들은 그들을 길가로 밀어내고 행군을 계속했다.

무왕이 은나라를 멸하자 천하의 모든 제후나 백성은 주(周)나라를 종주국(宗主國)으로 받들고 무왕을 성천자(聖天子)로 높이고 따랐다.

그러나 백이·숙제는 「불의(不義)한 주나라에 머물러 사는 것을 수치로 여기고 또 주나라의 곡식을 먹는 것을 창피하게 여겼다.」 그래서 수양산(首陽山)에 들어가 몸을 숨기고 고사리를 따먹다가 굶어 죽었다. 그들은 임종에 앞서 다음과 같은 노래를 지었다.

「저 서산에 올라가 고사리를 따서 먹노라, 폭력으로 폭력을 대신하고도 그 잘못을 모르노라. 옛날의 신농, 순임금, 우임금 때의 세계가 아득하게 사라졌으니, 우리는 어디로 돌아가나」 갈 곳이 없으니, 아아 죽으리라! 참으로 운세가 쇠퇴했구나!(登彼西山兮 采其薇矣 以暴易暴兮 不知其非矣 神農虞夏 忽焉沒兮 我安適歸矣 于嗟徂兮 命之衰矣)

참고 보충 사략(史略)의 기술

(1) 백이와 숙제가 출동하는 무왕의 말고삐를 잡고 간언을 했다. 「선친이 돌아가시고 미처 삼 년 상도 안 마쳤는데, 이렇게 전쟁을 하는 것을 효라 말할 수 있습니까? 또 신하된 몸으로 임

금을 시해하는 것을 충이라 말할 수 있습니까?」 그러자 좌우의
무사들이 병기를 들고 그들을 죽이려 했다. 이에 군사 태공망
이 말리며 말했다. 「그들은 의로운 사람이다.」 그리고 그들 백
이·숙제를 부축해서 그 자리를 떠나게 했다.

(1) 伯夷叔齊叩馬諫曰 父死不葬 爰及干戈 可謂孝乎 以
臣弑君 可謂仁乎 左右欲兵之 太公曰 義士也 挾而去之.

(2) 무왕이 은나라를 멸하고 천자가 된 다음에, 증조부 고공
단보를 태왕이라고 추시(追諡)하고 높였다. 또 조부 공계를 왕
계로 높였다. 또 부친 서백을 문왕이라 추시하고 높였다. 이에,
천하 만민이나 제후가 주나라를 종주국으로 삼았다.

(2) 王旣滅殷爲天子 追尊古公爲太王 公季爲王季 西伯
爲文王 天下宗周.

(3) 그러나 백이와 숙제 두 사람은 주(周)나라가 천하의 종주
국이 된 것을 창피하게 여기고, 주나라의 곡식을 먹지 않겠다
하고, 수양산에 숨었다. 그리고 다음과 같은 노래를 지었다.
「저 서산에 올라가 고사리를 따서 먹노라, 폭력으로 폭력을 대
신하고도 그 잘못을 모르는 군아. 옛날의 신농, 순임금, 우임금
의 세계가 아득하게 사라졌으니, 우리는 어디로 돌아가나」 갈
곳이 없으니, 아아 죽으리라! 참으로 운세가 쇠퇴했구나!? 그리
고 드디어 굶어 죽었다.

(3) 伯夷叔齊恥之 不食周粟 隱於首陽山 作歌曰 登彼西
山兮 采其薇矣 以暴易暴兮 不知其非矣 神農虞夏 忽焉
沒兮 我安適歸矣 于嗟徂兮 命之衰矣 遂餓而死.

참고 보충 사기(史記)의 백이열전(伯夷列傳)

사마천(司馬遷)은 열전(列傳)의 첫 권, 「백이열전(伯夷列傳)」에서 다음과 같이 기술했다.

「전하는 바, 백이·숙제는 고죽 나라 임금의 두 아들이다. 부친이 숙제를 세우려 했다. 부친이 죽자, 숙제가 백이에게 양보했다. 백이가 『부친의 명령이다.』라고 말하고, 몸을 숨겼다. 숙제도 자리에 오르지 않고 몸을 숨겼다. 그 나라 사람들이 가운데 아들을 세웠다.(其傳曰 伯夷叔齊 孤竹君之二子也 父欲立叔齊 及父卒 叔齊讓伯夷 伯夷曰 父命也 遂逃去 叔齊亦不肯立 而逃之 國人立其中子)」

「그러자 백이·숙제는 〈주나라〉 서백 창(昌)이 노인을 잘 대접한다는 말을 듣고, 『왜 그에게 안 가랴?』 했다. 주나라에 가 보니, 서백은 이미 죽고, 아들 무왕이 나무 신주를 전차에 모시고, 문왕이라 호칭하고, 동쪽으로 가서 주(紂)를 토벌하려고 했다.(於是伯夷叔齊 聞西伯昌善養老 盍往歸焉 及至西伯卒 武王載木主 號爲文王 東伐紂)」

「백이와 숙제는 말고삐를 잡고, 간하며 말했다. 『아버지가 돌아갔는데 삼 년 상도 마치지 않고 무기를 들고 싸우는 것을 효라고 말하겠는가? 신하의 신분으로 임금을 시해하려는 것을 인이라고 말하겠는가?』 좌우의 병사들이 두 사람을 칼로 죽이려 하자, 태공이 말했다. 『그들은 의로운 분이다.』 이에 〈죽이지 않고〉 부축해서 떠나게 했다.(伯夷叔齊叩馬而諫曰 父死不葬 爰及干戈 可謂孝乎 以臣弑君 可謂仁乎 左右欲兵之 太公曰 此義人也 扶而去之)」

「무왕이 은나라의 난을 평정하니, 온 천하가 주(周)를 종주로 받들었다. 그러나 백이와 숙제는 창피하게 여기고, 도의상으로도 주나라의 곡식을 먹을 수 없다고 하고, 수양산에 몸을 숨기고 고사리를 따먹다가 굶어 죽었다. 임종 시에 다음과 같은 시를 읊었다.(武王已平殷亂 天下宗周 而伯夷叔齊恥之 義不食周粟 隱於首陽山 采薇而食之 及餓且死 作歌 其辭曰)」

『저 서산에 올라가 고사리를 따서 먹노라, 폭력으로 폭력을 대신하고도 그 잘못을 모르는 군아, 옛날의 신농, 순임금, 우임금의 세계가 아득하게 사라졌으니, 우리는 어디로 돌아가야 하나? 갈 곳이 없으니, 아아 죽으리라! 참으로 운세가 쇠퇴했구나!』

(登彼西山兮 采其薇矣 以暴易暴兮 不知其非矣 神農虞夏 忽焉沒兮 我安適歸矣 于嗟徂兮 命之衰矣)

사마천은 다음과 같은 의문을 제시하기도 했다. 『천도는 항상 착한 사람에게 편든다고 하거늘, 왜 백이·숙제가 불행하게 굶어 죽었는가? 공자의 수제자 안연(顔淵)은 왜 가난하고 또 일찍 죽었으며, 반대로 도척(盜跖)은 잘 살고 또 수를 누렸을까?』

이와 같은 물음은 오늘에도 명쾌하게 대답할 수 없는 의문이다. 이에 대하여 사마천은 다음과 같이 공자의 말을 인용했다. 「도가 같지 않으면, 서로 비교하고 논할 수 없다. 저마다의 뜻과 신념을 따르면 된다.(子曰 道不同 不相謀 亦各從其志也)」

「사람들은 저마다 저의 길을 따라 산다. 주의 주장이 틀리는 것을 같은 기준으로 선악시비를 평할 수 없다.」

제3장   서주(西周)의 임금들

1. 사화 : 성왕(成王)과 주공(周公)

(1) 주공(周公)의 동정(東征)

무왕은 천하를 통일하고 즉시 무기를 거두어 농기구로 만들고, 싸움에 동원했던 말을 화산(華山 : 陝西省) 남쪽에, 소를 도림(桃林 : 陝西省) 구릉에 풀어서, 농업생산에 이용하게 했다. 다시는 전쟁을 하지 않겠다는 뜻이 담겨져 있었다. 또 무왕은 도성(都城)을 동쪽 낙양(洛陽)으로 옮겨 중원지대를 통제하려고 했다.

동생 주공은 해박한 학문지식을 바탕으로 예악(禮樂)과 의례(儀禮) 등의 탁월한 문물을 제정하여, 왕도덕치(王道德治)의 기틀을 세웠다.

그러나 애석하게도 무왕은 대업을 완성하지 못하고 병들어 자리에 누웠다. 이에 동생 주공이 하늘과 선조에게 제사를 들이고 자신을 대신 죽게 해달라고 빌기도 했다. 그러나, 결국 무왕이 운명하고, 뒤를 어린 성왕(成王)이 이었으며, 주공이 섭정(攝政)으로 보좌를 했다.

당시는 아직도 형제상속의 제도가 남아 있었다. 그래서 혹시나 주공이 자리를 가로채는 것이 아닐까 하고 의심하는 사람도 있었다.

원래 무왕에게는 약 15명의 동생이 있었다. 그러므로 이들 동생들이 시기하고 모략했다. 주공이 장차는 성왕을 제쳐놓고 국권을 차지할거라고 중상하기도 했다.

마침내 동생 관숙선(管叔鮮)과 채숙도(蔡叔度) 두 사람이 은나라의 무경(武庚=祿父)을 업고 반란을 일으켰다. 이에 주공은 단호하게 대처했다.

손수 토벌군을 지휘하고 출전하여, 무경과 관숙을 주살하고 채숙을 멀리 추방했다. 원래 무왕이 관대하게 은나라 주왕(紂王)의 아들 무경(武庚) 즉 녹보(祿父)로 하여금 자기네 조상의 제사를 지내라고 봉지도 주고 유민(遺民)도 다스리게 했던 것이다. 그리고 무왕이 자기 동생 관숙과 채숙을 감시 역으로 파견했던 것이다.

그런데 관숙과 채숙이 무경과 결탁하고 반란을 일으켰던 것이다. 이때가 주나라의 위기였다. 이를 무공의 동생이며 무술에도 뛰어난 주공단(周公旦)이 어린 임금 성왕(成王)의 허락을 받고 손수 군대를 지휘하고 동(東)으로 출정하여, 반도(叛徒)들을 단호하게 토벌하고 위기를 극복하고 주나라를 안정시켰던 것이다.

반란을 진정한 다음, 주공은 미자(微子)를 은나라의 후계자로 세우고, 송(宋 : 河南省)에 봉했다. 또 은나라 옛 땅을 거두어 새로 위(衛)나라를 세우고 은나라 유민을 살게 했다.

(2) 성왕(成王)·강왕(康王)

주공은 7년에 걸친 섭정(攝政)을 끝내고, 대권을 성왕에게 반환하고 신하로써 임금을 받들었다. 주공은 계속해서 제반의 예악(禮樂)이나 문물제도를 개혁하고 발전시켰다. 동시에 주공은 삼황오제 이후의 성왕(聖王)의 정신과 전통을 계승하고 더욱 발전시켜, 주나라 초기의 인정(仁政)과 덕치(德治)의 기틀을 확립했다. 혁혁한 공을 세운 주공이 풍읍(豊邑)에서 조용히 숨을 거두었다. 성왕은 그의 죽음을 애도하고 그를 문왕의 무덤이 있는 필(畢)에 매장했다.

한편 성왕도 덕정(德政)을 베풀다가 붕어하고 뒤를 강왕(康王)이 이었다. 선왕은 붕어에 앞서 원로(元老) 소공(김公)과 필공(畢公)에게 정성껏 강왕을 보필해주라고 부탁했다. 이에 두 원로는 종묘에 제사를 드리고 문왕(文王)과 무왕(武王)의 유지를 받들어 강왕에게 전했다. 「천자의 요체는 근검 절약해야 한다. 사사로운 욕심을 억제하고 오직 백성을 위하고 또 신의를 지켜야 한다.」 강왕은 원로의 교훈을 잘 따르고 지켰다. 그래서 성왕과 강왕 치세에는 40년 간이나 형벌을 집행한 일이 없었다고 전한다.

참고 보충 사략(史略)의 기술

(1) 무왕이 죽고 태자 송이 뒤를 이어 임금이 되었다. 그가 곧 성왕이다. 성왕은 나이가 어렸음으로 주공이 총재의 자리에서, 정사를 대신 맡아 다스렸다. 그러나 관숙과 채숙이 유언을 퍼뜨려 말했다. 「주공이 장차는 어린 임금에게 해를 끼칠 것이다.」 그리고 무경과 함께 난을 일으켰다.

(2) 무경은 무왕이 내세운 주의 아들 녹보로 은나라의 후손이다. 〈망한 은나라의 제사를 지내라고 내세운 후계자다.〉 주공이 동쪽으로 출정하여 〈난동을 일으킨 그들을 쳤으며〉 무경과 관숙을 주멸하고 채숙을 멀리 추방했다. 그 후에 어린 성왕이 장성하자 주공은 정치의 대권을 다시 돌려주었다.

(2) 武庚者 武王所立紂子祿父 爲殷後者也 周公東征 誅
武庚管叔 放蔡叔 王長周公歸政.

(3) 전에 무왕이 생존시에 호경을 건설하고 종주라고 이름을 붙였다. 무왕은 호경을 서쪽 국도로 삼고 장차 낙양을 건설하려다가 뜻을 이루지 못하고 〈죽었다.〉 어린 성왕이 무왕의 뜻과 같이 〈낙양을 건설하려고 했으며〉 소공이 〈도읍을 건설할〉 터를 살피고 주공이 낙양에 가서 왕성을 지었으며 이를 동도라고 불렀다. 낙양은 천하의 중심지가 되며 사방의 제후국들이 들어와 공물을 바치는데 그 노정과 거리가 균등한 곳이었다.

(3) 初武王作鎬京 謂之宗周 是爲西都 將營洛邑 未果 王
欲如武王之志 召公遂相宅 周公至洛 築王城 是爲東都
以洛爲天下中 四方入貢 道里均也.

(4) 성왕은 평소에는 서도 호경에 있었고 제후들과 회견할 때에는 동도에서 했다. 주공과 그의 동생 소공이 다 왕을 도왔으며, 좌우의 보좌인이 되었다. 섬주(陝州) 서쪽은 소공이 주관하고 섬주 동쪽은 주공이 주관했다.

(4) 王居西都 而朝會諸侯於東都 周公召公相成王 爲左
右人 自陝以西 召公主之 自陝以東 周公主之.

참고 보충 사략(史略) : 백치(白雉)를 바치다.

(1) 교지 남쪽에 월상씨라는 나라가 있었다. 〈그 나라의 사신이〉 이중 삼중으로 통역을 바꿔가면서 주나라를 찾아와서 흰 꿩을 바쳐 올리며 아뢰었다. 「저는 우리나라의 늙은 임금으로부터 명을 받고 왔습니다. 하늘에는 열풍과 폭우도 없고 바다에는 높은 파도가 일지 않는지 삼 년이나 되었습니다. 중국에 성인이 나타나 다스리기 때문에 이렇게 천하가 태평할 거라고 생각하고 계십니다.」

(1) 交趾南有越裳氏 重三譯而來 獻白雉 曰 吾受命國之黃
耆 天無烈風淫雨 海不揚波 三年矣 意者中國有聖人乎.

(2) 주공이 성왕의 덕으로 돌리고 흰 꿩을 선조로 모신 종묘에 바치고 제사를 지냈다. 사신이 돌아갈 길을 잃고 헤매자 주공이 〈사신에게〉 포장을 두른 수레 다섯 량을 내려주었다. 모두 남쪽을 가리키는 기계장치가 있는 즉 지남차(指南車)였다. 사자는 그 수레를 타고 부남과 임읍의 해안을 따라서 일 년 만에 자기나라에 도달했다. 그러므로 〈후세에도 임금 행차에〉 지남차를 항상 선도로 내세운다. 〈그 이유는〉 먼 나라 사람들을 귀순하게 하고 또 사방을 바르게 다스린다는 뜻을 나타내기 위해서다.

(2) 周公歸之王 薦于宗廟 使者迷歸路 周公錫以 軿車五
乘 皆爲指南之制 使者載之 由扶南林邑海際 期年而至國
故指南車常爲先導 示服遠人而正四方.

2. 기우는 주왕실(周王室)

(I) 소왕(昭王)·목왕(穆王)

강왕(康王)의 뒤를 소왕(昭王)이 이었고, 소왕의 뒤를 목왕(穆王)이 이었다. 이들은 덕치(德治)보다, 사냥이나 무력으로 세력을 확장하는 데 힘을 기울였다. 그래서 인애(仁愛)를 바탕으로 한 주나라의 덕치(德治)의 전통이 무너지고 아울러 명성도 실추되었다.

이들이 무력으로 남들을 정복하려고 한 가장 큰 원인은 그만큼 주나라의 전투력이 커졌다는 것을 뜻한다. 예를 들면, 무왕이 은(殷)의 주(紂)를 칠 때에 동원했던 전차는 고작 350대에 불과했다. 그러나, 이제는 수천 대의 전차와 수십 만의 군대로 증강되었다. 또한 재물이나 경제도 부풀었다. 그래서 그들은 넘치는 힘을 밖으로 나가 발산하려고 했던 것이다.

그 결과 소왕은 객지에서 다른 민족에게 피살되고 돌아오지 못했다. 한편 목왕의 경우는 곤륜산에서 서왕모와 술잔치를 했다고 낭만적으로 그리기도 했다.

참고 보충 사략(史略) 기술

(1) 성왕이 죽고 아들 강왕, 쇠가 뒤를 이었다. 성왕과 강왕 두 임금 때에는 천하가 잘 다스려지고 평화로워 형벌을 놓아두고 쓰지 않은 지가 사십 년이나 되었다. 강왕이 죽고 아들 소왕 하가 자리에 올랐다. 소왕은 남쪽을 돌며 사냥을 하다가 초나라에 갔으며 아교로 붙인 배를 타고 강을 건너가다가 익사하고 다시 돌아오지 못했다.

(1) 成王崩 子康王釗立 成康之際 天下安寧 刑錯四十餘年不用 康王崩 子昭王瑕立 昭王南巡狩之楚 以膠舟載之溺不返.

참고 보충 사략 : 목왕순수(穆王巡狩)

(1) 아들 목왕 만이 임금이 되었다. 조보라는 사람이 있었으며 말과 수레를 잘 몰아서 왕의 사랑을 받았다. 여덟 마리 준마를 얻어 가지고 천하를 두루 돌아다녔으며 장차 천하 각지에 수레 바퀴자국과 말 발자국을 남기려고 했다. 목왕이 서쪽을 여행했을 때 요지에서 서왕모와 함께 술을 마시고 즐거워서 돌아가기를 잊었다고 전한다.

(1) 子穆王滿立 有造父者 以善御幸於王 得八駿馬 遊行天下 將皆有車轍馬跡 王西巡 世傳王以此時 觴西王母瑤池上 樂而忘歸.

(2) 서(徐)나라의 언(偃)왕이 반란했다. 조보가 왕의 수레를

몰고, 장거리를 달려서 〈무사히〉 왕을 구했다. 왕은 초 나라에
명하여 서를 치게 했으며 서나라가 패했다.

　(2) 徐偃作亂 造父御王 長驅歸救亂 告楚伐徐 徐敗.

　(3) 목왕이 견융을 정벌하려고 하자, 채나라의 공(公), 모보가
간하여 말했다. 선왕들은 덕을 밝히시고 무력을 과시하지 않았
습니다. 그러나 왕은 듣지 않고 서쪽으로 출정했다. 〈전과도 없
이〉 다만 네 마리의 흰 이리와 흰 사슴을 얻고 돌아왔다. 그때
부터 변경의 오랑캐들로 귀순하는 자들이 없게 되었으며, 제후
들도 화목하지 않게 되었다.

　(3) 王將征犬戎 蔡公謀父諫曰 先王燿德不觀兵 王不聽
　　征之 得四白狼 四白鹿以歸 自是荒服不至 諸侯不睦.

3. 사화 : 서주(西周)의 멸망

(1) 백성에게 쫓겨난 여왕(厲王)

목왕(穆王) 다음의 5대 왕이 악명 높은 여왕(厲王)이다. 여왕은 욕심 많고 거만했다. 그래서 나라와 백성을 생각하지 않고, 무자비하게 백성으로부터 재물을 거둬서 사치하고 낭비하고 유흥에 골몰했다. 악한 임금은 현명한 신하를 멀리하고 간신(奸臣)을 가까이 하는 법이다. 그는 영이공(榮夷公)을 등용하고 가혹하게 재물을 거두어 들였다. 착한 신하가「악덕한 정치를 펴고 가렴주구하면, 백성들이 등을 돌립니다.」하고 간했으나 듣지 않았다. 반대로 전국에 무당을 파견하여 백성을 감시하고, 불평하는 자를 색출하고 무참하게 처형했다. 이에 사람들은 벙어리가 되어 인사말도 제대로 나누지 못했다. 길을 갈 때에도 서로 눈인사만을 나누었다. 마침내 소공(召公)이 한마디 했다.「백성의 입을 막으면 홍수에 둑이 터지듯이 반드시 폭발할 것입니다.」

그래도 여왕은 듣지 않고 백성을 괴롭혔다. 마침내 백성들이 봉기하고 무력반란이 일어났다. 이에 여왕은 임금자리에서 쫓겨나 체(彘)라는 곳으로 도망가 숨었다.

(2) 공화시대(共和時代)

소공은 도망간 임금의 뒤를 여왕의 아들 정(靜)으로 하여금 잇게 했다. 그러나 실질적인 정치는 주로 소공과 다른 신하가 공동으로 담당했다. 공화는 약 14년 간 지속되었다. 그 간에 도망가서 숨어있던 여왕(厲王)이 죽었다. 그래서 소공은 태자 정을 정식으로 임금으로 모셨다. 그가 바로 선왕(宣王)이다. 선왕은 여러 충신들의 말을 잘 따르고, 선정(善政)을 펴, 주나라를 중흥케 했다.

(3) 선왕(宣王)의 중흥

선왕(宣王)은 자리에 오르자, 중산보(仲山甫)를 재상에 임명하고 동시에 남중(南仲), 소호(召虎) 등의 장군을 앞세우고 반란을 진압하고 또 복종하지 않는 제후들을 토벌했으며, 일시나마 주의 위세를 과시했다. 시경(詩經)에는 그의 토벌을 칭송하는 시가 보인다. 그러나, 두백(杜伯) 같은 무고한 충신을 죽이는 등의 잘못도 있었으며, 서융(西戎)에게 크게 패하기도 했다.

참고 보충 서주(西周)의 제왕(帝王)

1대 무왕(武王), 2대 성왕(成王), 3대 강왕(康王),
4대 소왕(昭王), 5대 목왕(穆王), 6대 공왕(共王),
7대 의왕(懿王), 8대 효왕(孝王), 9대 이왕(夷王),
10대 여왕(厲王), ―공화시대(共和時代)― 11대 선왕(宣王),
12대 유왕(幽王), 13대 평왕(平王).
평왕(平王)이 도읍을 동쪽 낙읍(洛邑)으로 옮겼다. 그 후를 동

주(東周)라 한다. 동주시대를 다시 춘추(春秋)와 전국(戰國) 시
대로 나눈다.

참고 보충 사략(史略)의 기술

⑴ 목왕이 죽고 아들 공왕 예호(繄扈)가 자리에 올랐다. 공왕
이 죽고, 아들 의왕 간(艱)이 자리에 올랐다. 의왕이 죽고 동생
효왕 벽방(辟方)이 임금이 되었다. 효왕이 죽고 아들 이왕 섭
(燮)이 자리에 올랐다. 〈주나라의 세력이 약해졌음으로〉 이왕은
당에서 내려와 몸을 숙이고 제후를 만났다. 이 때에 초나라가
처음으로 신분에 넘나게 임금이라 호칭했다. 이왕이 죽었다.

⑴ 崩 子共王繄扈立 崩 子懿王艱立 崩 弟孝王辟方立
崩 子夷王燮立 下堂而見諸侯 楚始僭稱王 夷王崩.

⑵ 아들 여왕 호(胡)가 임금이 되었으나 여왕은 무도하고 포
학하고 사치 낭비하고 오만 무례했다. 위무(衛巫)라는 여자 무당
을 내세워 정치를 비방하는 국민들을 감시케 했으며, 그녀가 고
발하면 즉각 살해했다. 〈그래서 국민들은 말을 못하고〉 도로에
서 서로 눈짓만 했다. 그러자 왕은 좋아하고 「내가 비로소 비방
을 못하게 했다」고 말했다. 이를 보고 어떤 사람이 말했다. 「그
것은 틀어막는 짓이다. 백성의 입을 막으면 흐르는 물을 막는 것
보다 더 심한 해독을 볼 것이다. 물을 막음으로써 둑을 무너지게
하면 반드시 많은 사람이 다칠 것이다.」 그래도 왕은 말을 듣지
않았다. 이에 국민들이 서로 편들고 한패가 되어 임금에게 반대
했으며 결국 임금은 나라에서 쫓겨나 체(彘)로 도망갔다.

(2) 子厲王胡立 無道 暴虐侈傲 得衛巫 使監國人之謗者
以告則殺之 道路以目 王喜曰 吾能弭謗矣 或曰 是障也
防民之口 甚於防川 水壅而潰 傷人必多 王不聽 於是國
人相與畔 王出奔彘.

참고 보충 사략(史略)의 기술

(1) 두 명의 재상 즉 주공과 소공의 후손들이 공동으로 국사를 처리했으며, 그 시기를 공화시대라 하고, 14년 간 지속되었다. 그러자 여왕(厲王)이 망명했던 체(彘)에서 죽었다.

(2) 아들 선왕 정이 뒤를 이어 자리에 올랐다. 〈선왕은〉 현명한 사람을 임용하고 능력 있는 사람을 썼다. 이에 소목공을 위시하여 방숙, 윤길보, 중산보 등 현명한 신하가 안과 밖으로 잘 다스렸음으로, 왕의 교화가 다시 부흥하고 주나라 황실의 위세가 중흥했다.

(1) 二相周召共理國事 曰共和者十四年 而王崩於彘.

(2) 子宣王靜立 任賢使能 有召穆公 方叔 尹吉甫 仲山甫
等 爲政於內外 王化復行 周室中興焉.

제4장 서주(西周)의 멸망

1. 사화 : 음란 무도한 유왕(幽王)

(1) 생명과 천명을 준 하늘의 뜻

옛날이나 지금이나 같다. 백성이나 임금도 같다. 하늘이 생명을 줌으로써 사람은 살고 활동하고 일한다. 생명은 곧 활동하고 일하는 기능이다.

잘 생각해 보자. 하늘이 왜 사람에게 「일하는 기능, 생명」을 주었을까? 하늘은 절대선(絕對善)의 실재(實在), 실체(實體)이다. 그 하늘이 왜 사람에게 「일 하는 기능인 생명」을 주었는가?

『하늘의 뜻과 도리에 맞게 착한 일을 하라고 생명을 준 것이다.』

그런데, 하늘로부터 생명을 내려 받고, 하늘의 뜻과 도리에 어긋나는 나쁜 짓을 하면 하늘은 그의 생명을 거두고 결국에 가서는 멸한다. 악인은 절대로 살아 남을 수 없다. 그것이 하늘의 도리다.

그러므로 모든 사람은 하늘의 도리에 맞는 착한 일을 해야 한다. 착한 일은 곧 인류의 역사와 문화를 창조적으로 발전케 하는 데 공헌하는 일이다. 이와 반대가 되는 나쁜 일은 곧 「동물적, 육체적, 개인적, 이기적, 관능적 욕심과 쾌락을 채우기 위하여 남을 해치고 남의 재물을 폭력으로 탈취하는 모든 행위다.」

(2) 요녀(妖女) 포사(褒姒)의 출생

하(夏)나라가 망하기 직전의 일이었다. 왕궁 뜰 위에 두 마리의 용이 나타나 교미를 하면서 말했다.

「우리는 포(褒)나라의 임금과 황후다. 우리가 흘리는 침을 정중히 받아 나무 함 속에 간직해 두어라.」

하나라 왕은 태사(大師)를 불러 점을 치게 했다. 태사가 점괘를 보고 말했다.

「신룡(神龍)의 말대로 그들의 침을 받아 목독(木櫝 : 나무 궤짝)에 간직하십시오. 그 침은 바로 신룡의 정기(精氣)입니다.」

왕은 내시에게 명하여, 용이 흘리는 침을 받아서 목독 속에 간직하게 했다. 그러자 용이 홀연히 자취를 감추고 보이지 않게 되었다. 얼마 후, 하나라가 망하고 은나라가 섰다.

은나라에서는 그 목독을 창고에 간직했다. 다시 은나라가 망하고, 주나라가 그 목독을 창고 깊이 간직했다.

그 후, 수백 년의 세월이 흘렀으며, 주나라 여왕(厲王)이 낡은 나무궤짝을 뜰에 내다가 열어 보았다.

그 순간 궤짝 속에서 진한 액체가 넘쳐흘러, 풀밭에 떨어지자, 즉시 도마뱀으로 변했다. 이를 본 주술사(呪術師)가 왕에게 아뢰었다.

「저것은 신룡(神龍)의 정기입니다. 젊은 궁녀로 하여금 받도록 하십시오.」

이에 여왕(厲王)이 마당에 있던 모든 궁녀로 하여금 옷을 벗고 알몸으로 도마뱀을 둘러싸게 했다. 그러자, 그 도마뱀은 일곱 살짜리 소녀 발 밑으로 들어가더니 보이지 않게 되었다.

그런 일이 있은 지, 다시 사십 년이 지나, 선왕(宣王) 때가 되었다. 오십 살 된 늙은 궁녀가 여자아이를 분만했다. 물론 그 궁녀는 남자와 접한 일이 없었다. 그래서 그녀는 소문나지 않게 어린아이를 산 속에 몰래 내다버렸다. 그 궁녀가 사십 년 전에, 용의 정기를 받은 처녀였다.

당시 아이들이 이상한 노래를 부르기 시작했다.

『산뽕나무 활과 대나무 화살 통이, 장차 나라를 망치게 하리라.』

그러던 어느 날, 도성을 감시하던 병사가 임금에게, 달려와 고했다.

「낯설은 남녀가, 산뽕나무 활과 대나무 화살 통을 지고 다니면서 팔고 있습니다.」

선왕은 그 자리에서 명을 내렸다.

「그들을 당장에 잡아서 처형해라.」

활 장수는 이웃나라에 사는 행상꾼으로 부부였다. 난데없이 병사가 창칼을 뽑아들고 달려오는 것을 본 그들은 등짐을 벗어던지고 필사적으로 산 속으로 도망갔다. 어느덧 날이 저물었다. 그들은 도성으로 들어가기를 단념하고, 어둠에 산을 타고 포(褒) 나라로 도망을 갔다.

그 때였다. 숲 속에서 어린 아이 울음소리가 났다. 다가가 허리를 숙이고 보니, 토실토실한 아기가 울고 있었다. 그들 부부는 아이가 없었다. 그래서 그 아이를 업고 그 길로 포나라에 도망가서 살면서 그 아이를 키웠다. 그 아이가 바로 성장하여 절색미인이 된 포사(褒姒)였다.

전에 포(褒)나라의 영주(領主)가 죄를 범했으며, 그 보상으로
막대한 재물과 여자 노예들을 유왕에게 바친 일이 있었다. 그
중에 포사가 있었다.

원래가 여자 종이라 즉시 임금 눈에 띠지 않았다. 그러다가
우연한 기회에 포사를 발견하고 홀딱 반했으며, 밤낮으로 그녀
와 놀아났던 것이다. 뿐만 아니라. 그녀는 폭군 유왕을 한눈에
사로잡고 마침내 주나라를 멸망케 했던 것이다.

(3) 원비 신후(申后)와 요녀 포사(褒姒)

선왕(宣王)이 죽자, 유왕(幽王)이 자리에 올랐다. 은(殷)을 망
친「걸(桀)과 말희(末喜)」, 하(夏)를 망친「주(紂)와 달기(妲己)」
처럼, 유왕은「포사(褒姒)」라는 요녀(妖女)에 매혹되어 마침내
나라를 망치고 자신도 죽어야 했다.

유왕도 황음무도(荒淫無道)한 폭군이었다. 여색(女色)과 유흥
(遊興)에 빠져 나라의 재물을 탕진했으며, 재물을 보충하기 위
해 혹독하게 백성들로부터 가렴주구(苛斂誅求)했다. 그는 충신
을 멀리하고, 아첨 잘하는 간신만을 등용하고, 악덕정치를 자
행했다.

이에 하늘도 그를 버렸고, 제후들도 등을 돌렸고, 백성들은
그를 저주했으며, 원성이 높았다. 그런데도 그는 반성할 줄 몰
랐다.

원래 유왕의 원비(元妃)는 신후(申后)이다. 그리고 그의 소생
의구(宜臼)가 태자였다. 그런데, 포사(褒姒)에게 홀린 유왕은
신후를 폐하고, 태자를 내쫓았다. 그리고 포사(褒姒)를 황후로,

그녀의 아들 백복(伯服)을 태자로 삼았다.

이에 신후가 아들 의구를 데리고 친정으로 돌아갔다. 유왕은 사람을 풀어, 의구(宜臼)를 죽이려고 했다. 그러자 신국(申國)의 임금인 그녀의 아버지 신후(申侯)가 노발대발하고, 견융(犬戎)과 연합하여, 국경을 넘어 쳐 들어와 유왕을 여산(驪山:陝西省 臨潼縣)에서 주살(誅殺)했다. 그리고 그들 오랑캐들은 주나라의 창고를 털고, 태산처럼 쌓아둔 금은보화를 약탈해 갔다.

이로써 무왕(武王)이 나라를 세운 주(周)나라는 12대 임금을 거치고 마침내 유왕에 의해, 이른바 주나라의 전반 서주(西周)가 멸망했던 것이다. 그 후는 평왕(平王)이 동쪽으로 도읍을 옮겼음으로 동주(東周)라고 한다.

서주는 문왕(文王) 무왕(武王) 및 주공(周公)의 인덕과 무력 및 슬기로 인해, 천명을 내려 받고 나라를 세웠다. 그러나 후대에 와서 임금들이 덕을 쌓지 않고, 독무정책(瀆武政策)을 썼고, 특히 유왕의 황음무도로 인해 결정적으로 망했던 것이다.

유왕 말기에는 주나라에 천재지변(天災地變)이 자주 발생했다고 한다. 하늘은 선에는 상을 내리지만, 악에는 벌을 내린다.

(4) 나라를 멸망시킨 포사의 웃음

요녀 포사에게는 이상한 버릇이 있었다. 그녀는 좀처럼 웃지를 않았다. 유왕은 그녀를 웃기려고 백방으로 애를 썼다. 호화찬란한 궁전을 신축해 주고 또 진귀한 금은보화를 거두어 주었다. 그래도 소용이 없었다.

마침내, 유왕은 원비(元妃)인 신후(申后)와, 태자인 의구(宜

臼)를 폐하고 내쫓았다. 그리고 포사를 정비로 앉히고, 그녀의 소생인 백복(伯服)을 태자로 삼았다. 그래도 포사는 웃지 않았다.

그러자 치졸한 유왕은 마침내 엉뚱한 수작을 부렸다. 우매한 유왕은 비록 타락하고 덕을 잃었다 해도 명목상으로는 천하를 다스리는 천자다. 그러므로 서북방에서 오랑캐가 쳐들어오면 전국의 제후들이 달려와서 그를 지켜야 했다. 이를 악용해서 포사를 웃기게 하자는 어처구니없는 불장난을 한 것이다.

유왕은 포사를 데리고 새로 지은 별궁에 행차하고 술잔치를 벌였다. 그 별궁은 서울 근교 높은 산에 있었다. 진종일 마시고 질탕하게 놀던 유왕은 어두워지자, 엉뚱한 명령을 내렸다.

『봉화대에 긴급을 알리는 봉화를 올리게 하라.』

주위에서 함께 마시고 놀던 대신들이 어리둥절하고 임금을 쳐다보자, 임금은 큰 소리로 잘타하듯 말했다.

『무엇을 꾸물대는가. 짐이 방금 긴급을 알리는 첩보를 접했다. 즉각 봉화를 올려 전국에 알리고, 전국의 제후들을 소집해라.』

먼저 서울 근교에 있는 봉화대에서 봉화가 피어올랐다. 그리고, 차츰 지방으로 줄줄이 이어져, 마침내 전국에 긴급을 알리는 봉화가 피어올랐다. 이에 전국의 제후들이 기겁을 하고 휘하 군대를 대동하고 다급히 달려왔다.

그들 제후들은 밤길을 달려 새벽녘에 서울 근교에 도달했다. 그러나, 서울을 평온하고 전란의 흔적도 보이지 않았다.

달려온 제후들과 군졸들은 우두망찰하고 의아한 눈으로 하늘을 쳐다보았다. 어찌 된 영문인가?

높은 산에 새로 지은 별궁에서는 임금과 신하들이 불을 밝히고 풍악을 울리고 술잔치를 벌리고 있는 것이 아닌가?

『우리가 속았구나.』

『이 무슨 해괴한 짓인가.』

제후들과 군졸들은 땅을 치며 분통을 터뜨렸다. 그러자, 참으로 기괴한 일이 일어났다. 궁전에서 이들을 내려다보고 있던 포사가 크게 입을 벌리고 깔깔대고 웃었던 것이다. 그 웃음 속에는 독기가 서려 있었다. 그녀의 독살스런 웃음을 유왕은 기쁘게 들었을 것이다. 그러나 그 웃음은 제후의 가슴속에 증오와 절망감을 심어주었다.

(5) 신후(申侯)의 반격

한편 쫓겨난 황후와 태자는 친정 집으로 몸을 피했다. 친정 아버지는 신(申)나라의 임금이었다. 그는 노발대발했다. 동시에 요망한 포사에게 홀려, 거짓 봉화로 제후들을 농락한 유왕을 용서할 수 없었다.

마침내 그는 견융(犬戎)과 합세해서 무력으로 공격해 왔으며, 유왕과 포사 및 아들 백복을 여산(驪山) 밑에서 살해했던 것이다. 이에 쫓겨났던 태자 의구(宜臼)를 자리에 앉히니, 그가 곧 평왕(平王)이다.

참고 보충 **사략(史略)의 기술**

(1) 제11대 선왕이 죽고 아들 유왕(이름 궁열)이 뒤를 이었다. 오랜 옛날 하나라 말기에 두 마리에 용이 궁중 뜰에 내려와서 「우리는 포나라의 옛날의 임금과 왕비다.」 라고 말하고, 〈액체를 흘리고 갔다.〉 하나라의 임금이 그 액체를 점치는 태사로 하여금 점을 치게 하고, 그릇 속에 밀폐하고 보관했으며, 그 후 「하·은」 두 왕조에 걸쳐, 감히 그 그릇을 열어보지 않았다. 주나라 여왕이 그것을 열어보자, 그 액체가 도마뱀으로 변하고 기어가서 어린 궁녀의 몸으로 들어갔으며, 궁녀가 잉태하고 얼마 후에 여자아이를 출산했다. 궁녀는 그 아이를 내다 버렸다.

(1) 崩 子幽王宮涅立 初夏后氏之世 有二龍降于庭 曰 予褒之二君 卜藏其漦 歷夏殷莫敢發 周人發之 漦化爲黿 童女遇之而孕 生女棄之.

(2) 선왕 때에 아이들이 다음과 같은 동요를 불렀다. 「산뽕나무로 만든 활과 기초나무로 만든 화살 통이, 실로 주나라를 망치게 할 것이다.」 마침 그때에 염호와 기복을 팔러다니는 부부가 있었다. 선왕이 그들을 잡아들이게 하자, 그들은 도망가고, 길에서 버려진 아이를 발견하고 밤에 우는 아이를 불쌍히 여기고 〈또 그 부부는 아이가 없었음으로〉 아이를 거두어, 포나라로 도피했다.

(2) 宣王時 有童謠曰 壓弧箕服 實亡周國 適有鬻是器者 宣王使執之 其人逃 於道見棄女 哀其夜號而收之 逸於褒.

(3) 유왕 때에 이르러 포나
라 사람이 죄를 범했으며 〈면
죄 받으려고〉 아름다운 여자
를 유왕에게 바쳐 올렸다. 그
여자가 바로 포사다. 〈활과
화살 통을 팔던 부부가 아기
를 주워가지고 포나라로 가
서 기른 여자가 바로 이 포사
다.〉 유왕은 그 미인 포사를
몹시 총애했다. 그런데 포사
는 좀처럼 웃지 않았다. 유왕
은 그녀를 웃게 하려고, 만방
으로 〈애를 쓰고 노력을 했으

포사(褒姒)

나〉 그래도 그녀는 웃지 않았다. 〈한편〉 이전에 유왕이 제후들
과 약속을 했다. 즉「적군이 침공해 오면 즉시 봉화를 올리고
제후의 군대들을 소집할 것이니 와서 구원해라」 하는 것이었
다. 〈그런데 유왕은 포사를 웃게 하기 위하여〉 아무 일도 없는
데 봉화를 올렸으며, 이에 모든 제후들이 〈적이 쳐들어온 줄 알
고〉 군대를 이끌고 일제히 달려왔다. 그러나 적군이 없었다. 이
에 〈제후들이 당황하는 꼴을 보고〉 포사가 크게 깔깔대고 웃었
다.

(3) 至幽王之時 褒人有罪 入是女於王 是爲褒姒 王嬖之
褒姒不好笑 王欲其笑 萬方不笑 故王與諸侯約 有寇至

則舉烽火 召其兵來援 乃無故舉火 諸侯悉至 而無寇 褒
姒大笑.

(4) 유왕은 신씨(申氏) 황후와 그녀의 소생아들로 태자인 의
구(宜臼)를 폐하고, 포사를 황후에 앉히고 그녀의 소생 백복(伯
服)을 태자로 삼았다. 이에 의구가 어머니의 고국 신(申)나라로
망명했으며, 유왕이 의구를 잡아죽이려 했다. 그러나 의구를
죽이지 못하자 신나라를 토벌하려고 했다. 그러자 도리어 신의
임금이 서쪽 오랑캐 견융의 힘을 빌어 유왕을 공격했다. 유왕
은 봉화를 올리고 제후의 구원병을 소집했으나 〈제후들은 또
거짓 봉화인줄 알고〉 달려오지 않았다. 마침내 유왕은 여산 밑
에서 견융의 군대에게 살해되었다.

(5) 제후가 의구를 왕에 옹립했으니, 그가 곧 평왕이다. 서도
(西都) 호경(鎬京)은 견융(犬戎)에 너무 접근하였음으로 평왕은
도읍을 동도(東都) 낙양(洛陽)으로 옮겨서 살았다. 당시 주나라
의 세력이 쇠미했으며 제후들이 서로 침략하고 강한 자가 약한
자를 집어 삼켰다. 〈제후들 중에서도〉「제(齊), 초(楚), 진(秦),
진(晉)」 등이 강대하기 시작했다. 평왕 49년은 곧 노(魯) 은공
(隱公) 원년에 해당하며 그 때부터 공자가 춘추(春秋)를 찬수하
기 시작했다.

(5) 諸侯立宜臼 是爲平王 以西都逼於戎 徒居東都王城
時周室衰微 諸侯强并弱 齊楚秦晉始大 平王之四十九年
卽隱公之元年 其後孔子修春秋始此.

2. 사화 : 평왕(平王)의 동천(東遷)

(1) 낙읍(洛邑)으로 도성을 옮김

유왕(幽王)이 피살되자, 신후(申后)의 아들 의구(宜臼)가 뒤를 이었으니, 그가 평왕(平王)이다. 평왕은 도읍을 호경(鎬京)에서 낙읍(洛邑)으로 옮겼다. 그 이유는 자기를 도와 왕위를 되찾아 준 견융(犬戎)이 주(周)나라의 「서도(西都) 호경(鎬京)」을 점령하고 만행(蠻行)을 자행했기 때문이다. 그래서, 그들 견융을 피해 「동도(東都) 낙양(洛陽)」으로 옮긴 것이다. 말하자면, 힘이 약해서 서도를 오랑캐에게 내준 것이다. 이 때부터를 동주(東周) 시대라 한다.

주왕실의 힘이 쇠약하고 권위가 무너졌음으로 제후(諸侯)들이 서로 나뉘어 세력을 다투기 시작했다. 그래서 「동주시대」를 다시 춘추(春秋 : BC. 722-481)와 전국(戰國 : BC. 480-221)의 두 시대로 나눈다.

(2) 문정경중(問鼎輕重)

초(楚)의 장공(莊公)이 견융(犬戎)을 토벌하고 주나라 수도 낙읍(洛邑) 교외에서 대대적인 무력시위를 한 일이 있었다. 그 때에, 장공은 사신을 시켜 주나라가 보관하고 있는 「솥」의 무게가 얼마나 되느냐고 물은 일이 있었다. 이것은 내가 장차 주가 보관하고 있는 구정(九鼎)을 초로 옮기겠다는 간접적인 의사표시였다.

이에 대해서 주나라의 대부(大夫) 왕손만(王孫滿)이 「주나라 천자의 덕이 높음으로 솥의 무게는 반석(盤石)과 같다.」고 말함으로써 옮길 수 없음을 암시했다. 원래 구정(九鼎)은 하(夏)의 우왕(禹王)이 구주(九州)에서 거둔 쇠로 만든 동정(銅鼎)이며, 하나라, 은나라를 거쳐 주나라가 보관하고 있었다. 이를 보관하는 것은 구주를 다스리는 천자(天子)임을 증명하는 징표이기도 했다.

참고 보충 **사략(史略)의 기술**

(1) 평왕이 죽고 태자의 아들 환왕 임이 올랐다. 그가 죽자 아들 장왕 타가 올랐으나, 그도 죽고, 아들 이왕 호제가 올랐다. 그때에 제나라의 환공이 처음으로 패자가 되었다. 이왕이 죽고, 아들 혜왕 랑이 올랐다가 죽고, 아들 양왕 정이 자리에 올랐다. 그때에 진나라 문공이 패자가 되었다. 양왕이 죽고, 아들 경왕 임광이 올랐다가 죽었으며, 아들 광왕 반이 올랐다가 죽었다.

(1) 平王崩 太子之子 桓王林立 崩 子莊王佗立 崩 子釐王
胡齊立 齊桓公始覇 釐王崩 子惠王閬立 崩 子襄王鄭立 晉
文公始覇 襄王崩 子頃王壬臣立 崩 子匡王班立 崩.

(2) 동생 정왕 유가 올랐다. 그때에 초나라 장왕이 사신으로 하여금 주나라에 있는 「아홉 개의 동정[九鼎]」의 게를 물었다. 이를 주나라의 대부(大夫) 왕손만이 반박하고 물리쳤다. 정왕이 죽고, 아들 간왕 이(夷)가 올랐다. 이때에 오나라가 처음으로 임금을 참칭했다. 간왕이 죽고, 아들 영왕 설이 올랐다. 이때에

공자가 출생했다. 영왕이 죽고, 아들 경왕 귀가 올랐으나 그도 죽고, 아들 도왕 맹이 올랐다. 서제(庶弟)인 자조가 도왕 맹을 죽이자, 진나라 사람이 자조를 공격해 그를 죽이고 〈도왕의 동생〉 경왕 면을 자리에 올렸다. 이때에 공자가 사망했다. 경왕이 죽었다.

(2) 弟定王瑜立 楚莊王使人問鼎輕重 王孫滿卻之 定王崩 子簡王夷立 吳始僭稱王 簡王崩 子靈王泄心立 孔子生於其時 靈王崩 子景王貴立崩 子悼王猛立 庶弟子朝弑之 晉人攻子朝 而立敬王丏 孔子沒於其時 敬王崩.

(3) 아들 원왕 인이 올랐다가 죽었다. 아들 정왕 개가 올랐다가 죽었다. 아들 애왕 거질이 올랐으나, 동생 사왕 숙대가 〈애왕을〉 습격해 죽이고, 자기가 올랐다. 또 작은 동생 고왕 외가 다시 사왕을 죽이고 자기가 왕이 되었다가 죽었다. 아들 위열왕 오가 올랐다. 그 때에 진나라의 조씨, 위씨, 한씨가 처음으로 후가 되었다. 주나라는 도읍을 동쪽 낙읍(洛邑)으로 옮긴 후, 그 때까지 20세가 되었으며, 세력이 더욱 쇠미해졌다. 제후들이 무력으로 서로 세력다툼을 했으며, 그 때부터 전국시대라고 불렀다.

(3) 子元王仁立 崩. 子定貞王介立 崩. 子哀王去疾立 弟思王叔帶襲弑之而自立 少弟考王嵬 又攻殺思王而自立崩. 子威烈王午立 晉趙氏魏氏韓氏始侯 周自東遷以來及是二十世 而愈微 諸侯用兵爭強 號謂戰國.

(4) 위열왕이 죽고 아들 안왕 교가 섰다. 제나라 전씨가 처음으로 제후가 되었다. 안왕이 죽고 아들 열왕 희가 섰다. 열왕이 죽고, 동생 현왕 편이 올랐다. 그때에 제후들이 저마다 왕을 참칭했다. 헌왕이 죽고 아들 신정왕 정이 올랐으나 죽었다. 아들 난왕 연이 올랐다. 난왕 59년에 제후들과 합종(合從)하고 진나라를 공격했다. 진나라의 소왕이 주나라를 공격했으며, 난왕이 〈굴복하고〉 진나라로 달려가서 머리를 땅에 대고 사죄하고 주나라의 영토를 다 바쳤다. 진나라는 주의 영토를 받아들였으며 난왕을 돌려보냈다. 난왕은 주(周)에서 죽었다. 주는 천자가 되어 37대나 자리를 계승했다.

(4) 威烈王崩 子安王驕立 齊田氏始侯 安王崩 子烈王喜立 崩 弟顯王扁立 諸侯皆僭稱王 顯王崩 子愼靚王定立 崩 子赧王延立 五十九年 與諸侯約從攻秦 秦昭王攻周 赧王奔秦 頓首受罪 盡獻其邑 秦受獻而歸赧王於周以卒 周爲天子三十七世.

(5) 전에 하나라가 망하자 아홉 개의 솥을 은나라로 옮겼고 은나라가 망하자 다시 주나라로 옮겼다. 성왕이 솥을 내욕(郟鄏)에 안치할 때에, 점을 쳤더니 30세, 700년은 갈거라 점이 나왔다. 사실 주가 멸망한 때는 점보다도 긴 867년이었다.

(5) 初夏亡 九鼎遷殷 殷亡遷周 成王定鼎於郟鄏 卜曰 傳世三十 歷年七百 至是乃過其歷 凡八百六十七年.

제5편 부록 논설문

부록(1) 중국 신화 개설

1. 신화는 고대인의 우주해석

하늘에 의해 만물의 영장으로 태어난 인간 및 인류는 수십만 년 전부터 동물과는 차원이 다른 정신과 지능을 바탕으로 문화 생활을 영위했다. 그러므로 태고 때의 인간들은 위협적인 자연 앞에서 벌벌 떨고 또 눌려 살면서도 자연 및 현상을 여러 각도에서 해석하려고 애를 썼다.

자연법칙을 알기 전의 옛사람들은 우주, 천지, 자연 만물이 저마다 살아있는 신령이나 귀신이라고 막연하게 믿었다. 또 사람들은 자기네가 인식하거나 해석한 우주의 근원이나 도리를 저마다의 언어를 통해서 서로 전달하고 교환했으며 동시에 대를 이어가면서 역사적으로 발전시켰던 것이다.

점차로 고대인들은 절대적인 힘을 지니고 천지, 자연, 만물을 창조하고 동시에 변화무쌍한 현상을 발생케 하는 보이지 않는 근원적인 「힘과 실재」를 종교적 혹은 미신적으로 해석하고자 했다. 이에 옛사람들은 「다신론적(多神論的) 서물신앙(庶物信仰)」 단계를 거쳐 마침내 「유일무이(唯一無二)한 천제(天帝)」를 믿는 「일신론적(一神論的) 종교」를 수립하고 또 그 사상을 발전시켜 왔던 것이다. 이와 같이 수십만 년에 걸친 인류의 우주에 대한 인식을 다음과 같이 추릴 수 있다.

① 경외(敬畏)와 공포(恐怖)의 시기.
② 천신만귀(千神萬鬼)의 서물(庶物) 및 잡신(雜神) 신앙 시기.
③ 유일무이한 천신(天神) 신앙 시기.
④ 자연법칙의 발견과 활용 시기.

신화는 「잡신 시기」에서 「천신 시기」로 넘어오는 단계의 우주에 대한 해석이라고 할 수 있다.

중국 민족은 오랜 신화시대를 거쳐 차츰 정신적, 이성적으로 「우주의 법칙」을 인식하고 파악하게 되었다. 우주(宇宙)라는 한 자어는 곧 「공간과 시간을 합친 뜻」이다. 우(宇)는 공간을 말하고 주(宙)는 시간을 말한다. 「공간과 시간」은 개념상으로는 다르지만 실제로는 구분하거나, 분리할 수 없다. 공간의 이동이 시간의 흐름이고, 시간의 흐름이 곧 공간적 이동이다. 공간을 떠난 시간의 흐름은 없다. 시간의 흐름은 곧 공간적 이동과 변화를 동반한다.

공간과 시간을 통합한 우주를 한마디로 「하늘 천(天)」이라고 한다. 만물은 공간과 시간을 통합한 절대인 하늘[天]에 의해서 창조되고, 아울러 「우주의 법칙」 즉 「천도(天道)」를 따라 「생성

(生成) · 변화(變化) · 번식(繁殖) · 발전(發展)」한다. 「천도」는 곧 「우주의 이법(理法)」이다.

중국 민족은 은(殷) 다음에 세워진 주(周)왕조를 기점으로 천신(天神) 혹은 천제(天帝)를 「천도의 주재자(主宰者)」로 파악하고 제사를 드리고 강복(降福)을 기구했으며 동시에 절대선의 천도를 깨닫고 행하는 윤리 도덕 및 예의를 중시하게 되었다. 그러므로 중국의 신화도 차츰 인간적, 도덕적 특색을 지니게 되었다.

동양의 인간학 「악신(惡神)의 신도」

시대의 흐름과 더불어 종교(宗敎)나 신(神)에 대한 개념이나 믿음이 바뀌고 발전한다. 완고한 보수주의자는 옛날 것을 그대로 고집하고 믿는다. 그러나 대부분의 많은 사람들은 과학이 발달한 오늘에는 신(神)이 없다고 한다. 「신(神)」이란 한자는 「음양을 측정할 수 없는 것을 신이라 한다.(陰陽不可測之謂神)」고 풀이한다. 즉 「신은 보이지 않고 분석하기 어려운 힘이다.」 과학의 세계에는 아직도 알지 못하는 자연법칙이 많다. 그 모든 것이 다 과학자에게는 신이다. 사람은 정신과 육체를 공유하고 있다. 숭고하고 착한 정신에게는 「선신(善神)」이 깃들게 마련이다. 그러나 반대로 오직 육체적, 이기적, 관능적 쾌락만을 채우려는 악덕한 욕심에게는 「악신(惡神)」이 붙게 마련이다. 불행하게도 오늘의 세계 인류는 악신(惡神)과 아귀(餓鬼)에 들렸다. 그래서 「돈, 폭력, 무력, 살인, 전쟁, 강탈의 악신을 믿는다.」

2. 인간 승리의 예술적 표현

　오늘의 인류가 찬란한 문화를 누리게 되기까지는 오랜 세월이 걸렸다. 특히 수만 년에 걸친 역사의 발전과정에서 많은 선인(先人)이 노력하고 정성을 바친 결과임을 알고 또 감사해야 한다.

　태고 때의 원시인들은 거의 알몸과 맨주먹으로 홀로 외롭게 살고 또 자연 만물과 싸워야 했다. 외형적 육체적 차원에서 인간은 허약하고 미미하기 짝이 없다.

　그러나 본성적으로 타고난 탁월한 지혜와 정신을 바탕으로 서로 협동하고 역사적으로 이어오면서 자연과의 투쟁에서 살아남았으며 동시에 문화를 창조하고 계승하면서 더욱 발전해왔던 것이다.

　이와 같은 태고 때부터의 역사적 발전과정에서 남달리 뛰어난 영웅적 힘을 발휘하여 사회적으로 공을 세우고 또 동시에 모든 사람의 힘을 하나로 묶어 함께 잘사는 공동체를 형성하는데 크게 기여한 탁월한 지도자가 있었다. 그들의 행적을 구두로 전하거나 기록으로 남간 것이 바로 신화나 전설이다.

　장구한 세월에 걸쳐 많은 사람에게 구두로 전달된 신화 전설은 차츰 「진선미(眞善美)」를 통합한 예술 문학으로 승화되었다. 즉 신화를 바탕으로 인간의 본성인 「지정의(知情意)」가 「진선미의 응결체(凝結體)」로 높아진 것이다. 신화는 예술 문학의 맹아(萌芽)이기도 하다.

　한편 사람은 현실을 있는 그대로 보고 알려고 하는 동시에 보다 아름답고 착한 미래를 추구하는 발전적 본성이 있다. 그러므로 사화 속에는 예술적 선가치적 이상이 투영되어 있으며 동시에 신화에는 상상력과 예술미 및 이상이 함께 융화되어 있는 것이다.

동양의 인간학 「나도 신화적 존재」

오늘의 인간도 몇 천 년 후에는 신화적 존재가 된다. 인류의 역사 문화 발전에 기여하는 착한 사람이 되는 것도 반대로 악한 존재가 되는 것도 「나 자신에게 달렸다.」 악한 자는 제명을 누리지 못하고 죽으며, 자손도 음덕(陰德)을 받지 못한다. 착한 사람은 역사에 남고 자손도 복을 누린다. 「돈 귀신이나 욕정 귀신에 홀려 망신하고 이름을 더럽히지 말자. 우리 모두 착한 신화적 존재가 되자.」

3. 중국 신화의 특성

신화는 고대인의 우주해석을 바탕으로 한 소박한 옛이야기다. 그러나 중국의 신화는 다른 나라의 신화와 다른 특성이 있다. 즉 역사적 실증과 윤리도덕을 강조하는 유가사상 때문에 고대의 신화 전설이 어느덧 역사 기록으로 화하고 또 신화의 주인공이 역사적 실재인물로 둔갑하기도 했다.

고대인들은 천지, 자연, 만물을 창조하고 동시에 모든 현상 변화를 주재하는 실재를 다신론적(多神論的) 서물신(庶物神) 혹은 일신론적(一神論的) 절대신(絕對神)으로 파악하고 높였다.

고대의 중국인도 막연하게나마 오랜 세월에 걸쳐 인격신(人格神)을 상제(上帝)라는 이름으로 높이고 믿었다. 그래서 상고대의 성제(聖帝)들은 자기 위에 하늘과 하늘을 다스리는 상제가 있다고 믿었으며 따라서 그들은 하늘[天]에 제사를 올리고 복을 빌고 동시에 「천명(天命)과 천도(天道)」를 높이고 따르려고 했다.

그러나 주(周)왕조 이후에는 신(神)보다 예(禮)를 높이는 인문주의(人文主義)에 기울고 특히 유교(儒敎)는 천지개벽과 인류탄생을 인간적으로 해석했다.

그 결과 신화의 주인공들이 성제(聖帝)나 성왕(聖王)으로 실재했던 이상적인 덕치(德治)의 지도자로 탈바꿈하고 또 숭앙되었던 것이다.

뿐만 아니라 더 후세에는 우주를 이성적(理性的)으로 해석하고 시간과 공간을 통합한 절대를 천(天), 하늘의 도리를 천도(天道)라고 호칭하기에 이르렀다. 그 결과 중국의 고대 신화는 다양한 상상과 환상의 세계에서 벗어나, 점차로 철학 속으로 자리를 옮기게 되었던 것이다.

다시 말하여 우주, 천지, 만물을 창조하고 아울러 만물의 생성(生成)·변화(變化)·번식(繁殖)·발전(發展)을 주재하는 절대자 즉 전지전능한 하느님을 「천(天)」 혹은 「천도(天道)」라고 일컫게 되었던 것이다.

중국 신화의 주인공들이 역사적 인물로 둔갑하고 역사에 기록된 대표적인 예가 삼황오제(三皇五帝)다. 삼황(三皇)과 오제(五帝)를 역사의 발전관을 바탕으로 다음과 같이 추릴 수 있다.

먼저 삼황(三皇)을 들겠다.

① 복희(伏羲)와 여와(女媧) : 인류를 낳고 양육한 인류의 시조
(始祖)다. 「媧(왜)」라고도 읽는다.

② 신농(神農) : 자연을 바탕으로 한 생활의 지혜를 깨우쳐 준
영특한 영도자다.

③ 수인(燧人) : 인류에게 불의 사용을 알게 한 성인이다.

삼황에 대한 다른 설도 많다. 그러나 필자는 역사적 발전관을
바탕으로 위와 같이 추렸다. 즉 복희와 여와에 의해서 인류가
지상에 출현했고, 신농씨의 가르침을 받아 인류가 자연을 활용
해서 삶을 영위하게 되었으며, 다시 수인씨에 의해 불을 피우
고 이용함으로써 문화적 삶을 살게 되었다.

오제(五帝)는 곧 원시 공동체를 형성하고 무위자연(無爲自然)
의 덕치(德治)를 편 성군(聖君)들이다.

① 황제(黃帝) : 부족을 통합하여 공동체를 창건한 민족의 시조
다.

② 전욱(顓頊) : 황제의 손자로 천지를 나누고 달력을 만들었다.

③ 제곡(帝嚳) : 황제의 증손이며 은(殷) 왕조의 조상이다.

④ 제요(帝堯) : 무위자연(無爲自然)의 덕치(德治)를 펴고 또 선
양(禪讓)으로 천하위공(天下爲公)의 대동이상(大同理想)을
실천했다.

⑤ 제순(帝舜) : 대효(大孝)로 알려진 총명한 청년이다. 그래서
요임금에게 등용되었다. 또 많은 공을 세웠음으로 마침내 요
임금으로부터 천하를 물려받았다. 순도 나중에는 천하를 치
수(治水)의 공을 세운 우(禹)에게 선양했다.

　유가(儒家)는 왕도덕치(王道德治)와 대동이상(大同理想)을 높이고 패도(覇道)의 무력통치를 배척한다. 그러므로 「삼황오제」를 실재했던 상고대(上古代)의 성제(聖帝)로 믿고 숭앙했던 것이다.

　그러나 역사적 사실은 이상과는 거리가 있었다. 즉 시대와 더불어 인간과 왕조(王朝)가 타락하고 왕조의 흥망성쇠(興亡盛衰)와 무력찬탈(武力簒奪) 및 역성혁명(易姓革命)이 빈번하게 반복했던 것이다. 그러한 역사적 사실을 「하·은·주(夏·殷·周)」 삼대(三代)에서 볼 수 있다.

　오제 다음의 왕조가 곧 「하·은·주(夏·殷·周)」 삼대(三代)다. 순임금 다음에 하(夏)가 나타났고, 하 다음에 은(殷)이 나타났고, 은 다음에 주(周)가 나타났다.

　순(舜)이 우(禹)에게 선양(禪讓)함으로써 하(夏)왕조가 세워졌다. 그러나 우의 뒤를 그의 아들이 계승함으로써 나라를 사유화(私有化) 하는 폐습(弊習)이 생겼고, 급기야는 다른 사람이 무력으로 왕조를 찬탈하는 악덕한 쟁탈이 되풀이되었다. 즉 무력에 의한 찬탈의 악순환이 청조(淸朝) 말기까지 되풀이되었던 것이다.

　하왕조의 마지막 폭군 걸왕(桀王)은 은(殷)나라를 건국한 탕왕(湯王)에게 멸망되었다. 또 은나라의 마지막 임금 주(紂)는 신흥의 주(周) 나라의 무왕(武王)에게 멸망되었다. 그러나 주(周)도 차츰 쇠퇴하고 춘추(春秋) 및 전국(戰國) 시대를 거쳐 결국은 진(秦)에게 멸망되었다.

　이와 같은 역사의 변천과 발전과정을 통해 「삶과 정치의 바른 길과 도리」를 알게 하려는 것이 유학(儒學)의 학문정신이다.

동양의 인간학 「도덕적 발전관」

　유교사상의 특성이 바로 「도덕적 역사 발전관을 바탕으로 한 도통사상이다.」 그래서 중국 신화 속에 도덕적 역사 발전관과 도통사상이 생생하게 살아있다.

4. 성제(聖帝)와 천도(天道)

　신화는 상고대의 삶의 반영이다. 특히 중국의 신화 속에는 중국 민족의 이상적 역사적 발전관이 짙게 내포되어 있다. 그것이 중국신화의 특색이기도 하다.

　한편 중국의 전통사상의 핵심인 유교(儒敎)도 덕치(德治)를 바탕으로 대동세계(大同世界)의 실현을 이상으로 높이고 있다. 아울러 그 대동의 이상세계를 인간 및 인류가 대를 이어가면서 점진적으로 역사적으로 구현(具現)할 것이라고 낙관(樂觀)한다. 이것이 유교의 「역사적 발전관」이다.

　동시에 유교는 우주 천지 만물을 창조하고 섭리하는 「절대(絕對)」를 「하늘[天]」, 그 「절대선(絕對善)의 진리」를 「천도(天道)」라고 믿고 또 높인다. 그러므로 유교사상은 겉으로 나타난 현상보다, 근원적 실재(實在)를 「하늘과 천도」에서 찾으려 하고, 따라서 자연히 「근원적인 옛날」을 기준으로 하게 마련이다.

　유교는 「인문주의(人文主義), 실증주의(實證主義), 역사주의(歷史主義) 및 덕치주의(德治主義)」를 높인다. 그 결과 상고대의 신화 전설을 역사적 사실로 기록화하고 특히 「덕이 높은 신화의 주인공」을 실재했던 성제(聖帝)나 성왕(聖王)으로 높였던 것이다. 그 대표적인 예가 바로 삼황오제(三皇五帝)다. 이들은 바로 공동체의 영도자로 덕을 갖추고 아울러 모든 사람을 하나로 묶어 공동선(共同善)을 구현(具顯)하는 「대동이상(大同理想)」을 실천한 성군이기도 했다. 이러한 점이 인간의 외형적 힘이나 관능적 쾌락이나 미(美) 만을 내세우는 서양의 신화와 다른 특색이기도 하다.

동양의 인간학 「덕치(德治) 사상」

우주 천지 만물을 창조하고 사랑으로 양육하고 더욱 번성하고 인류의 역사 문화를 창조적으로 발전케 하는 도리가 바로 절대선(絶對善)인 「하늘의 도리 즉 천도(天道)」다.

천도는 광명정대(光明正大)하고, 공평무사(公平無私)하고, 영구불변(永久不變)의 절대선의 도리다. 자연과학자가 자연법칙을 엄격히 따르고 활용해서 과학적 성과를 거두듯이, 모든 사람은 천도를 따르고 살아야 한다. 〈천도를 안 따르고, 악덕한 욕심을 따르면, 서로 싸우고 상대를 죽이고, 남의 재물이나 영토를 강탈하게 된다.〉

「절대선의 도(道)」를 따르고 행해서 얻은 좋은 성과를 「덕(德)」이라고 한다. 천도(天道)는 「형이상(形而上)의 진리」다. 이를 따르고 실천해서 얻는 「형이하의 성과」가 곧 지덕(地德)이다. 임금은 공동체의 중심적 존재다. 임금은 천도를 따라 지덕을 세우고 만민을 잘 살게 해주어야 한다. 그것이 덕치(德治)다. 이러한 숭고한 정치사상은 서양에는 없다.

5. 신화의 역사적 발전관

(1) 삼황(三皇) 오제(五帝)

중국신화의 원조는 삼황 및 오제다. 그 연대를 측정할 수 없다. 한(漢) 대의 사마천(司馬遷)은 사기(史記)를 「오제본기(五帝本紀)」부터 시작했다. 그러나 당(唐)의 사마정(司馬貞)이 「삼황본기(三皇本紀)」를 앞에 덧붙였다. 송(宋)의 증선지(曾先之)는 십팔사략(十八史略)에서 삼황 앞에 다시 태고(太古)를 내세웠다. 그러나 필자는 「삼황과 오제」를 다음과 같이 추리는 것이 역사적 발전관에 맞는다고 생각한다.

「삼황(三皇)」은 인류의 시조 및 삶의 지혜를 전수한 세 사람의 성제(聖帝)로 다음과 같다.

① 복희(伏羲)와 여와(女媧) : 인류를 낳고 양육한 남녀 한 쌍의 성제다.
② 신농(神農) : 자연을 바탕으로 한 삶의 지혜를 전수한 성제다.
③ 수인(燧人) : 인류에게 불의 사용을 알게 한 성인이다.

삼황에 내재하고 있는 역사적 발전관을 요약하면 다음과 같다. 〈1〉 남성 복희와 여성 여와에 의해서 인류가 지상에 출현했고, 〈2〉 신농씨의 가르침을 받아 인류가 자연을 활용해서 삶을 영위하게 되었으며, 〈3〉 수인씨에 의해 불을 발견하고 이용함으로써 동물과는 차원이 다른 문화 생활을 영위하게 되었다.

「오제(五帝)」는 공동체를 형성하고 덕을 베푼 성군들로, 다음의 다섯 명의 임금들이다.

① 황제(黃帝) : 부족을 묶어 공동체를 창건한 민족의 시조.
② 전욱(顓頊) : 황제의 손자로 천지를 나누고 달력을 만들어 때를 알게 한 성스러운 임금.
③ 제곡(帝嚳) : 황제의 증손이며, 은족(殷族)의 시조로 박(亳)에 터를 잡았다. 후에 탕왕(湯王)이 박에 은나라를 세웠다.
④ 제요(帝堯) : 제곡의 아들이다. 그는 「하늘처럼 어질고 신처럼 슬기로웠다.(其仁如天 其知如神)」

그가 덕치(德治)를 폈음으로 백성들이 다음과 같은 「격양가(擊壤歌)」를 구가했다.

『해가 뜨면 나가서 일하고, 날이 저물면 들어가 쉰다. 우물을 파서 마시고, 밭을 갈아먹는다. 〈자연의 도리를 따라 자유롭게 사노라.〉 〈그러므로 우리에게는〉 임금의 인위적인 힘이나 간섭이 없노라.』※

이러한 다스림을 「무위자연(無爲自然)의 덕치」라고 한다. 요임금은 노쇠하자, 천하의 통치권을 총명한 효자(孝子) 순(舜)에게 선양(禪讓)했다. 「선양」은 하늘에 제사를 올리고 하늘의 승낙을 받아 임금자리를 물려준다는 뜻이다.

⑤ 제순(帝舜) : 전욱(顓頊)의 6대 손이며, 대효(大孝)로 알려졌으며, 모든 사람들을 선도하고 또 감화했다. 그래서 요임금이 그를 등용하자, 그는 총명하고 성실하게 일을 하고 많은 공을 세웠다. 그래서 요임금으로부터 천하를 물려받았던 것이다. 순임금도 늙어서는 천하를 치수(治水)의 공을 세운 우(禹)에게 물려주었다.

※ 「日出而作 日入而息 鑿井而飮 耕田而食 帝力何有於我哉」

이상의 오제(五帝)는 공동체를 꾸미고 역사적으로 발전시킨 위대한 지도자이다. 동시에 그들은 무위자연(無爲自然)의 덕치(德治)를 실천하고 아울러 인류대동(人類大同)의 이상을 실현한 성제(聖帝)였다.

「무위자연의 덕치」는 곧 하늘의 도리를 따르고 실천하여 좋은 성과를 거두는 정치를 말한다. 인간적인 권모술수(權謀術數)나 포학무도(暴虐無道)한 무력을 행사하지 않고, 우주의 이법(理法)인 천도(天道)를 따라 천하 만민을 고르게 잘 살게 하는 덕의 다스림을 말한다.

유가(儒家)는 왕도덕치(王道德治)와 대동세계(大同世界)의 구현(具現)을 이상으로 하고 있다. 그와 반대되는 패도(霸道)의 무력 통치를 죄악시한다.

그러므로 중국에서는 삼황과 오제를 역사적으로 실재한 성제로 높인다. 특히 만민의 공동체인 천하를 공기(公器)로 보기 때문에 임금이 독점하고 사유(私有)할 수 없고 천하위공(天下爲公)의 정신으로 선양(禪讓) 하는 것을 최고의 미덕으로 높였다.

천하를 다스릴 영도자는 총명하고 유능한 유덕자(有德者)라야 한다. 그러므로 천하의 대권을 자식에게 물려주지 않고, 덕 있는 사람에게 대권을 넘겨주는 것이다. 그와 같은 선양(禪讓)이 바로 「요(堯)와 순(舜) 및 우(禹)」에서 실천되었던 것이다.

염제 신농의 능원(炎帝 神農의 陵園)

(2) 요·순(堯·舜)의 덕치와 선양(禪讓)

유교는 인애(仁愛)의 왕도덕치(王道德治)를 높이고 패도(霸道)의 무력통치(武力統治)를 배척한다. 왕도덕치는 곧 하늘의 도리를 따라서 지상에 좋은 성과를 거두는 바른 다스림을 말한다.

공자는 논어에서 「정치는 바르게 함이다.(政者正也)」라고 말했다. 「바른 정치」는 「하늘의 도리에 맞게 하는 정치」이다. 통치자가 간악한 권모술수를 농하고, 남을 속이거나, 포악한 무력으로 남을 유린하고, 남의 토지나 재물을 탈취하는 짓거리는 범죄에 속한다.

천도(天道)는 시간과 공간을 통합한 절대선(絕對善)의 도리이다. 천지, 자연, 만물이 다 천도를 따라 생육화성(生育化成)하고 또 번식하고 발전하고 있다.

천도는 곧 우주의 이법(理法)이고, 그 속에는 자연법칙도 포함된다. 과학자가 절대진리인 자연법칙을 활용해서 과학적 성과를 거두는 것처럼 옛날의 「성제·성왕」은 천도를 따르고 실천해서 좋은 공동체를 꾸미고 만민을 잘살게 해주었다. 그것이 곧 「왕도의 덕치」이다.

인간은 영장(靈長)이다. 그러므로 천도를 인식하고 활용해야 한다. 하늘의 도리를 따르고 실천해서 지상에, 모든 인류가 하나가 되어, 함께 잘사는 진정한 평화세계 즉 「대동세계(大同世界)」를 창건해야 한다. 천하를 사유화하지 않고 만민의 공기로 보고 유덕자에게 선양한 「요임금, 순임금」이 곧 「천하위공(天下爲公)의 대동이상(大同理想)」을 실천한 성제다. 그러므로 후세에서 「요순시대」 혹은 「요순지치(堯舜之治)」라고 높이고 칭송하는 것이다.

오늘의 인류도 무력통치를 지양해야 한다. 즉 무력을 바탕으로 남을 침략하고 남의 토지나 재물을 탈취하는 악덕을 멈추어야 한다. 그리고, 유교사상을 배워야 한다. 그래야, 「천도를 바탕으로 한 왕도 덕치」를 행할 수 있다. 그래야 진정한 세계평화와 인류의 공존공영을 기대할 수 있다.

6. 왕조의 타락과 역성혁명(易姓革命)

(1) 하·은·주(夏·殷·周) 삼대(三代)

오제의 뒤를 계승한 왕조가 곧 「하·은·주」 삼대다. 요순시대 다음에 하(夏)가 나타났고, 하 다음에 은(殷)이 나타났고, 은 다음에 주(周)가 나타났다. 이들 왕조의 년대를 대충 다음과 같이 측정한다.

BC. 2,357년경[도당씨(陶唐氏) 제요(帝堯) 재위 약 100년] : 처음에는 도(陶)에 봉해졌다가 뒤에 당(唐)으로 옮겼다. 요의 아들 단주(丹朱)가 불초했으므로 순에게 선양(禪讓)했다.

BC. 2,255년경[유우씨(有虞氏) 제순(帝舜) 재위 48년] : 순의 아들 상균(商均)이 불초했음으로, 치수에 공을 세운 우를 하늘에 천거하고 그에게 선양했다.

BC. 2,205년경[하(夏)의 우왕(禹王) 재위 8년] : 부친 곤(鯀)이 실패한 치수를 우가 성취했다. 이에 순임금이 천하를 선양했다. 그러나 우가 사망하자 제후들이 우의 아들 계(啓)를 받들고 왕으로 섬겼다. 이 때부터 왕조의 세습(世襲)과 사유화(私有化)가 시작되었으며 아울러 왕조의 타락과 찬탈이 빈번하게 발생했다.

BC. 1,800년경[은(殷)의 탕왕(湯王)] : 하의 걸(桀)은 포학무도했다. 이에 탕이 방벌(放伐)하고 은나라를 세웠다. 그러나 은의 마지막 왕 주(紂)도 포학무도했음으로 주(周) 무왕(武王)이 무력으로 그를 타도하고, 주나라를 세웠다.

BC. 1,120년경[주(周)의 무왕(武王)] : 무왕은 아버지 문왕(文王)이 닦은 터전 위에서, 주(紂)를 토벌하고 공자(孔子)가 가장 높이는 이상적인 주왕조(周王朝)를 세웠다.

그러나 차츰 쇠퇴하고 춘추(春秋) 및 전국(戰國) 시대를 거쳐, BC. 220년경, 진(秦)이 무력으로 천하를 통일했다.

사기는 하(夏)를 실재의 왕조로 기술했다. 그러나 아직까지는 고고학적 유물이나 유적이 발굴되지 않았다.

은(殷)은 신화 전설에서 역사로 넘어오는 시기의 왕조다. 은 왕조의 전반기는 발굴된 유물이나 유적이 없다. 은허(殷墟)에서 발굴된 것들은 반경왕(盤庚王 : BC. 1,300년) 이후의 것들이다. 그러므로 삼대의 전반은 신화 전설에 속하고 후반은 역사 시대에 속한다.

〈*이상에 적은 년대는 추측 년대로 학설에 따라 다르기도 한다.〉

(2) 성군(聖君)과 폭군(暴君)

인류 역사를 대국적으로 길게 내다보면 악이 점차로 패하고 반대로 선이 흥성(興盛)한다는 사실을 알 수 있다. 이와 같은 역사적 발전관과 「선이 악을 이긴다.」는 신념을 바탕으로 해야 우리는 인류의 장래를 낙관하고 또 착하게 살 수 있을 것이다. 시간의 흐름에 따라 만물이 선 방향으로 발전하는 것이 천도이기도 하다.

그러나 아직도 많은 사람들은 좁은 안목으로 일시적인 현상만을 보고 「사람은 악해야 잘살고 선하면 못산다.」고 착각하고 또 실망한다. 허긴 자고로 타락한 세상에서는 간악하고 포악한 자들이 득세하고 흥청거리며 잘살았다. 반대로 성실하고 선량한 사람들이 악인들에게 시달리고 고통을 받고 못사는 예가 많았다. 그러므로 악이 선을 이긴다고 착각하는 것도 무리는 아니다.

그러나 긴 눈으로 인류 역사를 보면 악인이나 악덕(惡德)은 이내 망하고 선인이나 선덕(善德)만이 후세에 추앙되고 또 인류 문화 발전에 가치적으로 기여함을 알 수 있다.

중국의 왕조의 흥망성쇠도 그와 같은 맥락에서 내다보아야 한다. 중국의 민족들도 장구한 세월을 두고 험난한 풍파를 헤쳐 나오면서 많은 우여곡절을 겪었다. 그러나 세월이 바뀌고 새 사람, 새 왕조가 나타나면서 중국이란 거대한 공동체는 점차로 선 방향으로 발전해 왔던 것이다.

착한 신흥 세력이 타락한 악의 무리들을 몰아내고, 새 나라를 세우고 또 부단히 문화를 발전시켜 왔던 것이다.

신흥 왕조도 오래가면 타락하고 악덕하게 된다. 이에 새 인물과 착한 세력이 나타나 낡고 썩은 왕조를 타도하고, 새 왕조를 창건했던 것이다.

이와 같은 역사 발전의 길을 통해 인류는 종국적으로는 악이 쇠망하고 선이 흥성하며 선 방향으로 발전한다고 낙관할 수 있다.

성왕(聖王) 우(禹)가 창건한 하왕조는 마지막 임금 걸(桀)이 포학잔인(暴虐殘忍)하고 황음무도(荒淫無道)함으로써 멸망하게 되었다. 그러자 신흥의 은(殷)민족 속에서 덕망이 높은 탕(湯)임금이 나타나, 걸을 추방하고 새 나라를 창건했다.

인간적 차원에서 보면 선한 사람이 악한 사람을 밀어내고 새 나라를 세운 것이다. 그러나 뒤에는 항상 절대선(絕對善)인 하늘의 뜻과 도리가 작용하고 있다고 보아야 한다.

왕조의 교체를 역성혁명(易姓革命)이라고 한다. 역성(易姓)은 성을 바꾼다. 즉 낡은 사람을 몰아내고 새 사람을 내세운다는 뜻이다. 혁명(革命)의 혁(革)은 바꾼다는 뜻이고 명(命)은 하늘이 내리는 명령 즉 천명(天命)이다.

하늘은 절대명령으로써 악한 임금을 추방하고 착하고 덕이 많은 새 사람에게 「임금이 되어 백성을 잘살게 하라.」는 천명을 내리고 그를 존귀한 자리에 앉게 한다. 이것을 혁명이라고 한다.

악한 임금은 하늘의 도리를 따르지 않고 동물적, 이기적 욕심을 채우기 위하여 백성을 학대하고 재물을 낭비하고 관능적 향락을 추구하는 타락한 통치자를 말한다.

착한 임금은 하늘의 도리를 따라서 만민을 사랑하고 재물을 절약하여 나라를 흥성케 하는 유덕자를 말한다.

한 부족이나 민족이 새로 나타나서 하늘로부터 천명을 내려받고 새 왕조를 수립하기까지의 과정이나 노력은 예사로운 것이 아니다. 오랜 세월에 걸쳐 수많은 고난과 시련을 극복하고 적극적으로 선덕(善德)을 쌓아야 한다. 그래야 하늘이 인정하고 천명을 내리게 마련이다.

(3) 왕조의 세습(世襲)과 찬탈(簒奪)

먼저 옛날의 왕조의 교체를 살펴보겠다. 요임금이 순에게 천하를 선양했고 순임금이 다시 우에게 선양하여 하왕조가 탄생했다. 우임금도 죽기 전에 천하를 유능한 신하 익(益)에게 선양하라고 유언을 했다. 그러나 우임금이 죽자 모든 제후들은 유언을 따르지 않고 우의 아들 계(啓)를 옹립하고 왕으로 받들었다. 이에 왕위를 세습하는 폐단이 발생했던 것이다.

제후들이 왜 우임금의 아들을 옹립했을까? 가장 큰 이유는 권력의 이동을 원치 않았기 때문이다. 우왕을 중심으로 권력과 특권을 누리고 재물을 축적했던 제후들이 변동을 원치 않고 옛날의 체제를 그대로 유지하고자 했던 것이다. 예나 지금이나 기성의 특권계층은 보수적이며 사회의 변동을 원치 않는 법이다.

세습(世襲)은 곧 자손이 국가를 사유(私有)하고 권력을 독점하는 것이다. 이에 통치자 및 통치계층의 타락이 필연적으로 따랐고 그 반동으로 무능하고 타락한 통치자를 무력으로 타도하고 국가를 찬탈하려는 패권 쟁탈이 격화되었던 것이다.

결국 하왕조로 인해 천자의 자리를 유덕자에게 물려주는 선양의 전통이 무너졌을 뿐만이 아니라, 반대로 천하를 무력으로 찬탈하려는 피비린내 나는 악순환 즉 무력쟁탈이 시작되었고 또 그 악순환은 청조(淸朝)가 멸망할 때까지 약 4천 년에 걸쳐 되풀이 되었던 것이다.

찬탈자(簒奪者)는 자기들의 악덕을 궤변으로 변명한다. 즉 자기의 무력적 찬탈을 「타락한 실덕자(失德者)를 몰아내려는 하늘의 뜻을 대신하여 천벌을 내리는 것」이라고 강변했던 것이다. 그래서 춘추(春秋) 전국(戰國) 시대에는 성스럽고 의로운 싸움이 없다고 말한다.

기존의 왕조를 타도하고 새 왕조를 창건한다는 일은 쉬운 일이 아니다. 그 어려움은 상상을 초월할 뿐만이 아니라 또한 처절한 비극이 따르게 마련이다.

덕을 바탕으로 새 왕조를 창건하거나 반대로 무력으로 남의 나라를 탈취하거나 기존의 왕조를 무너뜨리고 새 왕조를 창건한다는 일을 지극히 어려운 일이다.

그러므로 왕조를 창건한 초대의 임금들은 비범한 인물들이었다. 그들은 탁월한 지략과 굳은 의지로 고난을 극복하고 목적을 달성한 영웅들이었다.

반대로 멸망한 왕조의 마지막 왕들 또한 그 타락과 악덕이 극도로 크고 심한 자들이었다. 이와 같이 왕조의 교체기에 나타나는 흥망성쇠의 양극(兩極)의 첫 역사적 파노라마가 바로 하왕조와 은왕조의 교체기에 전개되었던 것이다. 신화에 나타나는 최초의 망국왕(亡國王)이 바로 하나라의 마지막 왕 걸(桀)이고 한편 그를 타도하고 새 왕조를 창건한 첫 임금이 바로 은나라의 탕(湯)왕이었다.

동양의 인간학　예기(禮記)의 대동사상(大同思想)

『하늘의 도리는 천하를 만민의 공유 세계로 삼는다. 현명하고 능력있는 사람을 선출하여 정치를 맡기고, 상하가 신의를 지키고 화목해야 한다.

사람들이 자기의 부모만을 친애하거나, 자기의 자식만을 사랑하는 일 없이 〈서로 돌보고 서로 사랑을 나누어야 한다.〉 그리하여 모든 늙은이가 천수를 누리게 하고, 젊은이는 사회적으로 직분을 갖게 하고, 아이들을 잘 돌보아 양육하고, 홀아비, 과부, 고아, 자식 없는 외로운 늙은이 및 병자, 불구자들까지도 다 공동책임으로 돌보아 주어야 한다.

남자에게는 직분을 주고, 여자들은 시집을 가게 한다. 재물을 땅에 버리거나 사장하는 일이 없게 하고 인간의 지식이나 능력을 충분히 발휘하여 활용하되 이기적으로 쓰지 않는다.

이와 같이 하면 서로 권모술책을 농하거나 쟁탈을 하지 않게 되고 따라서 도적이나 난동을 자행하는 일도 없게 된다. 그러므로 밖의 대문을 잠그지 않고도 잘살 수 있다. 이러한 세상을 대동세계라고 한다.』

[原文] 大道之行也 天下爲公 選賢與能 講信修睦 故
人不獨親其親 不獨子其子 使老有所終 壯有所用 幼
有所長 矜寡孤獨廢疾者 皆有所養 男有分 女有歸
貨惡其棄於地也 不必藏於己 力惡其不出於身也 不
必爲己 是故謀閉而不興 盜賊亂賊而不作 故外戶而
不閉 是爲大同)〈禮記 禮運篇〉

기원전에 쓰여진 대동(大同)의 정치사상은 역대의 유교사상
은 물론 현재의 정치사상에도 활용되고 있다. 이와 같은 덕치
사상과 전통을 오늘의 세계인류가 배우고 알아야 한다. 나 혼
자 먹고 놀기만 하는 나쁜 버릇을 버리고 인류 전체를 생각할
줄 알아야 한다.

참고 보충 중국의 선사(先史) 시대

중국의 선사 시대를 대략 다음과 같이 분류한다.

원모원인(元謀原人) : 운남성(雲南省) 원모에서 약 170만 년
전의 원인으로 추정되는 고고학적 유물이 발굴되었다.

남전원인(藍田猿人) : 1963년 섬서성(陝西省)에서 발굴되었
으며 약 100만 년 전의 원인(猿人)으로 추정한다.

북경원인(北京原人) : 1929년 주구점(周口店)에서 발굴되었
으며 약 60-70만 년 전의 원인으로 추정된다. 특히 북경원인
은 석기를 쓰고 불을 활용했다고 한다. 그 후 중국대륙에서 선
사시대의 유물이 계속 발굴되었다.

앙소문화(仰韶文化) : 하남성(河南省) 민지현(澠池縣) 앙소촌 (仰韶村)에서 채색문양(彩色文樣)이 있는 토기가 발굴되었다. 이들을 추려서 「앙소문화」라고 한다.

용산문화(龍山文化) : 황하 유역에서 흑도(黑陶)가 발굴되었 다. 이를 「용산문화」라 한다. 앙소문화와 용산문화의 시기를 대 략 기원전 2,500년 전후로 추정한다. 그러나 이들 원시문화와 신화 전설과의 연계는 아직까지는 이루어진 것이 없다.

다시 말하여 신화 전설은 그대로 신화 전설로 남을 수밖에 없 다. 즉 고고학적 유물이나 유적과 신화 전설과의 관계를 아직 까지는 연대나 내용의 관련을 알 수 없다.

참고 보충 몰강의 분류

몰강(Morgan)은 인류발전의 단계를 다음과 같이 분류했다.

몽매하층기(蒙昧下層期) : 인류의 유년기, 식물 채집.

몽매중층기(蒙昧中層期) : 불을 사용하고 어류를 잡음.

몽매상층기(蒙昧上層期) : 활을 발명하고 동물을 잡음.

야만하층기(野蠻下層期) : 토기(土器)를 제작함.

야만중층기(野蠻中層期) : 가축을 사육함.

야만상층기(野蠻上層期) : 철기를 사용함.

문명기(文明期) : 문자를 사용함.

「삼황오제 및 하(夏)」는 위의 분류에서 말하는 야만상층기(野 蠻上層期)에 해당한다.

동양의 인간학 「오늘의 세계」

　원시인이 주먹으로 사람을 죽여도 살인이다. 천 년 전의 무사가 칼로 무고한 사람을 죽여도 살인이다. 오늘의 서양의 강대국이 원자탄을 가지고 약소국가를 공격하고 그 나라 국민을 대량으로 학살해도 역시 살인이다. 앞으로 천 년 후에 인류는 오늘의 서양의 강대국을 좋은 나라로 보겠는가. 악독한 나라로 보겠는가. 오늘의 서양 사람들은 남을 죽이고 자기의 동물적 욕심을 채울 줄만 알지, 큰 눈으로 역사를 내다보고 또 윤리 도덕적으로 가치를 판단할 줄 모른다. 그래서 동물적 존재라고 하는 것이다. 오늘의 서양의 강대국은 문화국가가 아니라 야만국가다.

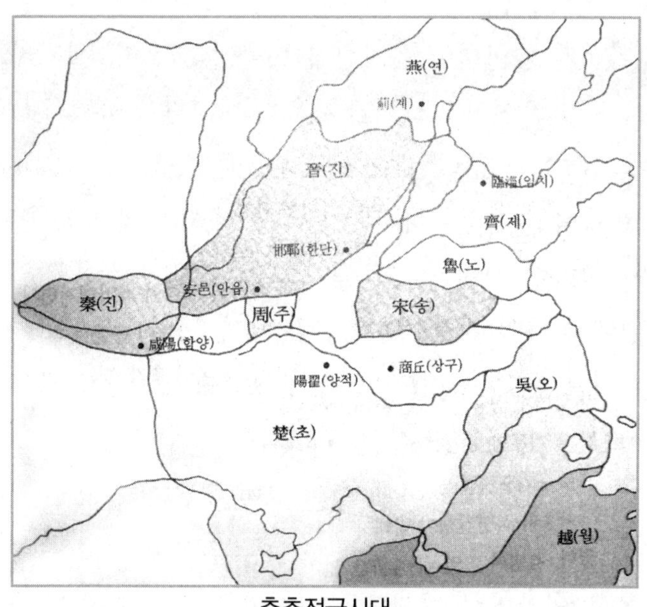

춘추전국시대

부록(2) 참고 사항

참고 보충 열녀전(列女傳)의 달기(妲己)

「달기는 은나라 주(紂)의 왕비로, 주의 사랑을 마냥 받았다. 주는 재주나 완력이 뛰어나, 맨손으로 맹수를 때려잡았다. 지혜가 많아서 남의 간언을 물리쳤고, 구변이 좋아 자기 잘못을 잘 꾸며대기도 했다. 자신의 능력을 신하에게 자랑하고, 임금이란 이름을 내걸고 천하만민 위에 군림했다. 또 모든 사람을 자기 밑에 두고 멸시했다.(妲己者 殷紂之妃也 嬖幸于紂 紂才力過人 手格猛獸 智足以距諫 辯足以飾非 矜人臣以能 高天下以聲 以爲人皆出己之下)」

「술 마시기 좋아하고 음탕한 놀이를 즐겼으며, 달기가 높이는 것을 귀하게 여기고 그녀가 미워하는 사람은 죽였다.(好酒淫樂 不離妲己 妲己之所譽貴之 妲己之所憎誅之)」

「새로 음탕한 음악이나 북비의 춤이나 미미의 노래 등을 만들었다. 천하의 진귀한 보물을 거두어 후궁에 쌓아두었다. 그들 주변에는 아첨하는 신하나 난잡한 여자들이 모였고, 저마다 원하는 바를 얻었다.(作新淫之聲 北鄙之舞 靡靡之樂 收珍物 積之于後宮 諛臣羣女 咸獲所欲)」

「지게미가 산같이 쌓이고 술을 부어 못을 만들고 고기를 매달아 숲을 이루었다. 사람들로 하여금 알몸으로 그 속에서 서로 뒤쫓고 엉키면서 밤새도록 마시고 난장판을 벌이게 했다.

이를 달기는 좋아했으나, 백성들은 원망했다.(積糟爲丘 流酒爲池 懸肉爲林 使人裸形相逐其間 爲長夜之飮 妲己好之)」

「백성들은 원망하고 제후들은 등을 돌리고 이탈했다. 그러자 주는 포락의 형법을 만들었다. 구리 기둥에 기름을 바르고 숯불 위에 걸치고, 죄인에게 그 위를 건너가게 했으며, 그들이 숯불에 떨어져 타죽는 것을 보고 달기는 깔깔대고 웃었다.(百姓怨望 諸侯有畔者 紂乃爲炮烙之法 膏銅柱 加之炭 令有罪者行其上 輒墮炭中 妲己乃笑)」

「비간이 간해서 말했다. 선왕의 법도를 닦지 않고 여자 말을 들으면 이내 화를 입을 것이다. 주가 노하고 요망한 소리라고 일축하자, 곁에서 달기가 말했다. 성인의 심장에는 구멍이 일곱 개 있다고 들었어요. 이에 주는 즉석에서 비간의 가슴을 도려내고 심장을 보았다. 기자는 잡혀 감옥에 갇혔고, 미자는 행방을 감추었다.(比干諫曰 不修先王之典法 而用婦言 禍至無日 紂怒以爲妖言 妲己曰 吾聞聖人之心 有七竅 於是剖心而觀之 囚箕子 微子去之)」

「무왕이 천명을 받고 군대를 동원하여 주를 토벌했으며, 목야에서 결전을 벌였다. 주(紂)의 군사들은 무기를 거꾸로 들고 〈도리어 주를 쳤다.〉 이에 주는 보물창고와 누각에 올라가 몸에 금은보화를 뒤집어쓰고 자결해 죽었다. 이에 무왕은 천벌을 수행했으며, 달기의 머리를 잘라, 소백기에 걸고, 이 여자가 주를 망하게 했다고 선언했다.(武王受命 興師伐紂 戰于牧野 紂師倒戈 紂乃登廩臺 衣寶玉衣而自殺 於是武王 遂致天之罰 斬妲己

頭 懸于小白旗 以爲亡紂者是女也)」

참고 보충 성서(尙書)의 서백감려(西伯戡黎)

　유리(羑里)에서 석방된 문왕(文王)은 자기 영토를 주왕(紂王)에게 바치고 포락지형(炮烙之刑)을 그만두게 했다. 그리고 서백(西伯)으로 임명되었다. 날로 주(周)나라의 세력이 강해졌으며, 마침내 은나라가 문왕을 다시 미워하기 시작했다. 그러는 중에 여융(驪戎)이라는 오랑캐가 반란했으며, 문왕이 무력으로 진압했다. 이에 화들짝 놀란 은나라의 조이(祖伊)라는 신하가 주왕(紂王)에게 경고(警告)의 글을 써 올렸다.「서백 문왕이 여(黎=驪戎)을 치자, 조이(祖伊)가 겁을 먹고 은나라 주왕에게 글을 올렸다.(西伯旣戡黎 祖伊恐奔告于王)」

「천자에게 아룁니다. 하늘은 이미 은나라에게 내린 명을 거두려 합니다. 점이나 거북점도 길하다고 말하지 않습니다. 그것은 선왕들이 후손을 돌보지 않는 것이 아니고, 오직 임금님이 음탕하게 놀기만 하고 백성을 학대하기 때문에 스스로 명이 끊어지고 또 하늘이 우리를 버린 것입니다. 그래서 편히 먹지 못하고 천성을 지키지 못하고 인륜 도덕을 따르지 못합니다. 그러므로 지금 만민들은 망하기를 바라지 않는 자가 없으며, 저마다 왜 하늘이 벌을 내리지 않는가, 왜 천명을 받고 치지 않는가 하고 말들을 하고 있습니다.(曰天子 天旣訖我殷命 格卜元龜 罔敢知吉 非先王不相我後人 惟王淫戱用自絶 故天棄我 不有康食 不虞天性 不迪率典 今我民罔弗欲喪 曰天曷不降威 大命不摯)」

참고 보충 은허(殷墟)의 발굴

청(淸)나라 말기 1899년 국자감좨주(國子監祭主) 왕의영(王懿榮)이 한약재(韓藥材)로 산 용골(龍骨)에 이상한 문자가 적혀 있는 것을 발견했다. 문자학자이기도 한 왕의영은 그의 신하이자 문자학자인 유악(劉鶚 : 1857-1909, 老殘遊記의 著者)과 함께 조사하여, 그 용골이 하남성(河南省) 안양현(安陽縣) 소둔촌(小屯村)에서 발굴된 것을 알았다.

왕의영은 청말(淸末)의 혼란한 시국에 휘말려 죽었다. 그러나 유악은 조사와 연구를 계속했고 마침내 용골의 문자를 탁본(拓本)하여 「철운장구(鐵雲藏龜) 6책」을 공개했다.

이에 많은 학자들이 연구하여 그 문자와 글이 주로 구갑(龜甲)과 우골(牛骨)에 조각된 문자로, 곧 3천 년 전의 은(殷)나라의 갑골문자(甲骨文字)임을 알게 되었다.

갑골문자를 연구한 초기의 학자들로는 유악(劉鶚), 손의양(孫詒讓), 나진옥(羅振玉), 왕국유(王國維) 등이며 그들에 의해서 갑골문자가 발굴 된 곳이 바로 나라 후반기의 도읍이라는 사실을 알게 되었다.

동시에 갑골(甲骨)에 쓰여진 문자가 주로 은나라 20대 왕 반경(盤庚)에서부터 마지막 왕 주(紂)까지 약 273년 간에 걸친 복사(卜辭 : 점을 친 내용을 기록한 글)임을 알게 되었다.

은나라는 무술(巫術)과 신권(神權) 정치를 했다. 통치자 왕은고 최고의 무사(巫師)이자 제사(祭祀)의 사제장(司祭長)이다. 왕이 선조(先祖)에 제사를 지내고 점을 치고 만사를 결정하고 다스렸으며, 그 기록을 적은 것이 「복사 즉 갑골문자」였다.

그후 은허의 발굴과 연구는 이제(李濟), 동작빈(董作賓) 등에 의해 계속되었으며 특히 1950년 이후에는 국가적으로 대대적으로 전개되어, 은(殷)의 문화권(文化圈)이 「하북(河北), 산동(山東), 안휘(安徽), 산서(山西), 섬서(陝西)」에 걸쳐 광범위하게 퍼져 있음을 알게 되었다.

아울러 하남성(河南省) 정주(鄭州)에서는 소둔(小屯)보다 더 오래된 은(殷) 중기(中期)의 문화가 발굴되었다.

이에 은나라가 역사적으로 실재했으며, 사마천(司馬遷)이 사기(史記)에 적은 은나라 왕의 계보가 정확한 것임도 증명되었다. 아울러 은나라 후반기의 문화가 얼마나 발달하고 찬란한 것인지도 실증되었다. 다음에서 항목별로 개략을 적겠다.

참고 보충 은문화의 시대 구분

고고학(考古學)에서는 「은의 문화」를 「전기(前期), 중기(中期), 후기(後期)」로 나눈다.

전기는 용산문화에서 은으로 넘어오는 시기의 문화로, 그 대표적인 유적은 하남성(河南省) 언사현(偃師縣)에서 발견되었다. 언사현은 하의 걸을 치고 은을 건국한 탕왕이 도읍을 정한 곳이라고 전한다.

중기는 정주시(鄭州市) 이리강(二里岡)에서 발견되었음으로 「이리강기(二里岡期)」라고도 한다. 이 때에는 거대한 궁전과 성곽이 있었다. 아울러 각지에서 발굴되는 무덤에서 많은 순장자

(殉葬者)의 유골과 대량의 부장품(副葬品)이 발굴되었다.

후기는 안양현(安陽縣) 소둔촌(小屯村)의 은허(殷墟)의 발굴로 확인되었다. 지하궁전(地下宮殿)을 방불케 하는 대규모의 왕묘(王墓)에는 엄청나게 많은 순사자(殉死者)의 해골과 정교하게 제작된 청동기의 무기와 기물 및 옥(玉)으로 만든 장식품들이 발견되었다.

참고 보충   신권정치(神權政治)와 노예제도(奴隸制度)

여러 씨족(氏族)이 모여 부족사회(部族社會)를 형성하고 다시 여러 부족들이 통합하여 고대국가를 형성했다.

신격화된 절대 권력자인 왕은 「비이성적이며 무자비한 신권정치」를 폈다. 그들은 모든 일을 문복(問卜)했다.

제사, 왕위계승, 전쟁, 수렵, 농사, 하늘에서 내리는 비바람 같은 천후(天候), 왕의 신병(身病) 등 일체를 점을 치고 물었다.

점은 주로 구갑(龜甲)이나 우골(牛骨)을 불로 지져 발생하는 균열(龜裂)을 보고 길흉(吉凶)을 판단했다. 왕은 무사장(巫師長)이며 그 밑에 있는 관료들은 무사(巫師) 혹은 복사(卜師)로 길흉의 판단과 해석을 도왔다.

왕과 같은 부족의 무사 및 신료(臣僚)들이 지배계층이고 그 밑에 농업이나 수공업에 종사하는 같은 부족의 서민대중이 있고 이민족이나 전쟁 포로들은 노예로 예속되었다.

발굴된 왕릉의 규모는 엄청나게 크다. 부장품으로는 정교하게 제작된 청동기, 제기 및 무기가 있고, 기타 옥(玉)으로 만든 장식구도 많이 발굴되었다.

특히 놀라운 것은 자진하여 생매장된 순사자(殉死者)로 수백 명의 인간희생(人間犧牲)이 있었다는 사실이다.

순사자는 측근이나 무사로 온전한 몸으로 의복을 갖추고 또 무기를 들고 있다. 그러나 인간희생은 노예로 수백 명이 무더기로 목을 잘린 채 매장되었다.

죽은 왕의 영혼을 동물보다 값나가는 인간의 피로 구속하기 위함이다. 무지와 미신으로 야기된 끔찍한 현상이다.

참고 보충 발달한 갑골문자(甲骨文字)

은허에서 발굴된 갑골문자는 주로 반경의 아들 무정(武丁) 이후의 기록들이다. 앞에서도 말했거니와 갑골문자로 기록된 내용들은 제사를 지내고 점을 친 내용을 적은 복사(卜辭)로, 그 내용이 다양하다. 「하늘에서 내리는 가뭄과 홍수 등의 천재지변 및 농사 수확에 대한 물음, 전쟁과 사냥에 대한 물음, 제사 및 기타 제반사에 대한 물음」 등을 점을 치고, 점괘를 보고 그 응답을 풀이하고 적은 기록이다.

그러므로 그 기록들을 통해서 당시의 연월력(年月曆) 및 역대 왕의 이름과 중요한 행사들을 알 수 있다. 아울러 주변 부족들과의 접촉도 알 수 있다.

특기할 것은 갑골문자의 문자나 문장이 기본적으로 오늘의 한자와 오늘의 문장의 기본구조와 같다는 점이다. 결국 갑골문자와 그 문장이 상당히 높은 단계의 문자이고 또 발달된 단계의 글임을 알 수 있다.

참고 보충 성곽(城郭) · 궁전(宮殿) · 청동기(靑銅器)

정주(鄭州)에서는 성곽이 발굴되었다. 사방 2킬로 가까운 크기의 장방형이며, 판축(版築)으로 쌓은 성곽이다.

이만한 성곽을 인력으로 축성하기 위해서는 만 명이 350일 작업을 하고도 약 18년의 세월이 소요될 것이라고 추정된다.

성곽 축성의 제일 목적은 방비일 것이다. 성안에 왕의 큰 궁전과 지배계층의 주택이 있었다. 말하자면 지배계급은 도성 안에 살고 있었다. 그 주변에는 청동기를 위시해서 여러 수공업 제조공장 및 상업지구가 있고 더 밖으로는 농노들이 농사를 짓는 농토가 있었다.

은나라의 문화는 미개의 신석기시대에서 문명의 청동기시대로 진입한 때의 문화이다. 특히 후기의 청동기나 기타의 수공업의 제작기술은 놀랍게 발달했다. 은나라의 청동기는 세계에서도 유례를 볼 수 없을 만큼 우수하다. 즉 청동기로 제작된 각종의 제기(祭器), 주기(酒器), 식기(食器), 악기(樂器) 및 무기(武器) 등은 정교하고 아울러 예술미를 지니고 있다.

특히 거대한 방정(方鼎)은 보는 사람을 압도한다. 한편 청동기의 기묘한 형태나 그 표면에 그려진 괴이한 문양은 주술신앙(呪術信仰)과 신권통치의 흔적을 엿보게 한다. 기타 왕 묘나 왕족의 묘에서 발굴된 각종의 부장품 중에는 모피와 견직물도 발견되었다.

참고 보충 상서(尙書)에 나타난 탕고(湯誥)

　　은(殷)의 탕왕(湯王)이 재상 이윤(伊尹)과 함께 명조(鳴條)라는 곳에서 하(夏)의 마지막 폭군 걸(桀)을 격파하기에 앞서 은나라 군대에게 맹세한 말이다. 「탕왕이 말했다. 그대들이여, 와서 나의 말을 들어라. 내가 감히 난동을 좋아서 싸우려는 것이 아니다. 하나라의 임금이 죄를 많이겼음으로 하늘이 나에게 명을 내려 그를 멸하고자 하는 것이다. 그러나 지금 그대들 많은 사람들은 나에게 말한다. 『우리 임금은 우리 백성들을 긍휼히 여기지 않고, 우리들의 농사를 망치게 하면서, 하를 치고 바로잡으려고 한다.』 나도 그대들이 이같이 말하는 것을 알고 있다.

　　〈그러나〉 하나라가 죄가 있음으로 상제의 명을 두렵게 여기는 나는 불가불 치지 않을 수 없다.(王曰 格爾衆庶 悉聽朕言 匪台小子敢行稱亂 有夏多罪 天命殛之 今爾有衆 汝曰 我后不恤我衆 舍我穡事 而割正夏 予有聞汝衆言 夏氏有罪 予畏上帝 不敢不正)」

　　「하나라 백성은 걸에게 원한을 품고 협력을 안 하고 모두 말한다. 『자신을 태양이라고 떠버리는 저 자가 죽는 날이 바로 우리들이 죽는 날이라』고 저주하고 있다. 그와 같이 하의 걸왕이 무도하다. 그래서 나는 반드시 가서 그를 처야 한다. 그리고 나는 그대들에게 바란다. 그대들도 오직 나를 도와 〈걸을 치므로써〉 하늘의 내리는 벌을 이루게 해야 한다.(有衆率怠不協 曰 時日曷喪 予及汝皆亡 夏德若玆 今朕必往 爾尙輔子一人 致天之罰)」

참고 보충 탕고(湯誥)에 나타난 사상

탕(湯)은 하(夏)의 걸(桀)을 방벌하고 천자의 자리에 올랐으며, 박(亳)의 도읍을 정했다. 그리고 하늘의 제사를 드리고 탕고(湯誥)를 지어 만방의 백성과 제후에게 고했다.

「왕이 말했다. 그대들 만방의 백성들이여, 내가 고하는 말을 잘 들어라. 위대한 상제는 사람에게 착한 본성을 내려주었다. 그대들은 도덕성을 잘 간직하고 도를 잘 지키고 즐겁게 살아야 한다. 〈그렇게 살게 하기 위해〉 상제가 임금을 세운 것이다.(王曰 嗟爾萬方有衆 明聽予一人誥 惟皇上帝 降衷于下民 若有恒性 克綏厥猷 惟后)」

「그러나 하의 걸은 덕을 잃고 무서운 형벌만을 가하고, 그대들 만방의 백성들을 학대했다. 그래서 그대들 만방의 백성들이 그 해독을 참을 수 없어, 함께 자기들의 무고함을 상하 신기에게 호소했던 것이다.(夏王滅德作威 以敷虐于爾萬方百姓 爾萬方百姓 罹其凶害 不忍荼毒 竝告無辜于上下神祇)」

「천도는 착한 자에게는 복을 주고 악한 자에게는 화를 내린다. 그래서 하나라에 재화를 내리고 그들의 죄를 밝힌 것이다. 이에, 임금인 나는 천명을 받들어 하늘의 권위를 밝히고자 하며, 감히 그들을 용서할 수 없다.(天道福善禍淫 降災于夏 以彰厥罪 肆台小子 將天命明威 不敢赦)」

「상제는 오직 나로 하여금 그대들의 나라와 집안을 안정되게 하고 있다. 이에 나는 하늘땅에 혹 잘못이 없을까 전전긍긍하며 마치 깊은 못에 빠지지나 않을까 겁을 내고 있다.(俾予一人

輯寧爾邦家 茲朕未知獲戾于上下 慄慄危懼 若將隕于深淵)」

　「무릇 내가 세운 이 나라에서는 그릇된 길을 따르지 말고 게으름 피우거나 악한 짓을 하지 마라. 각자 자기의 본분을 지키고 하늘의 명을 받들어라. 잘한 일은 짐이 덮어두지 않고 상을 줄 것이며, 잘못한 일에 대해서는 짐이 직접 심판하고 용서하는 일이 없을 것이다. 오직 상제의 마음에 따라 처리할 것이다.(凡我造邦 無從匪彝 無卽慆淫 各守爾典 以承天休 爾有善 朕不敢蔽 罪當朕躬 不敢自赦 惟簡在上帝之心)」〈湯誥〉

　이상의 탕고(湯誥)는 당시의 탕이 실제로 한 말이 아니고, 후세 사람들의 위작일 것이다. 그러나 이러한 기록 속에서 중국 민족의 정치적 도덕관을 엿볼 수 있다. 즉 무력으로 천하를 잡고 백성을 다스리는 것보다, 천도를 따라 덕의 정치를 펴야 한다는 사상이다.

참고 보충　열녀전(列女傳)의 간적(簡狄)

　「설의 모친 간적은 융나라 왕의 장녀다. 요임금 때에 누이동생들과 같이 현구 강물에서 목욕을 했는데, 검은 제비가 입에 알을 물고 가다가 떨구었다. 그 알은 오색이 영롱하고 아름다웠다. 간적과 누이동생들이 서로 다투어 가서 알을 취하려고 했으며, 간적이 먼저 그 알을 취하고 입에 물었으며, 어쩌다가 잘못하여 삼키고 마침내 설을 출산하게 되었다.(契母簡狄者 有娀氏之長女也 當堯之時 與其妹娣 浴於玄丘之水 有玄鳥銜卵 過而墜之 五色甚好 簡狄與其妹娣 競往取之 簡狄得而含之 誤而呑

之 遂生契焉)」〈권 1, 母儀〉

「간적은 특히 사람을 섬기고 다스리기를 좋아했다. 위로는 천문의 도리를 알고 〈아래로는〉 남에게 베푸는 것을 즐거워했다. 아들 설이 성장하자, 천리를 따르는 질서 〈즉 도덕 윤리〉를 가르쳐 주었다.(簡狄好人事之治 上知天文 樂於施惠 及契長 而敎之理順之序)」〈同上〉

「설의 천성이 총명하고 인자했음으로 능히 어머니의 가르침을 터득하고 마침내 〈도덕 윤리로〉 자신의 명성을 높였다. 이에 요임금이 그를 사도(司徒)에 임명했으며, 박(毫)에 봉했다. 〈사도는 백성에게 도덕 윤리를 가르치고 교화하는 장관이다. 박(毫)을 봉지로 내려주고 제후로 삼았다.〉 요임금이 죽고, 뒤이어 자리에 오른 순이 칙명으로 말했다. 「설 경! 백성들이 서로 친애하지 않고 상하 좌우의 윤리가 문란하니, 그대가 사도가 되어 다섯 가지 기본 윤리를 잘 가르치고 따르게 하시오. 단 조급하지 않고 너그럽게 하시오.(契之性 聰明而仁 能有其敎 卒取其名 堯使爲司徒 封之於毫 及堯崩 舜卽位 乃勅之曰 契 百姓不親 五品不遜 汝作司徒 而敬敷五敎在寬)」

「그 후 설의 후손들이 대를 이어가며 박에 살았으며, 은나라 탕에 이르러 다시 흥성하여 천자가 되었다.(其後世世居毫 至殷湯 興爲天子)」〈同上〉

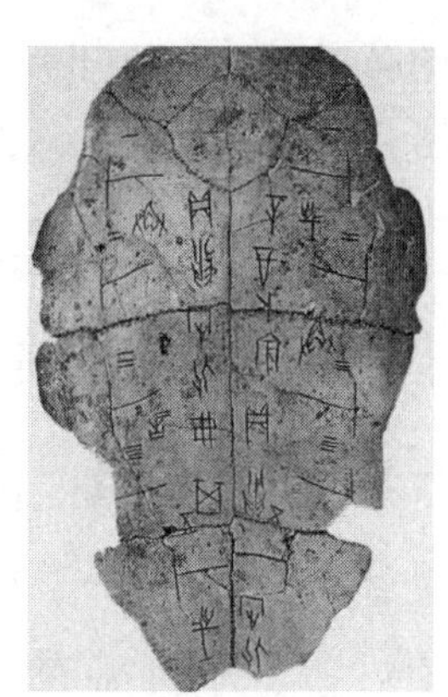

은왕조 시대의 갑골문자

부록(3) 사략(史略)의 기록

1. 은왕 성탕(殷王 成湯)

(1) 은나라 성탕은 자성(子姓)이고 이름은 리(履)다. 그 선조는 설이며 오제의 한 사람 제곡의 아들이다. 설의 모친은 간적이며 유융씨의 딸이다. 그녀는 제비가 알을 떨어뜨리는 것을 보고 주워서 삼키고 설을 낳았다고 전한다. 설은 요임금과 순임금 때의 사도(司徒)를 지냈으며 상(商)에 봉해졌고 자(子)라는 성을 받았다.

(1) 殷王成湯 子姓 名履 其先曰契 帝嚳子也 母簡狄 有娀氏女 見玄鳥墮卵 呑之生契 爲唐虞司徒 封於商賜姓.

(2) 설 다음에 「소명, 상사, 창약, 조어」와 다시 「명, 진, 미, 보정, 보을, 보병, 주임, 주계」 등 12대 이어졌다. 주계의 아들이 천을이며, 그가 바로 탕(湯)이다. 탕이 처음으로 박에 터를 잡았으니, 선조 설의 옛 도읍을 따라 터를 잡은 것이다.

(2) 傳昭明 相士 昌若 曹圉 曰冥 曰振 曰微 曰報丁 報乙 報丙 主壬 主癸 主癸子 天乙 是爲湯 始居亳 從先王居.

(3) 탕이 사람을 시켜 폐물을 가지고 가서 신에 있는 현인 이윤을 초빙하고 그를 하나라의 걸에게 천거해 쓰게 했다. 그러나 걸이 그를 등용해 쓰지 않음으로 이윤은 탕에게 되돌아왔다.

(3) 使人以幣 聘伊尹於莘 進之夏桀 不用 尹復歸湯.

(4) 걸이 간언을 올린 관용봉을 처형하자 탕이 사람으로 하여금 〈죽은 관용봉을 위해〉 통곡하게 했다. 그 소식을 들은 걸이 노하고 탕을 불러서 하대라고 하는 〈은나라의 감옥에〉 탕을 가두었다. 허나 얼마 후에는 석방되었다.

(4) 桀殺諫者關龍逢 湯使人哭之 桀怒召湯 囚夏臺 已而得釋.

(5) 하루는 탕이 들에 나가서 보니 새를 잡으려는 사람이 그물을 사면에 꽉 쳐놓고 축원을 했다. 「하늘에서 내려오는 새나, 땅에서 하늘로 올라가는 새나, 동서남북 사방에서 오는 모든 새들은 다 내 그물에 걸려라.」 이에 탕이 말했다. 「아! 너무하다! 모두 다 잡겠다고 하는구나.」 그리고 삼면을 터 놓고 축원의 말을 바꾸었다. 「왼쪽으로 갈 놈은 왼쪽으로 가거라, 오른쪽으로 갈 놈은 오른쪽으로 가거라, 내 말을 듣지 않는 자는 나의 그물에 들어와라.」

그 소문을 듣고 제후들이 말했다. 탕의 덕이 지극하구나 금수에까지 덕이 미쳤구나.

(5) 湯出 見有張網四面 而祝之曰 從天降 從地出 從四方來者 皆罹吾網 湯曰 噫盡之矣 乃解其三面 改祝曰 欲左左欲右右 不用命者 入吾網 諸侯聞之曰 湯德至矣 及禽獸.

(6) 이윤이 탕의 재상이 되어 걸을 토벌하고 걸을 남소로 추방했다. 그러자, 제후가 탕을 높이고 천자로 받들었다.

(6) 伊尹相湯伐桀 放之南巢 諸侯尊湯爲天子.

(7) 큰 가뭄이 칠 년 간 지속되자, 태사가 점을 치고 말했다. 「마땅히 사람을 제물로 바치고 기도를 드려야 합니다.」 그러자 탕이 말했다. 「내가 청하는 까닭은 백성을 위해서다. 만약에 반드시 사람을 제물로 바치고 기도를 드려야 한다면 내가 스스로 제물이 되리라.」

(7) 大旱七年 太史占之曰 當以人禱 湯曰 吾所爲請者民
也 若必以人禱 吾請自當.

(8) 탕왕이 마침내 목욕재계하고 손톱을 깎고 머리를 자르고 흰 바탕 나무로 만든 수레에 흰말을 메워서 〈그 위에 타고〉 온몸을 흰 띠로 얽어 묶고 자신을 희생으로 삼았다. 그리고 상림이란 벌판에서 기도를 드렸다. 〈그때에 탕왕은〉 여섯 가지 항목을 들어 자책하며 기도했다. 「제가 다스림에 있어 절도를 잃었기 때문인가요? 백성들이 저마다의 직업을 잃었기 때문인가요? 저의 궁전이나 거실이 지나치게 크고 화려하기 때문인가요? 대궐 안에서 여자들의 은밀한 청탁이 성행하기 때문인가요? 뇌물이 성행하기 때문인가요? 참소 하는 자들이 많기 때문인가요?」 〈탕왕의 자책하는〉 말이 미처 끝나기 전에 큰비가 사방 천 리 땅에 쏟아져 내렸다.

(8) 遂齋戒 剪爪斷髮 素車白馬 身嬰白茅 以身爲犧牲 禱
于桑林之野 以六事自責曰 政不節歟 民失職歟 宮室崇歟
女謁盛歟 苞苴行歟 讒夫昌歟 言未已 大雨方數千里.

2. 중종 부흥(中宗 復興)

(1) 탕왕이 붕어하고 태자 태을도 일찍 죽었다. 그래서 차자 외병이 자리에 올랐다. 그러나 그도 임금이 된 지 이 년 만에 죽고, 동생 중임이 올랐다. 그도 사 년 만에 죽었다.

(1) 湯崩 太子太丁早卒 次子外丙立 二年崩 弟仲壬立 四年崩.

(2) 태정의 아들 태갑이 자리에 올랐으나 총명하지 못했다. 그래서 이윤이 태갑을 동궁으로 추방했다. 그곳에서 태갑이 선왕 중임의 삼 년 상을 지내면서 잘못을 뉘우치고 자책했음으로 이윤은 그를 다시 도읍 박으로 모셔 왔다. 그리고 덕을 쌓게 했다. 이에 제후들이 태갑에게 귀순하고 따랐다.

(2) 太丁之子太甲立 不明 伊尹放之桐宮 居憂三年 悔過自責 尹乃奉歸亳修德 諸侯歸之.

(3) 태갑 다음에 옥정, 태경, 소갑, 옹기를 거쳐, 태무에 이르렀다. 그러나 도성 박에 이상한 징조가 나타났다. 아침에 대궐 뜰 안에서 뽕나무와 닥나무 줄기가 동시에 자라더니 그날 저녁 무렵에는 기둥머리만큼 크게 자랐다. 이윤의 아들 이척이 말했다. 「요괴는 덕을 이길 수 없습니다. 그러므로 임금께서는 덕을 닦으셔야 하십니다.」 이에 왕 태무가 선왕의 덕치의 도(道)를 따르고 닦았다. 그러자, 이틀만에 흉상의 뽕나무가 시들어 죽었으며, 탕왕이 세운 은나라의 덕치의 도가 부흥했다. 그를 중

종이라 칭송한다.

(3) 自太甲 歷沃丁 太庚 小甲 雍己 至太戊 亳有祥 桑穀
共生于朝 一日暮大拱 伊陟曰 妖不勝德 君其修德 太戊
修先王之政 二日而桑祥枯死 殷道復興 號稱中宗.

3. 반경 천도(盤庚 遷都)

⑴ 태무왕으로부터 중정, 외임을 거쳐 하단갑에 이르러 홍수
를 피해 도읍을 상(相)에 옮겼다. 그 후 조을왕 때에는 경(耿)에
도읍했다. 그러나 다시 경이 홍수로 파괴되었다. 왕「조신, 옥
갑, 조정, 남경, 양갑」 등을 거쳐 반경왕이 되자, 도읍을 경에서
다시 박으로 옮겼으며, 은나라의 정치와 운세가 부흥했다.

(1) 自太戊 歷仲丁 外壬 至河亶甲 避水 遷于相 至祖乙
居耿 又圮于耿 歷祖辛 沃甲 祖丁 南庚 陽甲 至盤庚 自
耿復遷于亳 殷道復興.

4. 무정(武丁) · 무을(武乙)

⑴ 반경으로부터 소신, 소을 두 왕을 거쳐, 무정왕에 이르렀
다. 무정은 꿈속에서 좋은 보필을 만났는데, 이름을 열이라고
했다. 열은〈실재 인물로〉중죄를 지고 부암이라는 곳에서 토
목공사에 복역하고 있었다. 무정은 각지로 수소문해서 열을 찾

아내고, 그를 재상에 높이 세웠다. 무정이 탕 왕의 제사를 지낼 때에 들꿩이 날라와서 솥 위에 앉아 울었다. 이에 무정은 겁을 먹고 스스로 반성하고 바르게 다스렸다. 그러므로 은나라의 정치의 도리가 다시 흥성했다. 무정을 고종이라 높였다.

(1) 自盤庚 歷小辛 小乙 至武丁 夢得良弼 曰說 說爲胥 靡 築于傅巖 求得之 立爲相 武丁祭湯 有飛雉 升鼎而雊 武丁懼 而反己 殷道復興 號稱高宗.

(2) 무정으로부터 조경, 조갑, 늠신, 경정을 거쳐, 무을왕에 이르렀다. 무을왕은 무도한 짓을 했다. 즉 인형을 만들어 천신(天神)이라 하고 또 천신과 놀음을 한다고 실제로는 인형 대신 사람을 내세워 놀음을 하게 하고, 그 사람이 이기지 못하면 욕하고 창피를 주었다. 또 가죽으로 부대를 만들어, 그 속에 피를 가득 넣고 〈높이 매달아 놓고〉 위를 향해 활을 쏘아 올리면서 하늘을 쏘아 맞춘다고 말했다. 무을은 사냥에 나갔다가 날벼락을 맞고 직사했다.

(2) 自武丁 歷祖庚 祖甲 廩辛 庚丁 至武乙 無道 爲偶人 謂之天神 與之博 令人爲之 天神不勝 乃僇辱之 爲革囊 盛血 仰射之 命曰射天 出獵 爲暴雷震死.

5. 주왕(紂王) · 달기(妲己)

(1) 태정, 제을을 거쳐 제신에 이르렀다. 제신은 이름이 수, 호를 주라고 했다.

(1) 歷太丁 帝乙 至帝辛 名受 號爲紂.

(2) 그는 천성으로 언변이 좋고 동작이 민첩했으며 맨 주먹으로 맹수를 때려잡았다. 또 간교한 지혜가 넘쳐, 남의 간언을 반박하고 물리쳤으며 간교한 말솜씨로 자기의 잘못을 호도하고 변명했다.

(2) 資辯捷疾 手挌猛獸 智足以拒諫 言足以飾非.

(3) 주가 처음으로 상아로 젓갈을 만들어 쓰자 기자가 탄식하며 말했다. 「저렇게 상아 저를 만들어 쓰고 있으면 필경 흙으로 만든 그릇에는 음식을 담아 먹지 않고 장차는 옥으로 술잔을 만들어 쓸 것이다. 옥 술잔과 상아 저를 쓴다면 필경 채소나 콩잎의 국을 먹지 않을 것이며 또 짧은 베옷을 입거나 띠 지붕 밑에서는 살지 않을 것이다. 즉 비단 옷을 여러 겹으로 포개 입고 높은 대 위에 큰 궁전을 짓고 살 것이니 그 같은 사치를 충족하기 위해 재물을 모으면 천하의 재물을 다 거두어도 모자랄 것이다.」

(3) 始爲象箸 箕子歎曰 彼爲象箸 必不盛以土簋 將爲玉杯 玉杯象箸 必不羹藜藿 衣短褐而舍茅茨之下 則錦衣九重 高臺廣室 稱此以求 天下不足矣.

(4) 주왕이 유소씨의 나라를 정벌하자 그 나라 임금 유소씨가 달기라는 미녀를 주왕에게 바쳤다. 주왕은 그녀를 총애하고 그녀의 말을 다 들어주고 따랐다. 백성들로부터 조세를 엄청 많이 거두어들이고 녹대에 있는 보물 창고를 가득 채우고 또 거교라고 일컫는 곡물 창고에 곡물을 가득 채웠다. 아울러 사구라는 곳에 거창한 정원과 누각을 축조하고 못에는 술을 가득히 채우고 둘레에는 고기를 주렁주렁 숲처럼 매달았다. 그리고 밤을 새워가며 마시고 놀았다.

(4) 紂伐有蘇氏 有蘇以妲己女焉 有寵 其言皆從 厚賦稅 以實鹿臺之財 盈鉅橋之粟 廣沙丘苑臺 以酒爲池 懸肉爲 林 爲長夜之飮.

(5) 이에 백성들이 원망하고 제후들이 등을 돌렸다. 주왕은 원망하고 반대하는 사람에게 무거운 형벌을 가했다. 즉 구리로 만든 둥근 기둥에 기름을 바르고, 그 기둥을 이글이글 타는 불 위에 걸쳐놓고 죄인으로 하여금 그 위를 가게 했다. 죄인들이 미끄러워 실족하고 불 속으로 떨어져 타 죽는 것을 주와 달기는 함께 보면서 크게 즐거워했다. 그 형벌을 「포락의 형벌」이라 불렀다. 그들의 음탕한 수작과 잔인한 형벌은 도를 넘고 혹독했다.

(5) 百姓怨望 諸侯有畔者 紂乃重刑辟 爲銅柱 以膏塗之 加於炭火之上 使流罪者緣之 足滑跌墜火中 與妲己觀之 大樂 名曰炮烙之刑 淫虐甚.

(6) 서형 미자가 여러 번 간했지만 주가 듣지 않자, 미자는 멀

리 떠나버렸다. 주왕의 숙부 비간이 간하고 사흘을 떠나지 않자, 주가 성을 내고 「내가 들은 바 성인의 심장에는 구멍이 일곱 개 있다고 하드라.」 하고 그 자리에서 비간의 가슴을 도려내고 심장을 보았다. 역시 숙부인 기자는 일부러 미친 척 하고 남의 종노릇을 했다. 그러자 주왕은 기자를 잡아 가두었다. 은나라의 음악을 관장하는 대사는 악기와 제기를 들고 주(周)나라로 망명했다.

(6) 庶兄微子 數諫不從 去之 比干諫三日 不去 紂怒曰 吾聞聖人之心 有七竅 剖而觀其心 箕子佯狂爲奴 紂囚之 殷大師 持其樂器祭器奔周.

6. 주 멸망(紂 滅亡)

(1) 주나라의 임금 문왕과 구(九) 라는 나라의 임금 및 악이라는 나라의 임금 세 사람이 주를 보필하는 벼슬 「삼공」이었다. 주는 구의 임금을 죽였으며, 〈이를 부당하다고〉 간을 올린 악의 임금도 죽이고, 두 사람의 시체를 포로 떴다. 그 말을 듣고 문왕이 탄식을 했다. 그러자 주가 성을 내고 문왕을 잡아, 유리라는 감옥에 가두었다. 문왕의 신하 산의생이 미녀와 진귀한 보물을 구해서 주에게 바쳤으며, 주는 크게 기뻐하고 문왕을 즉시 석방했다. 그 후 문왕은 은퇴하고 덕을 쌓았다. 그러자 전국의 제후들이 대부분 주(紂)에 등을 돌리고 문왕에게 귀순하고 따랐다.

(1) 周侯昌及九侯, 鄂侯 爲紂三公 紂殺九侯 鄂侯爭 幷脯之 昌聞而歎息 紂囚昌羑里 昌之臣散宜生 求美女珍寶進 紂

大悅 乃釋昌 昌退而修德 諸侯多叛紂歸之.

(2) 문왕이 죽고, 아들 무왕이 자리에 올랐다. 제후들을 통솔하고 주를 토벌했다. 주(紂)는 목야에서 크게 패하고 도망가 자기 궁전에 불을 지르고, 보물에 묻혀 불에 타죽었다. 이로써 은나라가 망했다.

(2) 昌卒 子發立 率諸侯伐紂 紂敗于牧野 衣寶玉自焚死 殷亡.

(3) 기자가 그 후 주나라로 가면서 폐허가 된 은의 도읍을 지나가면서, 궁전과 가옥이 파괴되고 허물어져 밭으로 변하고 벼와 기장이 자란 것을 보고 상심했다. 소리 높여 통곡하고 싶으나, 그럴 수도 없고 또 소리 죽여 흐느껴 울자니 아녀자의 짓에 가까운 지라 그러지도 못하고 결국 「맥수가」를 지어 다음과 같이 읊었다.

「보리가 무럭무럭 자라는구나, 벼와 기장이 기름져 탐스럽구나, 그 포악하고 간교한 주왕이, 나와 함께 나라를 잘 다스리지 못하고, 결국 나라를 망쳤구나.」 은나라 유민들이 기자의 노래를 듣고, 모두 눈물을 흘리고 흐느껴 울었다. 은나라는 천자 자리를 31대 이었으며, 629년 다스리다가 망했다.

(3) 箕子後朝周 過故殷墟 傷宮室毁壞生禾黍 欲哭不可 欲泣則爲近婦人 乃作麥秀之歌曰 麥秀漸漸兮 禾黍油油兮 彼狡童兮 不與我好兮 殷民聞之 皆流涕 殷爲天子三十一世 六百二十九年.

부록(4) 주(周)에 관한 참고

1. 주(周) 나라 역사 개요

(1) 주족(周族)의 대두와 문왕(文王)

주(周) 민족의 시조는 후직(后稷)이다. 그는 천신(天神)의 아들로 백성에게 농경을 가르쳐주었다. 은(殷)나라가 황하 하류 안양(安陽 : 河南省)을 중심으로 사방으로 세력을 확장하고 있을 때, 주족(周族)은 서쪽 섬서성(陝西省) 황토고원에서 소박한 농업민족으로 성장했다.

그러나 근처의 유목민족이 자주 침입하고 약탈을 자행했음으로, 태왕(大王＝太王)으로 알려진 고공단보(古公亶父) 때에는 위수(渭水)의 상류 기산(岐山) 밑 주원(周原)으로 옮아가 농업을 지으면서 점차로 민족공동체를 넓혀나갔다.

주왕조(周王朝)는 사직(社稷)에 제사를 올린다. 「사(社)」는 토지신(土地神)이고, 「직(稷)」은 곡신(穀神)이다. 그들은 선조를 모시는 종묘(宗廟)와 더불어 「사직단(社稷壇)」을 중시했다. 공동체에 속하는 모든 부족이 「사직단」에 모여 제사를 들이고, 번영을 기원했다. 그래서 「사직」은 「국가」라는 뜻이기도 했다.

고공단보(古公亶父) 즉 태왕(大王) 때부터 급속히 세력이 커지자, 은(殷)도 주(周)를 인정하고 회유정책의 일환으로 태왕의 아들 계력(季歷)에게 은나라 귀족의 딸을 하가(下嫁) 시켰다. 말하자면 친선을 위한 정략결혼이었다. 그들 사이에서 태어난 아들이 곧 창(昌 : 나중의 文王)이다.

그러나, 은(殷)나라는 자기들의 무리한 요구를 들어주지 않는 계력(季歷)을 살해했다. 그래서 뒤를 이은 창(昌 : 文王)이 무도(無道)한 은(殷)나라를 치려고 생각했던 것이다.

한편 날로 강성해지는 주(周)나라의 세력을 두려워한 은(殷)나라의 주왕(紂王)은 무마책의 일환으로 주나라 문왕을 서백(西伯)에 임명했다. 그래서 서부의 견융(犬戎) 같은 유목민족의 침입과 제후들의 발호를 서백의 힘으로 막고자 했다.

그러나 두 나라가 지향하는 길은 정 반대였다. 은주(殷紂)는 포학무도(暴虐無道) 했고, 주문왕(周文王)은 인정덕치(仁政德治)했다. 그래서 천명은 문왕에게 내렸던 것이다.

당시 은주(殷紂)는 동방에 대한 무력정복에 열중하고 있었다. 그 틈을 타서 서백(西伯) 즉 문왕(文王)은 도읍을 기(岐)에서 동쪽 풍(豊)으로 옮겼다. 이는 곧 주의 영토와 세력을 차츰 동쪽으로 확대하려는 의도로 취한 조치였다.

그리고 또 주문왕(周文王)은 강족(姜族)의 딸과 결혼을 했다. 강족도 은(殷)을 미워하고 있었다. 그래서 문왕은 강족과 연계했던 것이다. 그 강족의 우수한 군사(軍師)가 곧 여상(呂尙) 태공망(太公望)이었다.

(2) 무왕(武王)과 주공(周公)의 공적

서백(西伯) 문왕(文王)이 죽고 뒤를 아들 발(發), 즉 무왕(武王)이 이었다. 무왕과 그의 동생 주공(周公)은 아버지 문왕의 「은나라 타도의 숙원」을 달성하려고 착실하게 준비를 했다. 그리고 마침내 목야(牧野:河南省 淇縣)에서 대승리를 거두고 은주왕(殷紂王)을 멸했다. 그리고 다시 도성을 호(鎬:西安)로 옮기고 종주(宗周)라고 불렀다.

무왕은 선조의 숙원인 주(周)나라를 세웠다. 그리고 아버지 서백(西伯)을 문왕(文王), 조부 계력(季歷)을 왕계(王季), 증조부 고공단보(古公亶父)를 태왕(大王=太王)에 추시(追諡)했다.

건국초기에는 아직 불안했다. 그래서 무왕은 은(殷)의 왕자 무경(武庚)으로 하여금 은나라의 옛 땅과 유민을 다스리게 했다. 한편 무왕은 자기의 동생 관숙(管叔)과 채숙(蔡叔)으로 하여금 무경을 감시하게 했다.

그 후, 주무왕(周武王)이 병사(病死)하고, 아들 성왕(成王)이 자리에 올랐으며, 그 뒤를 주공(周公)이 섭정(攝政)으로 보필했다.

당시는 부자상속제(父子相續制)가 확립되어 있지 않았다. 형제상속(兄弟相續)을 주장하는 사람도 많았다. 그래서 관숙(管叔)과 채숙(蔡叔)이 은나라 무경(武庚)과 은인(殷人)들을 선동(煽動)하고 주공을 내쫓으려고 했다.

그래서 「주공이 성왕을 제치고 대권을 잡으려고 한다」고 터무니없는 말을 퍼뜨렸다. 중상모략만이 아니라, 그들은 산동반도(山東半島) 남에서 회수(淮水) 일대를 점거하고 있는 동이족

(東夷族)을 충동하여 대 반란을 기도했다.

참으로 주나라의 위기였다. 그래서 주공은 어린 성왕의 허락을 받고, 동생 소공(召公)과 함께, 군대를 지휘하여 각지의 반란군을 격멸(擊滅)하고 전국을 안정케 했다.

(3) 서주(西周) 초의 임금들

주공(周公)에 의해 위기를 극복하고 안정된 주나라는 성왕(成王), 강왕(康王) 소왕(昭王), 목왕(穆王)으로 이어지면서 발전을 계속했다.

최근의 발굴을 통해서 주나라의 청동기(靑銅器) 문화권이 섬서성(陝西省) 남부 평원지대를 중심으로 하고, 동북으로는 요녕성(遼寧省) 남부, 하북성(河北省), 산서성(山西省) 남부, 하남성(河南省), 강소성(江蘇省) 안휘성(安徽省) 및 호북성(湖北省) 한수(漢水) 유역까지 광범하게 미쳐있음을 알게 했다. 즉 은나라보다 그 범위가 훨씬 넓었던 것이다.

원래 주나라는 섬서성(陝西省) 서안(西安) 부근의 풍(豊)과 호(鎬) 즉 종주(宗周)를 중심으로 성장했다. 그러나 세력이 커짐에 따라, 주공(周公)은 동쪽 하남성(河南省) 낙양(洛陽)에 성주(成周)라고 하는 부도성(副都城)을 건설하고 동방을 지배하고 다스렸다. 주공 자신이 성주 낙양에 주둔하고, 왕족과 공신 및 친족들을 각지에 봉(封)했다. 저마다 봉지를 받고 지방의 도시국가를 다스리는 임금을 일반적으로 제후(諸侯)라고 한다. 그러나 「공(公)·후(侯)·백(伯)·자(子)·남(男)」 다섯 등급이 있다. 그리고 주왕실(周王室)은 이들의 종주(宗主)였다.

(4) 시대변천과 무력남용

주(周) 초기의 안정은 대체로 성왕(成王)과 강왕(康王)에 이어졌다. 그러나 그 다음 소왕(昭王)과 목왕(穆王) 시대에는 사회가 크게 변했다.

상업과 공업 및 교역이 발달함에 따라 도성의 규모와 건축 및 생활양식이 화려하고 사치스럽게 되었다. 따라서 소박한 농업경제를 바탕으로 한 낡은 통치방식을 지양하고, 새로운 동화정책을 펴야 했다. 이에 새로운 관료계층과 경제적 부유층이 나타나기 시작했으며, 여러 가지 대립과 모순이 발생하기 시작했다.

따라서 주나라 임금은 서쪽의 종주(宗周)의 도성 호(鎬)에서 동쪽의 성주(成周)의 도성 낙양(洛陽)을 오가며 전국의 제후들을 무마하고 동화정책을 강구해야 했다.

한편 주변의 야만족들의 침입과 약탈이 격화되었다. 즉 서북(西北) 초원지대의 견융(犬戎), 동남(東南) 회수(淮水) 유역의 회이(淮夷), 한수(漢水) 유역의 형만(荊蠻)들을 무력으로 정벌해야 했다. 그래서 소왕(昭王)과 목왕(穆王)은 자주 원정(遠征)을 해서 막대한 재물과 인력을 소모했다. 대체로 유학자들은 그들의 무력 원정을 비난했다.

목왕(穆王)이 서북부의 수렵민족인 견융(犬戎)이 과도하게 무력으로 정벌하려 하자, 채공모부(蔡公謀父)가 말리면서 간했다. 「옛날의 성왕(聖王)은 덕(德)으로 감화하고 무력을 남용하지 않았다.」 그러나 목왕은 듣지 않고 출정했으며, 결국은 소득도 없이 주변민족들의 반감만 조장했다.

여왕(厲王)의 비극도 결국은 신흥세력과 구세력의 갈등에서 비롯된 것이다. 여왕은 신흥의 상공업자 및 신 관료와 결탁하고 낡은 농업계층인 귀족들을 소외했다. 특히 사리사욕에 눈이 어둔 영이공(榮夷公)을 등용하여 악정을 폈다. 그래서 보수적 귀족과 시민이 단결해서 여왕을 축출하고 공화정치(共和政治)를 편 것이다. 여왕의 새 정책은 결국 지나친 이기주의와 물질주의였으며 동시에, 혹독한 독재와 탄압을 바탕으로 한 비인도적 폭정이었다. 백성들의 입을 틀어막고, 반대하는 사람을 밀고하고 참형에 처했던 것이다. 그래서 백성들이 그를 축출한 것이다.

(5) 서주(西周)의 중흥과 멸망

여왕(厲王)이 체(彘)에서 죽자, 원로들은 숨어있던 태자 정(靜)을 찾아 자리에 올렸다. 그가 선왕(宣王)이다. 선왕은 현명한 재상(宰相) 윤길보(尹吉甫)의 도움으로 주왕실의 권위를 되찾고 다시 주나라를 중흥케 했다.

그러나 윤길보가 죽은 다음에는 다시 쇠퇴했다. 즉 선왕은 북방의 이민족들과 싸워 패했으며, 막대한 국가 운영의 자원과 군비를 충당하기 위하여 중앙집권제를 강화하고 백성들과 제후들을 못살게 굴었으며 따라서 점차로 민심을 잃게 되었다. 선왕은 총 46년 집권했다. 그 중 말기의 11년을 실정한 시기로 친다.

그 뒤를 유왕(幽王)이 이었다. 그는 우매한 임금이었다. 그는 용(龍)의 화신이라고 전하는 요염한 여자 포사(褒姒)를 총애하고 사치와 낭비로 국가의 재물을 탕진하고 또 음란한 주연으로 나라의 기강을 어지럽혔다. 이에 백성과 제후들이 등을 돌렸다.

뿐만 아니라, 독살스런 포사를 즐겁게 해주기 위해, 유왕은 원비(元妃) 신후(申后)와 태자 의구(宜臼)를 폐하고, 포사를 정비로 앉히고 그녀의 소생 백복(伯服)을 태자로 삼았다. 이에 원비의 아버지 신(申)나라의 임금 신후(申侯)가 노하고 견융(犬戎)과 합동하여 대군을 동원해서 쳐들어왔다. 그러나, 아무도 유왕을 도와줄 사람이 없었다.

그 까닭은 유왕이 전에 여러 차례 제후들을 속였기 때문이다. 참으로 끔찍한 일이었다.

포사는 좀처럼 웃지를 않았다. 그래서 유왕이 그녀를 웃게 하려고 거짓으로 횃불을 올렸다. 이에 전국으로부터 제후와 군사들이 달려왔다. 그러나 아무런 변고가 없었다. 이에 제후들이 속은 줄 알고, 쓴 얼굴을 짓고 돌아섰다. 요망한 포사는 그 광경을 보고 깔깔대고 웃는 것이었다. 결국 그래서 그 아무도 유왕의 위기를 구해줄 사람이 없게 된 것이다. 결국 유왕과 포사는 여산(驪山) 밑에서 병사들에게 무참하게 피살되고 말았다. 이로써 서주(西周)도 종말을 고하게 되었다. 이때가 대략 서기전 770년이다. 그 이후를 동주(東周)라고 한다. 그리고 동주도 다시 춘추시대(春秋時代)와 전국시대(戰國時代)로 나눈다.

2. 은주혁명(殷周革命)과 예교(禮敎)

(1) 은(殷)과 주(周)의 외형적 문화차이

은(殷)나라는 오래되고 영토가 크고 또 인구가 많았다. 그 큰 나라를 신흥의 작은 나라, 주(周)가 정벌했다는 것은 기적에 가까운 일이었다. 발굴된 유물을 보아도, 주(周)나라의 농기구나 무기가 은(殷)나라보다 더 발달된 것이 없다. 청동기의 제작기술이나 기물의 형상 및 장식이나 문양(紋樣)도 더 발달한 것이 별로 없다. 더욱이 주(周)나라는 은(殷)을 멸한 다음 당분간은 은나라의 노예제도를 그대로 계승했다. 주나라 초기에도 노예제도가 존속했으며 농경생산이나 토목공사 등을 노예들이 담당했다.

외형적 물질문화나 무력 면에서는 주나라가 은나라를 치고 이겨야 할 필연적인 이유를 찾을 수 없다. 그래서 백이(伯夷)·숙제(叔齊) 형제가 「폭력으로 폭력을 친 것」이라고 나쁘게 평을 했던 것이다.

주나라의 청동제기

주(周)가 은(殷)을 치고 새 나라를 창건한 「은주혁명(殷周革命)」의 깊은 뜻을 왕국유(王國維)나 양계초(梁啓超)처럼 천도(天道)와 덕치(德治)를 기준으로 보고 평가해야 한다. 그것이 유교의 도통사상(道統思想)이다. 이러한 관점에 서야 왕도덕치(王道德治)도 바르게 알 수 있다.

(2) 통치(統治)의 신성시(神聖視)

원시인은 동물과 비슷한 삶을 살았을 것이고, 그 때에는 신(神) 혹은 종교(宗敎)에 대한 의식도 희박했을 것이다. 그러나 동물과 차원이 다른 영장(靈長)인 인간 인류는 점차로 신(神)에 대한 의식을 갖게 되었을 것이다. 「신(神)」은 곧 「눈에 보이지 않으나, 눈에 보이는 만물에게 생명이나 권능을 주는 실재(實在)이다.」

신을 바탕으로 종교의식이 발생하고 발전하게 마련이다. 다신교적(多神敎的) 서물신앙(庶物信仰)이 점차로 일신교적(一神敎的) 고급종교(高級宗敎)로 높아진다.

고대의 임금이나 통치권자는 「무력」과 더불어 「신이나 종교의식」을 바탕으로 남을 지배했다. 즉 첫째는 「힘과 무력」이다. 그리고 「신(神) 혹은 종교의식(宗敎意識)」이 뒤따랐다.

오늘의 인류세계도 같다. 통치자는 힘과 무력을 바탕으로 하고 남을 지배한다. 그러면서 그 통치권을 법률이나 제도로 분식하고 있는 것이다. 즉 인력(人力), 지력(智力), 재력(財力), 과학기술 등, 모든 힘을 무기화(武器化)하고 남을 지배하고 있는 것이다. 때로는 종교사상이나 이데올로기를 내세운다. 결국 오늘의 세계정치도 고대의 원시인과 마찬가지로 힘과 무력을 바탕으로 하고 있다.

고대의 임금들도 무력으로 남을 정복하고 지배했다. 그러면서 자기의 통치권을 절대시(絕對視) 신성시(神聖視)하기 위해서 「임금의 자리와 통치권을 절대자(絕對者), 천신(天神)이 내려준 것이다. 따라서 모든 사람이 절대로 복종해야 한다.」고 강변했던 것이다.

이와 같은 「신권통치설(神權統治說)」에 있어서는 은(殷)나라도 주(周)나라도 같다. 단 의식면에서는 크게 다르고 혁신적이다. 다음에서 「은주혁명(殷周革命)」의 의식내용과 양상에 대해서 알아보겠다.

(3) 은(殷)의 주술적(呪術的) 신권통치

은(殷)의 통치자가 내세운 신권통치사상(神權統治思想)은 맹목적 미신적인 것이다. 그들의 신은 선악시비(善惡是非)도 없고, 윤리도덕(倫理道德)도 모른다. 무조건적 절대권력이다. 그러므로 절대권력을 대신하는 은나라 임금도 선악시비 윤리도덕이 없다. 선악시비 윤리도덕이 없다는 것은 곧 생각하는 힘과 이성적 가치판단이 없다는 뜻이다.

은(殷)의 주왕(紂王)은 바로 동물적 존재였다. 동물적 욕구와 육체적 쾌락을 끝없이 채우기 위해서 무자비하게 백성을 유린하고 재물을 강탈했다. 그리고 마냥 사치 낭비하고 또 여자들과 어울려 음탕하게 광란했다.

말하자면 그는 마귀(魔鬼)의 화신(化身)이었다. 따라서 그의 신(神)은 바로 「마귀의 신」이다.

마귀의 신은 무자비하다. 숭고한 정신이나 도덕적 윤리 도덕이 없다. 오직 무자비하게 남을 죽이고 자기의 동물적 욕구를 채우고 또 관능적 쾌락을 채우려고 한다.

그래서 은나라의 신권통치(神權統治)는 무자비했으며, 제사를 지낼 때에도 산 사람들이나 동물을 희생으로 바쳤던 것이다. 또 그러한 신을 이성적 합리적으로 설명하거나 해석할 수가 없다. 그래서 은나라의 통치는 주술적(呪術的) 맹목적(盲目的) 신권정치(神權政治)였다. 군주만이 신의(神意)를 내려 받는다.

그 방법이 무술(巫術)이나 점복(占卜)이다. 임금은 최고의 무술사(巫術師) 혹은 점복사(占卜師)다. 그 밑에 많은 부하들이 보좌한다. 임금만이 신의(神意)와 신명(神命)을 내려 받고 또 하늘이 내리는 여러 가지 징조를 점치고 해석하고 악덕한 권능을 행한다고 강변했던 것이다.

임금이 하는 짓은 곧 하늘의 뜻이고 권능이다. 주왕(紂王)의 주지육림(酒池肉林)의 광란이나, 참혹한 포락(炮烙)의 형벌도 하늘의 뜻이라고 강변한다.

또 하늘을 대신하는 임금이 죽으면, 부하들이나 노예도 같이 죽어야 한다. 그래서 엄청나게 많은 사람들을 순사(殉死) 순장(殉葬)하게 했던 것이다.

그러나 이와 같은 신권통치 사상은 비인간적(非人間的), 비인도적(非人道的), 원시적(原始的), 야만적(野蠻的)인 것이다. 시대와 더불어 인간의 정신적 지능이 발달함에 따라 소멸하게 마련이다. 그래서 나타난 것이 주(周)나라의 제례적(祭禮的) 종교의식적(宗敎儀式的) 도덕적(道德的)「신권정치사상(神權政治思想)」이다.

(3) 주공(周公)의 사상적 혁신

은(殷)의 주술적(呪術的) 미신적(迷信的) 신권통치(神權統治)를 「초보적이기는 하지만」「인본주의적(人本主義的), 제례적(祭禮的), 도덕적(道德的), 신권정치사상(神權政治思想)」으로 개혁한 사람이 바로 주공(周公)이었다.

문왕(文王)의 아들 무왕(武王)은 무력으로 은(殷)을 토벌했다. 그리고 무왕의 동생 주공은 정치사상을 바로잡았다. 그러므로 중용(中庸)에서 무공과 주공을 계지술사(繼志述事)한 효자라고 한 것이다.

주(周)나라도 「절대적 신권」을 믿고 따랐다. 그러므로 그들도 「종교적 차원의 신권정치」를 폈다. 즉 상제(上帝 : 天神) 및 토지신(土地神)을 모시고 제사를 지냈다. 아울러 종묘(宗廟)에 역대의 선조의 신령을 모시고 제사를 지냈다.

주(周)도 은(殷)과 같이 겉으로는 「천신(天神), 지기(地祇) 및 신령(神靈)」을 모시고 따랐다. 그러나 내면적으로는 전혀 달랐다. 주(周)는 「신의 권위, 천명(天命), 신의 상벌(賞罰)」을 절대시하면서 동시에 인간의 책임을 결부시켰던 것이다. 이와 같은 인본주의적 혁신적 신권사상을 창설한 사람이 바로 주공이다. 그러므로 공자(孔子)가 주공(周公)과 예치주의(禮治主義)를 높였던 것이다.

(4) 예치(禮治)와 도덕정치(道德政治)의 뜻풀이

주공(周公)에 의해서 혁신된 「예치(禮治)와 도덕정치(道德政治)」를 「유교의 전통사상」을 바탕으로 현대적으로 설명하겠다.

우선 「하늘의 뜻 즉 신의(神意)」와 「하늘의 도리 즉 천도(天道)」를 인간적 차원에서 도덕적으로 알아야 한다. 형식적으로 하늘에 제사를 지낸다고 무조건 복을 받을 수 없다. 인간이 그에 상응하는 책임과 행동을 해야 복을 받는다. 사직단(社稷壇)에서 지신(地神)과 곡신(穀神)에 제사를 지내되 사람들이 때를 맞추어 정성으로 노력하여 농사를 지어야 풍요로운 수확을 거둘 수 있다. 종묘(宗廟)에서 제사를 드리되 모든 일가 친족이 서로 친애하고 협동하고 저마다의 위계(位階)에서 저마다의 책임과 직분을 다해야 선조의 덕을 내려 받고 자손들이 잘살 수 있다.

유교에서 말하는 하늘은 절대선(絶對善)이다. 시간과 공간을 초월하여 우주, 천지, 만물, 만민(萬民)을 잘살고 번창하게 하는 전대선의 실재를 하늘이라 한다.

하늘의 뜻은 곧 우주, 천지, 만물이 조화를 이루고, 다같이 잘 살고 번창하고 특히 인류의 역사 문화를 더욱 선 방향으로 더욱 창조적으로 발전시키는 것이 바로 하늘의 뜻이다.

하늘의 도리도 같다. 시간의 흐름에 따라 우주 천지 만물이 더욱 번창하고, 더욱 착하고 새롭게 발전하는 도리다.

그와 같은 하늘의 뜻과 도리를 행하고 성취하는 주체(主體)가 바로 사람이다. 이를 「천도(天道), 인행(人行), 지덕(地德)」이라고 한다. 즉 사람이 행동적으로 천도를 따르고 행해서 지덕을 세워야 한다. 「덕(德)」은 「도(道)를 따르고 행해서 얻은 좋은 성과」라는 뜻이다.

「예치(禮治)」는 곧 「천리를 따르고 지켜, 바르게 다스린다.」는 뜻이다. 모든 사람이 하늘을 중심하듯이 천명을 받은 임금을 중심으로 하고 저마다의 위치와 계층에서 저마다의 도리와 책임을 다하여 공동체를 하늘의 뜻과 도리에 맞게 바르고 착하게 다스리는 정치를 예치라고 한다.

이상이 바로 기원전 천 년 전의 주공(周公)의 「혁명적인 신권 정치사상」이다. 이를 공자(孔子)는 논어(論語)에서 말했다. 「귀신을 공경하되 되도록 멀리한다.(敬鬼神而遠之)」 즉 천신(天神), 지기(地祇) 및 산령(神靈)을 믿고 모시되, 맹목적으로 믿지 않고 인간적 도리를 다한다는 뜻이다.

(5) 은주혁명(殷周革命)은 도덕혁명

낡은 은(殷)을 멸하고, 새로 주(周)를 세운 것을 「은주혁명(殷周革命)」이라 한다. 그 핵심은 「은나라의 맹목적인 신권통치」를 「인간중심의 예악덕치(禮樂德治)」로 고친 것이다. 실례를 들고 말하자.

은(殷)나라를 멸망케 한 주왕(紂王)은 포학무도(暴虐無道)했다. 그에게는 천도(天道)와 천명(天命) 사상이 없었다. 폭력과 무력을 휘두르고 온갖 잔학한 짓을 했다. 즉 강자는 약자를 죽이고, 약자의 재물을 탈취한다. 그리고 동물적 욕심이나 관능적 쾌락을 끝없이 채운다. 그러나 천도를 어기는 포학한 짓은 멸망한다. 하늘은 유덕자(有德者)로 하여금 무도(無道)한 자를 토벌하게 한다. 그래서 문왕, 무왕, 주공이 주나라를 세웠던 것이다.

특히 주공(周公)은 사상적으로 강조했다. 천명을 받은 임금은 사사로운 존재가 아니다. 천명 천도를 잘 살피고 따르고 덕을 세워야 한다. 하늘은 만민이 잘살기를 바란다. 그러므로 만민을 잘 살게 하는 것이 곧 덕을 세움이다. 하늘은 만민을 통해서 임금을 감시하고 있다. 만민이 못 살면 하늘은 벌을 내린다. 그래도 듣지 않으며, 그 임금을 멸한다.

이와 같은 천명 사상과 천도 사상이 바로 유교의 전통사상이다. 그 시초가 주나라에서 세워졌다.

(6) 성직자(聖職者) 주공단(周公旦)

문화적 은주혁명(殷周革命)으로 주(周)나라 초기에, 제례적(祭禮的) 도덕정치(道德政治)의 기틀을 마련한 주재자는 주공단(周公旦)이다. 「단(旦)」은 이름이다.

주공은 주왕조를 창업한 문왕(文王)의 아들, 무력으로 주(紂)를 토벌한 무왕(武王)의 동생, 제2대 왕, 성왕(成王)의 숙부다. 주공의 업적은 특히 서경(書經) 주서(周書) 및 사기(史記) 노주공세가(魯周公世家)에 잘 나타나 있다.

주공은 아버지 문왕에게는 효자로서 창업(創業)을 도왔으며, 형 무왕과 같이 무기를 들고 출정하여 은(殷)의 주(紂)를 토벌했다. 무왕이 승하하고 조카 임금 성왕이 자리에 오르자, 섭정(攝政)으로써 보필하고 특히 반란을 진압하고 나라를 안정시켰다.

주공은 사제자(司祭者), 성직자(聖職者) 혹은 무축자(巫祝者)이기도 했다. 무왕이 병들자 주공이 신령에게 자기를 대신 불러가라고 축원하고 그 축사(祝辭)를 금등(金縢 : 금으로 만든 함)에 봉한 일이 있다. 또 성왕이 병들자, 주공이 손톱을 깎고 하신(河神)에게 기도하고, 그 글을 관고(官庫)에 보관한 일이 있었다. 그 후에 주공이 죽은 해에, 천재지변이 심하게 일어났다. 이에 성왕이 겁을 먹고 금등(金縢)에 보관되어 있는 주공의 축사(祝辭)를 펴보고, 비로소 주공의 충성심을 알고 주공을 정중하게 모시고 제사를 지냈다. 그러자 천재지변이 말끔히 가셨다고 한다. 이렇듯이 주공은 하늘이나 신령과 영통(靈通)했던 것이다.

무왕이 죽고 어린 성왕이 자리에 오르자 주공이 섭정이 되어 그를 보좌했다. 그러나, 무왕의 동생 관숙(管叔)과 채숙(蔡叔)이 주공을 중상모략하고 은나라의 잔존세력과 결탁하고 모반(謀叛)했다. 이때에 주공은 군대를 이끌고 동정(東征)하여, 반란하는 은의 무경(武庚)과 관숙을 처형하고 채숙을 추방하고, 은나라의 미자(微子)를 송(宋)에 봉했다. 이로써 주나라를 안정시켰다.

이상과 같이 주공은 주나라의 건국과 안정에 기여한 충신이었다. 그러나 그는 왕왕 오해와 수난(受難)을 받은 비극의 성직자(聖職者)이기도 했다. 그와 같은 억울한 심정이 시경(詩經)의 여러 시편에 나타났다. 즉 빈풍(豳風)의 치효(鴟鴞), 낭발(狼跋), 파부(破斧) 등이다.

3. 서경(書經) 주서(周書)의 글

(1) 목서(牧誓) 발초(拔抄)

* 주무왕(周武王)이 은(殷)을 치려고 군대를 이끌고 은나라 도읍 조가(朝歌 : 河南省 淇縣) 남쪽 목야(牧野)에 이르러, 장병들에게 맹서한 글이라고 한다. 그러나 실지로는 후세의 사관이 쓴 글이다. 이 책에서는 원문에 대한 복잡한 고증(考證)을 생략하고, 줄거리와 정신을 전하기 위해 대담하게 의역했다. 당시 무왕의 군세(軍勢)는 「융차(戎車) 300백 대, 용감한 무사 3천 명, 무장한 군대 4만 5천 명」이라고 전한다.

(1) 「멀리 서쪽에서 온 용사들이여!(逖矣 西土之人)」

(2) 「그대의 창을 들어라, 그대의 방패를 나란히 이어라, 그대의 창을 세워라. 내가 그대들에게 맹서하노라.(稱爾戈 比爾干 立爾矛 予其誓)」

(3) 「옛사람이 말했다. 암탉은 새벽에 울지 않는다. 암탉이 새벽에 울면, 집안이 망한다. 그런데 지금 은나라의 주(紂)는 여자의 말에 놀아나, 천지 및 선조에 보답하는 제사를 지내지 않았다. 또 자기들의 부모형제 및 일가친척들을 돌보지 않고, 오직 사방에서 죄 짓고 도망 온 자들을 등용해 높이 쓰고 믿고 그들은 대부나 경사로 부려쓰고 백성들에게 포학하게 하고 은나라를 망치게 했다.(古人有言曰 牝鷄無晨 牝鷄之晨 惟家之索 今商王受 惟婦言是用 昏棄厥肆祀 弗荅 昏棄厥惟王父母弟 不迪 乃惟四方之多罪逋逃 是崇是長 是信是使 是以爲大夫卿士 俾暴虐于百姓 以姦宄于商邑)」

(4) 「바야흐로 나 발(發)은 삼가 하늘의 벌을 〈대신해서〉 집행하려고 한다.(今予發 惟恭行天之罰)」* 「발(發)」은 무왕의 이름.

(5) 「그대들이여, 힘들여 싸워라. 그대가 힘들여 싸우지 않으면, 그대 자신들이 적에게 죽게 될 것이다.(勖哉夫子 爾所不勖 其于爾躬有戮)」

(2) 금등(金縢) 발초(拔抄)

* 금등(金縢)은 「금궤(金櫃)」다. 무왕(武王)이 병들어 자리에 들자, 동생 주공(周公)이 선조에게 제사를 드리고 자기를 대신 죽게 해달라고 축원을 올렸다. 그 축사(祝辭)를 금궤에 넣어 보관했다. 후일에 성왕(成王)이 보고 주공의 진심을 알고 감동했다고 한다.

(1) 「서문 : 무왕이 병들자, 주공이 금등의 글을 지었다.(武王有疾 周公作金縢)」

(2) 「은나라를 토벌한 지 2년이 지나, 무왕이 병들었다. 태공망(太公望)과 소공(김公)이 「임금을 위해 점을 치겠다.」고 말하자, 주공이 「그것만으로는 우리의 선왕들이 감응하지 않을 것이다.」라고 말하고, 손수 특별히 제단을 차리고 옥돌[璧]을 바치고 〈자신을 제물로 삼고〉 「증조부 태왕(太王), 조부 왕계(王季) 및 부친 문왕(文王)」에게 간곡히 축원을 올렸다.」〈원문 생략〉

(3) 「〈사관이 다음과 같은 축문을 올렸다.〉 바로 지금 신령님들의 원손 무왕이 혹독한 병에 걸렸습니다. 만약에 세 신령님

들께서 하늘에 제사를 드릴 〈새 사람을 바칠〉 책임을 지고 계
시다면, 〈무왕 대신〉 저 단(旦)으로 대신하십시오. 저는 타고난
인품이 재주가 많고 또 다능하여 능히 귀신을 잘 모실 수 있습
니다. 그러나 무왕은 〈죽어서 귀신을 모시는 점에서는〉 저만
못합니다. 또한 무왕은 천명을 받고 임금이 되어 사방을 다스
리고 하늘의 자손이 백성을 돌보고 있음으로 모두가 무왕을 경
외하고 있습니다. 아아! 참으로 빌어 올립니다. 하늘의 은혜로
운 명을 내리시지 않으며, 〈즉 무왕을 죽게 한다면〉 우리 선왕
님들도 역시 의지할 바가 없게 되실 것입니다. 지금 저는 거북
점으로 명을 받고자 합니다. 신령님들이 저의 축원을 들어주시
면 옥돌 옥홀을 바쳐 들고 명을 따르겠습니다. 〈대신 죽겠다는
뜻〉 아니면 옥돌과 옥홀을 함 속에 도로 가두어 두겠습니다.(惟
爾元孫某 遘厲虐疾 若爾三王 是有丕子之責于天 以旦代某之身
予仁若考 能多材多藝 能事鬼神 乃玄孫不若旦多材多藝 不能事
鬼神 乃命于帝庭 敷于四方 用能定爾子孫于下地 四方之民 罔不
祗畏 嗚呼無墜天之降寶命 我先王亦永有依歸 今我卽命于元龜
爾之許我 我其以璧與珪 歸俟爾命 爾不許我 我乃屛璧與珪.)」

〈* 그리고 거북점을 세 번 쳤으며, 다 길조(吉兆)가 나왔다.
그래서 주공이 금등(金縢)을 만들어 그 속에 축사를 보관했으
며, 무왕의 병도 쾌유했다.〉

(4) 그 후에 무왕이 승하하고 그의 아들 성왕(成王)이 자리에
올랐으며, 그 뒤를 주공(周公)이 돌봐 주었다. 그러자, 관숙(管
叔)을 비롯한 여러 동생들이 고의로 주공을 중상 모략했다. 이
에 주공은 몸을 피했으며 자기의 억울한 심정을 「치효(鴟鴞 : 詩

經 豳風)」라는 시로 읊었다.

(5) 가을에 크게 바람이 불고 사납게 번개가 쳐서 농작물이 다 쓰러졌다. 임금이 크게 겁을 먹고, 금등(金縢)의 글을 보았다. 그리고 주공의 충성심과 공적을 알게 되었다.

(6) 성왕은 글을 보고 눈물을 흘리며 말했다.『전에 주공이 우리 왕실에 충성했거늘, 내가 어려서 알지 못하고 〈도리어 그를 의심했다.〉 그래서 하늘이 노하고 위력을 발휘하여 주공의 덕을 알게 한 것이다.(昔公勤王家 惟子沖人 不及知 今天動威 以彰周公之德)』 그리고 성왕이 주공을 새롭게 국가적 차원에서 예우(禮遇)했다. 그러나, 하늘도 진정하고 비바람을 멈추었으며, 쓰러졌던 곡식들이 다시 소생하고 일어섰으며, 대풍년을 이루었다. 〈원문 생략〉

(3) 대고(大誥) 발초(拔抄)

* 무왕(武王)이 죽자, 은나라의 후예 무경(武庚)을 감시하는 임무를 맡은 무왕의 동생, 관숙(管叔), 채숙(蔡叔) 및 곽숙(霍叔)이 도리어 무경과 결탁하여 반란했다. 주공은 이를 평정하려고 대고(大誥)를 지어 성왕의 이름으로 고했다. 대고의 작자에 대해서는 다른 설이 많다. 그러나 여기서는 대고에 나타난 사상의 요점을 적겠다.

(1)「점괘가 길(吉)로 나왔다. 그래서 성왕 즉 나는 그대들을 이끌고 은(殷)의 잔당을 치려고 한다.」

(2)「나 소자는 상제의 명을 어기려는 게 아니다. 하늘은 문왕을 칭찬하시고 우리에게 주(周)나라를 내려주었으며, 문왕은

복점을 쳐서, 하늘의 명을 잘 받들었다. 지금 하늘이 백성을 도와주는지 아닌지를 보고자 복점을 쳤다. 참으로 감사하게도, 하늘이 문왕이 세우신 주나라의 기틀을 도와주시려고 함을 알았다.(予惟小子 不敢替上帝命 天休于寧王 興我小邦周 寧王惟卜用 克綏受玆命 今天其相民 矧亦惟卜用 嗚呼 天明畏 弼我丕基.)」

　(3)「하늘은 참으로 믿을 수 없노라. 하늘은 백성들을 살펴본다. 〈만약 백성들이 못 살면 하늘은 내렸던 천명도 즉시 거둔다.〉 그러니 내가 어찌 문왕이 세운 공업(功業)을 완수하지 않을 수 있겠느냐.(天棐忱辭 其考我民 予曷其不于前寧人圖功攸終.)」

　(4)「나는 항상 생각했다. 하늘이 은나라를 버리고 멸했다. 농부처럼 〈부지런히 가꾸어야 한다.〉 어찌 내가 우리나라의 밭을 끝까지 갈지 않을 수 있느냐. 하늘이 우리의 선왕, 문왕을 사랑하시고 〈나라를 주셨거늘〉 내가 어찌 점을 잘 지키고 또 문왕의 업적을 따라 우리나라의 강토를 안정되게 하지 않을 수 있으랴. 더욱 점괘가 길하게 나왔으나, 나는 마땅히 그대들을 이끌고 동으로 나가 역도들을 쳐야 한다. 천명은 거짓이 없다. 그렇게 하기를 명하고 있노라.(予永念曰 天惟喪殷 若穡夫 予曷敢不終朕畝 天亦休于前寧人 予曷其克卜 敢不于從率寧人 有指疆土 矧今卜屏吉 肆朕誕以爾東征 天命不僭卜陳惟若玆)」

(4) 주고(酒誥) 발초(拔抄)

* 주공(周公)이 쓴 글이라고 전한다. 성왕(成王)이 강숙(康叔)에게 훈계한 말이다. 〈혹은 무왕(武王)이 한 말이라는 설도 있다.〉 내용은 「문왕(文王)이 여러 신하들에게 훈계한 말」을 바탕으로 하고, 「은(殷)나라가 멸망한 원인이 음주(飮酒)와 음란(淫亂) 때문임을 지적」하고, 잘 다스리라고 훈계한 것이다.

⑴ 〈문왕이 신하에게 한 훈계의 말이다.〉「하늘이 무서운 벌을 내려, 백성들을 혼란하게 만들고 덕을 잃게 하는 〈근본 원인은 오직〉 술 때문이다. 또 크고 작은 나라들이 망하는 것도 술 때문이다.(天降威 我民用大亂喪德 亦罔非酒惟行 越小大邦用喪 亦罔非酒惟辜.)」

⑵ 〈문왕의 말〉「평상시에는 술을 마시지 마라. 또 여러 나라 임금들과도 오직 제사 때에만 함께 술을 마셔야 한다. 덕을 항상 간직하고 취하는 일이 없어야 한다. 그래야 백성을 교화하고 바른 길로 인도할 수 있다.(無彝酒 越庶國 飮惟祀 德將無醉 惟曰化我民迪)」〈이렇게 문왕의 말을 바탕으로 하고 성왕이 말했다.〉「백성들이 먹을 귀중한 곡식을 함부로 술을 빚지 마라. 백성들로 하여금 생산에 힘쓰고, 부모에게 효도하게 잘 교화하라. 노인(老人)이나 장자(長子)를 대접하고 모실 때는 주식(酒食)을 바쳐 올려 더욱 공경하고 화목해야 한다.」

⑶ 〈성왕의 말〉「은(殷)의 뒤를 이은 주(紂)는 백성을 잘 섬기지 않고, 백성들의 원망을 사고도 뉘우치지 않고, 무도한 놀이에 빠지고 연락(宴樂)만을 일삼고 멸망도 두려워하지 않았다.」「임

금만이 아니라 모든 신하도 술 마시고 놀았으며, 썩은 냄새가 하늘에 번졌다. 그래서 하늘은 은나라를 더 돕지 않고 멸망했던 것이다. 이는 하늘이 은을 멸한 것이 아니고, 그들 자신들이 스스로 죄를 짓고 멸망한 것이다.(庶羣自酒 腥聞在上 故天降喪于殷 岡愛殷惟逸 天非虐 惟民自連辜.)」

(4) 〈성왕의 말〉「옛말이 있다. 임금은 자기 모습을 물에 비추어보지 않고, 백성의 상태를 보고 자신을 보라고 했다. 지금 은나라가 잘못하여 천명을 잃었으니, 우리가 이에 반성하지 않을 수 있겠느냐.(古人有言 日人無于水監 當于民監 今惟殷墜厥命 我其可不大監無于時.)」〈그래도 술 마시고 놀기만 하는 자는 혹독한 벌을 내리라고 했다.

4. 주(周) 나라의 인간상

(1) 열녀전(列女傳)에 나타난 세 왕비

* 열녀전 제1권 모의편(母儀篇)에 「주실삼모(周室三母)」라는 글이 있다. 「삼모(三母)」는 다음의 세 어머니다.

① 태강(太姜) : 고공단보(古公亶父) 즉 태공(大公)의 부인으로 왕계(王季)의 어머니다.
② 태임(太壬) : 왕계(王季)의 부인으로 문왕(文王)의 어머니다.
③ 태사(太姒) : 문왕(文王)의 부인으로 무왕(武王) 주공(周公)의 어머니다.

(1) 태강(太姜)은 태백(太伯), 중옹(仲雍), 왕계(王季)를 낳았다.「성품이 정순하고 도를 따르고 잘못함이 없다. 태왕은 일을 도모하고 나라를 옮길 때에도 반드시 태강과 의논을 했다.(貞順率道 靡有過失 大王謀事遷徙 必子太姜)」

(2) 태임(太壬)은 문왕(文王)의 어머니다.「태임의 성품은 단정하고 성실하고 장중했으며, 오직 덕행을 행했다. 임신한 다음에는 나쁜 빛을 보지 않고, 음탕한 소리를 듣지 않고, 오만한 말을 하지 않음으로써 능히 태교를 지켰다.(太壬之性 端一誠莊 惟德之行 及其有娠 目不視惡色 耳不聽淫聲 口不出敖言 能以胎敎)」「문왕은 태어나면서 총명하고 성덕이 있었다. 어머니 태임이 하나를 가르쳐주면, 문왕은 백을 깨닫고 알았다.(文王生而明聖 太壬敎之以一 而識百)」

(3) 태사(太姒)는 무왕(武王)의 어머니다.「성품이 어질고 도를 밝히고 따랐다. 문왕이 칭찬하고 위(渭)에 가서 친히 맞이해 왔다. 〈강을 건널 때는〉 배를 띄워 다리로 삼았다. 태임은 시댁에 들어오자, 〈시할머니〉 태강과 〈시어머님〉 태임 받들어 모시고 조석으로 부지런히 일하고 부도를 다했다.(仁而明道 文王嘉之 親迎于渭 造舟爲梁 及入 太姒思媚太姜 太壬 旦夕勤勞 以進婦道.)」

태사(太姒)는 다음과 같이 아들 십 형제를 낳았다.「백읍고(伯邑考), 무왕발(武王發), 주공단(周公旦), 관숙선(管叔鮮), 채숙도(蔡叔度), 숙진탁(叔振鐸), 곽숙무(霍叔武), 성숙처(成叔處), 강숙봉(康叔封), 담계재(聃季載)」

 태교(胎敎)

「婦人妊子, 寢不側, 坐不邊, 立不蹕, 不食邪味, 割不正不食, 席不正不坐, 目不視于邪色, 耳不聽于淫聲 夜則令瞽誦詩道正事 如此則生子形容端正 才德必過人矣.」

(l) 열녀전에 나타난 주선강후(周宣姜后)

* 여왕(厲王)이 백성에게 추방되어, 체(彘)에서 죽은 다음에 뒤를 이은 착한 임금이 선왕(宣王)이다. 선왕은 현명한 재상(宰相) 윤길보(尹吉甫)의 도움으로 주왕실의 권위를 되찾고 다시 주나라를 중흥케 했다. 선왕 뒤에는 훌륭한 왕비가 있었다. 열녀전, 「주선왕비(周宣王妃)」에서 요점을 추리겠다.

(1) 「주나라 선왕의 황후 강씨(姜氏)는 제후(齊侯)의 딸이며, 현명하고 덕이 높았다. 예에 어긋나는 말을 하지 않고, 예에 어긋나는 행동을 하지 않았다.(周宣姜后 齊侯之女也 賢而有德 事非禮不言 行非禮不動)」

(2) 〈나라를 다스리고 백성을 돌보아야 할 임금〉「선왕이 항상 일찍 자리에 들고, 늦게 일어났으며, 임금의 밤 자리 시중을 드는 여자들이 임금의 방에서 물러날 줄 모르고, 〈노상 임금과 같이 음란한 생활을 했다.〉(宣王常早臥晏起 后夫人不出房)」

(3) 〈물론 그 책임은 임금에게 있다. 그러나 임금에게 직접 탓하고 벌을 줄 수가 없다. 그래서 강후(姜后)가 벌을 받는 죄인의 차림을 하고, 스스로 감옥에 들어가, 사람을 통해서 임금에게 아뢰었다.〉「소첩이 잘못하여 〈임금을 모시고 내조의 공

을 쌓아야 할 여자들이〉 음탕한 마음으로 상감을 유혹하고, 임금님으로 하여금 예를 잃고 아침 조례를 못 보게 했습니다. 그결과 임금께서는 여색을 즐기시고 덕을 잃으셨습니다. 무릇 여색을 즐기면 반드시 사치하고 끝없이 욕심을 채우려고 하며, 그러므로 모든 혼란이 일어나게 마련입니다.(妾不才 妾之淫心見矣 至使君王失禮而晏朝 以見君王樂色而忘德也 夫苟樂色 必好奢窮欲 亂之所興也)」〈그 모두가 우리들 여자로부터 비롯한것입니다. 그러니 소첩을 벌주십시오.〉

　(4)「왕이 말했다. 내가 부덕한 탓이다. 실로 내가 잘못했다. 부인의 죄가 아니다. 그리고 다시 황후로 받들었다. 그리고 부지런히 정사를 돌보고, 일찍 조례를 보고, 늦게 퇴청했으며, 마침내 중흥의 명군(名君)이 되었다.(王曰 寡人不德 寔自有過 非夫人之罪也 遂復姜后 而勤于政事 早朝晏退 卒成中興之名)」

동양의 인간학 내조의 공

　같은 임금과 같은 왕후다. 은(殷)나라 주왕(紂王)과 달기(妲己), 혹은 주(周)나라 유왕(幽王)과 포사(褒姒) 같이 남녀가 어울려 음탕하다가 패가망신하는 수도 있고, 반대로 선왕(宣王)과 강후(姜后) 같이 예(禮)를 따라 잘 되는 경우도 있다. 특히 주왕조(周王朝)를 창건한 「태왕(大王), 왕계(王季), 문왕(文王)의 세부인들은 부도(婦道)의 귀감이라 하겠다.」

제5장 중용과 문무주공(文武周公)

1. 中庸 18장 1절 :「無憂者文王」

（1） 子曰 無憂者 其惟文王乎 以王季爲父 以武王爲子 父作之 子述之.

⑴ 공자가 말했다. 아무런 걱정이 없는 사람은 오직 주나라 문왕이었다. 그는 왕계를 아버지로 삼고, 무왕을 아들로 두었다. 아버지 왕계가 왕업의 바탕을 만들고 아들 무왕이 왕업을 계승하고 성취했다.

【章句集註】⑴ 此言文王之事 書言王季其勤王家 蓋其所作 亦積功累仁之事也.

⑴ 이 절은 문왕의 일을 말한 것이다. 서경(書經) 무성편(武成篇)에 다음과 같은 글이 있다. 〈문왕의 아버지〉 왕계가 부지런히 왕가(王家)가 될 수 있게 그 바탕을 닦았다. 무릇 〈왕계가 부지런히〉 이루어 놓은 것은 역시 공을 쌓고 인덕을 거듭한 일이다.

참고 보충 「주(周)의 도덕적 기반」

유교의 창시자 공자가 이상적인 나라로 높이는 주나라는 하루아침에 한 사람의 손으로 창건된 왕조가 아니다. 오랜 역사와 도덕적 바탕 위에서 천명을 내려 받은 것이다. 그러므로 시경(詩經)에 「주는 비록 오래된 나라이지만 그에게 내린 천명은 더욱 새롭다.(周雖舊邦 其命維新)」고 읊었다. 주나라의 시조(始祖)는 후직(后稷)이다. 후직은 요(堯) 및 순(舜) 밑에서 농업을 관장하고 만민이 먹을 식량을 풍족하게 만든 공신이었다. 그의 증손 공류(公劉)는 빈(豳)에서 농사를 진작해서 풍요로운 나라로 만들었다. 그의 9대손 고공단보(古公亶父) 때에 주변의 오랑캐가 침입하여 농토와 백성을 탈취하려고 했다. 이에 영주(領主)인 그는 전쟁을 하고 백성을 죽이느니, 차라리 자기 혼자 물러나면 된다고 오랑캐에게 모든 것을 넘겨주고 일족과 함께 기산(岐山) 밑으로 옮아왔다. 그러자 다른 백성들도 다 뒤를 따라왔으며, 그 곳이 새로 번창하여 주나라의 기틀이 잡히었다.

고공단보에게는 세 아들이 있었다. 장남은 태백(太伯), 둘째가 우중(虞仲), 셋째가 계력(季歷)이었다. 계력의 현명한 부인 태임(太任)이 아들 창(昌)을 낳았다. 이 창이 곧 문왕이다. 고공단보는 탁월한 손자 창이 장차 집안을 흥성케 할 것을 믿었다. 그래서 가계를 셋째 아들 계력에게 물려주려고 생각했다. 이를 눈치챈 큰아들 태백과 둘째 우중은 자진해서 형만(荊蠻)으로 몸을 숨기고 셋째 계력 즉 창의 부친으로 하여금 뒤를 계승하게 했다. 이렇듯이 뒤에 문왕이 된 창의 선조는 훌륭했으며, 특히 할아버지 고공단보와 백부의 덕으로 자기 아버지 계력이 집안을 계승할 수 있었다. 그와 같은 좋은 형통과 가문을 배경으로 문왕은 덕 있는 서백(西伯)이 될 수 있었던 것이다.

한편 문왕의 아들들도 훌륭했다. 특히 큰아들 무왕(武王)은 무력으로 은(殷)나라의 주왕(紂王)을 토벌하고 주를 창건하고,

고공단보를 태왕(太王), 조부 계력을 왕계(王季), 아버지를 문왕(文王)으로 추시(追諡)했다. 한편 무왕의 동생 주공(周公)은 주나라의 문물제도를 새로 만들고 예치(禮治)의 터전을 확립했다. 그래서 문왕을 위아래로 걱정이 없다고 한 것이다.

참고 보충 「부작자술(父作子述)」

조부 태왕(太王 : 古公亶父), 부친 왕계(王季 : 季歷), 문왕(文王 : 昌), 아들 모왕(武王)과 주공(周公)이 대를 이어가면서 「군자의 도[君子之道]」를 행하고 인덕(仁德)을 세움으로써 드디어 천명을 받고 왕조를 창건하고 천자의 자리에 올랐다. 이가 곧 효도(孝道)이기도 하다. 그래서 다음 제19장에서는 「무릇 효는 선조나 부친의 뜻을 잘 계승하고 또 선조나 부친의 유업을 더욱 잘 발전하고 성취함이다.(夫孝者 善繼人之志 善述人之事者也)」라고 했다. 문왕의 경우는 아버지 왕계가 더욱 왕업의 기틀을 공고히 만들었고, 아들 문왕 주공이 문왕의 뜻과 유업을 계승하고 완성했던 것이다. 그러므로 문왕의 경우는 「군자의 도」와 「효도」를 대를 이어가면서 실천한 결과 천명을 받은 것이다.

2. 中庸 제18장 2장 : 「壹戎衣有天下」

(1) 武王 纘大王王季文王之緒 壹戎衣而有天下 身不失天下之顯名 尊爲天子 富有四海之內 宗廟饗之 子孫保之.

(1) 무왕이 태왕, 왕계, 문왕이 세운 왕업을 계승하고 딱 한번

무력을 행사하여 〈무도한 은(殷)의 주왕(紂王)를 타도하고〉 천하를 차지했다. 그러나 무왕은 결코 천하에 빛나는 명성을 잃지 않았음으로 〈천명을 받고〉 존귀한 천자가 되었으며, 부유하여 사해 안의 모든 재물을 소유하게 되었고 또 선조를 종묘에 보시고 제사를 흠향(歆饗)케 했으며 아울러 자손들로 하여금 길이길이 나라를 보전케 했다.

【章句集註】 (1) 此言武王之事 纘繼也 大王王季之父也 書云大王肇基王迹 詩云至于大王 實始翦商.

(1) 이 글은 무왕의 일을 말한 것이다. 「찬(纘)」은 「계승하다.」의 뜻이다. 「태왕(大王)」은 「왕계(王季)」의 부친이다. 서경(書經) 무성편(武成篇)에 「태왕이 처음으로 왕업의 터전의 기초를 만들었다.」고 했다. 시경(詩經) 노송(魯頌) 비궁편(閟宮篇)의 시에 「태왕에 이르러 비로소 상(商=殷) 나라를 자르기 시작했다」고 말했다.

【章句集註】 (2) 緖業也 戎衣甲冑之屬 壹戎衣 武成文 言壹著戎衣以伐紂也.

(2) 「서(緖)」는 「왕업(王業)」의 뜻이다. 「융의(戎衣)」는 갑옷이나 투구 같은 〈전복(戰服)〉이다. 「일융의(壹戎衣)」라는 말은 서경(書經) 위고문(僞古文) 주서(周書) 무성편(武成篇)의 글이다. 「딱 한번 전복을 입고 〈무력을 행사하여〉 주왕(紂王)을 토벌했다.」는 뜻을 말한 것이다.

참고 보충 「무왕(武王)의 말」

　무왕의 말은 「위고문(僞古文) 주서(周書) 무성편(武成篇)」에 있다. 무왕이 딱 한번의 군사행동으로 은(殷)을 토벌하고 무기를 거두고 소를 도림(桃林)에 되돌리고 제사를 지내면서 한 말이다. 「천하의 제후에게 고하노라. 선조 후직(后稷)이 나라를 세웠다. 증손자 공류(公劉)가 선대의 공업을 더욱 돈독히 하고 태왕(大王)이 되어 왕업(王業)의 토대를 다졌다. 그 아들 왕계(王季)가 부지런히 왕가를 건설했다. 그리고 문덕(文德)에 빛나시는 문왕(文王)이 더욱 공훈을 높이시고 천명을 받고 중국을 안정되게 하셨다. 그러므로 큰 나라들이 문왕을 두렵게 여기고, 작은 나라들이 문왕의 덕을 따르게 되었다. 그런지 9년이 되었으나, 대통을 잡지 못하고 돌아갔음으로 아들인 내가 어른의 뜻을 계승하고, 상(商=殷)의 죄를 벌하고 하늘 땅 명산 대천에 고해 올린 것이다.(嗚呼羣后 惟先王建邦 公劉克篤前烈 至于大王 肇基王迹 王季其勤王家 我文考文王 克成厥勳 膺天命以撫方夏 大邦畏其力 小邦懷其德 惟九年 大統未集 予小子其承厥志 底商之罪 告于皇天后土 所過名山大川.)」

참고 보충 「시경(詩經) 비궁편(閟宮篇)의 시」

　노송(魯頌) 비궁편의 시는 대략 다음과 같다. 「〈후직의 어머니 강원이 하늘의 정기를 받아〉 아무런 재해 없이 달이 차서 후직을 낳았으며, 이에 하늘이 온갖 복을 내려 주었다.」「태왕이 기산 남쪽에 터를 잡고 농사를 지어 백성을 잘살게 함으로써 사실상 「상=은」나라를 누르기 시작했다. 문왕 무왕이 태왕의 뜻을 계승하여 하늘을 대신해서 극형을 내리고 목야(牧野)에서 「상=은」을 벌주었다.(居岐山之陽 實始剪商 至于文武 纘大王之緖 致天之屆 于牧之野)」

3. 中庸 제18장 3절 : 「周公成文武之德」

(1) 武王末受命 周公成文武之德 追王大王王季 上祀先公 以天子之禮 斯禮也 達乎諸侯 大夫及士庶人 父爲大夫 子爲士 葬以大夫 祭以士 父爲士 子爲大夫 葬以士 祭以大夫 期之喪 達乎大夫 三年之喪 達乎天子 父母之喪 無貴賤一也.

⑴ 무왕이 늦게 천명을 받았으며 〈또 일찍 붕어(崩御) 했음으로〉 〈동생〉 주공이 〈섭정(攝政) 하고〉 아버지 문왕과 형님 무왕의 왕덕(王德)을 완성했다. 〈또 예치(禮治)의 문물 제도를 제정하여〉 태왕(大王)과 왕계(王季)를 추증(追贈)했다. 또 위로는 선조를 천자의 예로써 제사지냈다. 〈주공이 제정한〉 이와 같은 예법은 제후(諸侯), 대부(大夫) 및 사(士)와 서인(庶人)에게도 통용되었다. 부친이 대부이고 아들이 사인 경우에는 장사는 대부의 예로써 지내고 제사는 사의 예로써 지낸다. 부친이 사이고 아들의 신분이 대부일 경우에는 장사는 사의 예로써 지내고 제사는 대부의 예로써 지낸다. 기년상(期年喪)의 제도는 대부에까지 통용하고 부모에 대한 3년 상은 천자에게도 통용한다. 부모에 대한 상례는 귀천의 차별없이 다 같다.

 「제18장의 개요」

공자(孔子)가 높이는 주(周)나라의 창건은 일시에 이루어진 것이 아니다. 시경(詩經)의 대아(大雅) 및 주송(周頌)에 있는 여러 편의 시에서 보듯이, 오랜 세월에 걸친 조상의 공덕에 의해서 천명을 내려 받게 된 것이다. 그 마무리를 왕성한 세 사람이 곧 이 장에 나오는 「문왕(文王)과 무왕(武王) 및 주공(周公)」이다. 문왕은 생존시에는 임금이 아니고 은(殷)나라 주왕(紂王) 밑에 있는 서백(西伯)이었다. 그러나 문왕은 선조(先祖)들의 공업을 이어받고 더욱 인덕(仁德)을 밝혀 실질적으로 전국의 제후들의 존경을 받았으며, 천하의 삼분의 이가 그를 따랐다. 아버지 문왕이 닦은 인덕을 바탕으로 제후를 규합하고 마침내 딱 한 번의 무력행동으로 포학무도한 주(紂)를 목야(牧野)에서 격멸(擊滅)하고 주(周)를 세웠다. 그러나 무왕은 이미 늙었으며, 천자가 된 지 2년 만에 붕어(崩御)하고 어린 성왕(成王)이 뒤를 이었다. 그래서 무왕의 동생 주공(周公)이 그를 도와서, 예악(禮樂)과 모든 문물제도를 제정했다. 이로써 공자가 높인 이상적인 왕조가 성취된 것이다. 즉 아버지 문왕은 선조의 공덕을 이어받고, 왕조의 터전을 확립했다. 아들 무왕이 미침내 무력으로 제후를 통합하고 실덕(失德)한 주(紂)를 하늘대신 멸하고 천자에 올랐다. 그 뒤에 동생 주공이 이상적인 문물제도를 제정했던 것이다. 특히 선조(先祖)들을 추존(追尊)했으며, 상례(喪禮) 및 제례(祭禮)를 상세하게 제정했던 것이다. 특히 주나라의 이상적인 예법(禮法)이나 문물제도를 제정한 주공(周公)은 위대하다. 그래서 인륜도덕(人倫道德)을 밝힌 공자와 같이 성인(聖人)으로 높인다.

4. 中庸 제19장 1절 : 「達孝」

(1) 子曰 武王周公 其達孝矣乎.

⑴ 공자가 말했다. 무왕과 주공은 참으로 달효(達孝)이시니라.

【章句集註】⑴ 達通也 承上章而言 武王周公之孝 乃天下之人 通謂之孝 猶孟子之言達尊也.

⑴ 「달(達)」은 「통(通)」이다. 앞의 장을 이어받고 무왕과 주공의 효(孝)는 곧 천하의 모든 사람이 공통적으로 일컫는 효(孝)를 말한다. 이는 맹자가 말한 「달존(達尊)」의 「달(達)」과 같다.

참고 보충 「달효(達孝)」

「천하지인 통위지효(天下之人 通謂之孝)」를 크게 두 가지로 풀 수 있다. 하나는 「천하 모든 사람이 공통적으로 칭송하는 효다.」 다른 하나는 「천하 모든 사람에게 통용되는 효다.」 전자의 경우는 「무왕과 주공의 효도효행을 천하만민이 칭송하고 높인다.」는 뜻이고 후자의 경우는 「무왕과 주공의 효도효행은 천하만민이 저마다의 위치에서 저마다 행할 수 있는 공통된 효도효행이다.」라는 뜻이 된다. 그러나 우리는 이 둘을 종합해서 「달효(達孝)」의 뜻을 깊이 알아야 한다. 「달효」는 「지극한 경지에 도달한 효도」다. 즉 「현시적(現時的)으로 부모를 정성으로 받들고 모시는 효(孝)」만이 아니라, 「역사적(歷史的)으로 부모와 선조의 뜻과 사업을 계승하고 성취하여 더욱 발전되게 하는 효(孝)」를 포함한 것이다. 일지록(日知錄)〈권6〉에 다음과 같이 있다. 「달효는 선조와 후손에게 통하고 영혼의 세계와 현세에 통한다. 효경(孝經)에서 말한바 지극한 효제(孝弟)는 신명에 통하고 사해(四海)에 빛을 내며 시간적으로나 공간적으로나 통하지 않는 바가 없다.(達孝者 達於上下 達於幽明 所謂 孝弟之至 通於神明 光於四海 無所不通者也)」

효도(孝道)도 천도(天道)에서 나온 것이다. 천도는 현시적(現時的)으로 만물을 창조하고 생성(生成)하는 동시에 역사적(歷史的)으로 「생생불이(生生不已)」하는 번식과 발전의 절대선(絕對善)의 도리이다. 그러므로 「지극한 경지에 도달한 달효(達孝)」는 「신명에 통하고 사해에 빛나게 마련이며(通於神明 光於四海)」 또 「유명(幽明)에 통하게 마련이다.」 이와 같은 효도는 중용에서 말하는 「군자의 도[君子之道]」이기도 한다. 「군자지도」는 본래 은미(隱微)하면서도 광대(廣大)하게 전개된다. 그래서 제12장에서 「군자지도 비이은(君子之道 費而隱)」이라고 말한 것이다.

형 무왕(武王)이 주나라를 창건한 눈에 보이는 큰 일을 완수한 것이다. 동생 주공(周公)이 추왕(追王)하고 종묘에 모시고 제사를 지낸 것은 은미(隱微)한 효도다.

5. 중용 제19장 2절 : 「繼志述事」

（1）夫孝者 善繼人之志 善述人之事者也.

⑴ 무릇 효(孝)는 어른의 뜻을 잘 계승하고 어른의 일을 더욱 발전적으로 성취함이다.

참고 보충 「선계인지지(善繼人之志) 선술인지사(善述人之事)」

「선(善)」을 석명(釋名)에서 「선은 풀어나간다. 도리를 따라 사물을 더욱 발전함이다.(善演也 演進物理也)」라고 풀었다. 그러므로 「선계인지지(善繼人之志)」는 「천도를 따라 덕을 세우려는 어른의 뜻을 이어받다.」 「선술인지사(善述人之事)」를 「천도를 따라 덕을 세우려는 어른의 업적을 더욱 발전적으로 성취하다.」로 풀어야 한다. 「어른」은 생사를 불문하고 「부친, 조부 및 선조」를 포함한다. 만약에 어른이 도에 어긋나는 뜻을 품거나 일을 도모하면 자식은 충간(忠諫)해야 한다. 어른의 뜻이나 일을 맹목적으로 따르고 행하는 것은 진정한 효(孝)가 아니다. 효(孝)는 굴종(屈從)이나 맹종(盲從)이 아니다. 효는 천도를 따라 선(善)을 행하고 또 대를 이어가면서 덕을 세우고 가문을 빛내는 덕행이다.

【章句集註】⑴ 上章言 武王纘大王 王季 文王之緒 以有天下 而周公成文武之德 以追崇其先祖 此繼志述事之大者也 下文 又以其所制祭祀之禮 通于上下者言之.

⑴ 앞의 제18장에서 말한 「무왕이 〈증조부〉 태왕, 〈조부〉 왕

계, 〈부친〉 문왕 등이 시작한 왕업을 계승하고 마침내 천하를 영유하고 〈주나라를 세운 것과〉 아울러 주공이 〈주나라의 예법을 제정하여〉 문왕과 무왕의 공덕을 완성케 하고 또 조상들을 추존(追尊)한 것」이 곧 계지술사(繼志述事)의 가장 큰 것이다. 다음 〈19장 2절〉에서는 〈주공이〉 제사의 예를 제정하여 위로는 천자로부터 아래로는 서민에 통용하게 했음을 말했다.

참고 보충 「문왕(文王) · 무왕(武王) · 주공(周公)」

주나라의 시조 후직(后稷)을 비롯하여 역대의 조상들은 천도를 따라 덕을 세웠다. 특히 문왕(文王)은 왕계(王季)가 세운 왕업의 단서를 바탕으로 천하에 인덕(仁德)을 베풀어 서백(西伯)이 되었다. 그리고 실질적으로 천하의 삼분지 이를 덕으로 다스렸던 것이다. 이와 같은 주나라 왕가의 전통을 이어받고, 천하를 통일하고 천자가 된 사람이 무왕이었으며, 그의 동생 주공이 뒤이어 주나라의 빛나는 문물제도 특히 조상을 높이는 제사 제도를 완성하였던 것이다. 이에 「문왕, 무왕, 주공」에 의해서 「효도의 모범」이 세워졌다. 「계지술사(繼志述事)」에는 보다 큰 뜻이 있다. 주(周)의 무왕(武王)과 주공(周公)이 아버지 문왕(文王)의 뜻을 계승하고, 아버지가 이루려던 인덕(仁德)의 예치(禮治)를 달성한 것이다. 이것이 효도(孝道)의 극치다. 공자는 효경에서 말했다. 「효는 천경 · 지위 · 민행(孝者 天經 · 地義 · 民行)」이다.

참고 보충 「예(禮)의 깊은 뜻」

「예(禮)」를 문자학적으로 「이(理)」 「이(履)」라고 풀이한다. 또 설문에는 「소이사신치복야(所以事神致福也)」라고 풀었다. 「이(理)」는 곧 천리(天理)다. 「이(履)」는 따르고 행한다는 뜻이다. 즉 천리를 따르고 행하는 것이 예(禮)의 근본 뜻이다. 우주, 천지, 만물은 하늘에서 나왔으며, 하늘의 도리를 따라 생성화육(生成化育)한다. 그러므로 하늘과 하늘의 도리를 따라야 삶을 누리고 자라고 또 번식하고 발전할 수 있다. 예(禮)는 곧 이와 같은 기본원리를 나타낸 문자다.

「예(禮)」에는 양면이 있다. 「내면적인 예」는 곧 「형이상의 천리(天理)」다. 그 천리가 외형적으로 나타난 것이 곧 「예의(禮義), 예절(禮節), 예악(禮樂) 예치(禮治)」 등의 문물제도(文物制度)이다.

제례(祭禮)도 그 중의 하나다. 「제(祭)」는 「신(神)에게 제물[肉 : 犧牲]을 손[手]에 들고 바쳐 올리고 계시(啓示)를 내려 받는다는 뜻글자다. 「예(禮)」는 「시(示)」와 「풍(豐)」의 합자(合字)다. 「시(示)」는 「하늘의 계시(啓示)」를 뜻한다. 「풍(豐)」은 「바침대[豆] 위에 귀중한 제물을 담은 제기[豐]를 고여 놓고 제사를 드린다.」는 뜻이다. 결국 「제(祭)나 예(禮)나, 「신에게 제사를 드리고 복을 내려 받는다.(事神致福)」의 뜻이다. 지상세계는 「천지인(天地人)」으로 되어 있다. 그러므로 천신(天神), 지기(地祇), 인귀(人鬼)에게 정성으로 제사 드리고 잘 섬기면 모든 복을 내려 받게 될 것이다. 이것을 예치(禮治)의 도덕정치(道德政治)라고 한다.

부록(6) 덕치로 인류를 구제하자

서양의 무력적 패권사상으로는 진정한 세계평화와 인류의 행복을 기할 수 없다. 그러므로 서양사상에 중독된 지식인들은 뒤로 물러나게 해야 한다.

그러기 위해서는 우리 동양의 지식인들이 먼저 동양의 전통사상의 핵심인 왕도덕치사상(王道德治思想)으로 무장하고 나서야 한다.

우선 독점독식 하려는 강대국의 패권주의와 그들의 야욕을 차단해야 한다. 그리고 더 나아가서는 진정한 평화 세계를 창건하고 아울러 모든 인류의 행복을 증진해야 한다.

이 논설문은 다음과 같은 내용으로 구성되어 있다.

(1) 서론 : 지식인과 민족자주
(2) 동양의 정신문화와 서양의 물질문화
(3) 수렵(狩獵)의 원리와 정치의 타락
(4) 생지옥화 했던 20세기의 세계
(5) 위기에 대한 성현(聖賢)의 경고(警告)
(6) 유교사상에 대한 재평가

(1) 서론 : 지식인과 민족자주

절대선(絕對善)인 하늘의 도리를 따라 사람들이 서로 사랑하고 협동하여 함께 잘사는 공동체를 꾸며야 한다. 그러나 오늘의 인류사회는 총체적으로 타락했다.

그 근본요인은 정치의 타락에 있다. 강대국을 위시하여 모든 나라들이 혹심한 「이기적 국가 절대주의(利己的國家絕對主義)」에 빠져 저마다 끝없는 탐욕을 채우기 위해 간악하고 음흉한 권모술수를 농하거나 혹은 잔인한 무력을 행사하여 남을 살상하고 남의 재물을 탈취하고 남의 토지나 시장을 독점하고 있다. 이에 국제사회가 약육강식의 사냥터로 전락했으며 아울러 지구촌 전체가 초토열화의 생지옥으로 화했다.

우리는 속히 이기주의와 외형적 물질문화 및 무력팽창주의로 야기된 오늘의 위기를 극복해야 한다. 그 길을 내면적 정신문화에서 찾아야 한다.

먼저 우리 자신이 심성을 함양하고 인격을 도야해서 사회적으로 도덕 윤리 효도를 실천해야 한다. 그래야 모든 나라가 도덕정치를 펴게 될 것이다.

서양의 강대국의 무력적 패권주의는 그들의 천박한 인간관과 악덕한 정치사상에서 야기된 것이다. 즉 그들의 사상은 어디까지나 「남을 잡아먹고 내가 사는 동물적 욕구를 채우려는 철저한 이기주의와 육체적 관능적 쾌락을 끝없이 채우기 위해 학문, 지식, 과학 기능을 무기화(武器化)하는 악덕한 침략적 사상이다.」

서양의 강대국이 주장하는 「자유와 민주, 세계 경제, 시장 원리」는 곧 「그들이 제멋대로 약소국가를 예속시키려는 술책이다.」 그들의 사상은 그들만을 위한 것이다. 그들의 사상은 절대로 약소국가를 예속시키려는 사상이다. 그들은 원자탄과 첨단 무기로 약소국가를 위협하면서, 약소국가는 원자탄으로 무장하면 안 된다고 위협하며, 온갖 수단을 동원하여 정치적 압박을 가하고 또 경제적 봉쇄를 하고 있다.

이러한 서양의 사상은 강대국의 무자비한 정복사상이다. 그러므로 약소국가의 지식인들은 그들의 사상을 배척하고 동양의 전통사상인 「왕도의 덕치사상」을 선양해야 한다. 그래야 인류가 서양의 마수에서 벗어나, 진정한 평화세계를 창건할 수 있다. 그러기 위해서는 우선 「민족의 자주 독립」에 투철해야 한다. 그 바탕 위에서 우리도 「무력을 강화하고 과학 기술 및 경제 생산을 발전시키고, 민족의 자주독립을 굳혀야 한다.」

이 모두가 우리의 노력으로 이루어진다. 우리는 절대로 「들떠서 마시고 놀고, 사치하고 낭비하지 말자. 근검 절약해서 나라를 부강하게 만들자.」

그러기 위해 우리는 서양사상의 노예가 되지 말자. 반대로 세계인류를 구제할 수 있는 동양의 전통사상을 깊이 알고 실천하자. 그래야 개인적으로는 훌륭한 인격자가 된다. 그래야 민족의 자주독립을 확고히 하고 국가를 부강하게 만드는 일꾼이 될 수 있다.

전통사상에서 말하는 「왕도덕치(王道德治)」의 뜻을 깊이 알아야 한다. 도(道)는 「절대선(絕對善)인 천도(天道)」이고, 덕(德)은 「도를 따르고 행해서 얻은 좋은 성과 즉 지덕(地德)」을 말한다. 도를 깨닫고 실천하는 것을 인행(人行)이라고 한다. 「왕(王)」은 「천도(天道), 인행(人行) 및 지덕(地德)」을 관통한다는 뜻의 글자다.

도덕정치는 서로 싸우고 쟁탈하는 악덕정치와 정반대가 된다. 천도를 따라 사랑하고 협동하는 인애(仁愛)의 덕치(德治)이다. 도덕정치를 펴야 「과학, 기술, 재물」 등을 선용하고 인류대동(人類大同)의 진정한 평화세계를 창건할 수 있다.

(2) 동양의 정신문화와 서양의 물질문화

서양의 강대국의 원자탄은 성능이 좋다. 그렇다고 서양의 정치사상이나 경제이론이 좋은 것이 아니다. 그들의 입장에서 그들의 이익을 위해 쓰여진 것이니깐, 그들에게는 좋다. 그대신 그들의 착취에 대상이 되는 우리에게는 나쁘다. 그런데 우리나라의 많은 지식인들이 서양의 사상이나 이론만 알고, 무비판적으로 추종하고 있으니, 한심스럽다. 뿌리와 역사가 깊은 동양의 「덕치사상」을 알아야 한다. 그러면 표피적이고 말장난에 불과한 그들의 사상이나 이론이 얼마나 천박한 것인지를 알게 된다. 동양의 전통사상을 깊이 공부하고 알아야 「자주적 지식인」이 될 수 있다.

동양과 서양은 문화의 특성이나 전통이 상대적으로 다르다. 동양에서는 내면적 정신문화를 높이고 서양에서는 외형적 물질문화를 중시한다. 그 결과 동양사람들은 심성함양과 인격도야 및 윤리 도덕의 실천을 중시하고 서양사람들은 개별적 기능과 외형적 물질가치를 높이고 무력을 앞세운다. 과학 기술을 높이

고 또 선용해서 인류의 외형적 물질생활을 편리하고 풍요롭게
하는 것은 바람직하다. 그러나 인간의 존엄성과 숭고한 정신가
치를 망각하고 인간을 물질이나 무력에 예속케 하는 것은 잘못
이다. 특히 강대국들이 과학, 기술, 재물 등을 무력화하고 세계
를 제패함으로써 인류를 도덕적으로 타락시키고 마침내 세계를
약육강식의 사냥터로 전락케 한 것은 더욱 큰 잘못이다.

이대로는 안 된다. 무력의 절대적 지배는 있을 수 없다. 무력
은 보다 큰 무력을 초래하고 「무력상쟁(武力相爭)」은 상호멸망
에 직결된다. 위기를 극복하고 인류를 구제하기 위해서는 동양
의 정신문화의 핵심인 윤리 도덕을 선양하고 실천해야 한다.

개인이나 국가가 내면적 정신가치를 높이고 또 윤리 도덕을
실천해서 과학 기술 및 물질 등을 선용해야 한다. 그래야 진정
한 인류의 행복과 평화를 보장하는 대동(大同)의 「선세계(善世
界)」를 창건할 수 있다.

(3) 수렵(狩獵)의 원리와 정치의 타락

세계의 현실을 냉철하게 내다보고 비판하자. 불행하게도 모
든 나라들이 수렵(狩獵)의 정치논리를 바탕으로 하고 음양(陰
陽)으로 서로 쟁탈전을 벌이고 있다.

본시 서양문화의 특성과 전통은 수렵을 바탕으로 한 것이었
다. 동물을 잡아죽이고 내 것으로 만드는 것이 사냥이다. 서양
의 수렵문화는 역사적 사실로 해적문화 시대를 거쳐 마침내는
국가적 차원의 해양진출에 이어졌다. 서양의 강대국들은 19세
기를 전후해서 철선(鐵船)과 화포(火砲)를 앞세우고 세계 도처

에서 재물을 긁어모았고 또 많은 식민지를 획득했었다. 그리고 오늘에는 핵무기와 첨단무기의 힘으로 세계를 제패하고 있다. 남을 죽이고 남의 것을 탈취해서 나 잘살겠다는 정치가 곧 수렵의 논리를 바탕으로 한 「악덕 정치」이다. 그러나 물질과 무력만을 높이는 서양은 악덕을 악덕인 줄 모른다. 그것을 당연시하고 또 전부라고 믿고 있다.

딱하게도 동양의 많은 자주성을 상실한 지식인들도 물질과 무력을 절대시하는 서양의 악덕정치의 논리를 더없이 좋은 것이라고 착각하고 있다. 따라서 동양의 정신문화를 멸시하고 바르게 알려고 하지 않는다. 이에 더욱 정치가 타락하고 「과학 금전 및 무력」만을 추구하는 부국강병에 골몰함으로써 마침내 인류사회 전체를 악덕과 폭력이 난무하는 생지옥으로 전락케 하고 있다.

(4) 생지옥화 했던 20세기의 세계

20세기는 인류가 온통 미쳐서 생지옥을 연출했던 참극의 한 세기였다. 1-2차 대전, 한국전쟁, 월남전, 여러 나라의 정치혁명과 대량학살, 지금도 계속되고 있는 국지전쟁, 동서의 치열했던 이데올로기의 대결, 강대국과 약소국간의 격차와 갈등, 탐욕스런 무역전쟁, 세계화라는 이름의 강대국의 시장 독점, 무력을 앞세운 강대국의 음흉한 세계 제패의 야욕 등으로 지구촌이 얼룩지고 있다.

이로 인해, 자연이 파괴되고 무고한 생명이 대량으로 살상되고 전통적 가치관이 붕괴되고 윤리 도덕이 증발했다. 옛날 로 마제국이 구라파를 휩쓸고 원나라가 아시아를 유린했던 것은 오늘의 원자탄을 동원한 살육전쟁에 비하면 아이들의 패싸움에 불과하다.

20세기의 인류사회가 이처럼 처참한 몰골로 전락한 근본원인은 모든 나라들이 「수렵의 논리를 추구하는 악덕정치」를 펴고 있기 때문이다. 모든 나라들이 「이기적 국가절대주의」에 빠져 끝없는 탐욕을 채우기 위해 간교한 술책을 농하거나 혹은 무자비한 무력으로 남을 살상하고 남의 땅과 재물을 탈취하고 있기 때문이다.

물론、동양에도 과거에는 이와 같은 악덕정치와 무력 상쟁이 있었다. 그러나 일찍이 동양의 성현들은 악덕을 신랄하게 비판했고 아울러 「수기치인(修己治人)과 왕도덕치(王道德治)」의 정치사상과 공존(共存) 공영(共榮)의 길을 제시했던 것이다.

(5) 위기에 대한 성현(聖賢)의 경고(警告)

인간이 도덕성을 상실하고 정치가 악덕논리를 따름으로써 오늘의 인류는 위기에 처했다.

개인적 차원에서나 국가적 차원에서나 악덕의 근본은 악한 마음가짐이다. 남을 살상하고 남의 재물을 탈취하여 혼자 잘 살려는 마귀의 심보가 바로 악덕의 근본이다. 이러한 악덕을 근본적으로 치유하지 못하고 그대로 두면 개인적으로나 전체적으로나 파멸을 면치 못한다. 그러므로 동양의 옛 성현들은 다음과 같이 날카롭게 경고했던 것이다.

예기(禮記)에 있다. 「인간이 동물적 존재로 전락하는 까닭은

천도를 저버리고 인간적 탐욕을 끝없이 추구하기 때문이다.(人化物也者 滅天理 而窮人欲者也.)〈樂記〉

대학(大學)에 있다. 「덕이 근본이고 재물은 말단이다. 그런데 근본인 덕을 밖으로 내쫓고 말단인 재물을 안에 모시면 사람들이 서로 다투고 재물을 쟁탈하게 된다.(德者本也 財者末也 外本內末 爭民施奪)」〈傳 10〉

맹자(孟子)는 다음과 같이 인륜(人倫)을 강조했다. 「일반 사람에게 적용되는 기본원칙이 있다. 배불리 먹고 따뜻하게 옷을 입고 물질적으로 풍족하고 안일하게 생활을 하되, 만약에 그들을 바르게 가르치고 교육하지 않으면 금수와 다를 바 없게 된다. 그러므로 옛날의 순(舜)임금은 이를 우려하고 설(契)를 교육장관으로 임명하여 사람에게 윤리를 가르치게 했다.(人之有道也 飽食煖衣 逸居而無敎 則近於禽獸 聖人有憂之 使契爲司徒 敎以人倫.)」

또 맹자는 말했다. 「하늘의 도리가 실천되는 좋은 세상에서는 〈도덕이 기준이 된다.〉 그러므로 덕이 큰 대인이 덕이 작은 소인을 부리고 또 크게 현명한 사람이 덜 현명한 사람을 부린다.」

「그러나 하늘의 도리가 행해지지 않는 나쁜 세상에서는 〈무력이 기준이 된다.〉 그러므로 힘이 작은 나라는 큰 나라의 지배를 받고 무력이 약한 나라는 무력이 강한 나라에 예속되게 마련이다.」

「이 둘은 하늘에 의해서 정해진 필연의 방식이다. 그러므로 천도를 따라 덕을 높이는 사람이나 나라는 흥성하고 반대로 천도를 어기고 무력만을 내세우는 인간이나 나라는 멸망한다.(孟

子曰 天下有道 小德役大德 小賢役大賢 天下無道 小役大 弱役强
斯二者 天也 順天者存 逆天者亡)」

　이상은 바로 오늘의 인류에게 주는 날카로운 경구(警句)들이
라 하겠다. 우리는 악덕정치를 지양하고 도덕성을 회복해야 한
다.

　21세기에는 낡은 때와 악덕을 청산하고 새로워져야 한다. 그
러므로 우리는 크게 각성하고 악덕한 마음이나 그릇된 사상 및
가치관을 바꿔야 한다. 그리고 절대선인 하늘의 도리를 따르고
실천하는 착한 도의사회를 창건해야 한다.

(6) 유교사상에 대한 재평가

① 사람들이 잘 모르고 오해하고 있다

　인류 문화는 역사적으로 발전한다. 그러므로 항상 전통을 존
중하고 활용해야 한다. 전통은 오랜 세월에 걸쳐 어질고 슬기
로운 많은 성현들에 의해 창조되고 또 계승된 예지의 결정이
다.

　서양의 외형적 물질문화나 과학 기술도 오랜 세월에 걸쳐 많
은 사람들의 노력에 의해서 창조되고 축적된 금자탑이다. 그러
므로 우리도 그들의 귀중한 성과를 높이고 활용해야 한다. 동
시에 동양의 내면적 정신문화의 가치와 전통도 높이고 활용해
야 한다. 그래야 서양의 무력만능사상에 오염된 인류의 심각한
위기를 극복할 수 있다.

동양의 전통적 정신문화의 핵심은 유교다. 유교는 지(知)와 행(行)을 아울러 강조한다. 천도 천리를 알고 그것을 실천해야 한다.

공자에 의해서 2천 5백 년 전에 틀이 잡힌 유교사상의 특성은 합리적 인본주의, 실천적 도덕주의, 역사적 실증주의 및 발전적 문화주의라고 말할 수 있다. 이에 대해서는 많은 사람들이 공감할 것이다. 그러나 더 중요한 것은 유교의 핵심이 되는 「생명 철학적 발전관(生命 哲學的 發展觀)」을 바르게 아는 일이다.

유교는 우주를 하나의 거대한 생명체로 본다. 따라서 천지 자연 만물이 끝없이 생성·변화·번식·발전하고 있다고 본다. 역경(易經)에서 「생생불이(生生不已)」라고 한 말은 곧 우주, 천지,자연, 만물의 생성·변화·발전이 끝없이 이어진다는 뜻이다. 또 「하늘과 땅이 어울려 만물을 생성하고 발전케 한다.(天地之大德曰生)」라고 한 말 등이 곧 유교의 「생명 철학적 발전관」이다.

이 점을 깊이 인식해야 한다. 유교는 절대로 진부하고 후퇴를 강요하는 사상이 아니다. 그러므로 유교가 강조하는 도덕 윤리의 실천도 자연 만물과 조화를 이루고 천하 만민이 함께 잘살고 번성하려는 발전의식과 가치관을 바탕으로 하고 있다.

윤리 도덕은 절대로 일반 대중을 구속하는 멍에가 아니다. 함께 잘살고 발전하려는 공동체의식에서 나온 선가치적 사회규범이다. 그러나 많은 사람들이 유교의 깊은 뜻을 모르고 무조건 유교를 낡고 쓸모없는 봉건적 퇴폐사상 혹은 패배사상으로 곡해하고 있는 것은 참으로 통탄할 노릇이다.

그렇게 된 원인은 다름이 아니다. 첫째로 유교의 깊은 뜻을 모르기 때문이다. 다음으로 금전과 무력이 난무하는 혼탁한 현실에 미혹(迷惑)되어 바른 삶의 도리를 모르고 동물적 삶만을 살고 있기 때문이다.

② 동양의 몰락의 원인과 책임

냉철히 생각해 보자. 동양의 몰락이 유교사상 때문이었나? 아니면 아편전쟁을 전후한 서양의 제국주의적 무력침략 때문이었나?

동양의 몰락의 책임은 청조의 통치자들이 져야 한다. 그들은 타락하고 무능하여 서양의 막강한 무력침공을 격퇴하지 못하고 굴복했던 것이다. 그들이 우둔하고 무식해서 서양의 과학 기술 공업에 대해서 배우지도 않았고 또 알지도 못했기 때문에 망한 것이다. 당시의 지도층은 편협했다. 아는 것이라고는 한자와 유교가 전부였다. 그들의 글공부도 벼슬하고 부귀를 누리기 위한 것이었다. 그러므로 그들은 타락할 수밖에 없었다. 다시 말하면 그들은 유교도 바르게 알고 실천한 것이 아니었다.

만약에 그들이 유교의 깊은 뜻을 알고 실천했다면 천도를 따라 과학 기술도 발전케 하고 특히 유교의 가르침대로 수사선도(守死善道)하고 벽사위정(辟邪衛正) 했을 것이다. 그러므로 동양의 몰락의 책임을 유교사상 자체에 돌리는 것은 잘못이다. 유교사상을 바르게 모르고 실천을 못한 지식인 특히 과학 기술의 개발이나 무력증강을 소홀히 한 청조의 정치 지도자에게 돌려야 한다. 과거의 동양의 지식인들이 부국강병하지 못하고 서양의 무력침공에 굴복한 죄는 절대로 용서받을 수 없다.

그와 마찬가지로 오늘의 편협한 지식인들이 서양의 무력팽창주의만을 높이고 동양의 정신문화나 윤리 도덕을 모르고 배척하는 것도 큰 잘못이다. 그와 같이 하나만 알고 둘을 모르는 편견이 오늘의 인류 위기를 조성하고 있는 것이다.

「나 잘살기 위해서는 재물과 무력만을 높여야 한다. 정신이나 윤리 도덕은 필요없다.」고 하는 편견이 오늘의 세계를 병들게 하고 있는 것이다.

사람은 정신과 육체가 함께 발달해야 한다. 육체만 건강하고 정신이 쇠약하거나 반대로 정신만 높고 육체가 허약하면 안 된다.

그와 마찬가지로 국가도 내면적 정신문화와 외형적 물질문화를 고르게 발전시키고 조화해야 한다. 그래야 남에게 유린되거나 침략을 받지 않을 것이다.

그런데 동양의 많은 지식인들이 서양의 무력침략을 탓하기에 앞서 무조건 유교사상을 매도하는 것은 잘못이다. 무력이 약해서 패배하고 침략을 당했으니 무력을 강화해서 침략을 막아야 한다.

그러나 무력을 가지고 남을 침략하면 안 된다. 무력을 강화하되 동시에 숭고한 정신과 덕성으로 상대를 선화(善化)해야 한다.

유교사상에도 부득이한 경우에는 무기를 들고 천도를 어기는 잔인무도한 폭군을 타도하고 방벌(放伐)하는 혁명사상과 파사헌정(破邪顯正) 사상이 철저하다.

그게 다 절대선인 천도를 기준으로 하고 인간의 사악을 격퇴하자는 사상이다. 유교는 절대로 악에 패하는 것을 용납하지 않는다.

한편 유교사상은 부지런히 일하고 근검 절약해서 경제적으로 부를 축적하고 부유하게 잘살고 발전하라는 경제사상도 투철하다. 그러나 악덕하게 부귀를 누리는 것을 절대로 금한다.

유교사상은 무조건 못살고 남에게 패배하는 사상이 아니다. 오해하면 안 된다. 바르게 배우고 바르게 알아야 한다. 알지도 못하고 덮어놓고 유교사상을 매도하면 안 된다.

물론 역사적으로 과거의 지식인이나 통치계급의 잘못이 크다. 그들은 좁은 구각(舊殼)에 묻혀 과학 기술을 소홀히 했고 특히 악덕한 통치자들이 유교사상을 보수적 관료체제 옹호에 악용했던 것이다.

그들은 유교의 「생명 철학적 발전관」이나 혁명사상의 장점을 활용하지 못하고 반대로 독재적 악덕 군주나 가부장제(家父長制)를 옹호하기 위해 그릇된 충성을 강요했던 것이다. 그들의 충성은 진정한 천도에 맞는 충성이 아니었다. 사악하게 부귀를 누리기 위한 굴욕적인 가장(假裝)된 충성이었다.

오늘의 악덕정치가 과학 기술을 악용하는 것과 같다. 그렇다고 과학 기술 자체를 비난하면 안 된다. 그와 마찬가지로 사악한 인간을 비난해야지 성현의 가르침인 유교를 비난하면 안 된다. 결국 무식하고 악덕한 인간이 유교를 악용한 것이지 유교의 가르침 자체가 나쁜 것이 아니다.

오늘의 강대국들이 과학을 악용하여 가공할 살상무기를 제조하고 남에 나라를 위협하고 있다고 과학 기술 자체가 나쁜 것이 아니다. 악용하는 인간이 나쁜 것이다. 서양을 기준으로 하고 동양의 유교를 무조건 매도하면 안 된다. 서양의 이기주의나 외형적 물질문화를 절대시하고 동양의 이타적 정신문화를 매도하고 배척하는 것은 큰 잘못이다. 이러한 태도는 선악시비도 분간 못하는 무식한 자들의 소행이라 하겠다.

정신가치를 소홀히 하고 물질가치만을 높인다면 인류는 영원히 위기에서 벗어나지 못하고 또 구제될 수 없다.

인류의 위기가 극에 달한 지금이 바로 우리가 나서서 정신가치를 높이는 동양의 전통사상과 도덕 윤리를 세계적으로 선양해야 할 때이다. 우리들 자신부터 각성해야 한다.

③ 한문을 배워야 한다

동양의 지식인들이 먼저 전통사상의 핵심인 유교를 바르게 인식하고 아울러 천도를 기준으로 한 윤리 도덕을 실천해야 한다. 그리고 우리들이 앞장서서 동양의 내면적 정신문화를 세계적 차원에서 모든 지식인에게 선양하고 따르게 해야 한다. 그래야 인류가 위기를 극복할 수 있다.

먼저 서양의 물질문화 및 무력주의를 기준으로 하고 알지도 못하는 유교사상을 무조건 매도하는 나쁜 버릇을 고쳐야 한다. 아울러 동양의 정신문화의 핵심인 유교사상을 배워서 깊이 알고 바르게 살아야 한다. 깊이 알기 위해서는 필수적으로 한문을 배워야 한다.

서양은 수학을 바탕으로 외형적인 자연과학을 발전시켰다. 한편 동양은 한문을 바탕으로 내면적인 정신문화를 발전시켰다.

수학이나 한문이나 시각적으로 개념을 압축해서 전달하는 문화의 도구이다. 수학의 공식이나 한문은 개념을 압축하고 체계적으로 정보를 전달하는 시각적 부호이다. 그러므로 수학을 안 배우면 자연과학을 모르게 되고 한문을 안 배우면 정신문화를 모르게 된다. 수학의 공식을 떠나서 자연과학이 성립될 수 없다. 마찬가지로 한문을 안 배우면 절대로 동양의 정신문화를 깊이 터득할 수 없다.

만약에 수학의 공식을 부호를 안 쓰고 소리나는 대로 표음문자로 표기한다면 수학이 성립되겠는가? 안 된다. 그와 마찬가지로 「뜻과 개념을 압축한 한문」을 배워야 동양의 깊은 정신문화를 터득하고 체득할 수 있다.

한문을 배워야 한다. 그래야 저마다 심성을 함양하고 인격을 도야해서 사람다운 삶을 살게 될 것이다. 한문을 배워야 동양의 역사와 문화의 자주성을 굳게 지키고 또 정신적으로도 물질과 무력의 노예로 전락하지 않을 것이다. 한문을 배우고 심성을 함양해야 관능적 쾌락을 좇는 동물적 삶에서 벗어날 수도 있다.

한문을 배워야 인심(仁心)을 발휘하고 만민을 사랑하고 만물을 선용하는 「애민이물(愛民利物)」의 「인덕(仁德)」을 세울 수 있다.

한문을 배워야 하늘의 뜻과 천도에 맞는 바르고 착한 문화생활을 영위할 수 있다. 모든 사람이 한문을 배워야 윤리 도덕이 실천되고 따라서 정치 지도자들이 도덕정치를 펴고 「선세계(善世界)」를 창건하게 될 것이다.

후기(後記)

역사 학습을 통해서 국가 정치의 바른 길을 알아야 한다. 또 역사 속에 나타난 인간상을 통해서 삶의 목적과 가치를 높여야 한다. 우리는 절대로 오늘의 타락한 세계를 기준으로 하면 안 된다. 예기(禮記)에 다음과 같은 말이 있다.

「인간이 동물이나 물질적 존재로 전락하는 이유는 하늘의 도리를 무시하고 인간적 차원의 욕심만을 끝없이 추궁하기 때문이다.(人化物者 滅天理 而窮人欲者也)」

이 말은 바로 오늘의 인류 세계에게 주는 경고다. 하늘의 도리를 무시하고 동물적 탐욕을 채우기 위해 서로 쟁탈하면 미구에 인류사회는 괴멸한다.

유교에서 말하는 도덕(道德)은 천도(天道)를 따라 지덕(地德)을 세운다는 뜻이다. 개인생활에서도 윤리 도덕의 실천을 중시하고 그것을 인도(人道) 즉 사람이 지킬 도리라고 한다. 국가정치에서도 「왕도(王道)의 도덕정치」를 중시하고 「패도(覇道)의 무력통치」를 배척한다.

　그러나 역사적 현장에서는 「왕도의 도덕정치」보다 「패도의 무력통치」가 활개를 쳤다. 그럼에도 불구하고 총체적으로 역사를 관조하면 점진적이나마 도덕적으로 발전해왔음을 부인할 수 없다. 역사의 주체는 바로 인간이다. 중국의 역사 무대에는 많은 사람들이 등장하고 저마다의 인간상을 그려내고 있다. 그러므로 우리는 그들을 통해서 삶의 바른 길과 높은 가치를 터득할 수 있다. 다시 한 번 강조한다. 이 책을 학습함으로써 정치의 바른 도리와 삶의 높은 가치를 터득하기를 바란다.

2005년 11월 22일

玄玉蓮書齋에서 張基槿 씀

색인

[ㄱ]

[ㄴ]

明文堂印 圖書出版 版權所有

고대 중국의 인간상

한글판 동양의 인간학 /신화·하·은·주 편

초판 인쇄 : 2006年　3月　24日
초판 발행 : 2006年　3月　30日
저　자 : 장기근
발행자 : 김동구
발행처 : 명문당
서울특별시 종로구 안국동 17~8
대체 010041-31-001194
Tel　(영) 733-3039, 734-4798　(편) 733-4748
Fax 734-9209
Homepage : www.myungmundang.net
E-mail : mmdbook1@myungmundang.net
등록 1977.11.19. 제1~148호
• 낙장 및 파본은 교환해 드립니다.
• 불허복제

값 15,000원
ISBN 89-7270-806-2　93150